Esperanza López Parada
Directora de la colección

Juan Francisco Manzano
Autobiografía del esclavo poeta
y otros escritos

Edición, introducción y notas de William Luis

COLECCIÓN EL FUEGO NUEVO. TEXTOS RECOBRADOS, N.º 3

Juan Francisco Manzano

Autobiografía del esclavo poeta y otros escritos

Edición, introducción y notas de William Luis

Iberoamericana • Vervuert • 2007

Esta obra ha sido publicada con una subvención de la Dirección General del Libro, Archivos y Bibliotecas del Ministerio de Cultura.

Reservados todos los derechos

© Iberoamericana, 2007
Amor de Dios, 1 – E-28014 Madrid
Tel.: +34 91 429 35 22
Fax: +34 91 429 53 97
info@iberoamericanalibros.com
www.ibero-americana.net

© Vervuert, 2007
Wielandstr. 40 – D-60318 Frankfurt am Main
Tel.: +49 69 597 46 17
Fax: +49 69 597 87 43
info@iberoamericanalibros.com
www.ibero-americana.net

ISBN 978-84-8489-234-2 (Iberoamericana)
ISBN 978-3-86527-263-8 (Vervuert)

Depósito Legal: M-11751-2007

Cubierta: Pérez Cino
Ilustración de la cubierta: Choco (Eduardo Roca Salazar), colección personal Impreso en España por
The paper on which this book is printed meets the requirements of ISO 9706

Índice

Agradecimientos 11
Introducción 13
    I.   Las versiones del manuscrito autobiográfico de
        Juan Francisco Manzano y el cuaderno de don Nicolás Azcárate 13
    II. Azcárate, abolicionista y difusor de la cultura cubana 20
    III. La proliferación textual de la vida de Juan Francisco Manzano 30
    IV. La reescritura de la autobiografía de Juan Francisco Manzano 50
    V. Los poemas antiesclavistas de Juan Francisco Manzano 58
Nuestra edición 71
Cronología 75

Textos
    Autobiografía 79
    Cartas 117
    Poesía 131
    Zafira: Tragedia en cinco actos 201

Apéndice: el manuscrito autógrafo 291
    Lista de los generosos individuos que se suscribieron en
    la Habana para costear la libertad del esclavo J. F. Manzano 341
    Reproducciones del manuscrito 343
Bibliografía 347

Para mi hija Tammie Durham Luis

Agradecimientos

Existen al menos dos versiones de la autobiografía de Juan Francisco Manzano: el manuscrito original que el poeta esclavo redactó con frecuentes errores ortográficos y la versión corregida por Anselmo Suárez y Romero. La autobiografía que doy a conocer proviene de esta última versión, que fue la que circuló entre los miembros de la tertulia delmontina y cuyo original se extravió en la segunda mitad del siglo XIX. La copia de esta autobiografía se halla en las *Obras completas de Juan Francisco Manzano esclavo de la Isla de Cuba*, cuaderno copiado con letra y puño de Nicolás Azcárate y hallado a mediados de la década de los ochenta en la Biblioteca Sterling de la Universidad de Yale.

También incorporo en este libro el manuscrito autógrafo de Juan Francisco Manzano que se conserva en la Biblioteca Nacional José Martí, y que José Luciano Franco dio a conocer en su edición. Esta versión presenta frecuentes descuidos y errores de interpretación que distorsionan el texto original. He preferido en este estudio hacer una cuidadosa reconstrucción del manuscrito de Manzano, aunque respetando las tachaduras y enmiendas, para que el lector pueda apreciar la complejidad del manuscrito y reflexionar sobre los posibles objetivos (personales o políticos) tanto del autor como del corrector de la autobiografía.

Agradezco profundamente a Roberto González Echevarría, profesor de la Universidad de Yale, por informarme de la existencia del cuaderno de Azcárate. Deseo también mostrar mi agradecimiento a los administradores de la biblioteca de Yale por otorgarme el permiso para publicar este manuscrito de Azcárate[1], y en particular al bibliógrafo Lee Williams por facilitarme una

---

[1] El permiso se encuentra en una carta con fecha 20 de noviembre de 1987, firmada por Jack A. Siggins (Deputy University Librarian) y Judith Ann Schiff (Chief Research Archivist, Manuscripts and Archives), en la que se pide citar la Latin American Manuscripts Collection de la Universidad de Yale.

copia del mismo. La reproducción del texto original de Manzano ha sido posible gracias a Araceli García Carranza, bibliotecaria de la Biblioteca Nacional José Martí.

Varios colegas me han alentado a desarrollar mi pasión por la literatura cubana, y en particular por la obra de Manzano. Entre ellos quisiera destacar a mis maestros Roberto González Echevarría, Antonio Benítez Rojo, Enrique Pupo-Walker y Claudio Guillén. Entre los estudiantes graduados que me ayudaron a preparar partes del manuscrito merecen ser mencionados Beatriz Leiva (Dartmouth College), Bernardo Román Beato (Binghamton University) y David García, Carmen Rivera, Mauricio Almonte y Carmen Cañete (Vanderbilt University). Asimismo, me complace señalar al equipo de trabajo de Iberoamericana; a Klaus Vervuert por su apoyo para dar a conocer el manuscrito de Azcárate y a Waldo Pérez Cino por su asistencia con la corrección del libro. Por último, quisiera reiterar el continuo apoyo de mi familia: de mi esposa Linda, de mis hijos Tammie, Stephanie, Gabriel y Diego, y de mi madre, Petra Santos, amante de la cultura cubana, quien falleció mientras preparaba la publicación de este libro.

Nashville, 2003

Introducción

I. Las versiones del manuscrito autobiográfico de Juan Francisco Manzano y el cuaderno de don Nicolás Azcárate

> Nicolás:
> Cuando yo era adolescente
> Oí tu palabra potente
> Que pedía libertad.
> «Adiós», te dije, y la nave
> Perdióse pronto de vista...
> De tu ideal a la conquista
> Te llevó la tempestad.
> Hoy, la suerte te encamina
> A nuestra Cuba divina,
> De tus lauros el mejor.
> Porque tu ideal alcanzaste;
> Y, si el Calvario pisaste,
> Vas a subir al Tabor.
>
> Alfredo Torroella

En la autobiografía del esclavo poeta Juan Francisco Manzano (1797-1853) se encuentra la génesis de la narrativa cubana; no nos referimos a un acontecimiento singular producido por una obra, sino se entiende que ésta resulta del movimiento literario asociado a la presencia de Domingo del Monte. En su cuidadoso estudio *Suite para Juan Francisco Manzano* (1977), Roberto Friol acepta agosto de 1797 como la fecha de nacimiento de Manzano y afirma, después de haber encontrado la partida de entierro, que murió no en 1854, como muchos críticos habían pensado, sino el 19 de julio de 1853, a la edad de cincuenta y seis años (véase en particular 1977: 154-56; 163-65). En 1835 el crítico literario Domingo del Monte encarga al esclavo pardo Juan Francisco Manzano la redacción de su autobiografía[1]. Aunque el acto de escribir resultaba una ardua tarea para cualquier esclavo privado de una educación formal, Manzano se las había ingeniado para aprender a leer y escribir en edad temprana.

La vida del esclavo, de cualquier esclavo, indefenso ante el amo, está llena por definición de incontables infortunios. Manzano describe en su autobiografía los sufrimientos e injusticias padecidos bajo la autoridad de su ama, la Marquesa de Prado Ameno, una mujer que representa la faz más tiránica del sistema esclavista. Pero aunque en la mencionada autobiografía se encuentra una denuncia de la esclavitud y un compromiso con el programa antiesclavista, no es ésta la primera obra suya en abordar temas de corte tanto estético como social. Antes de 1835 Manzano era un poeta conocido por *Poesías líricas* (1821) y *Flores pasageras* [sic] (1830), poemarios ambos que lo habían situado entre los más tempranos escritores de la literatura cubana. Éstos y otros poemas fueron además publicados durante su etapa como esclavo en el *Diario de la Habana* (1830, 1831, 1838, 1841), el *Diario de Matanzas* (1830), *La Moda o Recreo Semanal del Bello Sexo* (1831) y *El Pasatiempo* (1834-1835), y años después, tras conseguir la libertad, en *El Aguinaldo Habanero* (1837), *El Álbum* (1838), *Faro Industrial de la Habana* (1843, 1849) y *La Prensa* (1842)[2].

Manzano logró su éxito literario en un momento y espacio históricos de la sociedad colonial en que los códigos legales vedaban al esclavo toda posibilidad de publicación de sus escritos. En su caso, la difusión de su obra fue posible gracias al apoyo de Domingo del Monte, el crítico literario más importante del momento y patrocinador de una literatura escrita que denunciaba las injusticias de la colonia y las propias prácticas esclavistas[3]. Dicha narrativa antiesclavista nace de la tertulia delmontina, primer círculo de escritores cubanos que produjo, además de la *Autobiografía* de Juan Francisco Manzano, obras de suma importancia como la novela *Francisco* (escrita en 1839), de Anselmo Suárez y Romero, la colección de cuentos

---

[1] La información aparece en dos cartas que Manzano escribió a Del Monte en La Habana, fechadas el 25 de junio de 1835 y el 29 de septiembre de 1835. Éstas y otras cartas se reproducen en el texto copiado por José Luciano Franco, en *Autobiografía, cartas y versos de Juan Francisco Manzano* (1937), en *Obras* (Moliner (ed.) 1972), en Friol 1977 y en la edición crítica de Abdeslam Azougarh (2000).

[2] Véanse «Poemas recobrados» (Friol 1977: 89-188) y «Poemas en publicaciones periódicas» (Azougarh (ed.) 2000: 382-83).

[3] Como resultado de las acusaciones del poeta mulato Gabriel de la Concepción Valdés, conocido popularmente como «Plácido», quien acusó de participar en la Conspiración de la Escalera (1844) a Del Monte y Manzano, este último dio a conocer que Del Monte corregía los errores de sus poemas y se los ayudaba a publicar en los periódicos de la época. Véase Friol 1977: 188-203.

Escenas de la vida privada en la Isla de Cuba (escrita en 1838), de Félix Tanco y Bosmeniel, el cuento «El ranchador», de José Morilla, y la novela *Cecilia Valdés*, de Cirilo Villaverde[4].

Del Monte tenía gran interés en desarrollar lo que después serían la literatura y la cultura cubanas. En 1829 fundó con la ayuda de Jesús Villariño *La Moda o Recreo Semanal del Bello Sexo*, y años más tarde, junto a intelectuales como José Antonio Saco, convirtió la *Revista Bimestre Cubana* (1831-1834) en la publicación más importante de la época en el mundo hispanohablante. Entre 1830 y 1834 dirigió la Sección de Educación de la prestigiosa Sociedad Económica de Amigos del País, donde, tras servir como Secretario, fue nombrado en 1842 presidente de la Comisión de Literatura –elevándola así a la categoría de Academia Cubana de Literatura–. En el contexto histórico de la época semejante cambio significaba un desafío a las autoridades coloniales, ya que la literatura se había transformado en un arma cultural e introducía cambios en el modo de percibir la estructura social de una colonia en vías de desarrollo de su propia identidad. Para frenar este modo de articular la escritura, los colonialistas, los esclavistas y otros enemigos de la intelectualidad criolla suprimieron la Academia, pero a pesar de esos contratiempos Del Monte no cejó en su empeño de promover una literatura con rasgos propiamente cubanos. Recurrió, de hecho, a sus propios recursos económicos para dar a conocer sus ideas, y convirtió su casa en un centro educativo que pasó a ser, años después, la representación máxima de la cultura nacional.

Del Monte, que fue quien solicitó el manuscrito autobiográfico a Manzano, era un intelectual conocido por sus famosas tertulias literarias. Las tertulias habían comenzado en la ciudad de Matanzas en 1834, y un año después se trasladaron a La Habana, donde continuaron hasta el exilio de su anfitrión, en 1842[5]. A esas reuniones asistía la flor y nata de la intelectualidad cubana para consultar la amplia y famosa biblioteca de Del Monte, leer trabajos inéditos y recibir consejos literarios y políticos del maestro. Del Monte animaba a los jóvenes criollos a abandonar la influencia del romanticismo y cultivar el género realista, corriente literaria que –según él– permitiría a los escritores del momento representar con mayor claridad la sociedad imperante, lo

---

[4] No me refiero a la publicación del cuento ni de la novela en 1839, sino a la versión definitiva que se dio a conocer en Nueva York en 1882. Sobre las diferentes versiones de *Cecilia Valdés* véase Luis 1990: 100-19.

[5] A causa de su amistad con el cónsul inglés David Turnbull –considerado peligroso enemigo de los esclavistas–, Del Monte se ve obligado a abandonar Cuba en 1842. Dos años después es acusado de participar en la Conspiración de la Escalera y se le ordena regresar a la Isla y presentarse ante el Tribunal Militar. No obstante, Del Monte decide permanecer primero en París y después en Madrid, donde muere en 1853.

que redundaría en una condena más eficaz del sistema esclavista. Para Del Monte, dedicarse a escribir sobre la sociedad cubana y narrar los episodios de la vida cotidiana implicaba, inevitablemente, describir la figura trágica del esclavo.

Los temas controversiales que abarcan estas obras hacían patentes la ineficacia del sistema colonial y la brutalidad del esclavismo, lo que trajo consigo una reacción defensiva por parte de la Corona: ninguna de ellas llegó a imprimirse en su idioma original hasta años después de que hubiera desaparecido este sistema represivo y la escritura no representara un peligro para el Estado[6]. Siglo y medio después de haber sido escrita, la autobiografía de Manzano conserva su impacto y su valía testimonial. Dicho esfuerzo es reconocido por investigadores actuales, como pone de manifiesto la siguiente cita de Roberto Friol:

> No es una autobiografía lineal, ni siquiera está exenta de errores y vacilaciones, pero la veracidad del testimonio, la humanidad inviolable que rezuma, el tono de una llaneza insuperable, la posesión idiomática que transparenta a despecho de la calcografía y las faltas de prosodia, la convierten en un documento único en nuestra historia literaria (1977: 47).

El testimonio personal de un esclavo servía a Del Monte como discurso ejemplificador y eficaz para denunciar los males de la esclavitud. Para Del Monte la vida del esclavo estaba ligada a su compromiso con la cultura naciente y la causa antiesclavista, y por esta razón pidió a Manzano que redactara de forma detallada los abusos –tanto físicos como psicológicos– que se cometían diariamente en los ingenios. La información se recoge en una carta de Manzano a Del Monte, con fecha del 25 de junio de 1835:

> Mi querido y Sr. Don Domingo: recibí la apreciable de su merced, fecha 15 del corriente; y sorprendido de que en ella me dice su merced que hace tres o cuatro meses me pidió la historia, no puedo menos de manifestarle que no he tenido tal aviso con tanta precipitación; pues en el día mismo que recibí la del 22 me puse a recorrer el espacio que llena la carrera de mi vida y cuando pude me puse a escribir, creyendo que me bastaría un real de papel, pero teniendo ya escrito algo más aunque saltando a veces por cuatro y aun por cinco años, no he llegado todavía a 1820: pero espero concluir pronto, ciñéndome únicamente a los sucesos más interesantes. He estado más de cuatro ocasiones por no seguirla. Un cuadro de tantas calamidades no parece sino un abultado protocolo de embuste-

---

[6] Sólo se tradujo la autobiografía de Manzano al inglés y fue publicada en Londres en 1840 bajo el título «Life of the Negro Poet» en *Poems by a Slave in the Island of Cuba*. Véase la edición moderna de Edward Mullen (1981).

rías; y más cuando desde tan tierna edad, los crueles azotes me hacían conocer mi humilde condición[7].

En 1836, al año de haber cumplido con el pedido de Del Monte, Manzano fue invitado a la tertulia para leer su poema autobiográfico «Treinta años». Unos meses después don Nicolás, don Ignacio y muchos otros miembros del grupo delmontino habrían de recaudar más de 800 pesos, el precio necesario para comprar la libertad de este singular poeta. José de la Luz y Caballero y el mismo Domingo del Monte fueron los encargados de entregar dicha cantidad a don Wenceslao de Villa-Urrutia, yerno de doña María de la Luz de Zayas –ama de Manzano– para conseguir la manumisión del esclavo poeta[8]. Existen, sin embargo, discrepancias en cuanto a la cifra que se pagó; en el manuscrito copiado por Azcárate, donde se mencionan los nombres de algunas de las personas que contribuyeron a la libertad de Manzano, aparece la suma de 968 pesos. La lista de los participantes se halla incompleta, según indica la siguiente nota: «Faltan, lo menos, dos terceras partes de los nombres de las personas que contribuyeron a esta obra de misericordia, por haberse extraviado las listas que los contenían. Pero baste saber que no quedó en la Habana un solo individuo, conocido por su afición a las letras, de cualquier clase o condición que fuese, que no ofreciera su cuota, para rescatar del cautiverio al poeta Juan Francisco Manzano»[9]. El alto número de patrocinadores refleja no sólo la necesidad de estas notables personalidades cubanas de participar en una causa meritoria, sino su compromiso en defender una postura abolicionista y presentarla ante el ama y las autoridades[10].

---

[7] He citado la carta corregida que se encuentra en el manuscrito de Azcárate. La carta original, con errores gramaticales, aparece en Friol 1977: 165-66. Véase también Franco 1937: 83.

[8] La versión de Franco reproduce una nota que aparece en la portada del cuaderno y dice así: «Don Domingo del Monte, interesado vivamente a favor del esclavo-poeta, promovió una suscripción y rescató la libertad de Juan Francisco Manzano, mediante una suma de $850 que exigió su dueña» (33). El cuaderno de Azcárate ofrece la siguiente información: «Su libertad costó 800 ps. Pusieron esta suma en manos de D. Wenceslao de Villa-Urrutia, yerno del ama de Manzano, Doña María de la Luz de Zayas, Don José de la Luz Caballero, y Don Domingo del Monte».

[9] Hay una gran discrepancia entre las cifras mencionadas y la suma que aparece en el manuscrito copiado por Azcárate, donde se indica la cantidad de $968 y contiene los nombres de 61 personas que contribuyeron a la manumisión de Manzano: «Lista de los generosos individuos que se suscribieron en la Habana para costear la libertad del esclavo J.F. Manzano». Sin embargo, si se suma la cantidad indicada junto a cada nombre, esta otra suma sería de $2.364.

[10] Esta información ayuda a explicar la queja de José Miguel Angulo y Heredia al señalar que don Nicolás contribuyó muy poco a la libertad de Manzano. Dice Friol: «Pero la palma de la tacañería correspondió a don Nicolás de Cárdenas y Manzano, aquel a quien Manzano 'quería sin tamaño'. Un doblón de cuatro pesos fue su irrisoria contribución» (Friol 1977: 170). Friol se basa en la carta de José Miguel Angulo y Heredia a Domingo del Monte, en el *Centón Epistolario*

Hay más de un manuscrito sobre la vida de Manzano. Cuatro años después de la composición de esta autobiografía uno de los miembros de la tertulia delmontina, Anselmo Suárez y Romero –quien acababa de terminar su novela antiesclavista *Francisco*, también a solicitud de Del Monte–, corrigió la sintaxis y la gramática del esclavo poeta. En una carta fechada el 7 de julio de 1839, Suárez y Romero comenta la petición de Del Monte y expresa su reacción al leer el manuscrito con las siguientes palabras:

> Francisco Manzano –ahí se está todavía sin haberlo empezado á arreglar: ahora voy á hacerlo, que estoy desocupado. Lo merece, lo merece ¡qué naturalidad, qué gracia, qué de horrores, qué ama tan mala, que pobre Manzano siempre golpeado, sufriendo, llorando! Oh, Dios, este no es mi Francisco, esto no ha sido inventado, esto es cierto... ¡Lastímate, Señor, de esas criaturas infelices y perseguidas! –V libertó en campaña de otros á Manzano[11]. ¿No es verdad? ¡Qué ejemplo para otros muchos qe. *se precian de humanos y nada hacen sino hablar*! –Créame V, leyendo esta historia, se me han saltado muchas veces las lágrimas ¡yo no me avergüenzo de llorar por cosas así[12]!

Terminadas las correcciones, Del Monte entregó junto a otros escritos antiesclavistas una copia del manuscrito a Richard Madden, antiesclavista británico y juez árbitro en las Cortes Mixtas, quien se encontraba por aquel entonces en La Habana[13]. A su regreso al Reino Unido Madden tradujo al inglés la autobiografía de Manzano, dándola a conocer en Londres bajo el título de

---

de Domingo del Monte (nota 14). Pero, si Friol llevara razón, ¿cómo se explicaría el número tan alto de participantes y la «tacañería» de cada uno de ellos? Además, según la lista que reproduce Azcárate, don Nicolás aportó la cantidad de 4,2 pesos (la misma que sufragó José Miguel de Angulo y superior a la de otros como Francisco Javier de Urrutia y José Zacarías González del Valle).

[11] «Domingo del Monte inició una suscripción para con su producto conseguir la libertad del negro poeta esclavo Juan Francisco Manzano» (N. de J. LL.).

[12] Figarola-Caneda *et al.* (eds.) 1930: vol. IV, 71.

[13] Según Lewis Galanes, el portafolio antiesclavista que Del Monte entregó a Madden contenía los siguientes documentos: 1. «Apuntes autobiográficos» de Manzano. 2. Trece poemas bajo el título «Poesías de J. F. Manzano, esclavo en la Isla de Cuba». 3. «El ingenio o las delicias del campo» de Suárez y Romero. 4. Un glosario preparado por Del Monte, bajo el título "Definición de voces cubanas", con la explicación de palabras cubanas contenidas en la novela "Francisco". 5. «El hombre misterioso» de Tanco y Bosmeniel, que sería el segundo de tres cuentos de su obra *Escenas de la vida privada en la isla de Cuba*. 6. «El ranchador» de Pedro José Morilla. 7. «Cartas» escritas por uno o más autores, y que según Lewis Galanes es probable que pertenezcan a Suárez y Romero. 8. Composiciones en prosa y verso, una de ellas escrita por José Zacarías González del Valle, y el cuento «Un niño en la Habana». 9. Entrevistas de Madden a Del Monte sobre el tráfico negrero, con fecha del 17 de septiembre de 1839. 10. Entrevistas a Del Monte tituladas «Interrogatorio de 120 preguntas que sobre el estado eclesiástico de la Isla de Cuba me ha hecho Mr. R. Madden, Juez de la Comisión Mixta por Inglaterra. Noviembre 1838, por Domingo del

«Life of the Negro Poet», traducción que incluyó después en *Poems by a Slave in the Island of Cuba, Recently Liberated; translated from the Spanish by R.R. Madden, M.D. with the History of the Early Life of the Negro Poet, written by Himself; To which are prefixed Two Pieces Descriptive of Cuban Slavery and the Slave-Traffic* (1840). Junto a la autobiografía el abolicionista inglés incorporó algunos poemas del esclavo, entrevistas con Del Monte y también poemas que él mismo compuso. Pero mientras esta traducción se encontraba al alcance de cualquier lector anglófono, el original y la versión corregida de Suárez y Romero, textos ambos escritos en español, no salieron a la luz hasta muchos años después. En 1937, cuando José Luciano Franco dio a conocer el manuscrito original, que se publica también aquí.

Si bien el lector de habla inglesa creyó que la traducción correspondía a la autobiografía de Manzano, no se trata de una transcripción fidedigna, sino de una reelaboración de la vida de Manzano[14]. De hecho, las diferencias entre la versión inglesa y el manuscrito original son tan significativas que deberían considerarse dos textos distintos. Los cambios existentes no provienen necesariamente de la intervención textual de Madden; podrían atribuirse a la versión corregida de Suárez y Romero, ya que la traducción no se hizo directamente del original escrito por Manzano, sino de esta última. No obstante, esta observación es difícil de confirmar, pues la versión de Suárez y Romero se conservó entre el círculo privado del grupo delmontino y nunca llegó a hacerse pública. Décadas después el crítico Francisco Calcagno consultó la autobiografía de Manzano y reprodujo en su obra *Poetas de color* (1878) algunos párrafos de este manuscrito, dando a conocer por primera vez aspectos de la trágica vida del esclavo poeta en una publicación cubana. Aunque Calcagno anuncia el texto original de Manzano y no parece conocer la existencia de más de una versión del manuscrito autógrafo, es muy probable que los fragmentos que reproduce no provinieran del original, sino del corregido por Suárez y Romero, ya que entre las citas de Calcagno y las del original de Franco hay notables diferencias. Los cambios realizados por Suárez y Romero en el manuscrito de Manzano han podido verificarse desde principios de la década de los ochenta, fecha en que Lee Williams, bibliógrafo de los fondos latinoamericanos de la Universidad de Yale, descubrió un cuaderno que contenía la vida y los trabajos de Juan Francisco Manzano. Dicho cuaderno es el copiado por Nicolás Azcárate en 1852, un año antes de que se produjeran las muertes del esclavo y su protector. Tras cotejar distintas versiones y manuscritos, me inclino a pensar

---

Monte». 11. Cinco composiciones tituladas «Elegías cubanas» de Rafael Matamoros y Téllez. Véase Lewis Galanes 1988: 263-265.

[14] Véase Luis 1990: 82-100.

que esta nueva versión –inédita hasta el momento– es una copia del manuscrito corregido por Suárez y Romero[15]. Al comparar fragmentos de la copia de Calcagno con sus correspondientes secciones en el cuaderno de Azcárate se puede observar, exceptuando pequeñas diferencias, que ambos provienen de un mismo texto. Por consiguiente, me propongo cotejar en este estudio el «original» de la autobiografía de Manzano, editado por Franco, con las demás versiones del manuscrito hasta ahora publicadas: la citada por Calcagno, la traducida por Madden, la copiada por Azcárate y, por último, la corregida por Ivan Schulman[16]. Junto a estas cuatro versiones se encuentra también una versión moderna de la autobiografía que ha publicado recientemente Abdeslam Azougarh, y que se basa no en la versión de Franco, como lo hace Schulman, sino en el manuscrito autógrafo de Manzano que se conserva en la Biblioteca Nacional José Martí[17].

De todos estos textos me interesa en particular la versión que Suárez y Romero modificó, ya que, tal como ocurre entre el original y la traducción inglesa, la versión copiada por Azcárate presenta diferencias suficientes con el resto como para que merezca ser considerada un texto autónomo. En las enmiendas y correcciones de los distintos textos que existen sobre dicha autobiografía se puede observar cómo la imagen del esclavo va cambiando a lo largo de los años. Por ejemplo, al corregir el manuscrito original, Suárez y Romero hace un mayor énfasis en ciertos episodios de la vida de Manzano; cuando copia la versión de Suárez y Romero, Azcárate ofrece, en cambio, un marco más real de la misión abolicionista del grupo delmontino.

II. Azcárate, abolicionista
y difusor de la cultura cubana

Nicolás Azcárate (1828-1894) era hombre de extensa cultura, estudioso de la política, la literatura y el derecho. Orador sin igual y prosista de elegancia, amaba la poesía pero no tuvo nunca vocación para componer versos. Después de Domingo del Monte, Azcárate fue el difusor más meritorio de la literatura y

---

[15] Después de una acuciosa investigación en La Habana he encontrado el manuscrito de Suárez y Romero, y a primera vista parece ser que el que doy a conocer en este estudio es la versión de Azcárate.

[16] Schulman (1975) ha editado una versión moderna de la autobiografía.

[17] Azougarh indica que consultó los manuscritos copiados por Suárez y Romero: tanto el que aparece en la Biblioteca Nacional José Martí como el que se encuentra en la biblioteca de la Universidad de Yale. Aunque éste fuera el caso, Azougarh no pareció darse cuenta de que el manuscrito de Suárez es una reescritura de la vida de Manzano (al respecto véase pp. 61-63). Azougarh tampoco revisó la traducción de Richard Madden.

la cultura cubanas a partir de la segunda mitad del siglo XIX. De espíritu liberal, reformista y amante de la democracia, Azcárate contribuyó notablemente al estudio del derecho y la cultura en Cuba[18].

El libro *Obras completas de Juan Francisco Manzano esclavo de la Isla de Cuba* que doy a conocer –copiado por Nicolás Azcárate en 1852, es decir, un año antes de que muriera el esclavo poeta– está compuesto por el manuscrito autobiográfico, siete cartas escritas a Domingo del Monte, veinte poemas y la pieza de teatro *Zafira*. Pero a pesar de que Azcárate refiere en su título al calificativo general de «obras», este cuaderno no comprende los escritos de Manzano en su totalidad. Es muy probable que tanto Del Monte como Azcárate pensaran que las obras reproducidas en este libro serían suficientes para mostrar los episodios más significativos del poeta, tanto en su época de esclavo como en la posterior a su libertad. Entre éstos figuran «La esclava ausente» y «La visión del poeta compuesto en un ingenio de fabricar azúcar», poemas antiesclavistas ambos, que no llegaron a publicarse en el momento de su composición. Se sabe que Azcárate copió las obras de Manzano no sólo porque el cuaderno lleva su nombre, sino porque su nieto Rafael Azcárate Rosell menciona que su abuelo tenía la costumbre de copiar con frecuencia literatura abolicionista tanto cubana como extranjera:

> Antes de su matrimonio, cuando Nicolás cortejaba a María Luisa, la cual también era abolicionista, le regaló un álbum, escrito todo, contra la esclavitud. Azcárate, además de pensamientos, redactados por sus amigos y la dedicatoria, que él mismo hizo, copió en él párrafos de la literatura más popular entonces entre los abolicionistas, toda del fondo democrático que en aquel tiempo, en Cuba, igual que fuera de ella, pugnaba con los intereses creados, y de la forma romántica en boga durante esa época (1939: 24).

La poca información que se conoce actualmente sobre la vida de Nicolás Azcárate nos llega por medio de esta biografía, publicada en La Habana en el año 1939. Además de datos biográficos de Azcárate, comprende papeles que él y su hermano Carlos habían guardado en el archivo de familia y otros que conservaban sus primos Fernando y Emilio Azcárate y Freyre de Andrade. A pesar del vínculo familiar, Azcárate Rosell se propone ser un fiel seguidor del método descriptivo y realizar un trabajo historiográfico serio sobre la vida de su abuelo. Apunta que su abuelo mostró siempre una especial curiosidad intelectual entre los miembros de su familia y destacó tempranamente en el campo de las ideas. En 1847, cuando contaba con tan sólo 19 años, fundó en la casa de sus padres en La Habana una pequeña sociedad intelectual, a la que

---
[18] Véase Remos 1945: 1, 533.

denominó Academia de Estudios. Azcárate era el director de dicha Academia, José Ignacio Rodríguez el secretario y Francisco Fesser el tesorero. Uno de los propósitos de la sociedad era recoger libros para que formaran parte de una biblioteca colectiva y que los estudiantes pudieran acercarse a diversos aspectos de la cultura cubana.

Azcárate perteneció, además, a una asociación cuyos miembros renunciaban a ser amos de esclavos, y puso en libertad a la esclava de su esposa una vez contrajo matrimonio con María Luisa Fesser y Diago, el primero de abril de 1857. Tras la muerte de sus padres, María Luisa y sus hermanos decidieron manumitir a los 28 esclavos que habían heredado, acto que se llevó a cabo en la nochebuena de 1864. Dicha acción fue recibida con desconcierto e indignación por algunos defensores de la esclavitud, y exigieron al capitán general Dulce la encarcelación o deportación de todos los Fesser.

Con el objetivo de crear una sociedad cultural, Azcárate fundó el Liceo de Guanabacoa el 24 de febrero de 1861; un círculo cultural que pronto se convertiría en el centro de la intelectualidad cubana. Las aportaciones de Azcárate ayudaron a abrir el camino del desarrollo de la cultura nacional, que contaba también con la participación de la mujer. Con motivo de la conmemoración del primer aniversario del Liceo, en la cual se inauguró también un pequeño teatro, Azcárate animó a la poeta María de Santa Cruz a que leyera sus versos en la tribuna. Cabe afirmar por tanto que al igual que Del Monte había rescatado de los márgenes la voz del esclavo, Azcárate hizo un esfuerzo parecido décadas después, con la reivindicación de la voz femenina en la esfera pública.

Elegido presidente de la sección literaria del Liceo, el gobierno colonial acusó a Azcárate y los participantes en estas tertulias de conspirar contra España, de manera similar a como había ocurrido con la sección de literatura de la Sociedad Patriótica de Amigos del País. Su profundo interés en promover la cultura cubana le llevó a iniciar un círculo literario en su casa de Guanabacoa, conocido con el nombre de «Noches Literarias», donde los escritores más conocidos de la época se reunían para leer, comentar e incluso representar sus obras. Con estas palabras describe Azcárate Rosell las tertulias en casa de su abuelo:

> En aquellas reuniones se hacía música, se recitaban versos o se leían composiciones en prosa, se representaban comedias, compuestas a veces por los asistentes, y Nicolás, que tenía especiales disposiciones para las tablas, era uno de los actores; leían sus autores trabajos preparados de antemano, o improvisados; y quedaban abiertas discusiones sobre toda clase de temas científicos o literarios. Desde luego que la literatura y la filosofía han estado siempre relacionadas con la política, y ambas eran armas usadas por los cubanos para atacar de manera indirecta, pero bien visible, al gobierno colonial (1939: 48-49).

A estas reuniones asistía una amplia gama política de intelectuales abolicionistas, algunos separatistas, otros reformistas o autonomistas, pero ninguno integrista o defensor del régimen colonial. También había entre los contertulios participantes de diferentes niveles económicos y creencias religiosas. Entre ellos se encontraba el escritor Anselmo Suárez y Romero, cuya novela y reproducción de la autobiografía de Manzano conocía Azcárate[19].

Otro miembro de la tertulia era Antonio Zambrana, quien recordaría así las dos horas en que Suárez y Romero estuvo leyendo su novela *Francisco* durante una de las «noches literarias» de 1862:

> Aquello no tenía la intención de ser un poema, tenía el propósito de ser una acusación. La acusación contra un hombre por lo pronto, y en el fondo –y acaso sin advertirlo– la acusación de un gran crimen nacional. El que era un niño no tiene bastante confianza en su discernimiento de entonces para apreciar el valor artístico del relato. De lo que está seguro es de que comenzó a llorar poco después de haberse empezado la lectura, y de que cuando se hubo concluido lloraba todavía[20].

A comienzos de la Guerra de los Diez Años (1868-1878) Zambrana se uniría a las fuerzas rebeldes, y redactaría con Ignacio Agramonte la nueva constitución cubana. Zambrana fue también representante del gobierno cubano en Chile, y allí escribió una versión más desafiante de la novela de Suárez y Romero conocida bajo el título de *El negro Francisco* (1973)[21].

Si las tertulias delmontinas ayudaron a promover la naciente literatura cubana a comienzos del siglo XIX, las «Noches Literarias» de Azcárate tuvieron el mismo impacto décadas después. Se podría, por tanto, afirmar que con su participación en este tipo de asociaciones y reuniones el joven Azcárate pasó a convertirse en el continuador de las ideas reformistas y los propósitos educacionales de Domingo del Monte. De hecho, Azcárate Rosell revela que Del Monte y su abuelo eran íntimos amigos, y que el maestro murió en los brazos del joven discípulo.

---

[19] Las siguientes palabras de Azcárate Rosell muestran que Suárez y Romero era una figura valiosa para su abuelo: "Este Anselmo Suárez fue uno de los prosistas que más se distinguieron en nuestra tierra durante el siglo XIX. Brilló como cantor de la naturaleza cubana; y, ferviente abolicionista, dedicó su principal esfuerzo a la defensa de esa idea. Refiere de él, Azcárate, que era un hombre tan bueno amigo como sincero en todos sus actos; acostumbraba asistir a las defensas que Nicolás hacía ante los tribunales; y si encontraba en sus discursos algún defecto de forma o estilo, se lo hacía notar francamente, y a los consejos y advertencias de Anselmo atribuyó Azcárate mucha parte en sus triunfos forenses" (1939: 84).
[20] Zambrana 1953: 5.
[21] Para un estudio de esta obra véase Luis 1990: 46-50 y 63-66.

Azcárate recogió muchas de las composiciones en prosa y verso que se presentaron por primera vez en su casa y las publicó en dos tomos, en una edición de lujo bajo el título de *Noches Literarias en casa de Nicolás Azcárate* (1866)[22]. Dicho libro recogía los escritos originales que los autores habían entregado a Azcárate, y por tanto ninguno había sido corregido para ser ofrecido a un público lector. Sin embargo, no todos los trabajos se incluyeron en esta obra, ya que varios fueron suprimidos por el Sr. Censor de la imprenta.

Al igual que Del Monte, Azcárate había estudiado derecho y se había graduado de abogado en Madrid en 1854, un año después de la muerte de su mentor. De regreso a La Habana, Azcárate fundó por su propia iniciativa la *Revista de Jurisprudencia*, que tuvo como directores a Eduardo Fesser, José Manuel Mestre, Rodríguez y Azcárate. Dicha revista, conocida después con el nombre de *Revista de Administración, de Comercio, y de Jurisprudencia*, tuvo una existencia larga y un impacto notable en la vida cubana. Después de recibirse como abogado, Azcárate formó parte –al igual que Del Monte– de uno de los más famosos bufetes de La Habana, y participó en casos de gran importancia judicial, tanto a favor de individuos de altos recursos económicos como de pobres y esclavos. Los españoles y otros seguidores del sistema esclavista pensaban que Azcárate era un ardiente abolicionista y acertaban en su juicio. Fue electo miembro del Ayuntamiento de La Habana y ocupó el cargo de Síndico defensor de esclavos. Allí aceptó con valentía la causa de muchos esclavos que huían de los brutales castigos de sus amos, como lo había hecho muchos años antes el propio Juan Francisco Manzano. Por ejemplo, llevó el caso de una esclava acusada de matar a sus tres hijos ante la amenaza de que su amo los vendiera. También ayudó al esclavo J. Echemendía, que había dado muerte a su amo en defensa propia.

El gobierno español había tomado ciertas medidas para controlar los abusos de los esclavistas y el exagerado castigo que se imponía a estos desamparados. La Real Cédula del 31 de mayo de 1789, capítulo 8, menciona que el impugnado no debía recibir más de veinticinco latigazos, y había de utilizarse un instrumento blando para no causar al esclavo daño alguno de carácter per-

---

[22] El primer tomo contiene los trabajos de los siguientes autores: Luisa Pérez de Zambrana, Julia Pérez Montes de Oca, María de Santa-Cruz, Mercedes Valdés Mendoza, Juan de Ariza, José de Armas, Nicolás Azcárate, Isaac Carrillo y O-Farrill, Casimiro Delmonte, Eduardo Ezponda, Fermín Figuera, José Fornaris, Teodoro Guerrero, José S. Jorrín, José Socorro de León y Joaquín Lorenzo Luaces; y el segundo los de Saturnino Martínez, Rafael María de Mendive, Juan Muñoz y Castro, José Muñoz y García, Carlos Navarrete y Romay, Enrique Piñeyro, Felipe Poey, José Ignacio Rodríguez, Antonio Sellén, Anselmo Suárez y Romero, Alfredo Torroella, Antonio Enrique del Zafra, Ramón Zambrana y Juan Clemente Zenda. Véase Azcárate 1866.

manente[23]. Pero las leyes no eran suficientes para frenar el abuso del amo, y la posible venganza contra el siervo puso en duda la eficacia de las decisiones gubernamentales. Azcárate Rosell explica así los riesgos que corría el esclavo cuando se fugaba:

> Las leyes que podía usar eran muy relativas. En realidad, sus facultades consistían en que, si a un esclavo el amo lo trataba con crueldad excesiva, lo que llamaban entonces «servicia», el síndico podía hacerlo ingresar en uno de los depósitos que para eso había, y después obligar al dueño a que lo vendiera, si se encontraba un comprador más benévolo. Pero todo esto tenía el inconveniente de que estaba permitido al señor castigar al siervo, dentro de los límites establecidos por las leyes, y si la reclamación perdía, la venganza del amo, o, mejor dicho, del mayoral, era terrible (1939: 25).

La autobiografía de Manzano revela que el esclavo fue cruelmente castigado por su ama la Marquesa de Prado Ameno, y que recibía a menudo el castigo máximo de los veinticinco latigazos. Huyendo de las injusticias y los malos tratos, Manzano opta por escapar del ingenio y presentarse ante el Capitán General de la Isla de Cuba para reclamar la mencionada ley de «servicia». Manzano era consciente de las leyes de la época y manejó en su manuscrito el discurso legal con la perspicacia suficiente para protegerse de posibles denuncias. De hecho, la voz del escritor se pone en ocasiones en boca de un criado libre amigo de la familia. Dice el manuscrito copiado por Azcárate:

> «Hombre que tú no tienes vergüenza para estar pasando tantos trabajos: cualquier negro bozal está mejor que tú: un mulatico fino con tantas habilidades como tú, al momento hallará quien lo compre». Por este estilo me habló mucho rato, concluyendo con decirme, que llegando al Tribunal del Capitán General, y haciendo un puntual relato de todo lo que me pasaba, podía salir libre: me indicó el camino de la Habana, y me dijo por último que no fuera bobo, que aprovechara la primera oportunidad[24].

Manzano sabía que era peligroso huir de su ama, pero era un riesgo que tenía que tomar para poner fin a su sufrimiento. En la misma carta del 25 de junio de 1835 comenta a Del Monte su fuga, episodio con que pone punto final a su autobiografía: «Me abochorna el contarlo y no sé como demostrar los

---

[23] Véase Danger Roll 1979: 16-17. Véase también Ortiz 1975: 233 y 448.

[24] Para este estudio de la autobiografía he decidido transcribir el manuscrito de Manzano tal como lo copió Azcárate. Los fragmentos del manuscrito que cito se podrían comparar con aquellos que corresponden a las otras versiones de la vida de Manzano y con las correcciones del manuscrito autógrafo del esclavo que doy a conocer en este estudio.

hechos, dejando la parte más terrible en el tintero y ¡ojalá tuviera otros con que llenar la historia de mi vida, sin recordar el escesivo rigor con que me ha tratado mi antigua ama, obligándome o poniéndome en la forzosa necesidad de apelar á una arriesgada fuga para aliviar mi triste cuerpo de las continuas mortificaciones que no podía ya sufrir más!»[25].

Azcárate aprovechaba cualquier ocasión para denunciar los abusos del sistema esclavista y los crueles castigos que amos y mayorales imponían a sus esclavos. Prueba de ello es la carta que escribe al Gobernador Político, con fecha del 10 de abril de 1862, sobre el caso del negro Pastor, esclavo de don Miguel Embil. En ella Azcárate revela cómo Pastor fue cruelmente castigado sólo porque el esclavo no consintió que el mayoral del ingenio mantuviera relaciones adúlteras con su esposa. El jurista aprovechó además la ocasión para hacer públicos el maltrato que recibían los esclavos, el acuerdo que existía entre el amo y el mayoral para castigarlos y el derecho que el amo siempre poseía, fuera cierto o no, de acusar al esclavo de cimarronaje, como en el caso de Pastor. Azcárate obtuvo promesa de don Miguel Embil de no castigar más al esclavo y convenció a Pastor para que regresara al ingenio; pero convencido de que su amo no respetaría el juicio de las autoridades, Pastor volvió finalmente a presentarse ante el Gobernador en lugar de regresar a la finca. Abogando por la causa justa del esclavo, Azcárate hizo comunicar la noticia al Sr. Teniente Gobernador de Jaruco por medio del Gobierno Superior Civil, donde se había cometido la servicia, y atendió la primera instancia de cualquier fallo para tomar la defensa de Pastor con el mismo vigor y dedicación que merecía la causa de los desamparados.

El 24 de agosto de 1870 Azcárate viaja a Nueva York motivado por una conversación que mantuvo con su amigo Segismundo Moret, quien ocupaba la cartera de Ultramar bajo el gobierno del general Prim. Moret, el primer político español que se había declarado en contra de la esclavitud, pidió a Azcárate sus servicios para negociar con los insurrectos y poner fin a la guerra separatista. A cambio de la paz, los libertadores conseguirían amnistía general, la disolución del cuerpo de voluntarios y autonomía para el gobierno de la Isla. Las condiciones eran aceptables para Azcárate, quien condenaba las crueldades y ejecuciones de los voluntarios. Poco antes de su nombramiento como emisario, Azcárate comunicaba a Moret en una carta fechada el 18 de abril de 1870 una causa similar a la del presidente Lincoln y el general Carlos Manuel de Céspedes:

---

[25] Esta carta aparece en el cuaderno de Azcárate.

La esclavitud. Vea ud. que hasta La Época comienza a liberalizarse. La guerra, lejos de ser un obstáculo, ofrece un medio natural que Lincoln aceptó, y que Céspedes, el caudillo de la insurrección, ha imitado de Lincoln. Proclámese el principio; háganse libres sin indemnización los negros de los insurrectos; declárese que la Nación reconocerá el deber de indemnizar a los dueños que permanezcan leales; sin temor a la cuestión financiera, que la Isla misma dará medios para cumplir esa obligación; y yo creo firmemente que esta medida y las otras dos habrían de producir un resultado verdaderamente sorprendente (Azcárate Rosell 1939: 116).

Pero al llegar a Nueva York, Azcárate encontró algo muy diferente de lo que esperaba, ya que existía una discordia entre los dos grupos de emigrados cubanos: uno era fiel a las órdenes del general Quesada y el otro a las de la junta de Aldama y Mestre. Azcárate intentó cumplir con su misión negociando con los miembros de la junta; en su entrevista con Mestre, éste le informa que sólo los combatientes de la Isla podrían tomar la decisión de abandonar la lucha contra España. Para llevar a cabo la petición de Mestre, su amigo y contertulio de las «noches literarias», el poeta Juan Clemente Zenea, se ofreció a viajar a Cuba para hacer llegar al general Céspedes la oferta de Moret. Zenea llevaba para su protección un salvoconducto escrito por López Roberts, embajador de España en los Estados Unidos. Después de arribar a la Isla y hablar con Céspedes, el poeta se convenció de que el líder cubano no aceptaría las condiciones de Moret y decidió finalmente no presentar el mensaje. Mientras se efectuaba la visita, el general Prim había sido asesinado y Moret había decidido dejar el ministerio de Ultramar. Los españoles colonialistas y los voluntarios aprovecharon el cambio de cartera de Moret para desatenderse del salvoconducto de Zenea, encarcelarlo y, tras un juicio, condenarlo a muerte por traición. A pesar de sus esfuerzos, Azcárate no pudo salvar la vida de su amigo y lamentó su trágico final.

Azcárate y otros cubanos abolicionistas, tanto en la Isla como en el extranjero, eran conscientes de la política antiesclavista en Estados Unidos, país que para entonces ya había abolido la esclavitud. Azcárate conocía la literatura norteamericana antiesclavista y había leído el famoso libro de Enriqueta Beecher Stowe, *La cabaña del tío Tom*, que salió a la venta en 1852, el mismo año en que él había copiado los escritos de Manzano. De hecho, el álbum que regaló a su esposa María Luisa recoge una copia de la novela antiesclavista norteamericana.

Además de abolicionista, Azcárate era autonomista y demócrata; apoyaba un gobierno independiente elegido democráticamente, con una cámara legislativa y un gobernador que pudiera enviar representantes al congreso español. Había otras posiciones políticas y Azcárate y los autonomistas se encontraban en una posición intermedia, entre los partidarios de la colonia y los separatistas. A ello habría que sumar la postura del partido anexionista, cuya política propugnaba la unión de Cuba y los Estados Unidos.

Después del fracaso de su misión en los Estados Unidos, Azcárate regresó a España; poco después decidió retornar a La Habana, pero los integristas y voluntarios lograron que el Capitán General Caballero de Rodas le expulsara del país. De modo similar a lo que le ocurrió a Del Monte con el capitán general O'Donnell, Azcárate tuvo que sufrir una condena de exilio en México hasta que se firmó la paz de Zanjón, en 1878[26].

De regreso a La Habana, Azcárate continuó con su interés en la literatura cubana, fundando el mencionado Liceo de La Habana, cuya Sección de Literatura organizaba conferencias; entre ellas algunas de tanto relive como la dedicada al idealismo y el realismo en el arte, o el debate controversial sobre las ideas darwinistas, en boga en aquel momento en Cuba. Tiempo después Azcárate volvió a presentar reuniones culturales en su casa sobre aspectos de literatura cubana y extranjera, donde los autores leían, analizaban y criticaban obras inéditas, que nunca habían pasado por la censura del estado. Entre los participantes figuraban personalidades notables de la intelectualidad criolla como Manuel Sanguily, Juan Ignacio de Armas, José María Céspedes, Diego Vicente Tejera, José Fornaris, Álvarez Insúa, Eliseo Giberga, los dos Zuzarte, Mariano Ramiro y muchos otros más[27].

Las conversaciones literarias terminaron cuando comenzaron las veladas literarias para las mujeres. Sin embargo, Azcárate también llegó a contribuir a este nuevo campo que se abría en la literatura cubana, y fue electo presidente de la sociedad que promovía «la cultura de la mujer»[28]. Esta sociedad se transformó luego en un centro cultural conocido con el nombre del Nuevo Liceo de La Habana, cuyo presidente fue también Azcárate. El Nuevo Liceo tuvo un alcance desconocido para las otras sociedades. Las veladas y las fiestas eran de un lujo espectacular y los actos literarios celebraban las primeras presentaciones del poeta Julián del Casal y del prosista José de Armas y Cárdenas. Azcárate fue también presidente de otra sociedad, conocida como El Progreso de Jesús del Monte.

---

[26] Para una nota sobre el exilio de Del Monte, véase Luis 1990: 62.

[27] Véase Luis 1990: 212.

[28] Azcárate Rosell comenta que «se eligió una directiva de la que la mitad estaba compuesta de varones, y la otra de señoras o muchachas. Figuraron en ella: Varona, Brunz, José María Céspedes, Enrique Hernández Miyares, Bernardo Costales y Sotolongo y otros. Eligieron a Baralt director y a Azcárate presidente. La vicepresidenta era Martina Pierra de Poo; la tesorera, María Josefa Barnet, la cual escribía novelas; y fueron nombradas vocales Luisa Pérez de Zambrana y María Luisa Dolz» (1939: 214).

Acercándose a la última etapa de su vida Azcárate sufrió de arteriosclerosis, y murió el primero de julio de 1894 tras una erisipela gangrenosa en la pierna. Al siguiente día fue enterrado en la necrópolis de Colón, en La Habana.

Azcárate siguió los pasos de Del Monte, no sólo en su interés por la literatura y la cultura cubanas, sino también en su actitud y actividad abolicionistas; razones ambas que llevaron al joven discípulo a interesarse por la obra de Manzano. Cuando la Real Academia Española decidió preparar una antología de las obras poéticas más importantes de la Isla, en conmemoración del cuarto centenario del llamado descubrimiento de América, Azcárate, quien había sido nombrado presidente de la comisión, decidió incluir el soneto «Treinta años» y la oda «Una hora de tristeza» de Juan Francisco Manzano, así como «La tarde tropical» de Domingo del Monte (1939: 230).

Azcárate Rosell resume con estas palabras las ideas y actividades literarias de su abuelo, y su consecuente interés por la obra de Manzano:

> Aunque admiraba las bellezas del clasicismo, vió en el romanticismo una liberación, y más tarde hubo de prever otra aun mayor en la nueva literatura que alboreaba con Casal y Martí. Defendió al idealismo contra el naturalismo, pero situado en una posición intermedia, entre el ideal de lo bello y el de lo verdadero. Resumió su criterio artístico al entender que el arte no podía separarse de la verdad, que todo lo que fuera oropel y ficción debía desterrarse; pero que las cosas desprovistas de belleza bastante resaltaban por desgracia en la vida cotidiana [sic] para que pudieran ser el único objeto de la poesía, la novela y el teatro. Entendía que lo real estaba compuesto de cosas bellas o feas, y que en el terreno artístico lo original del sentimiento humano; y vió en el poeta al hombre más capacitado para revelar lo recóndito. Por eso ayudaba especialmente a aquellos en los que creía ver el sentimiento poético, ocultado por escasas oportunidades de revelación, y se interesó tanto por la primera composición defectuosa en la forma, pero que estimó inspirada en el fondo, de Saturnino Martínez; y cuando lo nombraron miembro de la comisión literaria, escogió a Manzano, el poeta esclavo, para dar a conocer sus méritos (1939: 230).

Demasiado joven para asistir a las famosas tertulias de Domingo del Monte, Azcárate tuvo la oportunidad de participar en las reuniones que el célebre crítico cubano organizaba en Madrid, donde Del Monte vivió los últimos años de su exilio político. La fecha del manuscrito que Azcárate copió corresponde a esta etapa de su vida, y es muy probable que fuera Del Monte quien permitió que el joven cubano tuviera acceso al texto, ya que le interesaba que circulara no el original del esclavo, también en su poder, sino la versión que Suárez y Romero había modificado.

Al trazar la historia del manuscrito original de Manzano, Roberto Friol informa que «estuvo primeramente en poder de Domingo del Monte; a su fallecimiento en 1853 pasó a la propiedad de su hijo Leonardo, y después a la de Vidal Morales, en cuya biblioteca permaneció hasta llegar a su destino actual [la Biblioteca Nacional José Martí]» (Friol 1977: 46). También sabemos que Leonardo vendió muchos de los libros de su padre; gran número de ellos figuran en el *Catalogue of the third part of the remarkable library collected in Spain, Cuba, and the United States by the family of Delmonte, consisting, with a few addenda, of numerous examples of rarest Spanish Americana... The whole to be sold by action, on the afternoon of Thursday, June 21st, 1888, and the morning afternoon of Friday, Junes 22nd., 1888... at the Leavitt Art Gallery.* Estos libros, que en su día pertenecieron a la biblioteca delmontina, fueron comprados por la biblioteca Sterling de la Universidad de Yale. Entre ellos se encuentra el manuscrito de Azcárate, una de las piezas más importantes que la universidad ha adquirido hasta el presente.

III. La proliferación textual de la vida de Juan Francisco Manzano

En el siglo XIX se dieron a conocer tres versiones de la autobiografía de Juan Francisco Manzano: la primera escrita por Manzano, la segunda corregida por Suárez y Romero y la tercera traducida al inglés por Madden. En la segunda mitad del siglo Francisco Calcagno consultó el manuscrito de Manzano y publicó un fragmento de éste en su libro *Poetas de color*. El manuscrito que Calcagno reprodujo en su libro está escrito en un español correcto y carece de faltas ortográficas. Existen otros dos manuscritos de Manzano reproducidos en el siglo XX: me refiero a la versión modernizada que Ivan Schulman preparó después de consultar la transcripción de Franco. Al igual que Suárez y Romero, Schulman corrigió la ortografía y la sintaxis de la autobiografía del esclavo sin tener a su alcance el manuscrito de Suárez y Romero. De esta manera, Schulman repitió el mismo esfuerzo que había realizado Suárez y Romero dos siglos antes, con la intención de hacer llegar a un público más amplio la vida del poeta esclavo. Pero este texto se aparta en ocasiones de la transcripción de Franco, ofreciendo la «propia» y también «nueva» versión del editor sobre los episodios autobiográficos de Manzano. Otro manuscrito manzaniano importante se encuentra en la edición autógrafa de Azougarh, crítico conocedor de las ediciones anteriores que ofrece una versión modernizada más acorde con el manuscrito original[29].

Es de gran interés para este estudio el manuscrito autógrafo de Juan Francisco Manzano que se encuentra en la Biblioteca Nacional José Martí, y que un siglo después José Luciano Franco transcribió de manera descuidada, sin respetar las dos voces que se incorporan en él. A diferencia de Franco, he preferido hacer una cuidadosa reconstrucción de dicho manuscrito, conservando las tachaduras y enmiendas del mismo para que el lector pueda apreciar la complejidad del texto y los variados intereses tanto del informante como de su corrector, que se sospecha fuera el mismo Suárez y Romero. Esta otra reconstrucción del texto manzaniano que se encuentra en la Biblioteca Nacional José Martí se reproduce en su totalidad en el Apéndice de este estudio. No obstante, a efectos de este análisis, usaremos la versión de Franco, conocida como el «original» de Manzano.

Para contrastar las múltiples interpretaciones de la vida de Manzano he cotejado las versiones del manuscrito con el fin de apreciar mejor las semejanzas y diferencias existentes en los episodios más significativos. Por ejemplo, en las primeras páginas del manuscrito original de Manzano, publicado por Franco y después reproducido en *Obras, Juan Francisco Manzano* (1972), el esclavo poeta narra lo siguiente:

> Cumplia yo ya seis años cuando pr. demasiado vivo mas qe. todos, se me enbió a la escuela en casa de mi madrina de bautismo trinidad de Zayas: traiaseme a las dose y de por la tarde pa. qe. mi señora me viera, la cual se guardaba de salir hasta qe. yo viniese pr. qe. de nó, echaba la casa abajo, llorando y gritando, y era presiso en este caso apelar a la soba la que nadien se atrevia la cual se guardaria nadie darme pr. qe. ni mis padres se hallaba autorisado pa. ella y yo, conosiendolo, si tal cosa me asian los acusaba. Ocurrió una vez qe. estando y muy majadero me sacudió mi padre pero resio; supolo mi señora y fue lo bastante pa. qe. no lo quisiera ver en muchos dias, hasta qe. a istansia de su confesor, el padre

---

[29] Azougarh explica su estudio de la siguiente manera: «Al proponernos facilitar la lectura de un texto de valor, tanto literario como histórico, nos hemos conformado con la corrección ortográfica. Se ha respetado el léxico del autor. Tratamos de regularizar la puntuación, casi inexistente en el manuscrito, y la ortografía dividiendo el texto en párrafos separando las oraciones (que no aparecen separadas en el texto manuscrito salvo contadas excepciones). En cuanto a la sintaxis (generalmente pobre, caracterizada por dudas en el uso del régimen preposicional, un uso excesivo y no siempre correcto del gerundio, etc.), no corregimos todos los casos para no aproximar demasiado el registro lingüístico del autor a la norma académica y con el afán de mantener cierto equilibrio entre lenguaje oral y lenguaje escrito del autor. En todo caso, fuera de las correcciones ortográficas, nuestra intervención quedará siempre marcada con corchetes: [] para lo añadido y <> para lo suprimido» (63).

Moya, Religioso de Sn Franco. le bolvió su grasia despues de enseñarle aquel apelar a los derechos de padre qe. a mi le correspondian como a tal y los que a ella como a y ella a los de ama, ocupando el lugar de madre; a la edad de dies años daba yo de memoria los mas largos sermones de Frai Luis de Granada y el numeroso concurso qe. visitaba la casa en qe. nasí, me oia los Domingos cuando benia de aprender a oir la santa misa con mi madrina, pues aun qe. en casa la avia pero no se me permitia oirla allí pr. el juguete y distraccion con los otros muchachos. Tenia ya dies años cuando instrido en cuanto podia instruirme una mujer por lo qe. hace a relijion todo el catesismo lo daba todo de memoria como casi todos los sermones de Frai L. de G. y ademas sabia muchas y relaciones, loas, y entremeses, y teoria regular y conosia las colocaciones de las piesas; me llebaron a la opera frasesa y vine remendado a algunos pr. cuyos medios aun qe. siempre eran mas pr. los sermones mis padres resivian de mi la porsion de galas qe. recojia en la sala[30].

Compárese este fragmento con la reconstrucción que he hecho del manuscrito autógrafo de Manzano:

Cumpl{i}a yo [ya] seis años cuando pr. demasiado vivo mas qe. todos, se me enbió a la escuela en casa de mi madrina de bautismo trinidad de Zayas: [se me traia] {**traiaseme**} a las dose y de {**por la**} tarde pa. qe. mi señora me viera, la cual se guardaba de salir has{**ta**} qe. yo viniese pr. qe. de nó, echaba la casa abajo, llorando y gritando, y era presiso en este caso [ape] apelar a la soba la cual se guardaria {**que nadie se atrevia**} nadien darme pr. qe. ni mis padres se hallaba autorisado pa. ella y yo, conosiendolo, si tal cosa me asian los acusaba. Ocurrió una vez qe. estando yo muy majadero me sacudió mi padre *pero* resio; *supolo mi* señora y fue lo bastante pa. qe. no lo quisiera ver en muchos dias, hasta qe. a istansia de su confesor, el padre Moya, Religioso de Sn. Fran.co le [bo] bolvió su grasia despues de apelar a {**enseñarle aquel**} los derechos {**y a mi**} de padre {**e correspondian como á tal los que á ella como á**} y ella a los de ama, ocupando el {**lugar**} de madre; a la edad de dies años daba yo de memorias los mas largos sermones de Frai Luis de Granada y el numeroso concurso qe. visitaba la casa en qe. nasí, me oia los Domingos cuando benia de aprender a oir la santa misa con mi madrina, [pues aun qe.] en casa la avia {**pero**} no se me permitia oirla allí pr. el juguete y *distraccion con los otros* muchachos. Tenia ya dies años cuando instrido en cuanto podia instruirme una mujer [en] {[} **por lo qe. hace a**} en relijion {**todo**} el catesismo [lo daba todo] de memoria [como] como casi todo los sermones de Frai L. de G. {**ademas sabia muchas y**} relaciones, loas, y entremeses, [ya] {**y**} cosia [bien] regular y conosia las colocasion de las piesas; [me] llebaron a la opera frasesa y vine remendando a algunos pr. cuyos medios aun qe. siempre era[n] mas

---

[30] Franco (ed) 1937: 34-35; Moliner (ed.) 1972: 5-6. Aquí y en otras partes he respetado la ortografía y sintaxis de las diferentes versiones.

pr. los sermones mis padres resivian de mí la porsion de galas qe. recojia en la sala[31].

Nótese que el manuscrito autógrafo contiene enmiendas y tachaduras. Algunas correcciones se encuentran en el renglón y otras sobre el renglón. Por ejemplo, entre corchetes [ ] se observarán frases, palabras y letras tachadas en el renglón, y entre llaves { } aquellas que se suprimieron sobre el renglón. En negritas se colocan las enmiendas; con negritas entre [ ] las que se incorporan en el renglón, y entre { } las que se insertan sobre el renglón. Los corchetes sin contenido indican alguna palabra o letra ilegible. Por último, el párrafo contiene algunas palabras o letras subrayadas, y éstas se reproducen tal como aparecen en el manuscrito, aunque algunas suelen aparecer subrayadas con más intensidad que otras. Franco, por su parte, mezcla lo tachado con lo añadido como si fuera parte de la misma escritura del esclavo, y a veces escoge entre uno u otro para darle mayor coherencia al manuscrito. La intervención del corrector brilla por su ausencia.

Regresemos al contenido de la autobiografía de Manzano. Ésta revela que la protección del ama permitió al esclavo gozar de ciertos privilegios, como asistir a la ópera y escuchar los largos sermones de Fray Luis de Granada que después memorizó. De la cita se deduce que Manzano hizo un extraordinario esfuerzo por cultivar su autodidactismo en un período en que la posibilidad de instruir a un esclavo era del todo inconcebible. Como se podría esperar de cualquier persona que no ha recibido una educación formal, la autobiografía de Manzano contiene numerosos errores ortográficos, debido al intento de ajustar la escritura a las pautas del discurso oral. El esclavo confunde en muchos casos las letras con los sonidos, como la «s» y la «c», la «g» y la «j» y la «v» y la «b». Respecto a la sintaxis, el fragmento que se cita es largo y contiene pocas pausas, escritura que aparenta representar el fluir de la conciencia, pues recoge varias ideas sueltas sin interés de organizarlas en diferentes párrafos. Esta técnica se encuentra ya cercana al *Ulises* del escritor irlandés James Joyce.

Obsérvese también el tono trágico y desgarrador de Manzano para hacer saber el afecto que sentía hacia su ama («echaba la casa abajo, llorando y gritando») y que resulta para algunos difícil de creer, mientras que para otros pone de manifiesto la estrecha relación que existía entre el esclavo y su ama. De ahí que en otras versiones se elimine esta parte, quizás porque Suárez y Romero y otros pensaron que no se ajustaba a la verosimilitud de los acontecimientos ni a los propósitos de la denuncia antiesclavista. También Manzano quiere hacernos creer que él es un esclavo muy peculiar, ya que su señora ejercía en

---

[31] Véase «Nuestra edición del manuscrito autógrafo de Juan Francisco Manzano» en el Apéndice de este estudio.

él una mayor autoridad que su padre biológico. De hecho Manzano acusa a su propio padre, y con esta acusación se distancia más de sus raíces y establece un vínculo mayor con su ama blanca (sustituta de la madre biológica), para después describir los injustos castigos que sufre bajo el cuidado de la Marquesa de Prado Ameno y justificar mayormente su petición de libertad.

Ya he mencionado cómo en la segunda mitad del siglo XIX Francisco Calcagno consultó el manuscrito de Manzano y publicó un fragmento de éste en su libro *Poetas de color*. Al no conocer la existencia de dos manuscritos redactados en español, Calcagno pensaba que había consultado el manuscrito original, razón por la que informa que éste se había escrito en 1839, que fue el año en que Suárez y Romero terminaba sus correcciones. El mismo fragmento es mucho más breve en la versión de Calcagno que en la de Franco, y como se ha mencionado, carece de faltas ortográficas:

> A los seis años, dice, por demasiado vivo me mandaron á la escuela en casa de mi madrina de bautismo, Trinidad de Zayas, á las doce y por la tarde me traian para que la señora me viera. De diez años daba de memoria los más largos sermones de Fray Luis de Granada, sabía tambien todo el Catecismo, y cuanto puede enseñar de religion una mujer, é infinidad de relaciones, loas, entremeses; cosia regular y conocía la colocacion de las piezas: de esa edad me pusieron á pupilo, con mis padrinos, llevando ya las primeras lecciones de sastre por mi padre (Calcagno (ed.) 1887: 53-54).

En la cita se corrige el lenguaje y existe una mayor coherencia y orden de las ideas. Esta nueva redacción, sin embargo, no refleja las dificultades que encuentra el esclavo en el uso de la escritura, un medio de expresión que el sistema esclavista había negado tanto a Manzano como a otros poetas pardos con habilidad para escribir y componer. Desde el punto de vista del contenido es de destacar que el párrafo de Calcagno carece de la misma información; no recoge las expresiones que describen cómo el padre de Manzano castigaba a su hijo y por qué el ama se negaba a reconocer la responsabilidad natural del padre para proteger, como señala Manzano, a «el niño de su vejez».

Por otro lado, el fragmento que Madden traduce al inglés aparenta seguir en contenido y longitud el manuscrito de Franco, aunque ambos se diferencian en la construcción:

> It would be tedious to detail the particulars of my childhood, treated by my mistress with greater kindness than I deserved, and whom I was accustomed to call «my mother». At six years of age, on account, perhaps, of too much vivacity, more than anything else, I was sent to school to my godmother every day at noon; and every evening I was brought to the house, that my mistress might see me,

who seldom went out without seeing me, for if she did, I roared and cried, and so disturbed the house, that sometimes it was necessary to send for the whip, which nobody dared to lay on me, for not even my parents were authorized to flog me, and I knowing this, often took advantage of it. On one occasion, being very bold, my father beat me, but my mistress hearing of it, did not allow him for many days to come into her presence, until he procured the intercession of her Confessor, the father Maya, a Franciscan, and then he was forgiven; after the latter had explained to him that my Senora, as mistress, and my father, as a parent, had each their respective direction of me.

At ten years of age, I learned by heart some of the longest sermons of Father Louis, of Granada, and the visitors who came to the house on Sundays, used to hear me repeat them when I came from the chapel, where I was sent with my godmother, to learn how to behave in church; because, although the service was performed every Sunday in the house, I was not permitted to be present, on account of the tricks I might have played with the other children.

I also knew my catechism well, and as much of religion as a woman could teach me, I knew how to sew tolerably, and to place the furniture in order. On one occasion, I was taken to the Opera, and received some presents for reciting what I heard, but many more of the sermons, and my parents got what I received in the drawing-room[32].

Al igual que ocurre en la versión de Calcagno, en el texto de Madden no puede apreciarse el inmenso esfuerzo que hizo el esclavo para escribir su testimonio, entre otras cosas porque las faltas ortográficas son difícilmente representables en la traducción. Además, el traductor intenta darle cierta lógica al párrafo original de Manzano y lo divide en tres partes. Igualmente la cita de Madden no revela el nombre de la madrina de Manzano, Trinidad de Zayas, y suprime la edad que tenía cuando aprendió el catecismo, información que se incluye en los fragmentos que reproducimos de los textos de Franco y de Calcagno. Este último fragmento –al igual que el de Calcagno– tampoco señala que Manzano fuera a la ópera francesa, ni que tuviera conocimiento alguno de relaciones, loas y entremeses. Asimismo, interpreta «conosia las colocaciones de las piesas» como que arreglaba los muebles de la casa, y dice que el padre Moya era franciscano, y no de San Francisco, como indica la edición de Franco.

La distribución en párrafos obedece a la necesidad del editor de poner «en orden» las ideas de Manzano de manera formal y académica, algo bien alejado de la intención del esclavo, bien porque no conociera las normas de la escritura o bien porque seguía las que se asocian con la tradición oral. La validez suprema de este orden impuesto en la escritura, que niega por completo

---

[32] En esta comparación me refiero a la edición de Madden reproducida por Mullen (1981: 81-82).

la redacción del manuscrito y sólo reconoce la corrección del mismo, resulta muy cuestionable.

La edición de Schulman es una versión corregida de la transcripción de Franco. El mismo fragmento se divide en tres párrafos y se reproduce de la siguiente manera:

> Cumplía yo ya seis años cuando, por ser demasiado vivo, más que todos, se me envió a la escuela en casa de mi madrina de bautismo, Trinidad de Zayas. Se me traía a las doce del día y por la tarde para que mi señora me viera, la cual se guardaba de salir hasta que yo viniese. De no ser así echaba yo la casa abajo, llorando y gritando, y era preciso en este caso apelar a la soba, a lo que nadie se atrevía. Todos se guardaban de dármela, pues ni mis padres se hallaban autorizados para ello, y yo que lo sabía, si tal cosa me hacían, los acusaba. Ocurrió una vez que, estando yo muy majadero, me sacudió mi padre, pero recio. Lo supo mi señora y fue lo bastante para que no lo quisiera ver en muchos días, hasta que, a instancias de su confesor, el padre Moya, religioso de San Francisco, le devolvió su gracia. Esto después de enseñarle a aquel los derechos de padre que conmigo le correspondían como tal, y los que le correspondían a ella como ama, ocupando el lugar de madre.
>
> A la edad de diez años daba yo de memoria los más largos sermones de Fray Luis de Granada, y el numeroso concurso que visitaba la casa en que nací me oía los domingos cuando venía de aprender a oír la Santa Misa con mi madrina. En la casa había misa, pero no se me permitía oírla allí, por el jugueteo y distracción con los otros muchachos.
>
> Tenía ya diez años cuando, instruido en todo cuanto podía instruirme una mujer en asuntos de religión, daba todo el catecismo de memoria, así como casi todos los sermones de Fray Luis de Granada. Sabía además muchas relaciones, loas y entremeses, teoría regular y la colocación de las piezas. Me llevaron a la ópera francesa y vine remedando a algunos, por lo cual, aunque siempre era más por los sermones, mis padres recibían de mí la porción de galas que recogía en la sala[33].

Al igual que el fragmento de Calcagno, el texto de Schulman está escrito en un español moderno, con un estilo correcto, donde se han eliminado ciertas repeticiones e incoherencias de Manzano. Nótese que sigue fielmente la edición de Franco y a veces copia, pero no aclara, el sentido de la oración; como en la mención de «teoría regular» que aparece hacia el final del párrafo arriba citado. Pero a diferencia del anterior, Schulman —y también Madden— divide el fragmento en tres párrafos, y hace un recuento de todos los hechos que Manzano había señalado en el manuscrito original. Tanto este corrector como

---

[33] Schulman (ed.) 1975: 59-60.

los otros intentan entender la vida del esclavo desde una perspectiva occidental y organizarla según los correspondientes criterios culturales. Azougarh, por último, ofrece la siguiente versión del fragmento manzaniano:

> Cumplia yo ya seis años cuando, por demasiado vivo, más que todos, se me envió a la escuela en casa de mi madrina de bautismo, Trinidad de Zayas. Se me traía a las doce y de tarde para que viniese; porque, de no, echaba la casa abajo, llorando y gritando, y era preciso en este caso apelar a la soba, la cual se guardaría nadien [en] darme porque ni mis padres se hallaba[n] autorizado[s] para ella; y yo, conociéndolo, si tal cosa me hacían, los acusaba. Ocurrió una vez que estando yo muy majadero, me sacudió mi padre, pero recio; súpolo mi señora y fue lo bastante para que me lo quisiera ver en muchos días, hasta que, a instancias de su confesor, el padre Moya, religioso de San Francisco, le volvió su gracia después de apelar a los derechos de padre y ella a los de ama ocupando el de madre.
>
> A la edad de diez años daba yo de memoria<s> los más largos sermones de Fray Luis de Granada; y el numeroso concurso que visitaba la casa en que nací me oía los domingos cuando venía de aprender a oír la Santa Misa con mi madrina, pues, aunque en casa la había, no se me permitía oírla allí por el juguete[o] y distracción con los otros muchachos.
>
> Tenía ya diez años cuando, instruido en cuanto podía instruirme una mujer en religión –el catecismo lo daba todo de memoria como casi todos los sermones de Fray L[uis] de G[ranada], relaciones, loas y entremeses–, ya cosía regular y conocía la colocación de las piezas. Me llevaron a la ópera francesa y vine remedando a algunos por cuyos medios, aunque siempre era más por los sermones, mis padres recibían de mí la porción de galas que recogía en la sala[34].

El cotejo de la versión de Azougarh con la de Franco pone de manifiesto que la primera tiene más elementos en común con aquellas que intentan recomponer el discurso del esclavo, expresado con mayor aflicción. Obsérvese que Azougarh corrige la gramática y que, al igual que Schulman, divide el fragmento que cita Franco en tres párrafos. Pero comparando la adaptación que ofrece Azougarh con las de Schulman y Franco se puede observar cómo el primero respeta mucho más no sólo las ideas de Manzano, sino también la manera en que el esclavo deseaba expresarlas. Azougarh es consciente de hacer un trabajo serio y documenta las añadiduras y omisiones con corchetes y flechas, como lo había indicado en la explicación a su edición. Además ofrece numerosas notas, aclarando las variantes que observa. Por ejemplo, en la frase «Se me traía a las doce y de tarde para que mi señora me viera», Azougarh escribe dos notas: una explicando «traía» («Verbo y pronombres tachados y

---

[34] Azougarh (ed.) 2000: 61-63.

sobre el renglón: 'traíseme'») y la otra «tarde» («Sobre el renglón: 'por la'. 'A las doce y por la tarde'. Suárez y Romero (MBNJM). 'a las doce del día y por la tarde'. Schulman, 'y de por la tarde'. Franco[35]»). La seriedad de su estudio nos confirma que el crítico ha consultado el manuscrito autógrafo de Manzano así como los de Franco, Schulman y Suárez y Romero; y que su versión se acerca más a la reconstrucción del manuscrito autógrafo que se cita arriba y se reproduce en el Apéndice a este estudio.

El texto copiado por Azcárate nos permite entender las diferentes versiones de la autobiografía, y permite además un mayor acercamiento a la vida del esclavo. Por eso me propongo comparar los fragmentos anteriormente citados con los que corresponden al texto de Azcárate.

> A los seis años, por demasiado vivo mas que todos, me mandaron á la escuela en casa de mi madrina de bautismo, Trinidad de Zayas; á las doce y por la tarde me traian para que la Sra. me viera, la cual se guardaba de salir, hasta que yo venia, porque de no, echaba la casa abajo llorando y gritando; y era preciso entonces apelar á la soba; que nadie se atrevia á darme, pues ni mis padres se hallaban autorizados para ello; y yo conociendoles, caso de que lo hiciesen, los acusaba. Sucedió una vez que estando muy majadero me sacudió mi padre, pero recio; súpolo mi Sra. y fue lo bastante para que no le quisiera ver en muchos dias, hasta que á instancias de su confesor, el Padre Moya, Religioso de S. Francisco, le volvió su gracia, despues qe. aquel le hizo ver que ella como ama, y mi padre como tal, tenian cada uno sus derechos respectivos.
>
> A los diez años daba de memoria los mas largos sermones de Fray Luis de Granada; y el numeroso concurso que visitaba la casa, me oia los domingos cuando venia de aprender á oir la santa misa con mi madrina, pues aunque en casa la habia no se permitia asistir á ella por el juguete y distraccion con los otros muchachos; sabia tambien todo el catecismo, y cuando puede enseñar de religion una muger; é infinidad de relaciones; loas, y entremeses; cosia regular y conocia la colocacion de las piezas. Llevaronme un dia a la opera francesa y vine remedando á algunos; por lo cual aunque siempre era mas por los sermones recibian mis padres las galas que recogia en la sala. Pero pasando por alto algunos otros pormenores de estos mis primeros días, en que todo fué felicidad, no omitiré sin embargo las circunstancias que acompañaron mi bautismo; que fui envuelto en el mismo faldellin con que se bautizó la Señora Da. Beatriz de Cárdensas y Manzano, que se celebró con harpa que la tocaba mi padre por música, con clarinete y flauta; y que mi Señora quiso marcar este dia con uno de sus rasgos de generosidad, coartando á mis padres en trescientos pesos á cada uno. Yo debí ser más feliz, pero, pase[36]!

---

[35] Azougarh 2000: 322, notas 43 y 44.

[36] Consúltese el manuscrito copiado por Azcárate y en particular las páginas 82-83. Reproduzco fragmentos del manuscrito tal como los redactó Azcárate, es decir, sin corrección alguna.

A primera vista, los fragmentos citados por Calcagno, Schulman y Azougarh se asemejan al de Azcárate en cuanto al dominio de la escritura en la autobiografía. Ahora bien: la cita de Calcagno es mucho más breve, debido quizás a que manejó una versión reducida del original, que fue la que reprodujo. Otra posibilidad puede ser que el editor realizara estos cambios estructurales y ortográficos sin informar al lector, aunque en su introducción prometiera que reproduciría con exactitud el manuscrito de Manzano. En una nota a pie de página Calcagno escribe lo siguiente: «Las frases entre comillas son tomadas de los 'Apuntes Autobiográficos, [sic] y los puntos suspensivos indicarán los trozos que saltamos»[37]. Sin embargo, el hecho de que este párrafo de Calcagno no contenga puntos suspensivos podría deberse a que el compilador u otra persona los suprimiera en esta parte.

El texto de Calcagno y el de Azcárate coinciden en la manera en que transcriben las mismas palabras y oraciones, salvo las que Calcagno eliminó. Asimismo puede pensarse en la posibilidad de que Calcagno y Azcárate tuvieran acceso al mismo manuscrito corregido por Suárez y Romero. Ahora bien, también cabe la posibilidad de que el texto de Azcárate sea una copia del manuscrito que consultó Calcagno de Suárez y Romero, y que este último alterara el texto.

Por otro lado, la referencia en el manuscrito original de Manzano en relación a su conocimiento de la «teoría regular» es sustituida en las versiones de Calcagno y Azcárate por «cosía regular», corrección que también se encuentra en la traducción de Madden y el texto de Azougarh. Es muy probable que Suárez hiciera el cambio porque conocía a Manzano y tal vez sabía que el esclavo conocía poco de teoría, aunque sí había aprendido a coser, como se menciona varias veces en otras partes de la autobiografía. También es probable que Franco se equivocara cuando transcribió el manuscrito. Obsérvese que en su edición entiende «teoría» por «cosía» y la palabra «bien» se encuentra tachada en el renglón y ésta es seguida por «regular».

También la edición de Schulman corrige la versión de Franco, y respeta las ideas de Manzano y el uso de ciertas palabras claves. Pero al no tener a su alcance el manuscrito original, Schulman reproduce los mismos errores que presenta la versión de Franco. Por ejemplo, escribe: «teoría reglar y la colocación de las piezas»[38]. Schulman le da al manuscrito la coherencia que Manzano en su condición de esclavo intentaba ofrecer, sin llegar a conseguirlo,

---

[37] Calcagno (ed.) 1887: 53, nota 1.
[38] Azougarh escribe lo siguiente sobre este error: «Schulman reproduce aquí un error de Luciano Franco. En una edición bilingüe y reciente de la *Autobiografía de un esclavo* (State University Press, Detroit, Michigan, 1996), la traducción al inglés propone: "I also knew many lengthly pasajes, short plays and interludes, dramatic theory, and stage sets"» (323).

al público lector. Azougarh, por su parte, hace lo mismo, pero su cuidadoso estudio respeta más la manera en que podía expresarse el esclavo.

Hay diferencias notables entre los textos de Franco, Schulman y Azougarh en relación a la versión de Azcárate. En primer lugar, el párrafo de Franco termina con los sermones que Manzano aprendía de memoria, su viaje a la ópera y la porción de galas que recibían sus padres gracias al talento del hijo. Pero en la versión de Azcárate ese párrafo se une a otro pasaje de mayor felicidad, ya que los amos de Manzano lo bautizan con el mismo faldellín de su ama, la Sra. Beatriz de Cárdenas y Manzano, mientras que ella coarta a los padres del esclavo. Esta información de suma fortuna para Manzano aparece en el texto de Franco en el siguiente párrafo. Con esta pausa Franco rompe el efecto climático de la escena que Azcárate pretendía conseguir con la sucesión de estos recuerdos emotivos en gradación ascendente.

Por otro lado, la traducción de Madden se redacta de acuerdo a las reglas gramaticales que corresponden al inglés formal de la época y las ideas que se reproducen se someten a la lógica de este otro idioma. Observemos también que la primera oración que cita Madden en su traducción no encabeza un nuevo párrafo, como ocurre en el manuscrito de Azcárate, sino que se incorpora al párrafo anterior y por tanto propone otra lógica para las ideas de Manzano. En cuanto a la distribución textual, tanto Schulman como Madden dividen en tres partes el párrafo del original de Manzano, mientras que Azcárate lo divide en dos. Este último da a conocer el nombre de la madrina de Manzano, Trinidad de Zayas, así como la edad del esclavo cuando aprendió el catecismo y el tipo de ópera al que asistía. Además, Madden no traduce «teoría regular» sino «cosía regular» (*to sew tolerably*). De todo esto se deduce que la traducción de Madden sigue con más precisión la versión de Suárez y Romero y el manuscrito que reprodujo Azcárate.

Hay otras diferencias entre las múltiples versiones de la autobiografía que podrían atribuirse no a Manzano sino a los correctores del manuscrito. Por ejemplo, Franco reproduce un pasaje que se refiere a una etapa de sufrimiento en la vida del esclavo y que ofrece la siguiente información:

> [...] Desde mis dose años doi un salto hasta la de catorse dejando en su inter medio algunos pasaje en qe. se berificaba lo instable de mi fortuna. se notará en la relasion esta dicha qe. no ai epoca fijas pero era demasiado tierno y solo conservo unas ideas bagas pero la verdadera istoria de mi vida empiesa desde 189 [sic] en qe. empesó la fortuna a desplegarse contra mi hasta el grado de mayor encarnizamiento como beremos.
>
> Sufria pr. la mas leve maldad propia de muchacho, enserrado en una carbonera sin mas tabla ni con qe. taparme mas de beinte y cuatro oras yo era en estremo medroso y me gustaba coer mi carsel como se puede ber todavia en lo

mas claro de medio dia se necesita una buena bela pa. distinguir en ella algun objeto aqui despues de sufrir resios azotes era enserrado con orden y pena de gran castigo al qe. me diese ni una gota de agua, lo qe. alli sufria aquejado de la ambre, y la se, atormentado del miedo, en un lugar tan soturno como apartado de la casa, en un traspatio junto a una caballeriza, y un apestoso y ebaporante basurero, contigua a un lugar comun infesto umedo y siempre pestifero qe. solo estaba separado pr. unas paredes todas agujereadas, guarida de diformes ratas qe. sin sesar me pasaban pr. en sima tanto se temia en esta casa a tal orden qe. nadie nadie se atrebia a un qe. ubiera collontura a darme ni un comino yo tenia la cabeza llena de los cuentos de cosa mala de otros tiempos, de las almas aparesidas en este de la otra vida y de los encantamientos de los muertos, qe. cuando salian un tropel de ratas asiendo ruido me paresia ber aquel sotano lleno de fantasmas y daba tantos [...]»[39].

La edición de Calcagno repite la misma información, pero a diferencia de la de Franco no comienza a la mitad del párrafo, sino al principio:

Pero la verdadera historia de mi vida empieza desde los catorce años de edad, en que la fortuna se desplegó contra mi hasta el grado de mayor encarnizamiento, como veremos: por la más leve maldad propia de un muchacho, me encerraban por más de veinte y cuatro horas en una carbonera; era yo en estremo miedoso y me gustaba comer; mí cárcel, como puede verse todavía, era tan oscura que en lo más claro del medio dia se necesitaba vela para distinguir en ella los objetos. Allí, despues de llevar récios azotes, me ponian con órden, so pena de gran castigo, al que me diese una gota de agua; lo que sufría aquejado del hambre y de la sed, atormentado del miedo en un lugar tan sóturno como apartado de la casa, en el traspatio, junto á la caballeriza, á un espantoso y evaporante basurero, y á un lugar comun infecto, húmedo y siempre pestífero, que sólo estaba separado por sus paredes, todas agujereadas, guarida de diformes ratas que sin cesar me pasaban por encima... tanto se temia en esta casa a tal orden que nadie nadie se atrebia a un que ubiera collontura a darme ni un comino yo tenia la cabeza llena de los cuentos de cosa mala de otros tiempos, de las almas aparecidas en este mundo y de los encantamientos, y por eso cuando aparecía un tropel de ratas asiendo ruido me parecía ver aquel sótano cundido de fantasmas, y daba tantos gritos pidiendo misericordia que entónces me sacaban de allí y me crucificaban á zaetazos [...] (Calcagno (ed.) 1887: 55).

---

[39] Franco (ed) 1937: 38; Moliner (ed.) 1972: 8-9. El lector cuidadoso observará que en el manuscrito autógrafo de Manzano no existe un párrafo que comience con la palabra «sufría», como señala Franco. Al contrario, esta sección se encuentra en el párrafo que empieza con la palabra «tendría».

Al igual que la transcripción de Franco, la traducción de Madden empieza a la mitad del párrafo y continúa narrando una serie de hechos en otros párrafos:

> [...] From this age, I passed on without many changes in my lot to my fourteen year; but the important part of my history began when I was about eighteen, when fortune's bitterest enmity was turned on me, as we shall see hereafter.
> For the slightest crime of boyhood, it was the custom to shut me up in a place for charcoal, for four-and-twenty hours at a time. I was timid in the extreme, and my prison, which still may be seen, was so obscure, that at mid-day no object could be distinguished in it without a candle. Here after being flogged I was placed, with orders to the slaves, under threats of the greatest punishment, to abstain from giving me a drop of water. What I suffered from hunger and thirst, tormented with fear, in a place so dismal and distant from the house, and almost suffocated with the vapours arising from the common sink, that was close to my dungeon, and constantly terrified by the rats that passed over me and about me, may be easily imagined. My head was filled with frightful fancies, with all the monstrous tales I had ever heard of ghosts and apparitions, and sorcery; and often when a troop of rats would arouse me with their noise, I would imagine I was surrounded by evil spirits, and I would roar aloud and pray for mercy [...] (Mullen (ed.) 1981: 83-84).

Como se espera, la versión de Schulman corrige la de Franco pero comienza con su propio párrafo y se transcribe de la siguiente manera:

> Desde mis doce años doy un salto hasta la edad de catorce. Paso por alto algunos pasajes en los que se verificaría lo inestable de mi fortuna. Se habrá notado en la relación ya dicha que las épocas no están bien fijadas, ya que era yo demasiado tierno y sólo conservo unas ideas vagas. Como veremos, la verdadera historia de mi vida no comienza sino a partir de 1809, en que empezó la fortuna a desplegarse contra mí hasta el grado de mayor encarnizamiento.
> Por la más leve maldad de muchacho me encerraban por veinticuatro horas en una carbonera sin tablas y sin nada con que taparme. Yo era en extremo medroso y me gustaba comer. Como se puede ver todavía, para distinguir un objeto en mi cárcel, en lo más claro del mediodía, se necesitaba una buena vela. Aquí, después de sufrir recios azotes, era encerrado con orden y pena de gran castigo al que me diese siquiera una gota de agua.
> Tanto se temía en esta casa a tal orden, que nadie, absolutamente nadie, se atrevía, aunque hubiera coyuntura, a darme ni un comino. Lo que en esa cárcel sufrí aquejado del hambre y la sed, y atormentado del miedo.
> Era un lugar tan soturno como apartado de la casa, en un traspatio junto a una caballeriza y junto a un apestoso y evaporante basurero, contiguo a un lugar común tan infestado como húmedo y siempre pestífero, separado de

él sólo por unas paredes, todas agujereadas, guarida de deformes ratas que sin cesar me pasaban por encima. Yo que tenía la cabeza llena de cuentos de cosas malas de otros tiempos, de las almas aparecidas aquí de la otra vida, y de los encantamientos de los muertos, cuando salía un tropel de ratas haciendo ruido me parecía que estaba aquel sótano lleno de fantasmas (Schulman (ed.) 1975: 63-64).

Al igual que el texto de Schulman, el de Azougarh comienza con su propio párrafo, y dice así:

> Desde mis doce años doy un salto hasta la [edad] de catorce dejando en su intermedio algunos pasajes en que se verifica lo instable de mi fortuna. Se notará en la relación ésta dicha que no hay épocas fijas, pero era demasiado tierno y sólo conservo unas ideas vagas. Pero la verdadera historia de mi vida empieza desde 189, en que empezó la fortuna a desplegarse contra mí hasta el grado de mayor encarnizamiento, como veremos.
> Sufría por la más leve maldad propia de muchacho encerrado en una carbonera, sin más tabla ni con que taparme, más de veinte y cuatro horas. Yo era en extremo medroso y me gustaba comer. Mi cárcel, como se puede ver todavía, en lo más claro de[l] mediodía, se necesita una buena vela para distinguir en ella algún objeto. Aquí, después de sufrir recios azotes, era encerrado con orden y pena de gran castigo al que me diese ni una gota de agua. Lo que allí sufría aquejado de el hambre y la sed, atormentado del miedo en un lugar tan soturno como apartado de la casa, en un traspatio junto a una caballeriza y un apestoso y evaporante basurero, contigua a un lugar común infesto, húmedo y siempre pestífero, que sólo estaba separado por unas paredes, todas agujereadas, guarida de deformes ratas que sin cesar me pasaban por encima. Tanto se temía en esta casa a tal orden que nadie, nadie, se atrevía, aunque hubiera coyuntura, a darme ni un comino. Yo tenía la cabeza llena de los cuentos de cosa[s] mala[s] de otros tiempos (de las almas aparecidas en este [mundo] de la otra vida, y de los encantamientos de los muertos) que cuando salía <n> un tropel de ratas haciendo ruido me parece ver aquel sótano lleno de fantasmas y daba tantos gritos pidiendo a voces misericordia entonces me sacaba (Azougarh (ed.) 2000: 69-70).

Azcárate copia la versión de Suárez y Romero tal como la damos a conocer:

> [...] Desde esa edad doy un salto hasta la de catorce, dejando en su intermedio algunos pasages en que se verifica lo inestable de mi fortuna. Se notará en la relacion anterior que no hay épocas fijas porque era demasiado tierno y solo conservo ideas vagas; pero la verdadera historia de mi vida, empieza desde 18..9 en que la fortuna se desplegó contra mí hasta el grado de mayor encarnizamiento, como veremos.

Por la mas leve maldad propia de muchacho me encerraban por mas de veinte y cuatro horas en una carbonera. Era yo en estremo miedoso y me gustaba comer; mi carcel como puede verse todavia, era tan oscura que en lo mas claro del medio-dia se necesitaba vela para distinguir en ella los obgetos; aquí despues de llevar recios azotes me ponian con orden y pena de gran castigo al que me diese una gota de agua, lo que sufria aquejado del hambre y la sed, atormentado del miedo, en un lugar tan soturno como apartado de la casa, en el traspatio junto á la caballeriza, á un apestoso y evaporante basurero, y á un lugar-comun infecto, humedo y siempre pestífero, que solo estaba separado por unas paredes todas agugereadas, guaridas de disformes ratas, que sin cesar me pasaban por encima, lo que sufría con todo esto, bien puede imaginarse. Tanto se temía en la casa aquella orden que nadie se atrevía, aunque hubiera coyuntura a darme un comino. Tenía la cabeza llena de los cuentos de cosa mala de otros tiempos, de las almas aparecidas en este mundo del otro y de los encantamientos: y por eso cuando salía un tropel de ratas haciendo ruido me parecía ver aquel sótano cundido de fantasmas, y daba tantos gritos pidiendo misericordia que entonces me sacaban de allí y me crucificaban a saetazos: luego me encerraban otra vez guardándose la llave en el cuarto mismo de la Señora (81-82).

Si comparamos los fragmentos citados con la versión de Azcárate notamos que hay una semejanza entre ésta y la de Franco en tanto que ambas comienzan no al principio del párrafo sino a la mitad del mismo. Asimismo, las versiones de Schulman, Calcagno y Azougarh coinciden en que todas empiezan con su propio párrafo, aunque cada uno termine de diferente manera.

La versión de Azcárate establece una relación más directa con la de Calcagno, y menos con las de Franco, Schulman y Azougarh; las primeras dos comparten las mismas palabras y ortografía. Pero la misma comparación sugiere que si el texto de Azcárate es una copia del texto que consultó Calcagno, entonces Calcagno, o no copió bien, o alteró algunas palabras, oraciones y párrafos. Esta observación nos ayuda a explicar por qué la cláusula «como veremos» termina con dos puntos en vez de un punto y aparte, para después comenzar con el párrafo: «Por la más leve maldad…». Obsérvese también que Calcagno corrige la ortografía de algunas palabras. Por ejemplo, Calcagno escribe «objetos» y «agujereadas», mientras que la versión de Azcárate dice «obgetos» y «agugereadas». Calcagno comienza una nueva oración con la palabra «Allí», mientras Azcárate no reproduce ni tal palabra ni tal oración, sino que inserta el signo ortográfico de punto y coma («;») y continúa la frase con el adverbio «aquí». Además, Calcagno escribe: «me ponian con órden, so pena de gran castigo»; Azcárate, en cambio, transcribe: «me ponian con orden y pena de gran castigo». A su vez, Calcagno suprime el guión entre las palabras «medio día» y «lugar común», e inserta puntos suspensivos después de la claúsula «me crucificaban á zaetazos...», mientras que Azcárate reproduce dos puntos para continuar con la frase «luego me encerraban otra vez». Alejándose de las versiones de Franco y de Azcárate, el fragmento que citamos del texto de Calcagno sólo se reproduce en un párrafo.

Si la versión que cita Calcagno en su *Poetas de color* proviene del manuscrito intitulado *Apuntes autobiográficos* de Juan Francisco Manzano, los fragmentos que reproduce no son del original del esclavo, sino de la versión de Suárez y Romero. La prueba de que tanto la copia de Azcárate como la de Calcagno provienen de un mismo manuscrito se encuentra al final de la autobiografía; ambos citan la misma nota indicando que la segunda parte nunca se escribió: «Esa segunda parte no llegó a escribirse» (Calcagno (ed.) 1887: 61). Calcagno explica después que sí se escribió y que Suárez y Romero se la entregó a Ramón de Palma y éste la extravió. Esta nota no aparece en la transcripción de Franco ni en la versión de Azougarh, pero sin duda fue incluida por una de las personas que intervino en el manuscrito de Manzano.

Es preciso señalar que en *Poetas de color* Calcagno copió lo que había escrito en su *Diccionario biográfico cubano*, repitiendo de manera sistemática los mismos errores. Calcagno hace referencia en su *Diccionario* al manuscrito de Manzano, pero no menciona los errores gramaticales del original. Es más, dicha ausencia sugiere inadvertidamente que Manzano tenía un buen dominio de la gramática española, causando en el lector una impresión errónea del manuscrito «original» y de las destrezas en la escritura no adquiridas por el esclavo poeta. Reproduzco sus palabras: «*Apuntes autobiográficos*, 1839, modelo de estilo sencillo y pintoresco, aunque inéditos en la lengua del original, fueron traducidos al inglés por M. Richard Madden, en Londres, 1840»[40]. La cita muestra que Calcagno desconocía la existencia del manuscrito original de Manzano y por eso debió confundir la versión de Suárez y Romero con el primero.

Hay otros cambios que deberíamos observar con respecto a la traducción de Madden. Por ejemplo, en su texto Madden se refiere a la edad de Manzano; primero señala que tenía doce años, después catorce, tal como se aprecia en las versiones en español. Pero Madden también reproduce el número dieciocho para referirse a la edad del esclavo, cifra que no se recoge en las otras versiones. Sin duda Madden interpretó el número 189 en la versión de Franco, o 18..9 en la de Suárez y Romero, no como una fecha incompleta sino como la edad de Manzano. En su versión Schulman escribe el año 1809 y lo explica de la siguiente manera: «La edición de Franco dice '189'. Pero, si calculamos a base de lo que más adelante afirma Manzano: 'La amarga vida

---

[40] Calcagno 1878: 403.

que he traído desde los trece o catorce años', deberá ser 1809 ó 1810»[41]. Al igual que Schulman, Azougarh ofrece la siguiente nota aclaratoria: «Debe tratarse de 1809»[42]. La fecha incompleta 189 ha sido suprimida en el texto de Calcagno.

Es evidente que Suárez y Romero corrigió la autobiografía escrita por Manzano; ésta fue la versión que se llevó Madden a Inglaterra y que tradujo al inglés[43]. Como hemos visto, el texto de Madden y el de Azcárate narran los mismos eventos y en el mismo orden. Este juicio se confirma con otros ejemplos. En un párrafo la traducción de Madden dice que la «Marquesa de J» (Jústiz) no permitía que Manzano jugara con los otros negritos de la hacienda (Mullen (ed.) 1981: 82). La transcripción de Franco menciona a la «señora Marquesa Justis» (Franco (ed.) 1937: 37; Moliner (ed.) 1972: 8) sin la preposición «de», aunque en otras partes aparece como se había escrito en la traducción. Azcárate copia el nombre con el posesivo y escribe «la Marquesa de Justiz» (81), igual que como lo traduce Madden en su texto. Como traductor e investigador de su versión, Madden decide ocultar la identidad de la marquesa y sólo revela la inicial «J».

En el próximo párrafo dice Manzano que le escribía versos a una mulata que se llamaba Serafina. Menciona Madden que estos versos fueron escritos «by stealth» (Mullen (ed.) 1981: 83). La versión de Franco dice: «yo las dictaba de memorias» (Franco (ed.) 1937: 38; Moliner (ed.) 1972: 8); la versión de Azcárate indica que Manzano había dictado los versos en secreto (Azcárate: 10), igual que la traducción de Madden. En el mismo párrafo Madden traduce: «From this age, I passed without many changes in my lot to my fourteenth year» (Mullen (ed.) 1981: 83). En la versión de Franco, Manzano había comenzado la oración con la edad de doce, como en la frase «Desde mis dose años…» (Franco (ed.) 1937: 38; Moliner (ed.) 1972: 8), mientras que en la de Azcárate no se menciona la edad de doce años, pero se confirma lo que había traducido Madden. Además, Azcárate empieza su párrafo cuando escribe: «Por la mas leve maldad propia de muchacho…», y Madden hace lo mismo cuando traduce: «For the slightest crime of boyhood, it was custom to shut me up in a place for charcoal» (Mullen (ed.) 1981: 83. Azcárate: 7). Sin embargo, Franco comienza su párrafo con el verbo para enfatizar el daño moral y físico del esclavo y reproduce: «Sufria pr. la mas leve maldad propia de muchacho» (Franco (ed.)

---

[41] Schulman (ed.) 1975: 112, nota 12.
[42] Azougarh (ed.) 2000: 324, nota 95.
[43] Mullen observa que la traducción de Madden es más corta que la versión en español y además nota que cada manuscrito presenta la vida del esclavo de diferentes maneras, pero quizá no se percatara de que Madden manejaba la versión de Suárez y Romero. Véase Mullen (ed.) 1981: 13.

1937: 38; Moliner (ed.) 1972: 9). Como hemos visto, el verbo «sufrir» desaparece en las versiones de Suárez y Romero y Madden.

Por último, después de llevar a Manzano a casa de la Sra. doña Joaquina, ella «treated him like a white child» que es una traducción de lo que escribió Azcárate: «lo trataba como un niño blanco» (Mullen (ed.) 1981: 83, Azcárate: 10). La transcripción de Franco suprime el adjetivo «blanco» y sencillamente dice: «me trataba como a un niño» (Franco (ed.) 1937: 37; Moliner (ed.) 1972: 8). Era obvio para cualquier individuo que viviera en la Cuba decimonónica que la palabra «niño» se refería a un niño blanco, ya que a los esclavos de corta edad no se les atribuía el calificativo de «niños» y se les identificaba por el color de la piel. Pero la versión de Azcárate aclara el tipo de niño, tal vez para que el lector extranjero entendiera que se trataba de un «niño blanco» (Azcárate: 81). Es probable que Suárez y Romero fuera consciente de que la versión que él estaba corrigiendo iba a ser entregada al abolicionista inglés, y que hubiera tenido la perspicacia de aclarar ciertas ideas que no eran sido necesarias para un lector hispanoparlante de aquella época. Recordemos que Madden llegó a La Habana en 1836, un año después de que se firmara el tratado entre Inglaterra y España sobre asuntos del tráfico de esclavos, y ocupó el cargo de Juez Árbitro en el Tribunal Mixto de Justicia hasta su regreso a Londres en 1840[44]. Madden viajó por la Isla buscando información sobre posibles infracciones de barcos negreros y fue en esa visita que Del Monte le entregó el cuaderno con documentos contra la esclavitud que el británico iba a presentar en la siguiente reunión de la Anti-Slavery Society.

Hay variaciones entre el manuscrito original de Manzano y la edición de Schulman. Una comparación entre estos dos textos muestra que la última versión también contiene cambios, y debería por tanto considerarse como si fuera otra reproducción de la autobiografía de Juan Francisco Manzano. Por ejemplo, en el párrafo antes citado Manzano informa que por simples travesuras de adolescente («por la más leve maldad propia de muchacho») sus amos lo castigaban encerrándolo en una carbonera. Al igual que Azcárate, Schulman elimina una palabra de vital importancia como lo es «sufria»; verbo que aparece en la versión de Franco y que se usa para comenzar el párrafo, haciendo mayor énfasis en el penoso estado de ánimo del esclavo[45].

---

[44] La información sobre Madden se encuentra en la sección «Madden's Cuban Experience» en el estudio de Mullen ((ed.) 1981: 7-13).

[45] Azougarh hace la misma observación: «Schulman da una versión eufemística al omitir tanto el verbo 'sufrir' –que encabeza la oración en el manuscrito autógrafo y en la edición de Franco– como el adverbio comparativo 'más': "Por la más leve maldad de muchacho me encerraban por veinticuatro horas en una carbonera sin tablas y sin nada con que taparme"» (Azougarh (ed.) 2000: 324, nota 96). En su estudio, Azougarh se dedica a señalar los cambios de Schulman

Existe otro cambio de contenido incluso más relevante: Manzano describe el ambiente mórbido y el olor pestilente de la carbonera, donde ratas deformes caminaban por encima de su cuerpo. Inmediatamente después los textos de Franco y Azcárate narran el temor que todos tenían a las órdenes de la marquesa, razón por la que nadie se atrevía a alimentar al desafortunado esclavo, «aunque hubiera coyuntura a darme un comino», sostiene Manzano. El texto de Schulman describe los mismos acontecimientos pero altera el orden y la distribución de las ideas, haciendo alusión a la falta de ayuda en el párrafo anterior y no donde se observa en la edición de Franco[46]. Este cambio resulta relevante, ya que, a diferencia de las versiones de Franco y de Azcárate, Schulman atribuye cierta lógica a las palabras de Manzano que atenúa la dimensión psicológica necesaria para apreciar los padecimientos del esclavo en el encierro. A esta referencia a la falta de víveres le sigue un cuadro de carácter impresionista con el cual describe su martirio percibido a través de los cinco sentidos. El esclavo percibe el olor infecto de la carbonera, escucha y siente el «tropel de ratas haciendo ruido» que pasa sobre su cuerpo, sufre la oscuridad del encierro y añora hambriento un triste trozo de pan que llevarse al estómago. En cambio, la edición de Schulman divide las mismas descripciones en dos párrafos, y rompe con el efecto pictórico-sensorial arriba mencionado.

El texto de Azougarh también merece algunos comentarios, ya que en su versión moderna del manuscrito autógrafo de Manzano inserta cambios formales y de interpretación, haciéndolo saber en copiosas notas. Aunque hay que reconocer su exhaustivo trabajo de investigación, Azougarh desconoce que el manuscrito de Calcagno proviene del de Suárez y Romero, ya que sus notas no reflejan los cambios que este último hizo en el manuscrito original de Manzano. De las 342 notas que comprende la edición, una gran mayoría hace referencia a los textos de Franco y Schulman, mientras que tan sólo doce

---

y por tanto a corregir el trabajo del crítico norteamericano. En su explicación de «Esta edición» Azougarh aclara esta idea: «No nos permitimos tampoco las libertades tomadas por Schulman (que señalamos en las notas que acompañan el texto de la Autobiografía) en su versión modernizada, basada en la transcripción de José Luciano Franco y no en el manuscrito autógrafo de Manzano. Además de reproducir los errores de Franco, Schulman agrega una que otra palabra, o incluso una oración que no existen en el manuscrito autógrafo, ni, por supuesto, en la transcripción de Franco. Cambia el orden de las oraciones, corrige la sintaxis y el léxico, omite palabras y a veces oraciones» (63).

[46] Azougarh pasa por alto esta observación, e incluye una nota después de la palabra «comino», no para aclarar los cambios que he señalado, sino para indicar un cambio en el texto original: «Aquí aparece una palabra tachada e ilegible» (324).

notas remiten a la versión de Suárez y Romero[47]. De estas doce notas, nueve se registran en la primera parte del manuscrito, y la última de éstas tiene que ver con la estadía de Manzano en la casa del señor Estorino, quien le enseñó algo de arte y con quien el esclavo aprendió a hacer títeres. Además, con el señor don José Fotón aprendió malabarismos tales como menear las orejas. En este pasaje Azougarh inserta la nota número 204 en la página 83, que informa de lo siguiente: «A partir de aquí, Suárez y Romero, en su transcripción, salta aproximadamente las ocho cuartillas manuscritas siguientes». La ausencia de las ocho cuartillas explicaría por qué no existe otra nota hasta la número 256 de la página 91, pasaje que explica el cuidado de Manzano al señor don José María de Peñalver: «Yo no sólo sabía templar el baño [...] sino que en toda la noche no pegaba mis ojos. La pasaba en vela...». Esta última oración no existe en el manuscrito, ni en la transcripción de Franco ni en la de Suárez y Romero (MBNJM)».

Regresemos a la nota 204 que señala la ausencia de ciertas páginas del manuscrito de Suárez y Romero. Si fuera éste el caso, cabría preguntarse cómo se explica que la nota anterior a la que acabo de mencionar sea la nota número 102 de la página 71, es decir, tan sólo ocho cuartillas antes de la nota explicativa número 204. La nota número 102 aparece en una sección en que Manzano cuenta las injustas razones de sus castigos, por ejemplo, el no haber oído la primera vez que se le decía algo o los llantos que no tenían explicación alguna. En esta época de su vida Manzano tenía trece o catorce años y esta nota número 102 aparece al lado de la palabra «tres» o «trece» y dice así: «Es un error según Suárez y Romero y Schulman quienes corrigen transcribiendo: "Desde la edad de trece a catorce años"».

Según Azougarh, él había consultado el manuscrito de Suárez y Romero. Sin embargo, de la lectura de sus notas surge la siguiente pregunta: si fue cuidadoso con los estudios de Franco y Schulman, ¿por qué razón hay tal escasez de notas referentes a la versión de Suárez y Romero, y cómo se explica la ausencia de las páginas señaladas? Si Azougarh hubiera realmente consultado el manuscrito de Suárez y Romero se habría dado cuenta de que existe un cambio en el manuscrito, pero no por falta de páginas, como él sugiere, sino porque dicho manuscrito ha sido alterado. Los cambios, como veremos más abajo, en efecto se dan, pero no donde los indica Azougarh, sino en la página 77, cerca de su nota número 150. En este pasaje Manzano se encuentra en La

---

[47] Algunas ideas preliminares acerca de los diferentes manuscritos en general y el de Suárez y Romero en particular fueron incorporadas a mi libro *Literary Bondage: Slavery in Cuban Narrative* (Luis 1990: 82-100). Parece que Azougarh no conoce este estudio, ni tampoco otros escritos en inglés sobre Manzano publicados en los Estados Unidos. Tampoco estudia la traducción de Richard Madden.

Habana, antes de partir para Matanzas, y su señora le da una moneda del nuevo cuño de Fernando VII para un mendigo. La nota de Azougarh se refiere al uso «acuño» de Schulman, pero no hace referencia a que los manuscritos de Manzano y de Suárez y Romero se diferencian en el orden de aparición de los distintos incidentes. Es probable que no faltaran páginas en el manuscrito que Azougarh consultó, por lo menos no hay ausencia de éstas en el manuscrito que se encuentra en la biblioteca de la Universidad de Yale. Lo que pudo ocurrir es que Azougarh observara que el manuscrito de Suárez y Romero narraba un incidente que aparecía más tarde en el manuscrito autógrafo de Manzano, y en vez de deducir que se encontraban en distintas partes del manuscrito, supuso que Suárez y Romero había prescindido de estos episodios.

IV. La reescritura de la autobiografía de Juan Francisco Manzano

En una carta fechada el 20 de agosto de 1839, Suárez y Romero explica a Domingo del Monte el trabajo que desempeñó al corregir la autobiografía de Juan Francisco Manzano. A causa de su importancia, he decidido reproducirla casi en su totalidad:

> Muy señor mío: aunque desde que vine apesar de haberle escrito ya, no he recibido ni memorias suyas, yo no me he olvidado de V: y la prueba es que ahí le remito por conducto de nuestro amigo Valle la Auto-biografía de Manzano[48] copiada y corregida. V me dirá si he desempeñado bien su encargo. En la ortografía y prosodia es donde más he tenido qe. enmendar, pues por lo que dice al estilo he variado muy poco el orijinal á fin de dejarle la melancolía con que fué escrito, y la sencillez, naturalidad y aun desaliño que le dan para mí mucho mérito alejando toda sospecha de que los sucesos referidos sean mentira y mentira que un pobre chino nos los contase para nuestra vergüenza. La vida de Manzano fué una cadena de infortunios: y preciso era que al escribirlos lo hiciese tristemente quien ya atesoraba el inestimable don de la poesia, que por lo regular nace en medio de las miserias. Encontrará V frases sobrado castizas; pero yo no tengo la culpa de eso, si el orijinal las tiene: otras anticuadas, y en muchos pasajes una soltura, una fluidez que encanta. Por donde quiera hallará V ternura y buenos sentimientos en el chino, que siendo causa de varios lances lastimosos, lo hacen á uno derramar lágrimas sin querer. Mi corazon, que tanto se hermana con las desgracias de esta clase de criaturas que por haber nacido

---

[48] Esta nota es del manuscrito y dice así: «El original se encuentra en la Biblioteca Nacional de La Habana (n. de J. LL.)».

esclavos se levantan llorando, comen llorando y duermen y hasta sueñan quizá llorando, puede V considerar cuanto no se habrá dolorido al copiar la historia de Manzano. Y á otros muchos que por acá la han leido les ha sucedido lo mismo ¡este es un triunfo, señor! esto merece una fiesta mas que la coronacion de los reyes! –Ya se ve! Esa historia fué escrita sin pretensiones de lucir, sin esclamaciones que picaran el amor propio de los blancos, en toda ella no se ve más que la pura y limpia verdad. ¡Qué escenas tan domésticas, tan propias de nuestra vida privada! Cómo corrije Manzano solo con la fuerza de los hechos la tirania de los amos! –Lástima, Sor Del Monte, que esta Autobiografía no se públique [sic]; pero dónde y cómo…? La primera parte es la que va copiada: la segunda dice V que la botó Palma, á quien de mi parte déle V las mas rendidas gracias «por tan eminente y señalado servicio á la causa más noble del mundo y á nuestra escasa literatura». –Para enmendar el esquisito cuidado de Palma, no pudiera V pedirle á Manzano que escribiera de nuevo la segunda parte de su historia? –Yo me comprometo á copiarla –el caso es completar los diamantes de tan rica joya[49].

En dicha carta Suárez y Romero menciona que está trabajando con el manuscrito original de Manzano y no con una copia del mismo, posiblemente corregida por otra persona. Por tanto, los cambios que se encuentran en la versión de Suárez y Romero se deberían atribuir a él mismo, aunque fueran pedidos, aprobados o enmendados por Del Monte.

Una comparación entre la autobiografía de Manzano y la versión de Azcárate revela que Suárez y Romero verdaderamente corrigió numerosos errores gramaticales cometidos por el esclavo poeta, y que realizó otros cambios relevantes. Por ejemplo, eliminó repeticiones, alteró el orden de las frases, creó párrafos y combinó otros que ya existían en el manuscrito original de Manzano.

Partiendo de la información que conocía sobre la vida del esclavo, Suárez y Romero interviene modificando el manuscrito, con vistas a ofrecer una lectura más asequible al receptor letrado. Por ejemplo, en el original Manzano recuerda en estilo indirecto las palabras de su padre: «mi madre se declaraba en estremo fecunda pues ya tenia yo un hermano qe. me segia otra qe. murio del mal llamado Blasa qe. no sé pr. qe. espesie de grasia nació libre mi padre se lamentaba qe. las cosas se ubiera hecho como se pactuó el estubiera contento mis dos hijos barones estan vivos y los otros dos vientres se han malogrado»[50]. En la cita Manzano se refiere a dos niños que mueren antes de nacer; no hay mención alguna de que alguno de ellos se llame Blasa, sino que menciona un mal o enfermedad llamado así. Luego Manzano explica que la señora le

---

[49] Figarola-Caneda; Llaverías; Mesa (eds.) 1930: IV, 81-82.
[50] Franco (ed.) 1937: 36; Moliner, I. (ed.) 1972: 6.

concedió la libertad al próximo embarazo de la madre del esclavo poeta, que había tenido mellizos de hermano y hermana.

Suárez y Romero podía corregir o perfeccionar esta información, ya que conocía personalmente a Manzano, así que modificó la cita de la siguiente manera. «Si las cosas se hubieran hecho como se pactaron, yo estaría contento, pero mis dos hijos vivos son esclavos; y Blasa que era libre se malogró». Estas palabras comunican la tristeza del padre de Manzano tras haber dado a luz su esposa a un hijo libre llamado Blasa, que moriría finalmente. Suárez y Romero no sólo corrigió la sintaxis, sino que modificó además el sentido original de las palabras del padre; cambio que requería, más que el dominio de la gramática, un conocimiento personal de la vida de Manzano. También logra reproducir con mayor autenticidad las palabras del padre a través del uso del estilo directo. Finalmente, en cuanto al estilo, Suárez y Romero reorganiza la sintaxis de Manzano con el uso de la subordinación y de pausas frecuentes.

El ejemplo de Blasa nos ayuda a entender la transcripción de Suárez y Romero referente a la «teoría regular» que éste sustituyó por «cosía regular». En la versión de Franco, Manzano recuerda que desde muy niño aprendía de memoria los sermones de Fray Luis de Granada, el catequismo y todo lo que le podía enseñar la mujer religiosa, esto es, ciertas teorías (¿religiosas?) y la «colocación de las piezas». Esta mención última se podría interpretar como el conocimiento del esclavo de las composiciones breves de loas y entremeses, ambos también mencionados en la cita. Las destrezas y conocimientos artísticos de Manzano se complementan con su conocimiento de la ópera y de lo que acontecía en teatros y escenarios. Sin embargo, es posible pensar también que para Manzano las loas y entremeses podían ser comentarios sobre la ópera. Suárez y Romero era consciente de que Manzano había aprendido entre otros oficios la costura, y rectificó las palabras del esclavo. Según Suárez y Romero, Manzano debió entender lo que aprendió de las mujeres y lo mencionó como si fuera una enumeración de tareas que iba más allá de cualquier referencia a la religión (y la ópera), incluyendo también las labores domésticas. Estos mismos cambios se repiten en la versión de Madden con su traducción al inglés del verbo «coser» y la interpretación de la palabra «piezas» no como una composición artística sino como un mueble de la casa. La lectura cuidadosa del manuscrito autógrafo muestra, sin embargo, que el error es de Franco; fue éste quien escribió «teoría» en vez de «cosía». Es muy probable que Franco confundiera la «y» que se inserta sobre el renglón con una «T» mayúscula, y la «c» con la «e», y escribiera entonces la palabra que se encuentra en su manuscrito.

Los ejemplos arriba señalados muestran que si bien el manuscrito de Azcárate aclara aspectos de la vida de Manzano, oscurece u omite otros, como los nombres ingleses del profesor de arte Mr. Godfria y el administrador Mr. Deni, de los cuales prescinde. Por otro lado, Manzano cuenta cómo acompañaba a su señora por el río, «nos ívamos por la orilla del río», información que también se repite en las versiones de Franco, Schulman y Azougarh. Pero el texto de Azcárate modifica esta cita, y explica que el esclavo paseaba solo: «Me iba a orillas del río». Es probable que Suárez y Romero hubiera puesto en duda que la Marquesa de Prado Ameno saliera a pasear con uno de sus esclavos. Sin embargo, Manzano no iba acompañado por su señora, como la sintaxis sugiere, sino por Estorino, con quien el esclavo salía con frecuencia a pescar y a cazar. El pronombre «nosotros» encuentra su propia lógica en la edición de Franco, aunque su antecedente sea otro; el «yo», que resulta estilísticamente correcto en la versión de Azcárate, no expresa lo que Manzano quería transmitir al lector. Es posible que en el manuscrito original Manzano quisiera aparentar una amistad con su antigua ama más íntima y personal de la real, haciendo creer al lector que –a diferencia del resto de los esclavos– él gozaba de una serie de privilegios y de mayor confianza con ella.

La versión de Azcárate contiene cambios significativos que se encuentran ausentes en la transcripción de Franco. El texto corregido subraya palabras tales como «*estimacion*», «*distincion*» o «*razon*», y frases como «*niño de su vejes, mama mia*» y la palabra «*mal*» en la cláusula «murió de *mal*». Estos cambios fueron señalados por Roberto Friol en su *Suite para Juan Francisco Manzano* después de consultar el manuscrito que se encuentra en la Biblioteca Nacional José Martí. Según Friol, Franco rellena algunos espacios en blanco y se olvida de subrayar algunas palabras tal como aparecían en el original. Comentando la versión de Franco, Friol afirma: «Además de *razón* aparecen subrayadas *distinsión* y *estimasión*»[51]. En el lugar señalado, la versión de Azcárate reproduce fielmente aspectos que han sido omitidos por Franco, pero contiene otros cambios respecto al texto de Manzano que se conserva en la Biblioteca Nacional José Martí[52].

Los ejemplos mencionados cambian, si bien levemente, el sentido de la autobiografía de Manzano. Y lo que resulta de mayor importancia, señalan otras alteraciones más graves que se encuentran en el texto de Azcárate. La transcripción de Suárez y Romero sigue el orden de la edición de Franco, en la que se describe el regreso tardío del somnoliento Manzano, quien viajaba en la parte trasera del carruaje y sin poder evitarlo deja caer el

---

[51] Friol 1977: 44. Esta información se reproduce en el estudio de Azougarh (321, nota 13). No obstante, ni Friol ni Azougarh se percatan de que Suárez y Romero cambia el orden de las palabras. En el original se escribe: distinción, estimación y razón.

[52] Mi investigación sigue las observaciones de Friol y Azougarh.

farol. Por este desafortunado accidente, el mayoral golpea a Manzano. La madre del esclavo sale a defender a su hijo y ataca al mayoral; en represalia, éste también la castiga. Frente a tal situación, y para defender a su madre, Manzano realiza el primer y único acto de violencia de su vida, y se lanza contra el mayoral.

Después del incidente del farol y del consiguiente castigo cambian los eventos narrados en la transcripción de Franco y la versión de Azcárate. El manuscrito de Franco describe los siguientes acontecimientos:

1) La Marquesa le da a Manzano una moneda para entregársela a un mendigo; sin embargo, Manzano desea la moneda de acuñación reciente y la cambia por una que don Nicolás le había entregado; éste, sin embargo, al examinarla no la reconoce como suya, y se da cuenta que no es la misma.

2) Una visita no autorizada de Manzano para ver a su madre cuando viaja a Matanzas.

3) La Marquesa acusa a Manzano de robar otra moneda que se traba entre las tablas de la mesa; la moneda aparece cuando el esclavo limpia el mueble.

Las escenas describen tres aspectos de la vida del esclavo. Si estos eventos representan falsedades de Manzano para engañar a la Marquesa, y por consiguiente al lector, la versión de Azcárate claramente recalca el sufrimiento del esclavo. No narra las escenas que se describen en mi estudio de la edición de Franco, sino otras de carácter más serio (que aparecen más tarde en la transcripción de Franco):

1) La Marquesa de Prado Ameno castiga a Manzano cuando éste arranca sin permiso una hoja de geranio; el castigo es brutal y por esa razón el esclavo convaleciente demora seis días en sanar.

2) La madre de Manzano desea comprar la libertad de su hijo, pero la Marquesa no reconoce la ley de manumisión y se queda con un dinero que no es suyo.

3) Manzano es acusado de robar un capón y por ese supuesto delito es bestialmente golpeado. Manzano trata de escapar pero los perros lo atacan; inmediatamente después recibe veinticinco latigazos y nueve días consecutivos de punición. Después del castigo los verdugos de Manzano descubren que el mayordomo, Manuel Pipa, se había comido el capón.

Los cambios que hemos señalado en la versión de Azcárate modifican el texto autobiográfico de Manzano y por tanto le dan otro sentido a las acciones y la vida del esclavo. Representan un intento de alterar la vida de Manzano tal como la vivió él mismo. Con todo, Manzano es consciente de que su autobiografía no refleja la tragedia de su vida y así lo comunica a los lectores en una nota a pie de página que reproduce Franco pero que Azougarh incorpora, entre otras, al final de su estudio. La nota aparece después que Manzano disfruta del cuidado de don Nicolás y su esposa doña Teresa, ayuda a los enfermos, en particular a don José María, y regresa, por último, al cuidado de la Marquesa de Prado Ameno. Dice así: «Ahora me acuerdo qe. el pasaje de geranio donato fue despues de esto estando en el Molino pr. qe. fue cudo mi madre presentó el dinero pa. mi livertad y murió tres meses después de aire perlatico» (Franco (ed.) 1937: 59; Moliner (ed.) 1972: 34). Esta nota no se reproduce en la versión de Azcárate.

Al corregir la autobiografía, y antes de presentársela a Del Monte, Suárez y Romero cambió de posición el mismo pasaje del que nos habla Manzano. En vez de colocarlo en su propio lugar, esto es, después que Manzano hubiera regresado al dominio de la Marquesa de Prado Ameno, el corrector lo inserta hacia el principio de los infortunios del esclavo poeta. Al proceder de esta manera no corrige el orden cronológico de la autobiografía, sino que lo modifica todavía más. Para el lector del manuscrito de Suárez y Romero, a los incidentes del geranio, del robo del dinero de la madre y del capón les siguen los eventos que hemos descrito en la versión de Franco, es decir, los de la moneda para el mendigo, la visita no autorizada para ver a su madre y la otra moneda que se traba entre las tablas de la mesa. No es hasta la conclusión de estas desventuras que la edición de Azcárate narra momentos de felicidad para el esclavo, cuando vive con Estorino y luego con su amo don Nicolás.

El manuscrito de Franco intercala los momentos de tristeza con los de buena fortuna. Veamos de nuevo el original: después del incidente del farol, Manzano es acusado de robar dos monedas, la del mendigo y la que se traba en la mesa. A esto le sigue una estadía con don Estorino, donde Manzano disfruta de ciertos momentos de felicidad, aun sometido al sistema esclavista. Posteriormente, el manuscrito de Franco narra tres acontecimientos con resultados injustos: el de la hoja de geranio, el deseo fallido de la madre de comprar la libertad de su hijo y la desaparición del capón. Sin embargo, el relato que sigue describe un momento de dicha, cuando vive con don Nicolás. A diferencia del original, la versión de Azcárate agrupa los castigos más atroces e intensifica su severidad para que otros de carácter ambiguo causen en el lector el mismo efecto de compasión que los anteriores. Después de una larga serie de infortunios y hacia el final de la autobiografía, Manzano encuentra refugio de los castigos impuestos por la Marquesa de Prado Ameno, cuando vive primero con Estorino y después con don Nicolás.

Si el lector reconstruyera la vida de Manzano no como él la narra ni como Azcárate nos la presenta, sino como el esclavo indica que la vivió, esta otra autobiografía provocaría una impresión muy diferente de las que se reflejan en la escritura. En esta otra versión, a su estadía con Estorino le seguiría el incidente del capón y su visita a don Nicolás –debemos recordar que la nota menciona solamente el tomar la hoja de geranio y el deseo de la madre de manumitir a su hijo; estas situaciones se presentan fuera del orden cronológico en que las vivió el esclavo–. Después de narrar los momentos de alegría con don Nicolás y de auxiliar a los enfermos, Manzano regresa al servicio de su señora; entonces se dispone a pedir papel y buscar otro amo, lo cual ella rechaza. Si el lector siguiera las instrucciones de Manzano, es aquí, cuando vuelve al Molino al cuidado de la Marquesa, que el esclavo debería colocar el contenido de la nota, es decir, el incidente del geranio y del dinero que su ama se robó. Después de este período Manzano dice que él y su señora vivían con Félix Quintero y que desgraciadamente no podía silenciar el canto del gallo mientras dormía su señora. Asimismo, en esta sección riñe con los otros esclavos para defender el honor de su madre. La cronología reconstruida tal como indica Manzano que la vive ayuda a entender por qué el esclavo poeta desobedece la orden de su ama y se enfrenta a los otros esclavos para defender la dignidad de su madre. Aunque la cultura hispana enseña al hombre a mantener en alto el honor de la madre, tal actitud cultural adquiere un carácter mucho más significativo cuando el lector descubre que la madre de Manzano había muerto recientemente. Manzano está dispuesto a desobedecer la orden de su señora para luchar de nuevo y defender el nombre de su madre recién fallecida.

Debería observarse que hay otros acontecimientos que aparentan estar fuera de su lugar cronológico. Por ejemplo, cuando Manzano narra el incidente del farol y el castigo que le sigue, menciona que para entonces su padre había muerto (Franco (ed.) 1937: 53; Moliner, I. (ed.) 1972: 26). Este suceso aparece como anterior al de la moneda que se traba en la mesa, y como resultado del cual la Marquesa manda a buscar al mayoral para castigar al esclavo. Pero el mayoral no maltrata a Manzano; recuerda haber sido amigo de su padre y que éste le había pedido que mirara a su hijo con piedad. Manzano permanece con el mayoral nueve días y en esa época nos dice que su padre todavía vivía. Además añade que ésta es la primera vez que viaja al Ingenio (Franco (ed.) 1937: 49; Moliner, I. (ed.) 1972: 22). Esta observación se antepone a la descripción de Manzano de la caminata a la orilla del río con la Marquesa y al relato anterior de haber ido de caza y de pesca con Estorino, a los que siguen el incidente de la moneda del mendigo, el regreso a Matanzas, donde Manzano visita a su madre, y la moneda que se traba en la mesa –percance que provocó el que viajara por primera vez al Ingenio–. El suceso del farol ocurre algún tiempo después, pero aparece fuera de lugar. Aunque Manzano dice que él era joven y su primer trabajo –que ejerce tanto en La Habana como en Matanzas– era ser paje, por lo visto el incidente del farol ocurre en Matanzas, lugar donde visita a su madre y donde será acusado después de robar la moneda que se traba en la mesa.

Esta otra versión que se ha reconstruido de la autobiografía de Manzano se acerca mucho más a la vida real del esclavo, que de por sí se ve multiplicada por los diferentes textos autobiográficos. Con más frecuencia que la versión de Franco, la nuestra narra los momentos de tristeza bajo la esclavitud, pero cada uno de ellos alterna con otro de alegría. La dualidad de vivir bajo el comportamiento bondadoso de algunos amos y la crueldad de los otros revela la agonía psicológica de quien está atrapado entre su condición común de esclavo, como es el caso bajo el dominio de la Marquesa de Prado Ameno, y aquella privilegiada condición consentida por doña Beatriz de Jústiz, don Nicolás y otros.

Al contrario del manuscrito de Franco o de la lectura de la vida de Manzano que aquí se ofrece, mucho más próximas a la manera verídica en que vivió el esclavo poeta, los cambios introducidos por Suárez y Romero realzan notablemente sus castigos y sufrimientos. Tales cambios reducen la oscilación pendular entre los momentos de agonía y de felicidad dentro del sistema esclavista, y agrupa aquellos repletos de tormentos y horrores en secuencias de acciones tal vez descomunales para el lector interesado. En la versión de Azcárate no hay ningún consuelo o alivio para el esclavo; sólo al final del relato se presenta la posibilidad de superar su condición cuando encuentra, primero, un momentáneo refugio con sus amos benévolos, y luego cuando se escapa a La Habana para liberarse para siempre del yugo de la Marquesa de Prado Ameno.

Manzano escribió acerca de la esclavitud desde una perspectiva privilegiada. Sin embargo, no es imposible entender lo difícil que era para él recordar su doloroso pasado. Cumplió cabalmente con las exigencias de Del Monte cuando lo hizo. Pero de todas las versiones que cuentan la vida trágica del esclavo poeta, es el manuscrito corregido y alterado por Suárez y Romero el que hace más urgente la huida de Manzano y provoca en el lector la más acérrima oposición antiesclavista.

La vida de Manzano es múltiple y cada texto ofrece su propia interpretación: el supuesto original reproducido por Franco, el fragmento que cita Calcagno, la versión de Suárez y Romero, la traducción de Madden, la modernización de Schulman y la de Azougarh y la reconstrucción que aquí presento siguiendo las indicaciones de Manzano presentan a un esclavo diferente. En un mundo en que la tradición oral permite el conocimiento de la vida del esclavo, la escritura traiciona la condición y circunstancias de la persona y la somete a las insistencias del transcriptor. La persona que fue Manzano ha desaparecido para convertirse en un personaje en los variados escritos de su autobiografía.

El mutismo al que me refiero en el título de este libro alude a la ausencia de la voz del esclavo y por tanto niega la representación del mismo, dado que la sociedad esclavista decimonónica no reconocía su presencia como ente «civilizado» o ser humano. *Del silencio a la escritura* remite a ese momento de transición en el que el esclavo rompe con el silencio, rechaza la mudez impuesta por la sociedad y afirma su voz escritural anteriormente desconocida por el público lector. La escritura permite trascender el mutismo, pero a su vez adelanta la imposibilidad de una comunión precisa con la vida, el pensamiento y la palabra del esclavo. En el caso de Manzano, la escritura no implica la victoria rotunda sobre el silencio. Aunque el esclavo escribe y revela los infortunios de su vida, no dice ni puede tampoco dar cuenta de todo. A veces su escritura capta lo que se lee, a veces encubre los hechos y a veces enmascara un silencio. La escritura se afinca en su permanencia, pero en el caso manzaniano no podemos olvidar otras relaciones, como la que sugiere la mutante tradición oral del esclavo, bien representada en sus recitales y en las pautas nemotécnicas que se vislumbran en el manuscrito. El estudio de la autobiografía, por último, propone también una relación contraria a la que señalo en el título, porque sostiene otro movimiento, el de la escritura al silencio. Las correcciones al manuscrito que he ido señalando representan otra manera de intervenir en la voz de Manzano, y por tanto, de controlar su vida y su escritura.

V. Los poemas antiesclavistas de Juan Francisco Manzano

> El poeta nace: el talento poético es un don gratuito del cielo, que se puede pulir, perfeccionar, mas no formar; muchas veces permanece adormecido por falta de ocasión que lo despierte: ¡cuántos poetas habrán muerto ignorando que lo eran! Mas cuando se manifiesta este don, como es espontáneo, hace cantar al poeta, bien sea en verso o en prosa, en asunto serio o ridículo, con palabras vivificantes y armoniosas, tales que nos cautivan muchas veces a nuestro pesar y de una manera tan fácil como quien hace cosa que le es ingénita por naturaleza, como murmura el río en las quebradas, como nace el pez en el agua, como trina el ruiseñor en las selvas. Los portentos y horrores del mundo físico, las pasiones de buena o mala

ley que agitan al hombre, los acontecimientos prósperos o adversos de la humana especie, entran en la fecundante y ardiente fragua de la imaginación del poeta, como otros tantos elementos de inspiración, que luego los devuelve al mundo, transformados en peregrinas creaciones, en figuras palpables, en realidades cuasi, tan animadas como los objetos mismos que vemos y tocamos diariamente, y aun más gratas y apacibles para nosotros, porque sentimos cierto noble orgullo en pertenecer a la misma raza del ente semidivino que ha sido capaz de producir semejantes maravillas.

Domingo del Monte, «La poesía en el siglo XIX»

Juan Francisco Manzano era, como ya se ha apuntado, un poeta afamado antes de escribir su autobiografía, un texto que coincide con el origen de la narrativa cubana. Manzano publicó *Poesías líricas* en 1821 y *Flores pasageras* en 1830, de modo que su primer poemario es anterior al de otros poetas cubanos, como José María Heredia, que publicó sus *Poesías* en 1825. Si se toma en cuenta tanto su poesía como su narrativa, su figura ocupa una posición central en el momento en que se forja la literatura cubana.

Domingo del Monte reconoció el talento del esclavo y respaldó sus valientes logros poéticos. De hecho, Del Monte celebró las aptitudes de Manzano por encima de las del distinguido Plácido, Gabriel de la Concepción Valdés. Este último nació libre y no tuvo que superar los obstáculos impuestos por la esclavitud. Del Monte describió a los dos poetas de la siguiente manera:

Plácido nunca fué esclavo, nació libre: era hijo de blanco y de mulata, y por supuesto, su color era casi blanco. No tuvo por lo mismo que luchar en su vida, como Manzano, que era casi negro y esclavo de nacimiento, con los obstáculos insuperables de su condición, para desarrollar las dotes naturales de su imaginación, que era realmente poética. Logró más instrucción literaria que Manzano; y en sus versos, por lo común rotundos y armoniosos, no se encuentran las incorrecciones gramaticales y las faltas de prosodia que en los muy sentidos y melancólicos del pobre esclavo. Plácido se complacía en cantar las pompas y los triunfos de los grandes de la tierra, con una magnilocuencia digna de los poetas clásicos de España. Manzano no sabe repetir en su *encadenada* lira, otro tema que el de las angustias de una vida azarosa y llena de peripecias terribles. Pero yo prefería los cantos tristes del esclavo, a las *nugs canors* (versos simples, aunque armoniosos) del mulato libre, porque notaba más profundo sentimiento de humanidad nativa; porque los principios de mi estética y de mi filosofía, se avienen más con el lamento arrancado del corazón del oprimido, que con el concierto estrepitoso del oficial laureado, del poeta envilecido, de Plácido... (1929: 149-50).

Sin duda Manzano hizo un esfuerzo sobrenatural y logró escribir una poesía meritoria. Ahora bien, la apreciación de Del Monte podría estar basada en el valor estético de las obras de los dos poetas de color o en su relación personal con Manzano. Es también posible que articulara un juicio político, y que éste tuviera que ver con los acontecimientos de la Conspiración de la Escalera de 1844. Plácido, acusado de ser el líder de la conspiración, denunció falsamente a Del Monte y Manzano de participar en los delitos de la sublevación contra el régimen colonial. Las acusaciones eran serias y las drásticas consecuencias fueron desconsoladoras para ambos: Del Monte fue desterrado y murió en el exilio, en España, mientras que Manzano fue condenado a un año de prisión, y después de cumplir su sentencia nunca volvió a escribir. El artículo de Del Monte fue escrito en París en 1845, un año después de la denuncia de Plácido.

Las investigaciones de Roberto Friol han confirmado los descuidos gramaticales de los poemas de Manzano que menciona Del Monte. En su valioso *Suite para Juan Francisco Manzano*, Friol descubre dos versiones de algunos de los poemas de Manzano: una contiene errores gramaticales y la otra se reproduce en un español que respeta las normas de escritura[53]. Por ejemplo, Friol señala la existencia de dos versiones del poema autobiográfico de Manzano «Soneto», escrito con errores sintácticos, y «Treinta años», redactado sin ninguna falta gramatical. Si se examinaran las versiones señaladas por Friol y otras adicionales aparecidas en diferentes publicaciones, se apreciaría que muchos de los cambios son meramente formales –se insertan signos ortográficos–, pero que hay otros mucho más sustanciosos, donde las palabras, versos y estrofas han sido modificados y reescritos. Como las diferentes adaptaciones de la autobiografía de Manzano, las versiones de sus poemas ponen de manifiesto que Manzano hizo un esfuerzo sobrehumano por dar a conocer su voz y obtener el reconocimiento que su talento merecía, al tiempo que Del Monte y los socios de su círculo literario tenían un gran interés en promover la poesía y reputación del esclavo poeta.

Al igual que Friol, hemos podido consultar las diferentes versiones de los poemas de Manzano y encontrar algunas composiciones hasta ahora poco conocidas por los estudiosos de la obra manzaniana. De los veinte poemas que contiene el cuaderno copiado por Azcárate, siete o aproximadamente

---

[53] Véase Friol 1977: 11-27.

un tercio de ellos se hallaban inéditos; sin embargo cuatro aparecen en una libreta intitulada «Poesías de J. F. Manzano, esclavo en la isla de Cuba», que se conserva en la Biblioteca Nacional de Madrid y se menciona en el *Catálogo de manuscritos de América existentes en la Biblioteca Nacional*, compilado por Julián Paz (1933: 350). Los siete poemas, en su versión corregida y en el orden en que aparecen en el manuscrito de Azcárate, son los siguientes (resumo brevemente los temas): 1. En «El hortelano» un jardinero es esclavo de sus sentimientos amorosos; 2. «Al besar una flor de maravilla» iguala una flor con la amante de la voz poética; 3. «Desesperación» condena un mundo en que no hay esperanza; 4. «A la muerte» relata las inevitables consecuencias de la muerte; 5. «La esclava ausente» alude a una esclava que piensa que ella y su amo merecen el mismo respeto; 6. «Memorias del bien pasado» revela la desgracia de Ortelio y su dolor; y 7. «La visión del poeta escrita en un Ingenio de fabricar azúcar» describe la vida áspera de trabajo en un ingenio azucarero y la necesidad de soñar para escapar de su dura realidad.

En un reciente estudio Adriana Lewis Galanes encuentra en la Biblioteca Nacional de Madrid los siguientes poemas de Manzano transcritos por B. B. Wiffen, intitulados *Poesía de J. F. Manzano, esclavo en la isla de Cuba*: 1. «La Cocuyera. A[na]crónica Cubana»; 2. «Treinta Años»; 3. «La Relijión»; 4. «Un Sueño. A mi segundo hermano»; 5. «A la Calumnia»; 6. «Desesperación»; 7. «La Música»; 8. «A la ciudad de Matanzas después de una larga ausencia»; 9. «Un hora de Tristeza»; 10. «A la Muerte»; 11. «La Esclava Ausente»; 12. «El Reloj Adelantado»; y 13. «La visión del Poeta. Compuesto en un Injenio de fabricar azúcar»[54]. Estos poemas también aparecen reproducidos en el manuscrito de Azcárate.

Los poemas de Manzano, como es de esperar, están repletos de imágenes que comunican la angustia y el dolor de la voz poética. Pero también trabajan con mucho cuidado la forma de sus composiciones. Todos, sin excepción, se ajustan a las preocupaciones por los valores estéticos del período y se escriben siguiendo una rigurosa rima y estructura silábica. «El hortelano» y «Al besar una flor de maravilla» son romances octosílabos con rima abrazada y consonante. «Desesperación», «La esclava ausente» y «La visión del poeta escrita en un Ingenio de fabricar azúcar» son endecasílabos; los dos primeros contienen rima consonante en los versos pares y el último rima asonante y encadenada. «Memorias del bien pasado» es un soneto también endecasílabo, formado con serventesios. «A la muerte», por último, es heptasilábico con rima asonante en los versos pares.

---

[54] Véase Lewis Galanes (ed.) 1991: 72-115.

Si Del Monte quería promover la obra de un esclavo que había aprendido a leer y escribir por su cuenta y que recitaba versos de memoria, ¿por qué no se publicaron nunca los siete poemas mencionados en las revistas de la época? La necesidad de promover la obra del extraordinario poeta esclavo hubiera conducido a ello: como esclavo culto, el caso de Manzano mostraba que los esclavos no eran seres inferiores y que algunos, si no todos, podrían ser dignos de una educación formal. Es posible que alguno que otro de los poemas mencionados apareciera en alguna revista del momento, desconocida para nosotros. Pero si no fuera éste el caso, puede que existan otras razones que expliquen por qué el poeta o algún editor los excluyó para que no llegaran al alcance de un público más amplio. Las siete composiciones parecen ser representativas de la obra poética de Manzano. Sabemos que Del Monte le pidió que escribiera su autobiografía para documentar las injusticias de la esclavitud, y que el esclavo poeta compuso también el poema autobiográfico «Treinta años», elogiado por los miembros de la tertulia delmontina y publicado en el *Aguinaldo Habanero*, en 1837. Pero «Treinta años» aparenta ser único dentro de la obra manzaniana y tiene muy poco en común con la mayoría de los poemas anteriormente conocidos, dado que ninguno de ellos se refiere directamente a la esclavitud. Manzano tuvo éxito en reproducir en la escritura su desafortunada condición de esclavo y asimiló esas sensaciones de dolor y angustia a otros temas de tristeza y desolación. Resalta temas como la muerte y el amor, buscando alivio a la insoportable amargura que trae consigo la esclavitud. Gracias a sus poemas de tema esclavista podemos apreciar con mayor entendimiento la sensibilidad del poeta presente en otras composiciones.

De los veinte poemas que contiene el cuaderno de Azcárate, solamente tres aluden a la esclavitud y al sistema esclavista: «Treinta años», «A la esclava ausente» y «La visión del poeta escrita en un Ingenio de fabricar azúcar». Los dos últimos permanecieron inéditos hasta finales del siglo XX[55]. Proponemos estudiar más de cerca los poemas de Manzano que contienen referencias a la esclavitud. «A la esclava ausente» es un poema que utiliza como subtexto los principios de la Revolución Francesa y la «Declaración de los Derechos del Hombre y el Ciudadano»; la voz poética afirma su libertad como un derecho natural que, aun esclava, también le corresponde a ella. Acusa a su amo de inhumano y exige saber la razón por la cual tiene que sufrir su condición de esclava:

---

[55] Estos poemas se dieron a conocer por primera vez en el libro de Lewis Galanes. También se reproducen en Luis 1994: 331-351 y en Azougarh 2000: 155-68. Azougarh estudia estos dos poemas en su ensayo, pero mi interpretación sigue caminos distintos de la suya.

¡Dueño duro inhumano, hombre terrible!
¿Por qué a tan triste suerte me condenas?
¿Tanto te valen los lamentos vanos
De esta debil muger, que solo peca
En amar tiernamente? –Y si es delito
Un verdadero amor ¿Como pudiera
Unirse á la virtud la fé que inspira?

Para la voz poética, el amor es un don que toda persona, y hasta el animal, del león a la paloma, tiene el derecho de gozar.

Este poder es superior al del amo, cuya autoridad no es racial o natural, sino que obedece a la pura casualidad de su situación histórica. La voz poética cuestiona la base del dominio del amo sobre ella. En el poema, el esclavo rebaja al amo al estado de un mero mortal. Sin embargo, el amo insiste en controlar a su esclava y por tanto también su natural deseo de amar, acción que ha provocado en ella dolor y sufrimiento:

¿Quién estinguir querrá tan noble llama?
Un hombre con su ley; la mano acerba
Que á beber me dió tal amargura,
Con alma dura y condición severa.
El agravio que sufro, la injusticia
La *opresión*, el dolor, cierto son males
Que al noble corazón jamás arredran;

La voz poética no se identifica con su condición de esclava; al contrario, ella se afirma como mujer libre, con el mismo derecho que posee su amo, es decir, como si fuera también humana: «Y *como humana*, es justo me rescinta».

Para castigarla, el amo la condena a sufrir un año de aislamiento, pero este intento de quebrar su voluntad y espíritu solamente refuerza su deseo de ejercer el derecho de amar. Al final del poema, apela a una autoridad más alta. Como en la «Plegaria a Dios» de Plácido, reza y pone toda su esperanza en el ser supremo. Y como el destino a Plácido, la voz divina le pide que viva su doble castigo, representado por el amor frustrado y la esclavitud.

En «A la esclava ausente» Manzano se apropia de la voz de la esclava y la maneja con sagacidad para describir los aspectos inmorales de la esclavitud, con la intención de fomentar el sentimiento antiesclavista. La voz poética es símbolo del desafío de su amo y el sistema esclavista; su amo puede controlar su cuerpo pero no su alma. En este poema el amo no es un ser superior por su posición social o económica, o por su raza; por el contrario, es retratado como si fuera un salvaje, y en particular cuando castiga a su esclava con el afán de controlar, además de su cuerpo, sus emociones y sus sentimientos más íntimos.

La desigualdad entre el amo y el esclavo, el oprimido y el opresor, permite a Manzano valerse de la perspectiva femenina para poetizar su experiencia bajo el régimen esclavista. Quizás Manzano quería plasmar una voz diferente, quizás quería distanciarse de la esclavitud y atribuir las injusticias del sistema esclavista a otros individuos; o quizás suponía que las mujeres eran más sensibles, capaces de describir con más precisión que los hombres las intensas exaltaciones del amor. Sin embargo, es también probable que con una esclava Manzano pudiera señalar con más claridad las desigualdades de la esclavitud desde distintas dimensiones de género y raza. De todos los esclavos, la mujer es la más vulnerable. Además, era más fácil lograr que el lector se identificara con una esclava mansa que con un esclavo, que podía representar un desafío para el amo o el lector mismo. Éste es precisamente el tema que desarrollan aquellos escritores que pertenecieron a la tertulia delmontina y escribieron obras antiesclavistas. Sus personajes principales eran mujeres, como lo atestiguan Suárez y Romero con Dorotea, Félix Tanco y Bosmeniel con Petrona y Rosalía y Cirilo Villaverde con Cecilia Valdés, y algo más adelante autores como Antonio Zambrana con Carlota y Martín Morúa Delgado con Sofía[56]. Para Manzano, la esclava era más vulnerable y físicamente más débil que su amo blanco; éste se aprovechaba de su fuerza, raza y posición social y económica para hacerla sufrir. Pero, a pesar de su inferioridad, la esclava no tenía rival en su determinación. Se mantiene firme cueste lo que cueste. Además, como mujer la esclava es también una representación metafórica del origen, la tradición y la cultura africanos y de sus manifestaciones en Cuba. De hecho, no había entonces ninguna persona en la Isla que no estuviera afectada de una manera u otra por la sociedad esclavista. En el poema, la mujer es símbolo de la cultura y la nación cubanas.

La insistencia en el amor es importante porque es un tema universal. Todos –hasta los animales, como dice el poema– sienten el deseo de amar. De ahí que cualquier lector pueda identificarse con la voz poética, aun cuando sea la de una esclava. El poema consigue su objetivo, trasciende su espacio en la página para que el lector abrace también la condición de la esclava. Pero el poema logra otra cosa: recalca otros conceptos que se identifican con la libertad. El amor, aquí, sirve también como mecanismo para involucrar al lector; hace que se identifique con la voz poética y que a su vez entienda la severidad, no sólo del amor, también de la esclavitud. El derecho a ser libre es natural; todos los animales, desde la paloma al león, se deleitan en el amor y disfrutan de su

---

[56] Abordo estas y otras novelas antiesclavistas en mi *Literary Bondage* (Luis 1990).

libertad. Asimismo, la voz poética se apoya en el código religioso para plantear su doble condición de esclava. Une la falta de amor, que todos pueden entender, con la ausencia de libertad. El poema termina apelando al poder supremo para que alivie su sufrimiento:

> Al cielo muestro mi sensible llanto;
> Y con ambas rodillas en la tierra
> Allá dirijo la esperanza mía:
> Allá volara, si también pudiera
> A buscar en regiones más felices,
> Vida, de miseria menos llena;
> Mas «que viva» ordena el cielo…y vivo
> Hasta apurar el cáliz, que presentan
> *Amor y esclavitud*, cuando se unen[57]
> Y á sufrir sus tormentos me condenan.

El tema de la esclavitud también aparece en «La visión del poeta escrita en un ingenio de fabricar azúcar», un poema largo de cincuenta y dos estrofas en verso endecasílabo sobre el trato inhumano al esclavo y la urgencia que éste siente de escapar, por lo menos en sueños, de la insoportable circunstancia en que vive.

El poema se inicia con la muerte inminente del ruiseñor, que en vez de cantar lamenta su destino; remite así a la propia e inevitable posición del esclavo poeta. Sin duda hay una relación simbólica entre ambos, y el canto del ave se corresponde con la expresión poética del negro. Al situar el poema en el ingenio, la voz poética tiene que describir un ambiente en que el trabajo no es sólo brutal sino también continuo, de la mañana a la noche. Describe este ambiente, tal vez no conocido en todos sus detalles, para el lector. Señala que la muerte siempre está presente y lo rodea constantemente, en los medios de producción, en la figura del cruel mayoral y en el campo estéril. El tiempo no avanza, siempre es el mismo, sólo hay trabajo, sudor, angustia, ausencia de felicidad. El poeta se inserta en el poema y compara el molino de azúcar con el Infierno:

> Tal me figuro estar en lo profundo
> Dó está Satán en su destierro eterno,
> Cuyas cavernas son en aquel mundo
> Recinto infausto del horrendo infierno
> Igual en todo este lugar inmundo
> A las soturnas cuevas del averno…

---

[57] Énfasis en el manuscrito de Azcárate.

El poeta no puede entender cómo es posible continuar la vida bajo tales penurias y se pregunta por qué no morir. Teme una tragedia aún mayor:

> No sé cómo conserva el alma unida
> A los choques que estoy aquí sufriendo,
> Ó por qué desta, tan penosa vida
> A la mísera tumba no desciendo,
> Tal vez quizás la parca tan temida,
> Me estará en sus decretos reservando
> Para que un tiempo alcance de ventura,
> Y derribarme de mayor altura.

Al aproximarnos a la mitad del poema, en la estrofa veintitrés, la voz poética logra escapar del ingenio. Un sueño lo traslada a un lugar diferente, no uno estéril y repleto de referencias de muerte y esclavitud como el ingenio, sino lleno de vida, árboles, flores y pájaros que cantan deleitables canciones; es decir, a un paraíso donde se encuentra libre. Mientras goza de su nuevo hallazgo de placeres, escucha las palabras que celebran a la diosa Venus, la madre del amor. Una deidad de ese mundo ideal se acerca a él y tras enterarse de su condición sufrida le aconseja en el amor y lo anima a buscar a su amada. Parece que el amor profano es lo que salva a Manzano.

La voz poética se encuentra en un jardín lleno de flores, ve y se acerca a la madre del amor; su presencia es abrumadora y a pesar de su don poético, se siente incapaz de describirla.

> No le es dado á mi pluma descifrarte
> Cuanto ví de sus pies á la cabeza
> La singular postura, que con arte
> Demostraba *Diosaica* gentileza
> Sus amorosos ojos retratarte
> Sería disminuirles su viveza
> Pues reina el fuego de un ardiente hechizo
> En la gloria y placer de un paraíso.

La voz poética se esconde de ella, pero escucha las quejas de aquellas personas que han fracasado en el amor y confiesan su propia desdicha; también se entera del delito y la desproporcionada sentencia de querer sin que el amado corresponda con el mismo sentimiento. La voz poética se sorprende al darse cuenta de que una de esas almas desafortunadas es la de su querida Lesbia, una referencia poética a Marcelina Campos[58], la primera esposa de

---

[58] Véase Friol 1977: 17, nota 3, y 161; y Luis 1990: 39-58.

Manzano. Como las demás, se presenta ante Venus y confiesa su ardiente e incontrolable amor.

Al igual que en «A la esclava ausente», el sufrimiento de Lesbia es innegable si reconocemos el odio que siente el amo, quien la ha condenado a sufrir una vida sin esperanza. Y como la esclava ausente, la voz poética se da cuenta de su doble riesgo, representado por su condición de esclava y su amor frustrado[59]. El esclavo es un ser sufrido por antonomasia. Al componer su poema, Manzano vuelve a sufrir los males de la esclavitud.

En el poema, la aflicción y la áspera realidad que lamenta la voz poética, resultado de la esclavitud y del trabajo inhumano en el ingenio de azúcar, se yuxtaponen al sueño que representa la libertad y la vida en el paraíso, deseado espacio que también se menciona en «A la esclava ausente»; un espacio insinúa el cielo y el otro el infierno. A medida que se desarrolla el poema, la figura diabólica del amo es reemplazada por el símbolo divino de Venus, y el sufrimiento del poeta suplido por sus sensaciones de amor. El poema subraya la relación entre la angustia de la esclavitud y el deseo motivado por el amor. También trasciende el espacio de la esclavitud y se convierte en sueño: con este cambio la voz poética logra sentirse humana, con las mismas emociones que experimentan otras personas de cualquier raza o color. Aunque pueda cuestionarse la intención de Manzano de usar el tema de la esclavitud para desarrollar el del amor –o viceversa, de incorporar el del amor para articular el de la esclavitud–, la mera mención de asuntos relacionados con el trabajo del ingenio es suficiente para condenar el sistema esclavista. Después de todo, la voz poética es la de un esclavo que soporta el peso de la economía azucarera.

Como he apuntado, hay semejanzas entre «A la esclava ausente» y «La visión del poeta en un ingenio de azúcar», que vienen dadas por la presencia de las esclavas en ambos poemas, pero en el segundo se le niega a ella y a la voz poética el derecho fundamental de amarse. Incluso se les niega una emoción fundamental y humana, la del corazón. El sistema esclavista lo controla todo y no permite que algo tan sencillo como la emoción esté al alcance del esclavo y sea parte de su persona. Si el lector u oyente del poema no estuviera de acuerdo con la interpretación de la esclavitud que ofrece la voz poética, por lo menos entendería la necesidad abrumadora de amar y la angustia que se sufre cuando se priva al individuo de este indispensable derecho.

Hay una diferencia fundamental entre «Treinta años», «A la esclava ausente» y «La visión del poeta escrita en un ingenio de fabricar azúcar», diferencia que explica por qué el primero fue publicado cuando sesionaba la tertulia del-

---

[59] Este es un tema que se manejaba en la tertulia delmontina y se desarrolla en la novela *Francisco* de Suárez y Romero. Véase Monte 1929: 94.

montina, mientras que los otros dos permanecieron inéditos entonces. «Treinta años» es un soneto confesional sobre la angustia del poeta desde su nacimiento hasta el momento en que lo compone; señala el tiempo en el que aún tendrá que soportar los años venideros, pero en ningún momento la causa de su dolor. Para el lector que no tuviera a su alcance información alguna acerca de la vida del poeta, el poema puede leerse como una expresión de la dificultad de la vida; comunica un sentimiento general y universal. En las dos composiciones inéditas, en cambio, los instrumentos de la esclavitud –representados por el amo y el ingenio de fabricar azúcar–, son expuestos como fuente de la tristeza de Manzano. Esta interpretación, de corte antiesclavista, explicaría por qué no se podían publicar poemas u otros escritos que pusieran de relieve el origen del sufrimiento del esclavo. Deberíamos recordar que la autobiografía de Manzano solamente circuló entre los socios de la tertulia delmontina, y que a causa de su discurso contra la esclavitud sólo se publicó en español muchas décadas después de la abolición. De la misma manera, los poemas antiesclavistas de Manzano encierran una declaración política contra el sistema colonial y parecen responder a las ideas delmontinas sobre la función de la poesía y el deber del poeta, ideas que el patriarca compartió con sus contertulios. En su ensayo «La poesía en el siglo XIX», Del Monte sostiene que la función del poeta y su poesía es crear una sociedad más ecuánime. Termina el ensayo con la siguiente aserción:

Antes que *poeta* se considerará *hombre*, y en calidad de tal empleará todas las fuerzas de su ingenio en cooperar con los demás artistas y filósofos del siglo, que sean dignos de llamarse *hombres*, es decir, que se sientan con bríos de tal, y encierren en sus pechos corazones enteros y varoniles, a la mejora de la condición de sus semejantes, generalizando entre ellos ideas exactas y sanas de moralidad y de religión; para conseguirlo, se revestirá de un espíritu militante y denodado, y en vez de renegar cobardemente de la humanidad, y abandonarla con villanía, al verla degradada, o de encerrarse en un prosaico egoísmo, que solo le inspire anacreónticas sensuales, elegías empalagosas o poemas delirantes y estrafalarios, en que él mismo sea su musa y su héroe, con voz sonora y persuasiva elocuencia enseñará la virtud al ignorante, confundirá al malvado, dará enérgica y poderosa confrontación al desvalido y empeñará, en fin, recia y perenne lucha en favor de esa misma humanidad tan calumniada y tan digna de la sublime lástima de poeta.

He aquí su verdadera *misión* en el siglo XIX; siglo de ideas graves, y predestinado a resolver en su cuerpo grandes y terribles problemas, pues debe tomar un carácter profundo y trascendental, y la poesía, más que todo, de lo contrario, habrá que rebajarla a la triste opinión que de ella tuvo el sensualista Bentham, y mirarla como un juguete pueril, perjudicial a veces, cuando no sea indiferente e *inútil* (1929: 93-94).

Los poemas «Treinta años», «A la esclava ausente» y «La visión del poeta escrita en un ingenio de fabricar azúcar» reflejan los intereses de Del Monte y abarcan los temas que el poeta debe explorar en sus composiciones. Según Del Monte, el poeta, aunque sea negro o esclavo, tiene la responsabilidad moral y social de mejorar su sociedad. Como se ha visto, los tres poemas divulgan las calamidades del sistema esclavista y relatan las aflicciones que el amo impone al desgraciado esclavo.

Como esclavo que era, Manzano fue, mejor que nadie, testigo de los horrores de la esclavitud y el más directamente perjudicado por ella. Esto no quiere decir que Manzano sólo deseara escribir sobre este tema; de hecho «La rosa» y «A la ciudad de Matanzas después de una larga ausencia» son, entre otros, poemas que permitían al esclavo distanciarse de su propia situación social y económica. Pero a diferencia de otros poetas o narradores que denunciaban la aberrante condición del negro en el sistema esclavista, Manzano solamente necesitaba mirar hacia adentro para encontrar, reconocer, sentir y captar su inspiración y dolor. Al hacer esto, engendró una voz auténtica, tal vez la más aceptable para su época, y con las técnicas acreditadas por la literatura cantó una y otra vez su sufrimiento, tal como lo vivió y lo volvió a vivir por medio de la escritura y el recitar de sus poemas.

Nuestra edición

La edición[1] de las obras de Juan Francisco Manzano que damos a conocer aquí proviene del manuscrito inédito «Obras completas de Juan Francisco Manzano», copiado por Nicolás Azcárate, que se halla en la Sterling Library de la Universidad de Yale. En este manuscrito se encuentra la versión inédita de la autobiografía de Juan Francisco Manzano, la que fue corregida por Suárez y Romero. Todo estudioso de la literatura manzaniana debe reconocer que el cuaderno de Azcárate no contiene las obras completas del esclavo poeta, como se señala en el título del cuaderno de Azcárate. Es muy probable que desde el punto de vista de Domingo del Monte o de Azcárate el cuaderno recoja lo mejor de la obra manzaniana y por tanto ofrece una muestra de lo más representativo de sus escritos antes de que éste muriera, un año después de que el transcriptor terminara el manuscrito.

He intentado transcribir la autobiografía de Manzano tal como llegó a mis manos. Soy consciente de que Suárez y Romero hizo un gran esfuerzo para corregir la gramática de Manzano. Dado que el manuscrito es inédito y las correcciones que contiene se hicieron por razones estilísticas pero también políticas, he decidido respetar el manuscrito tal como lo corrigió Suárez y Romero y lo copió Azcárate. Además, los errores no son siempre negativos. En el caso de Manzano ponen de manifiesto su condición de esclavo y permiten diferenciar un manuscrito del otro, de modo que he creído necesario reproducirlos para interpretar la función que ha ejercido cada corrector.

---

[1] Mi estudio también conoce una larga historia de desgracias e infortunios. Fue terminado en la década de los ochenta y pedido por Claudio Guillén en 1991 para publicarlo en una serie sobre literatura hispanoamericana que él dirigía entonces para Mario Muchnik, pero ésta desapareció cuando el libro se encontraba en galeras. Desde aquella fecha se hicieron varios intentos por dar a conocer el manuscrito de Manzano con la versión inédita de Suárez y Romero, así como algunos poemas desconocidos del poeta esclavo, sin éxito. Las excusas siempre eran las mismas. Algunos afirmaban que Manzano no era un escritor clásico, en tanto que otros estaban convencidos de que su obra tendría poco interés y que no tendría éxito comercial. Mientras terminaba esta edición y atendía los trámites de su publicación, salieron a la luz *Poesías de J. F. Manzano, esclavo en la isla de Cuba* (1991), edición de Adriana Lewis Galanes, y *Juan Francisco Manzano*, edición de Abdeslam Azougarh (2000).

Resulta irónico que el manuscrito de Suárez y Romero (o el de Azcárate), el que intenta corregir la gramática del esclavo poeta, no esté exento de errores gramaticales. A pesar de ello, he decidido retocar algunos detalles menores para darle mayor consistencia y hacerlo llegar a un público más amplio, en la idea, tal vez errónea, de que no se sacaría ningún provecho señalando faltas de acentuación o errores con signos diacríticos. Por ejemplo, he hecho los siguientes cambios: añadir acento gráfico sobre las vocales que lo necesitaban; suprimir el acento gráfico sobre las vocales «o» y «a», como en el caso de «vá á», y la «h» intervocálica en palabras como «traherán» y «Alhá»; escribir «h» en palabras como «acía» y «exalan»; cambiar la «s» por «x» en palabras como «esperimento» y «estremo», y la «y» por «i» en palabras como «Ysaac», «Yngenio» y «reyno».

Aunque Azcárate escribía sus letras con la elegancia propia de la caligrafía de su época, a veces se le iba la mano y unía algunas palabras que he corregido en esta versión. En el manuscrito se perciben palabras corridas tales como «éiban», «teniaó nó», «nosé», «conlalibrea», «alaHabana». He respetado, en cambio, ciertas palabras que aparecen en su mayoría en las composiciones poéticas y la obra de teatro en verso. Por ejemplo, respeto el uso de «do» (doquiera) e «infelice», aunque también se usa «infeliz», para no cambiar la versificación de la composición. Otras peculiaridades del manuscrito se han adaptado a la norma actual. Por ejemplo, antes o después de cada frase entre comillas [« »] figura un guión doble [=], y éste ha sido suprimido. Obsérvese, por ejemplo, el siguiente fragmento:

> Se lo conté y me dijo.="gran perrazo y ¿porque le fuiste á robar la peseta á tu ama?"= No señor, le repliqué yo, el niño Nicolasito me la dio=="¿Cuando?"= me preguntó ="anoche"= le contesté.

El guión en posición final, salvo en algunos casos, ha sido remplazado por un punto cuando la palabra que le sigue se escribe con mayúscula, señalando así el final de una frase y el comienzo de otra. También he reducido a tres los puntos suspensivos, en aquellos casos donde se superaba esta cifra. La mayoría de los signos ortográficos del manuscrito copiado por Azcárate y otros documentos de la época han sido respetados, aunque éstos también se podrían modernizar. Nuestro criterio ha sido el de reducir nuestra intervención al mínimo, para que los estudiosos de la obra manzaniana puedan comparar las distintas versiones y sacar sus propias conclusiones. Además supongo que Suárez y Romero (y tal vez Azcárate) sabía lo que hacía cuando corrigió el manuscrito de Manzano, y por tanto las «correcciones» podrían ser intencionadas. No obstante se notará que hay un uso excesivo del punto y coma [;] y aún más de los dos puntos [:], que en algunos casos he cambiado por punto y coma. A veces los dos puntos se encuentran entre cláusulas, como «lo vio: y por la mañana se lo avisó».

He mantenido también las abreviaturas que aparecen en el manuscrito; la más común es que [qe], a la que se suma el tratamiento antepuesto al nombre propio, el de Don o Doña. En algunos casos los signos de interrogación y admiración aparecen incompletos en la posición inicial y en otros cambian en la misma construcción sintáctica; éstos últimos los hemos reproducido tal como aparecen. Se notará, por último, que existen variaciones entre las composiciones que aparecen en este manuscrito y las que se han dado a conocer en otras publicaciones. Deberíamos reconocer, como he dicho anteriormente, que los cambios podrían ser deliberados para perfilar la expresión poética de Manzano, pero también podrían ser accidentales, dado que el transcriptor al tener a su alcance un manuscrito escrito a mano podría equivocarse y sin proponérselo errar al reproducir una letra, palabra o signo ortográfico, error al que también es susceptible ésta o cualquier otra transcripción.

Cronología

1797	Nace el pardo Juan Francisco Manzano, hijo de Toribio Manzano y María Pilar Infazón y esclavo de la Sra. doña Beatriz de Jústiz, Marquesa de Jústiz de Santa Ana y del Sr. don Manuel Manzano, Marqués Jústiz de Santa Ana.
1803	Muere la Marquesa Jústiz de Santa Ana, ama de Manzano y a quien él llamaba «mamá mía».
1809	Según la autobiografía, a la edad de doce años dictaba décimas a la joven morena llamada Serafina. Este mismo año comienzan sus infortunios bajo el dominio de María de la Concepción Valdés, Marquesa de Prado Ameno.
1812 -13	A la edad de quince o dieciséis viaja a Matanzas y en 1813 tiene la oportunidad de ver a sus padres. A los dieciséis años es castigado por robar una moneda. Vive en La Habana.
1815	A la edad de dieciocho años ayuda a los enfermos, como al Sr. Don José María Peñalver y otros amos.
1817	Se fuga de su ama, la Marquesa de Prado Ameno.
1821	Se encuentra bajo el cuidado de don Tello de Mantilla. Pasa al cuidado de María de la Luz de Zayas. Publica *Poesías líricas*.
1830	Publica *Flores pasageras* [sic], del cual no se ha encontrado un ejemplar. Para esta fecha conocía a Domingo del Monte.
1831	Conoce a María del Rosario y es viudo de la morena Marcelina Campos, posiblemente Lesbia en su poesía.
1835	Escribe su autobiografía. Se casa con la parda libre María del Rosario de Rojas, Delia en verso y prosa.
1836	Es invitado a la tertulia delmontina, donde lee el poema «Treinta años». Los miembros de la tertulia delmontina compran la libertad del esclavo Manzano. Llega el doctor Richard Robert Madden a La Habana, nombrado árbitro inglés en el Tribunal Mixto de Justicia.

1839	Corrige Anselmo Suárez y Romero la autobiografía de Manzano.
	Pierde Ramón de Palma la segunda parte de la autobiografía de Manzano.
1840	Publica Richard Robert Madden su traducción de la autobiografía de Manzano bajo el título «Life of the Negro Poet», en el libro *Poems by a Slave in the Island of Cuba*.
1840 ó 41	Trabaja de cocinero para Domingo del Monte por unos diecinueve días.
	Gana doscientos cincuenta pesos en la lotería y abandona la casa de Del Monte.
1842	Publica su única obra de teatro, *Zafira*.
1843	Fecha de sus últimos poemas.
1844	Es acusado por Gabriel de la Concepción Valdés, Plácido, de participar en la Conspiración de la Escalera.
1845	Tras sufrir más de un año de cárcel es puesto en libertad.
1853	Fallece la Marquesa de Prado Ameno el 27 de febrero.
	Muere Manzano el 19 de julio a la edad de cincuenta y seis años.
	Fallece Del Monte el 4 de noviembre a la edad de cuarenta y nueve años en Madrid.

TEXTOS

Autobiografía

A la Academia de Estudios: en su defecto, o por su destrucción, a su fundador y mi amigo Don Francisco Fesjer y Diago. –Madrid y Enero 15 de 1852.

Nicolás M. de Azcárate

La Señora D.ª Beatriz Jústiz de Santa Ana[1], esposa del Señor D. Juan Manzano[2], tenía gusto cada vez que iba a su famosa hacienda el Molino, de tomar las más bonitas criollas cuando eran de diez a once años; las que traía consigo y dándoles una educación conforme a su clase, estaba siempre su casa llena de criadas instruidas en todo lo necesario para el servicio de ella; no haciéndose de este modo notable la falta de tres o cuatro, que no estuviesen aptas por sus años, dolencias o libertad. De las escogidas, fue una María del Pilar Manzano, mi madre, que era una de las criadas de *estimación*, de *distinción*, de *razón*[3], como quiera que se llame, del servicio de la mano de la Sra. Marquesa de Jústiz, en su mayor edad. Tenía esta así mismo por costumbre, después del esmero con que criaba a sus siervas, darles la libertad en donación cuando querían casar, como fuera con algún artesano libre, equipándolas de todo, como a hijas propias, sin que por eso perdiesen el favor y protección de la casa que se extendían hasta los hijos y esposos; de lo cual hay muchos ejemplos que citar, pero aquellos no nacían en la casa. Bajo este pie se fue menoscabando el número de aquella florida servidumbre por diversos accidentes; y vino a ser María del Pilar el todo de la mano de la Sra. Marquesa; y como tuviese la suerte entonces de ver casar a la Sra. Condesa de Buena-vista, y a la Sra. Marquesa de Prado-Ameno, vino por casualidad a criar al Sr. D. Manuel de Cárdenas y Manzano; pero no al pecho, pues habiendo enfermado su criandera, la parda libre, Catalina Monzón, le tocó a ella seguir la cría con todas las dificultades que son de inferirse en un niño que deja un pecho y no quiere tomar otro. Ínterin vencía aquellos obstáculos, nació el Sr. D. Nicolás, su hermano, cuando se casó Toribio de Castro con M.ª del Pilar, saliendo yo a luz el año de...

---

[1] Friol ofrece la siguiente información: «Esta marquesa Jústiz de Santa Ana (1733-1803) era la misma autora del *Memorial a Carlos III*, del 25 de agosto de 1762, en que las habaneras protestaban de la rendición de La Habana a los ingleses, y de la 'Dolorosa métrica expresión del sitio, y entrega de la Havana, dirigida a N. C. Monarca el Señor Don Carlos Tercero (...)'» (1977: 48).

[2] Según Friol, se trata no de Juan Manzano sino de Manuel, su sobrino. «El tío, Juan José de Jústiz, falleció el día 13 de septiembre de 1959; el sobrino don Manuel del Manzano marqués Jústiz de Santa Ana, en 1796. Había nacido en 1721». Véase Friol 1977: 48, nota 15.

[3] En el manuscrito autógrafo de Manzano se escribe «de distinción, de estimación o de razón».

Como ya he dicho, no había nacido en casa ninguno de estos señores. Mi ama me tomó como un género de entretenimiento y dicen que más estaba en sus brazos que en los de mi madre que, con todos los títulos de una criada de mano y media criandera, había casado con el primer esclavo de la casa y dado un criollo a su Señora, quien me llamaba el *niño de su vejez*; de cuya verdad viven aun algunos testigos. Crecí al lado de mi Señora sin separarme de ella más que para dormir; pues ni al campo viajaba sin llevarme en la volante[4]. Con diferencia de horas para unos días y para otros fui contemporáneo del Sr. D. Miguel de Cárdenas y Manzano, y del Sr. D. Manuel Orreylli, hoy Conde de Buena Vista y Marqués Jústiz de Santa Ana, cuyas dos familia vivían en la grandísima y hermosísima casa contigua a la Machina[5], dividida sólo por algunas puertas, que separaban los departamentos, porque eran tres grandes casas reunidas en una. Así sería ocioso pintar cual andaba yo entre la tropa de nietos de mi Sra. traveseando y algo más bien mirado de lo que merecía por los favores que me dispensaba aquella a quien yo también llamaba *mamá mía*.

A los seis años, por demasiado vivo más que todos, me mandaron a la escuela en casa de mi madrina de bautismo, Trinidad de Zayas; a las doce y por la tarde me traían para que la Sra. me viera, la cual se guardaba de salir, hasta que yo venía, porque de no, echaba la casa abajo, llorando y gritando; y era preciso entonces apelar a la soba; que nadie se atrevía a darme, pues ni mis padres se hallaban autorizados para ello; y yo conociéndoles, caso de que lo hiciesen, los acusaba. Sucedió una vez que estando muy majadero me sacudió mi padre, pero recio; súpolo mi Sra. y fue lo bastante para que no lo quisiera ver en muchos días, hasta que a instancias de su confesor, el Padre Moya, Religioso de S. Francisco, le volvió su gracia, después que aquél le hizo ver que ella como ama, y mi padre como tal, tenían cada uno sus derechos respectivos.

A los diez años daba de memoria los más largos sermones de Fray Luis Granada; y el numeroso concurso que visitaba la casa, me oía los domingos cuando venía de aprender a oír la santa misa con mi madrina, pues aunque en casa la había no se me permitía asistir a ella por el juguete y distracción con los otros muchachos; sabía también todo el catecismo, y cuanto puede enseñar de religión una mujer; e infinidad de relaciones; loas y entremeses; cosía regular y conocía

---

[4] Coche americano parecido al quitrín, de dos ruedas muy grandes y varas muy largas.

[5] Se refiere a las grúas que se utilizaban en el puerto de La Habana. Según las investigaciones de Roberto Friol, Manzano se equivoca y en vez de escribir el nombre de Francisco Manuel de Cárdenas y Manzano, escribe el de su hermano Miguel. Tanto Francisco Manuel como Manuel Oreyli [sic] nacieron en La Habana en 1797. Véase Friol 1977: 154. Ivan Schulman se equivoca cuando dice que la Machina se encuentra en el puerto de Matanzas. Véase Schulman (ed.) 1975: 112, nota 5.

la colocación de las piezas. Lleváronme un día a la ópera francesa y vine remedando a algunos; por lo cual aunque siempre era más por los sermones recibían mis padres las galas que recogía en la sala. Pero pasando por alto algunos otros pormenores de estos mis primeros días, en que todo fue felicidad, no omitiré sin embargo las circunstancias que acompañaron mi bautismo; que fui envuelto en el mismo faldellín con que se bautizó la Señora D.ª Beatriz de Cárdenas y Manzano, que se celebró con arpa[6] que la tocaba mi padre por música, con clarinete y flauta[7]; y que mi Señora quiso marcar este día con uno de sus rasgos de generosidad, coartando[8] a mis padres en trescientos pesos a cada uno. Yo debí ser más feliz, pero, ¡pase[9]!

Preguntábanme a los siete u ocho años mi oficio y no había uno que dijese ignorar; en esto parece que leía yo el porvenir que me esperaba. Era tiempo de que mi ama se fuera desprendiendo de mí para ponerme a oficio, como en efecto se verificó; teniendo como diez años me pusieron a pupilo con mis padrinos llevando ya las primeras lecciones de sastre por mi padre. Entonces viajaba la Sra. Marquesa con frecuencia a su hacienda el Molino, y mi madre se declaraba en extremo fecunda, pues ya tenía yo un hermano que me seguía, otra que murió del *mal*, llamada Blasa, que no sé por qué especie de gracia nació libre, por lo cual se lamentaba mi padre diciendo: «Si las cosas se hubieran hecho como se pactaron, yo estaría contento; pero mis dos hijos vivos son esclavos; y Blasa que era la libre se malogró[10]». Más aquella bondadosísima Señora, fuente inagotable de gracia, le renovó un documento ofreciéndole la libertad del otro vientre naciera lo que naciese; y nacieron mellizos varón y hembra, la cual vive todavía: hubo en eso sus diferencias; más lo terminante del documento hizo que un tribunal diese libertad a los dos porque ambos formaron un vientre; con cuyos motivos mis padres se quedaron en el Molino al cuidado de la casa. Cuando este acontecimiento la Señora Marquesa había muerto ya en la misma

---

[6] En el manuscrito se escribe «harpa».

[7] En la Cuba del siglo XIX había un porcentaje muy alto de negros y mulatos libres que ejercían la profesión de músicos; véase Deschamps Chapeaux 1970: 105-118.

[8] Fernando Ortiz dice: «La *cortación* [sic] consistía en el derecho que adquiría el esclavo entregando una cantidad de dinero a su amo, de no ser vendido, sino por un precio prefijado del cual se descontaba dicha cantidad, pudiendo libertarse entregando al amo la diferencia en dinero que mediaba entre la ya entregada por la *cortación* [sic] y el precio prefijado» (1974: 146). Esteban Pichardo explica: «Fijar el precio del esclavo invariablemente para no poder exigir más por su venta o manumisión en virtud de la cantidad que al efecto ha dado a su Señor otra persona, o el mismo, o por gracia de su dueño» (1985: 165). También citado por Schulman (112).

[9] En el manuscrito no figura el signo de admiración de apertura.

[10] En el manuscrito hay comillas antes de las palabras «yo» y «son». Ambas aparecen junto al margen izquierdo del folio.

hacienda. Todos sus hijos acudieron a la novedad y la asistieron hasta el último momento: yo me hallaba a la sazón a pupilo en la Habana; pero se le envió una volante a la Sra. D.ª Joaquina Gutiérrez de Zayas, la que se presentó en casa de mi madrina y me pidió de parte de mi Señora, y al momento se puso en camino para Matanzas conmigo, a donde llegamos al segundo día como a la una. Esta época por lo remota no está bien fija en mi memoria: sólo me acuerdo de que mi madre y la Señora D.ª Joaquina, el padre y yo estuvimos en fila en su cuarto; que ella me tenía puesta la mano sobre un hombro; que mi madre y la Sra. D.ª Joaquina lloraban; de lo que hablaban no sé; que salimos de allí y yo me fui a jugar; que a la mañana siguiente la vi tendida en una gran cama; que grité y me llevaron al fondo de la casa donde estaban las demás criadas enlutadas; que por la noche toda la negrada, sollozando, rezó el rosario: que lloraba a mares; y que me separaron entregándome a mi padre.

Pasando algún tiempo partimos para la Habana, y la misma Sra. D.ª Joaquina me condujo a la casa de mi madrina donde luego supe que allí me había dejado mi Señora. Corrieron algunos años sin ver a mi padre; y creo no equivocarme si digo que fueron cinco, pues hago memoria de que habiendo vivido mucho tiempo con mi madrina en la calle Nueva de Cristo, ya yo cosía e iba a los ejercicios de juego con mi padrino que era sargento primero de su batallón, Javier Calvo[11]; de que nos mudamos a la calle del Inquisidor en el solar del Sr. Conde de Orreylli; de que presencié el famoso bautismo del Sr. D. Pedro Orreylli, y le vi vestir mamelucos[12] y andar solo por la casa todo sin saber yo si tenía o no amo. Vestía ya también mi balandrán de carranclán de lista ancha; y entraba y salía de la casa sin que nadie me pusiese obstáculo.

Tendría algo más de doce años cuando deseosas de verme algunas criadas antiguas de la casa, haciendo instancias a mi madrina lograron de ella que me mandase allá de visita: lo que verificado un domingo, me vistieron de blanco con mi balandrancito de carranclán y pantalones de borlón. Apenas llegué cuando todas me cargaron y llevaron de la mano acá y allá, enseñándome, hasta que me condujeron al cuarto de mi Señora la Marquesa de Prado-Ameno, diciéndole quien era yo. No sé[13] decir lo que pasó aquí, pero lo cierto es que al día siguiente me envió mi Señora a buscar con un criado: que estuve jugando todo él, más a la noche queriendo volver a la casa de mi amada madrina no me llevaron; que ésta

---

[11] Los batallones de Pardos y Morenos Leales fueron establecidos en Cuba por el gobierno colonial en el siglo XVII y disueltos como resultado de la Conspiración de la Escalera en 1844. Véase, por ejemplo, Deschamps Chapeaux 1970: 57-86.

[12] Ortiz dice que el mameluco es una «prenda infantil de vestir, compuesto de pantalón y camisa en una pieza» (1974: 338).

[13] En el manuscrito se escribe «nosé».

fue a buscarme y yo no fui, ignoro por qué. De allí a algunos días me hicieron muchos mamelucos de listado de costa, y alguna ropita blanca para cuando salía con la librea de paje para los días de gala, tenía un vestido de húsar, pantalón ancho de grana, guarnecido de cordón de oro, chaquetilla sin cuello del raso azul marino guarnecido de lo mismo, morrión de terciopelo negro galoneado con plumaje rojo y la punta negra, dos argollitas de oro a la francesa y alfiler de diamantes. Con esto y los teatros, paseos, tertulias, bailes, y romerías, olvidé pronto mi antigua y recoleta vida, me puse alegre, y nada sentí haber dejado la casa de mi madrina, donde sólo rezaba, cosía con mi padrino, y los domingos jugaba con algunos monifáticos[14], pero siempre solo, hablando con ellos. A los pocos días tuve por allá a la misma Señora D.ª Joaquina que me trataba como a un niño blanco, me vestía, peinaba y cuidaba de que no me rozase con los otros negritos: de la misma mesa, como en tiempo de mi Señora la Marquesa de Jústiz, se me daba mi plato, que comía a los pies de la Señora Marquesa de Prado Ameno. Toda esta época la pasé lejos de mis padres.

Había compuesto ya a los doce años muchas décimas de memoria, causa porque mis padrinos no querían que aprendiese a escribir; pero yo las dictaba a escondidas a una joven morena llamada Serafina, cuyas cartas en décimas mantenían una correspondencia amorosa. Desde esa edad doy un salto hasta la de catorce, dejando en su intermedio algunos pasajes en que se verifica lo inestable de mi fortuna. Se notará en la relación anterior que no hay épocas fijas porque era demasiado tierno y sólo conservo ideas vagas; pero la verdadera historia de mi vida, empieza desde 18..9[15] en que la fortuna se desplegó contra mí hasta el grado de mayor encarnizamiento, como veremos.

Por la más leve maldad propia de muchacho me encerraban por más de veinte y cuatro horas en una carbonera. Era yo en extremo miedoso y me gustaba comer; mi cárcel como puede verse todavía, era tan oscura que en lo más claro del medio-día se necesitaba vela para distinguir en ella los objetos; aquí después de llevar recios azotes me ponían con orden y pena de gran castigo al que me diese una gota de agua; lo que sufría aquejado del hambre y la sed, atormentado del miedo, en un lugar tan soturno como apartado de la casa, en el traspatio junto a la caballeriza, a un apestoso y evaporante basurero, y a un lugar común-infecto, húmedo y siempre pestífero, que sólo estaba separado por unas paredes todas agujereadas, guaridas de disformes ratas, que sin cesar me pasaban por encima: lo que sufría con todo esto, bien puede imaginarse. Tanto se temía en la casa aquella orden que nadie se atrevía, aunque hubiera

---

[14] Según Pichardo, «Figura humana o de animales en pintura o de bulto mala y ridículamente hecha» (1985: 431).

[15] Véase página 44.

coyuntura a darme un comino. Tenía la cabeza llena de los cuentos de cosa mala de otros tiempos, de las almas aparecidas en este mundo del otro y de los encantamientos: y por eso cuando salía un tropel de ratas haciendo ruido me parecía ver aquel sótano cundido de fantasmas, y daba tantos gritos pidiendo misericordia que entonces me sacaban de allí y me crucificaban a saetazos: luego me encerraban otra vez guardándose la llave en el cuarto mismo de la Señora. Dos ocasiones se distinguió la piedad del Sr. D. Nicolás y sus hermanos introduciéndome por la noche algún poco de pan vizcochado por una rendija de la puerta y dándome agua con una cafetera de pico largo. Esta penitencia era tan frecuente que no pasaba semana sin que la sufriera dos o tres veces, y en el campo tenía igual martirio siempre. Yo he atribuido la pequeñez de mi estatura y la debilidad de mi naturaleza a la amargosa vida que desde trece a catorce años he traído: siempre flaco extenuado llevaba en mi semblante la palidez de un convaleciente con tamañas ojeras. No es de extrañar que continuo hambriento me comiese cuanto hallaba, por lo que se me miraba como el más glotón: no teniendo hora segura, comía a dos carrillos, tragándome las cosas medio enteras, de donde me provenían frecuentes indigestiones; y yendo a menudo a ciertas necesidades, me hacía acreedor a otros castigos. Mis delitos comunes eran, no oír a la primera vez que me llamaban, si al tiempo de dársenos un recado, dejaba alguna palabra por escuchar. Como llevaba una vida tan angustiada sufriendo casi diariamente rompedura sobre rompedura de narices, hasta echar por ambos conductos los caños de sangre, lo mismo era llamárseme, que me entraba un temblor tan grande que a penas podía tenerme sobre mis piernas; pero suponiéndose esto fingimiento, no pocas ocasiones recibí por manos de un negro vigorosos azotes. No calzaba zapatos sino cuando salía de page. Desde la edad de trece a catorce años la alegría y viveza de mi genio, lo parlero de mis labios llamados *pico de oro*, todo se trocó en cierta melancolía, que se me hizo con el tiempo característica: la música me embelesaba sin saber por qué: lloraba y gustaba de ese consuelo en hallando ocasión de llorar, que siempre buscaba la soledad para dar rienda suelta a mis pesares; lloraba pero no gemía, ni se me añudaba el corazón sino en cierto estado de abatimiento incurable hasta el día.

Quince o diez y seis años tendría cuando fui llevado a Matanzas otra vez, abracé a mis padres y a mis hermanos, y conocí a los que nacieron después de mí. El carácter seco y la honradez de mi padre y el estar siempre a la vista, me hacían pasar una vida algo más llevadera, no sufría los horribles y continuos azotes ni los golpes de mano que por lo regular lleva un muchacho lejos de algún doliente suyo, aunque siempre mis infelices cachetes y narices estaban... Cinco años pasamos en Matanzas, donde era mi oficio barrer y limpiar cuando podía, al amanecer, antes que nadie se levantase: concluido esto me sentaba a la puerta de mi Señora para que me hallase allí cuando despertara; seguíala luego a donde quiera como un falderillo con los brazos cruzados. Cuando almorzaban o comían, tenía cuidado de recoger lo que todos iban sobrando, y me había de dar mi maña de engullírmelo antes que se levantase la mesa, porque al pararse aquélla, debía yo salir detrás. Llegada la hora de coser me sentaba a la vista de mi señora a costurar efectos de mujeres, por lo que sé hacer túnicos, camisones, colgaduras, colchones, marcar y coser en holán batista, y componer toda clase de guarniciones[16]. A la hora de dibujo que lo enseñaba un ayo, que tenían los Señoritos D. Nicolás y D. Manuel, y la Señorita Doña Concepción y mi Señora, iba yo también, y parado detrás del asiento de la última permanecía mientras duraba la clase: todos dibujaban y Mr...[17] recorría los trabajos diciendo aquí esto, corrigiendo allí con el lápiz, y arreglando allá otra lección: así por lo que veía hacer y oía decir, corregir y explicar, me hallé en estado de contarme por uno de tantos en clase de dibujo. No me acuerdo cual de los niños me dio un lapicero viejo de bronce, o de cobre y un pedacito de lápiz: esperé a que botasen una muestra, y al día siguiente a la hora de clase después de haber visto un poco, me senté en un rincón, vuelta la cara para la pared: empecé haciendo bocas, ojos, orejas, cejas etc.: cuando consideraba que era hora de cotejar las muestras con las lecciones ante el Director Mr... envolvía mis lecciones me las metía en el seno y esperaba el instante del cotejo porque entonces se acababan las dos horas de dibujo. De este modo llegué a perfeccionarme en términos, que habiendo tomado una muestra desechada, pero entera, aunque no muy perfecta (era una cabeza con su garganta, que representaba una mujer que corría desalada con el cabello suelto, ensortijado y batido por el viento, los ojos saltones y llorosos) la copié tan al fiel, que cuando la concluí, mi Señora que me observaba cuidadosamente haciéndose la desentendida, me la pidió y se la enseñó al Maestro, que dijo saldría yo un gran retratista y que sería para él de mucho honor, que algún día retratara a todos mis amos. Desde entonces todos me tiraban al rincón, donde estaba en el suelo a medio acostar, muestra de todas clases, y hallándome en esto bastante aventajado, compuse una guirnalda de flores y otras muchas cosas.

Era sumamente aficionada a la pesca, razón porque de tarde y de mañanas cuando eran frescas, me iba a orillas del río de San Agustín, por la parte baja en que atraviesa el Molino a buscarla: ponía la carnada en el anzuelo y recibía el pez, que sacaba; pero como la melancolía estaba concentrada en mi alma,

---

[16] El manuscrito reproduce tres puntos sobre la c y la i.
[17] El nombre de Mr. Godfria se suprime en la versión que presento.

y había extenuado mi físico, me complacía bajo la guásima[18], cuyas raíces formaban una especie de pedestal donde pescaba, en componer algunos versos de memoria, que siempre eran tristes, y no los escribía por ignorar este arte, causa por que tenía un cuaderno de aquellos en la imaginación y a cualquier cosa los improvisaba. Supo mi Señora que yo charlaba mucho, por que los criados Viejos de la casa, me rodeaban cuando citaba de humor y se divertían oyéndome tantas décimas, que no eran divinas ni amorosas como propio producto, de la ignorancia: se dio orden expresa para que nadie me hablase pues nadie entendía el asunto de ellas, ni yo mismo me atrevía a decirlo aunque dos veces me costó mi buena monda[19].

Como para estudiar las cosas que componía por no saber escribir, hablaba solo haciendo gestos y visajes, según la naturaleza de los versos, decían que era tal mi flujo por hablar, que a trueque de hacerlo, hablaba con las mesas, con los cuadros, con las paredes. A nadie comunicaba lo que traía conmigo, y sólo cuando me podía juntar con los niños, les recitaba muchos versos, y les contaba cuentos de encantamientos, forjados por mí en el resto del día con su cantarcito, todo concerniente al aflictivo estado de mi corazón.

Mi ama que no me perdía de vista ni aun durmiendo, que hasta soñaba conmigo, hubo de penetrar algo: hízome repetir un cuento una noche de invierno, rodeado de muchos niños y criados manteniéndose ella oculta en otro cuarto detrás de unas persianas: al día siguiente por quítame allá esas pajas, como suele decirse, después de una buena monda, me pusieron una gran mordaza; y parado en un taburete, en medio de la sala con unos motes detrás y delante, de los cuales no me acuerdo, y riguroso prohibición de que nadie entrase en conversación conmigo, pues cuando yo tratara de tenerla con alguno de mis mayores debían darme un garnatón. De noche me iba a dormir a las doce o la una de la noche a más de doce cuadras de distancia, donde vivía mi madre: yo era en extremo miedoso y tenía que pasar este trago en la noches más lluviosas. Con estos y otros tratamientos algo peores, mi carácter se volvía cada vez más taciturno y melancólico, y no hallaba más consuelo que recostarme en las piernas de mi madre, porque padre de genio seco... El se acostaba mientras mi pobre madre y mi hermano Florencio me esperaban hasta la hora que yo viniera; el último,

---

[18] Árbol silvestre de Cuba. Dice Ortiz: «Toman este nombre americano varios árboles: *guásima* amarilla, *guásima* baría, *guásima* boba, *guásima* cereza, *guásima* común. *Guazuma*. Escribieron Oviedo y Las Casas, atribuyéndole la voz a los indios; pero, como dice Suárez, ahora nadie pronuncia así. Esta voz debiera, también, constar en el diccionario de la Academia, con tanto o más derecho que otras» (1974: 279). En el glosario de *Biografía de un cimarrón*, Barnet dice que la guásima es un «árbol usado para ajusticiar por colgamiento = La Justicia» (1975: 202).

[19] «Castigar a azotar con exceso» (Pichardo 1985: 430). Citado también por Schulman (112, nota 16).

aunque estuviera dormido, luego que oía tocar la puerta y mi voz despertaba y venía a abrazarme; cenábamos y nos íbamos juntos a la cama.

Unas tercianas que por poco dan conmigo en la sepultura, me privaron seguir a mi Señora a la Habana. Cuando me hallé enteramente restablecido, nadie hará en dos años lo que yo en cuatro meses; me bañaba cuatro veces al día y hasta de noche, corría a caballo, pescaba, registré todos los montes, subí todas las lomas, comí de cuantas frutas había en las arboledas, en fin, disfruté de todos los inocentes goces de la juventud. En esta época pequeñísima, me puse grueso, lustroso, y vivo; pero cuando volví a mi antiguo género de vida, se quebrantó mi salud y torné a ser lo que era antes. Entonces fue cuando recibí por un moreno, sin querer, una pedrada en la mollera que me llevaron privado a la cama, tan riesgosa, que habiéndome hundido el casco se me descubría parte del cráneo, y que todavía después de haberme durado abierta más de dos años, se me resume por tiempos. Sin embargo me fue favorable, porque yo era demasiado sanguíneo y de constitución muy débil, de suerte que causándome la más leve impresión extraordinaria novedad siempre se desahogaba mi naturaleza por aquella parte abierta. Así sucedió que habiéndoseme maltratado, que sé yo porqué, todo el padecimiento de aquel acto, unido a tres días que se me dejó de curar, atrajo sobre el cráneo una tela negra, que fue menester tenazas, hilas y agua fuerte para quitarla. Era médico de la Hacienda Dⁿ. Estorino; este Señor a quien yo acompañaba a cazar y a pescar, hombre tan compasivo, como sabio y generoso, tomó a su cargo mi cura y el cuidado de mis alimentos, asistiéndome con sus propias manos hasta llegar a punto de no necesitarse más que tafetán inglés. Le debo esta y otras muchas innumerables finezas de que estoy sumamente agradecido; él era el único que sabía mirar mis muchachadas como cosas necesarias en mi edad; y en quien a los pocos años, reunía una imaginación traviesa; pues los demás todo lo juzgaban malo; y si no la vez que habiendo pintado una bruja echándole una ayuda al diablo, aquella con el semblante risueño, y este afligido, tuve por dos meses bastante que llorar, sin embargo de que la lámina causó a muchos gran risa, mi padre con la austeridad de su carácter, me prohibió tomar ínter él viviese los pinceles, me quitó la cajita de colores y la tiró al río, rompiendo así mismo la lámina que tanto había divertido. Pero hablemos de cuando volví con mi Señora a Matanzas.

Desde que pude hacer algo, fue mi primer destino el de paje, tanto en la Habana como en Matanzas; así velaba desde mis más tiernos años la mayor parte de las noches en la Habana o en el Teatro, o en las tertulias de casa del Señor Marqués de Monte Hermoso, y de las señoras beatas Cárdenas, de donde salíamos a las diez y después de la cena, empezaba el paseo hasta las once o las doce; y en Matanzas los días señalados, o no, a veces se comía en casa del Sr.

Conde de Jibacoa o en la del Sr. D. Juan Manuel Offarrill: donde quiera que fuese íbamos a hacer tarde y noche en casa de las Señoras Gómez en que se reunían las personas más conocidas y decentes del pueblo, a jugar partidas de tresillo, malillo o burro. Mientras mi Señora jugaba, no podía separarme del espaldar de su taburete hasta las doce de la noche, hora en que por lo regular partíamos para el Molino. Si durante la tertulia me dormía, si al ir detrás de la volante se me apagaba el farol, aunque fuese por una casualidad, como sucedía en los carrilones de las carretas que llenándose de agua al caer la rueda saltaba aquélla y se entraba por las labores del farol de hoja de lata; luego que llegábamos se despertaba al mayoral o administrador, y yo iba a dormir al campo, y al amanecer ejercía aquel en mí una de sus funciones[20], más no como en un muchacho; pero tanto domino tiene el sueño sobre el hombre, que no pasaban cuatro o cinco noches, sin que reincidiese en las mismas faltas. Nadie me valía. A mi pobre madre y a mi hermano, más de dos veces les amaneció esperándome, ínterin encerrado esperaba yo un doloroso amanecer. Aquélla vivía tan recelosa ya, que cuando no llegaba a la hora poco más o menos bajaba desde su bohío y, acercándose a la puerta de la enfermería, que era antes de los hombres, donde estaba el cepo hacia la izquierda, por ver si me hallaba allí, me llamaba: «Juan»[21]. Y yo le contestaba gimiendo, y ella decía de afuera: «¡Ay, hijo!» Entonces era el llamar de la sepultura a su marido, pues cuando esto, ya mi padre había muerto. Tres ocasiones me acuerdo haber visto repetirse esta escena, pero otras me encontraba mi madre en el camino. Una vez más que todas para mí memorable me sucedió lo siguiente:

Nos retirábamos del pueblo[22] y como era ya demasiado tarde y la volante andaba despacio y yo venía sentado como siempre, asido con una mano a un barrote y en la otra el farol, me dormí de tal modo que solté aquél, pero también que cayó parado: a unos veinte pasos abrí de pronto los ojos, me hallo sin él, veo la luz en donde estaba, tiréme abajo, corro a cogerle, doy antes de llegar dos caídas con los terrones, tropezando al fin lo alcanzo, quiero volar en pos de la volante que ya me sacaba una ventaja considerable; pero ¡cuál fue mi sorpresa al ver que el carruaje apretó marcha! Por más que procuré alcanzarlo se me desapareció. Sabía lo que me iba a suceder; llorando, seguí a pie, pero cuando llegué cerca de la casa de vivienda, me hallé cogido por D. Silvestre, que era el nombre del joven mayoral. Al conducirme para el cepo, nos encontramos con

---

[20] Para Calcagno son «bocabajos».

[21] Aquí y en las otras citas, el manuscrito reproduce un doble guión (=) con las comillas, y a veces se prescinde de usar puntuación. He puesto dos puntos en lugar del primer guión doble y punto seguido al final.

[22] Francisco Calcagno dice que el pueblo es Matanzas. Véase Calcagno 1887: 58, nota 2.

mi madre que, siguiendo los impulsos de su corazón, vino a acabar de clamar mis infortunios. En habiéndome visto, quiso preguntarme, qué había hecho: más el mayoral, imponiéndole silencio, se lo trató de estorbar, sin atender a ruegos ni dádivas: irritado porque lo habían hecho levantar a aquella hora, alzó la mano, y le dio a mi madre con el manatí[23]. Este golpe lo sentí en el corazón: dar un grito y convertirme de manso cordero en un león, todo fue uno: me le zafé con un fuerte tirón del brazo por donde me llevaba y me le tiré encima con dientes y manos: es de considerarse cuantos manatiazos, puntapiés y otros golpes llevaría. Mi madre y yo fuimos conducidos y puestos en un mismo lugar: los dos gemíamos a una allí, mientras mis hermanos Florencio y Fernando lloraban solos en el bohío: el primero tendría doce años, y el segundo que hoy sirve al médico Sr. D. Tomás Pintado, cinco. Apenas amaneció, dos contramayorales y el mayoral nos sacaron, llevando cada uno de los negros su presa al lugar del sacrificio. Yo sufrí más de lo mandado *por guapito*: pero las sagradas leyes de la naturaleza obran en las madres afectos maravillosos: la culpa de la mía fue que viendo que me tiraban a matar, se tiró encima del mayoral para hacerse atender, más llegando los negros del tendal, nos echaron mano. Al contemplar a mi madre en el lugar de sacrificio, por primera vez en su vida, pues aunque moraba en la Hacienda estaba exenta del trabajo, como mujer de un esclavo que se supo conducir y hacerse considerar de todos; suspenso sin poder ni llorar, ni discurrir, ni huir; temblando ínterin, sin pudor, los cuatro negros se apoderaron de ella y la arrojaron por tierra para azotarla, no hacía más que pedir por Dios: todo lo resistí por ella: pero al oír estallar el primer foetazo, enfurecido como un tigre, o como la fiera más animosa estuve a pique de perder la vida a manos del citado D. Silvestre –pasemos, pasemos en silencio el resto de esta escena dolorosa.

Ya he dicho que era el falderillo de mi Señora, y así puede decirse por qué tenía por obligación seguirla siempre, a menos que fuese a sus cuartos, que entonces me quedaba a las puertas, impidiendo la entrada a todos, o llamando a quien llamase, o haciendo silencio, si consideraba que dormía. Pues una tarde salimos al jardín: largo tiempo hacía que ayudaba a mi ama a coger flores, y a trasplantar algunas maticas como en género de diversión, mientras el jardinero andaba por todo lo ancho del jardín cumpliendo su deber, cuando el retirarnos, sin saber

---

[23] Explica Ortiz: «Además del animal así llamado, el bastón o látigo formado con su piel. Estuvo prohibido en estas Antillas el uso del bastón de *manatí* cuando la esclavitud, y no podía emplearse en azotar a los negros. Se dice que por ser muy cruel. Alguien supone que ello se debía a que la huella de sus azotes era permanente y ello dificultaba después la venta del esclavo, pues se suponía por el comprador, al ver las marcas del castigo, que el infeliz tenía la tacha de ser de carácter turbulento» (1974: 339).

materialmente lo que hacía cogí una hojita, no más de geranio donato. Esta malva sumamente olorosa, iba en mi mano; mas ni yo sabía lo que llevaba distraído con mis versos: seguía a mi Señora a distancia de dos o tres pasos, tan ajeno de mí, que iba haciendo añicos la hoja, de lo que resultaba mayor fragancia. Al entrar en una antesala, no sé con qué motivo retrocedió, hícela paso; pero al enfrentar conmigo, llamóle la atención el olor: colérica de pronto con una voz vivísima y alterada me preguntó: «¿qué traes en las manos?»[24] Yo me quedé muerto, el cuerpo se me heló de improviso; y sin poder tenerme del temblor que me dio en ambas piernas, dejé caer en el suelo porción de pedacitos, que fueron un montón; una mata, ¡un atrevimiento de marca[25]! Me rompieron las narices, y en seguida vino D. Lucas Rodríguez, emigrado de Santo Domingo, a quien se me entregó. Serían las seis de la tarde en el rigor del invierno; la volante estaba puesta para partir al pueblo, y yo debía ir detrás; pero ¡cuán frágil es la suerte del que está sujeto a continuas vicisitudes, como yo que nunca tenía hora segura! Lleváronme al cepo: en este lugar, antes enfermería de hombres, cabrán, si existe, cincuenta camas en cada lado: pues en ella se recibían los enfermos de la Hacienda y a más los del Ingenio S^n. Miguel: pero entonces estaba vacío y no se le daba ningún empleo: tenían allí el cepo y sólo se depositaba algún cadáver, hasta la hora de llevarlo al pueblo a darle sepultura. Metiéronme en aquel los dos pies, con un frío que helaba, sin ninguna cubierta, y después me encerraron[26]. ¡Qué noche no pasaría allí solo en alma! Parecíame que los muertos se levantaban y vagaban por todo lo largo del salón, y que se colocaban por una ventana, medio derrumbada, que caía al río[27], cerca de un despeñadero de agua cuyo perenne golpeo se me figuraba una legión de duendes. No bien había empezado a aclarar, cuando sentí correr el cerrojo: entra un contramayoral seguido del administrador envuelto en su capote: me sacan a una tabla parada a un horcón que se sostiene el colgadizo, y veo al pie de aquella un mazo de cincuenta cujes[28]. El administrador por debajo del pañuelo que le tapaba la boca, gritó con una voz ronca: «amarren»[29]. Me atan las manos como las de Jesu Cristo: me cargan y me meten los pies en las dos aberturas de la tabla[30]. ¡Oh Dios! Corramos un velo sobre esta escena tan triste. ¡Ay!, mi sangre se derramó y perdí el sentido. Cuando volví en mí, me hallé en la puerta del oratorio en los brazos de mi madre, anegada en lágrimas, que

---

[24] En el manuscrito sólo se reproducen dos rayas donde he insertado las comillas.
[25] Sólo se reproduce el signo de admiración que cierra la frase.
[26] En el manuscrito no hay puntuación y la próxima palabra se escribe en minúscula.
[27] En su *Poetas de color*, Calcagno identifica este río como el de San Juan (60, nota 1).
[28] Vara flexible. Véase Pichardo 1985: 198.
[29] En el manuscrito hay guiones dobles antes de las primeras comillas.
[30] El manuscrito no reproduce puntuación y se escribe la siguiente palabra con minúscula.

a instancias del padre D. Jaime Florid, se retiró de allí, desistiendo del intento que tenía de ponérsele delante a mi Señora, que sé yo con qué pretensión. A las nueve poco más o menos se levantó aquélla: su primera diligencia fue imponerse *de si me había tratado bien*: el administrador que la esperaba me llamó y me le presentó: ella entonces me preguntó: «Si quería otra vez tomar más hojas de su geranio»[31]. Como no quise responder, por poco me sucede otro tanto, y tuve a bien decir que no. Como a las once me entró crecimiento, y me pusieron en un cuarto tres días sin intermisión estuve en este estado dándome baños y unturas. Mi madre no venía allí sino por la noche, cuando consideraba que estuviese en el pueblo. Al sexto día andaba ya solo, y se contaba con mi vida: a eso de las doce me encontré con ella, que atravesaba por el tendal y me dijo: «Juan, aquí llevo el dinero de tu libertad, ya tu ves que tu padre se ha muerto, y tu vas a ser el padre de tus hermanos: ya no te volverán a castigar más: Juan, cuidado, ¿eh?»[32]. Un torrente de lágrimas fue mi única respuesta: ella siguió y yo fui a mi mandado: mas el resultado de esto fue que mi madre salió sin dinero: y yo quedé en esperar qué sé yo cuánto tiempo, que nunca llegó.

Después de este pasaje me aconteció el siguiente: Una tarde trajeron del Ingenio unos cuantos pollos y capones, y a mí me tocó, como siempre estaba de centinela al que llegaba, recibirlos por desgracia; entré la papeleta dejando las aves en el pasadizo debajo de la glorieta, que se halla a la entrada: leyose el papel y me mandaron llevarlas al otro lado para entregárselas a D. Juan Malo[33], que era mayordomo o celador de aquella otra parte: tomélo todo despidiendo al arriero, e iba contento, pues en este intervalo respiraba, entregué lo que recibí y me acuerdo que eran *tres capones y dos pollos*. Pasadas algunas dos semanas, me llamaron para que diese cuenta de un capón que faltaba: al momento dije que los que vinieron fueron tres, y dos pollos y que esos mismos había entregado. Quedóse esto así, mas a la mañana siguiente, vi venir al mayoral del Ingenio que habló largo rato con mi Señora y se fue. Servimos el almuerzo y cuando iba a meterme el primer bocado, aprovechando el momento; porque pasado...! me llamó mi ama y me mandó que fuese a casa del mayoral y le dijese qué sé yo que cosa: aquello me dio mal ojo: oprimióseme el corazón y fui temblando como que estaba acostumbrado a irme a entregar yo mismo. Llego a la puerta y veo dentro los dos, el del Molino y el del Ingenio: doyle al primero el recado:

---

[31] En el manuscrito se reproducen guiones dobles (=) antes y después de las comillas, y se continúa la frase con minúscula.

[32] En el manuscrito se reproducen guiones dobles (=) antes y después de las comillas; no aparece el primer signo de interrogación.

[33] Parece que Suárez y Romero cambia el nombre de Juan Mato a Juan Malo para designar su personalidad (Franco 1972: 26).

y haciéndose sordo me dice: «entra hombre»[34]. Como me hallaba en el caso de estar bien con estas gentes, porque cada rato caía entre sus manos, le obedecí: iba a repetir el recado, pero el Sr. Domínguez, que así era el apellido del mayoral del Ingenio, me cogió por un brazo diciendo: «a mí es a quien busca»[35]. Sacó una cuerda de cáñamo delgada, me ató como a un facineroso: montó a caballo y echándome por delante me mandó correr y nos alejamos prontamente por aquellos contornos: el fin era que ni mi madre, ni mi segundo hermano, ni los niños y niñas me viese, porque todos al momento se echarían a llorar, y la casa sería un lugar de duelo, o me apadrinarían. Nos habíamos alejado como un cuarto de legua, cuando fatigado de corre del caballo di un traspié y caí: apenas di en tierra, dos perros o dos fieras que nos seguían se me tiraron encima: el uno metiéndose casi toda mi quijada en su boca, me atravesó los colmillos hasta las muelas, y el otro me agujereó el muslo y pantorrilla izquierda, todo con la mayor voracidad y prontitud cuyas cicatrices se conservan aun a pesar de los 24 años que han pasado sobre ellas. El mayoral se tiró del caballo y separó los perros, pero ¡mi sangre corría en abundancia, principalmente de la pierna izquierda que se me adormeció! y luego me agarró por las ataduras echando una retahíla de obscenidades: este tirón me descoyuntó el brazo derecho, del que aun no he sanado, porque en tiempos revueltos padezco en él ciertos dolores como si estuviera gotoso. Caminando como pude llegamos al Ingenio: me pusieron dos roscas con sus ramales: me curaron las mordeduras, qué sé yo con que unto[36] y fui para el cepo. Llegó la noche fatal: toda la gente estaba en fila: me sacaron al medio: un contramayoral y el mayoral y cinco negros me rodean: a la voz de «tumba»[37] dan conmigo en tierra sin la menor caridad, como quien tira un fardo que nada siente: dos me sujetan las manos: dos los pies: y otro se monta en la espalda. Preguntábanme por el capón y yo

---

[34] En el manuscrito se reproducen guiones dobles (=) antes y después de las comillas, y se continúa la frase con minúscula.

[35] Como en el caso anterior: guiones dobles (=) antes y después de las comillas, la frase siguiente con minúscula.

[36] Los ingredientes solían incluir fango y orina.

[37] Tirarse bocabajo en el tumbadero para ser castigados con el látigo. Dice Ortiz del bocabajo: «Nombre que se daba a la pena de flagelación que sufrían los negros esclavos. Proviene este nombre de la posición que se hacía adoptar a la víctima, tendida en el suelo, dejando descubierto el dorso a la acción del foete». «El *bocabajo llevando cuenta* era aquel que se imponía al negro agravándolo con la obligación de ir contando los latigazos que recibía, un error significaba recomenzar la pena, que, por ser tal error cosa harto explicada y natural, se convertía en una flagelación sin duración realmente predeterminada que dependía del arbitrio del mayoral o de los contramayorales azotadores». «A *dos manos* era el *bocabajo* doble, dado por dos contramayorales, uno a cada lado de la víctima, alternando sus golpes» (1974: 78-79). En el manuscrito se reproducen guiones dobles (=) antes y después de las comillas.

no sabía que contestar. Veinte y cinco azotes sufrí diciendo mil cosas diferentes: me mandaban decir la verdad y yo ignoraba cuál: parecía que con responder que me había hurtado el capón, cumplía y cesaría el castigo: pero debía decir también, qué había hecho con el dinero y era otro aprieto, dije: «compré un sombrero». «¿Dónde está?»[38]. Era falso, dije que «compré unos zapatos»[39]. No hubo tal y dije, y dije, y dije, un millón de cosas por ver con qué me libraba de tanto tormento. Nueve noches me viraron boca bajo[40], y nueve mil cosas diferentes decía en cada una, pues al encargarme que descubriera la verdad y azotárseme nada se me ocurría ya que lo pareciese. Acabada esta operación, iba a arrear bueyes de prima o de madrugada, según el cuarto que me tocaba. Todas las mañanas le informaban por medio de una esquela a la Señora cuanto yo había dicho en la noche.

Al cabo de los diez días esparcida la voz por todo el Ingenio, ya se sabía a fondo la causa de aquel género de castigo: entonces Dionisio Cobandonga[41], que era el arriero, se presentó al mayoral diciéndole no se me castigase más, porque el buscado capón se lo había comido el mayordomo D. Manuel Pipa, pues el día que éste[42] le dio las aves para que las condujese, por la tarde, al Molino, con la papeleta, se le quedó un capón en la cocina sin advertirlo, pero que a las once de la noche, cuando volvió del pueblo con las raciones del día siguiente lo vio: y por la mañana se lo avisó creyendo que alguno se lo hubiese hurtado y escondido en su bohío, que era la cocina: y por último que el mayordomo le dijo, que era de los que debía haber llevado al Molino, mas que no obstante lo cogió y dejándolo en su cuarto, su cocinera se lo guisó al día siguiente. Llamada la negra Simona fue preguntada y declaró ser cierto todo. El mayoral dijo que por qué no lo había avisado más antes: pero Dionisio respondió que nadie sabía la causa de mis castigos, pues sólo se oía decir, *capón, capón*, y que a no habérselo contado yo a la Simona y a él no lo hubiera comprendido nunca. Ignoro si a la Señora se dio parte de esto, pero lo cierto es, que desde aquel día cesó el castigo; y me pusieron con un gran garabato a aflojar bagazo seco: y a apilarlo para que las canastas lo condujesen a las hornallas: mas el mismo sucedió una desgracia en el Ingenio, que alguna parte tuvo en que la Señora me perdonara. Tocóme como uno de tantos ir

---

[38] En el manuscrito se reproducen guiones dobles (=) con comillas para el primer parlamento; para el segundo sólo guiones dobles, antes y después de los signos de interrogación. En ambos casos las frases continúan con minúscula.

[39] En el manuscrito sólo se cierran las comillas y la frase continúa con minúscula.

[40] Este castigo se llamaba un «novenario». Dice Ortiz: «*Boca-bajo* o castigo de nueve azotes, que se le daba a los esclavos, durante nueve días seguidos» (1974: 367).

[41] Franco escribe «cabandonga» (1937: 55; Moliner 1972: 28).

[42] En el manuscrito esta palabra aparece escrita sobre el renglón.

a cargar azúcar para la casa de purga[43], y como no podía andar se me quitó una rosca y todas se me hubieran quitado a no temer que fugase. Estando metiendo hormas en uno de los tinglados hacía la izquierda acababa de soltar una y dado varios pasos. Cuando pareció haberse desplomado el firmamento detrás de mí, y era un gran pedazo del techo con las viguetas, que se derrumbó cogiendo debajo al negro Andrés Criollos, yo con el susto caí por una abertura, y mi guardiero gritaba y toda la negrada. Acudieron a sacar a Andrés y yo salí como pude por la parte baja de la puerta. Con mil trabajos sacaron a aquel de entre los escombros con todo el cráneo roto, el pellejo del cerebro arrollado y los ojos reventones: condujéronlo al Molino y murió a las pocas horas. Al día siguiente no bien se había con el sol disipado la neblina, vi aparecerse al niño *Pancho*, hoy Sr. D. Francisco de Cárdenas y Manzano, yo estaba ocupado en mi ejercicio de apilar y aflojar bagazo, cuando se me presentó seguido de mi segundo hermano el cual me insinuó que venía por mi: el cambio de traje y de fortuna fue todo uno. Es el caso que al llegar el desgraciado a quien las vigas maltrataron, se divulgó que yo estuve a pique de perecer también; por lo que mi hermano, que servía al niño *Pancho* alcanzó que pidiese a su Madre por mi y lo consiguió sin la menor dificultad. En habiendo llegado como tuve que andar una legua de camino sumamente escabroso, ya el niño se había adelantado en su jaca: él y mi hermano me presentaron a la Señora, a la que por primera vez vi que me trató con compasión. Pero mi corazón estaba tan oprimido, que ni la comida que era para mí la más sagrada y precisa atención me alegraba: comía poco y casi siempre llorando. Con este motivo para que no lo hiciese ni estuviera durmiendo me mandaban limpiar las caobas. Toda mi viveza desapareció, y como mi hermano me quería tanto se hizo entre ambos común este abatimiento: él no hacía más que estarme consolando pero sus consuelos eran llorar conmigo. Por eso no me llevaban al pueblo detrás de la volante, y todos caían sobre mi para hacerme jugar, aunque en balde, porque nunca salía de mi melancólico estado. Entonces me dedicaron a dormir con el niño Pancho y mi hermano y a servirle: me compraron sombrero y zapatos cosa para mí muy nuevas: se me mandaba a bañar y a paseos por la tarde, e iba a las pescas y a cazar con un señor.

Pero además de estos sucesos me acontecieron otros muy semejantes entre sí; uno en la Habana antes de ir por segunda vez a Matanzas, y otro estando allí,

---

[43] «Fábrica grande, aunque muy baja por los extremos para cerrarlos de modo que el edificio queda casi oscuro, sin corriente de aire; el piso de madera está horadado con agujeros, en que entran las *Hormas* hasta su mitad: aquí se echa el barro y se deja el tiempo suficiente para que purgue el azúcar por los *Furos*, destilando la *Miel*, que recibe abajo un tinglado a propósito» (Pichardo 1985: 151). También citado por Schulman (113, nota 32), y Azougarh (328, nota 239).

que me parecen dignos de contarse primero que ocuparme del cómo lo pasé al lado del Sr. D. Nicolás de Cárdenas, cuando volví a la Habana.

Aquel fue cuando empezaron a rodar las monedas de nuestro católico Monarca el Sr. D. Hernando 7º. Llegó un mendigo por limosna, y dióme la Señora una peseta del nuevo cuño, tan nueva que parecía acabada de fabricar. El Sr. D. Nicolás me había dado la noche antes otras que traía yo en el bolsillo: lo mismo valen las dos, dije para mí y cambiando le di al mendigo su limosna. Fuíme a mi lugar a sentarme en la antesala cuidando de si me llamaba o necesitaba de alguien mi Señora, y al punto saqué la peseta, estaba como los monos, dándole vueltas y más vueltas; leyendo y volviendo a leer sus inscripciones, cuando escapándoseme de la mano, cayó en el suelo que, como era de hormigón y estaba entre junta la puerta y ventana, al caer sonó dando su correspondiente bote. Apenas hubo caído la Señora me la pidió: se la di la miró y se puso como grana: hízome pasar por su cuarto a la sala y me sentó en un rincón, encargándome que no me moviese de allí. Por supuesto, ya mi peseta estaba en su poder, conocida por ser la misma que me había dado hacía dos minutos. Con tales pruebas a la vista se sacó la muda de cañamazo, se compró la cuerda y se apartó el mulo en que debía irme para el Ingenio de Guanabo, pues a la sazón estaba descargando la recua. Sobrecogido permanecía yo en mi lugar de retención, exclamando que todos los niños y niñas se asomaban a la puerta llorando, y que la Señora, entraba y salía silenciosa pero diligente al cabo se sentó y escribió. Pregunté quedito a uno por mi hermano y supe que estaba encerrado. A eso de las nueve veo entrar en la sala al negro arriero de cuyo nombre no me acuerdo ahora y que se acercaba a mi desliando una esquifación[44], habiendo dejado en el suelo una soga de henequén: yo que esperaba mi castigo recelándome del gran peligro que me amenazaba, me escapé por otra puerta, corrí a donde mi protector el Sr. D. Nicolás, y hallé que todos los niños lloraban pues ocultos allí les debía estos tributos propios de la infancia. La misma Concha mi dijo: «Anda a donde está Papa». El Sr. Marqués me quería mucho; yo dormía con él porque no roncaba: y en sus veces de jaqueca le daba agua tibia y le tenía la frente ínter arrojaba: y si una noche y parte del otro día duraba este único mal que padecía no me separaba ni un solo instante de su cabecera. Cuando llegué a su escritorio que todo fue un relámpago, estaba escribiendo para el Ingenio: y al verme echar a sus pies, me preguntó lo que había; se lo conté y me dijo: «gran perrazo y ¿por qué le fuiste a robar la peseta a tu ama?» No señor, le repliqué yo, el niño Nicolasito me la dio. «¿Cuándo?», me preguntó, «anoche», le contesté. Subimos los dos; le preguntó al niño mostrándole la

---

[44] Dice Pichardo que es «el vestuario de los negros que trabajan en el campo» (1985: 249). Citado también por Schulman (112, nota 21).

peseta y éste dijo que aquella no era. A la verdad que mi turbación no me dejó hacer relación que aclarase hecho tan sencillo porque las amenazas, el aspecto de la esquifación, y el horror a un Ingenio tan temido en aquellos días por un tal D. Simón Díaz, mayoral entonces cuyo nombre solo infundía terror en la casa cuando con él amenazaban: todo se acumuló en mi corta edad de diez y seis años para no dejarme responder sino rogar, y llorar. El Sr. Marqués intermedió, y por lo pronto me condujeron a mi calabozo donde estuve cuatro días con sus noches, sin más alimentos, que los que mi hermano y algún otro me daban por debajo de la puerta. Al quinto día me sacaron fuera, me vistieron mi esquifación, y trájose la cuerda nueva. Sentado sobre una caja de azúcar esperaba el momento en que todos estuviéramos reunidos para partir por mar a Matanzas con el equipaje: mi hermano al pie de la escalera, me miraba con los ojos lagrimosos e inflamados teniendo debajo del brazo un capotillo viejo mío y su sombrerito de paja: el pobre no había cesado de llorar desde que supo mi destino: éramos tal en amarnos, que no se dio caso de que él comiese de una media naranja sin que yo tomase igual parte, y lo mismo me sucedía a mí con él: comíamos, jugábamos, íbamos a cualquier mandado y dormíamos juntos; así esta unión vinculada por los indisolubles lazos del amor fraterno se había roto, y no como otras veces por algunas horas, sino por algo más de lo que yo ni nadie se atrevió a imaginar. Por último estando ya lista toda la familia, me ataron para conducirme como el más vil facineroso. Ya en la puerta de la calle, me hizo entrar la Señorita D.ª Beatriz de Cárdenas, hoy Madre Purita en el convento de Monjas Ursulinas, que sirvió de mediadora para que no se viese sacar de su casa en tal figura a un muchacho a quien todos tendrían compasión: al punto se me desataron los brazos, y una de las criadas contemporáneas, amiga y paisana de mi madre, me puso un pañuelo en la cabeza, y como yo no usaba ni calzado, ni sombrero, nada más tuve que buscar. Salimos y nos embarcamos en una goleta de quien era patrón D. Manuel Pérez, y haciéndonos a la vela a pocas horas navegamos para Matanzas. Tardamos, no sé por qué, dos días, y al siguiente al amanecer dimos fondo en el Puerto.

En cuanto llegamos, mi hermano y yo nos apresuramos a echarnos en el bote: pero antes me había puesto ya a bordo, durante la navegación una muda de ropa, que aquél había cogido mía, en vez de la de cañamazo; porque este traje, como que era la primera ocasión que lo usaba, nos hacía a los dos un mismo efecto. Así que estuvimos en tierra con la demás familia, como éramos pequeños y no teníamos que cargar, debíamos irnos todos para la casa del comandante del castillo el Sr. D. Juan Gómez, a quien se le dirigían órdenes acerca de la familia, pero nosotros que nada sabíamos de esto, por una parte, y por otra con el deseo de ver a nuestra madre; cuando entramos por la calle del

Medio, en la segunda boca-calle doblamos con disimulo, y tomando la calle del Río nos enderezamos a paso largo para el Molino; yo como me vi desatar y que en todo aquel tiempo ni siquiera se me había mirado ni preguntado por el traje con que me sacaron, ni mi conciencia en nada me hacía culpado, iba alegre para llegar pronto a los brazos de mi madre, a quien amaba tanto que siempre le pedía a Dios que me quitase a mi la vida, primero que a ella; porque no me creía con bastante fuerza para sobrevivirla. Al fin llegamos y haciendo al administrador un corto cumplido sin decirle casi nada sino que detrás venía el resto de la familia echamos a correr hasta dar con nuestra madre. Los tres abrazados formábamos un grupo: mis tres hermanos más chicos nos rodeaban abrazándonos por los muslos; mi madre lloraba y nos tenía estrechados contra su pecho, y daba gracias a Dios porque le concedía la gracia de volver a vernos: todo esto de pie. No harían tres minutos de esta escena, cuando de repente llega a la puerta el moreno Santiago, sirviente de la casa agitado; bañado en sudor y colérico, el que sin saludar a la que lo vio nacer, y libró de que mi padre le sacudiera muchas veces el polvo en sus días de aprendizaje, echando una grumetada, que nos sobrecogió a todos me dijo sin el menor reparo: «sal para afuera que desde el pueblo he venido corriendo dejándolo todo dado al diablo: ¿quién te mandó venir?» «¿Y quién me dijo que me esperara» le repliqué yo con una especie de rabia; creyendo aquello como cosa suya, y no juzgando el tamaño de mi mal. Agarróme por el brazo: mi madre le preguntó qué había yo hecho, y él le contestó: «Ahora lo sabrá U.». Y sacando la cuerda de la Habana, me ató y condujo para el tendal, donde ya me esperaba un negro, a quien me entregó. Tomamos el camino del Ingenio San Miguel, y llegamos a él cerca de las once, a todas estas en ayunas. El mayoral abrió la carta que se le envió de la Habana, y en seguida me puso un par de grillos; aunque con mucha dificultad los hubo para mí, pues siendo por extremo delgado, costó triunfo cerrar tanto unas roscas, que para quitársemes fue menester limarlas. Por las cartas dirigidas al Sr. comandante debía yo haber sido conducido con un comisionado por el camino de Llumurí al Ingenio; pero la prisa que nos dimos originó esto otro. Veinte y cinco de mañana y otros tantos de tarde por espacio de nueve días, y *cuartas de prima y de madrugada* era el fundamento de la carta. Interrogóme el mayoral, díjele lisa y llana la verdad, y por primera vez vi la clemencia en este hombre de campo: no me castigó y siendo aplicado a todos los trabajos, me esforzaba cuanto podía para no llevarlos pues todos los días me parecía que era llegada mi hora. Al cabo de dos semanas, sin menester padrinos, me mandó buscar la Señora.

El otro pasaje me aconteció en el pueblo viviendo frente a la Iglesia, en casa del Facultativo el Sr. Estorino. Mandó mi Señora a cambiar una onza con el Sr. D. Juan de Torres el hijo. Fui para traerla; a mi llegada me dijo que pusiese el dinero que era menudo y pesetas, sobre una mesita de caoba de las que estaban preparadas para tresillo en el gabinete; y después de algún rato tomó el cambio para contarlo. Como yo tenía por oficio cada media hora, coger el paño y sacudir todos los muebles de la casa, estuviesen o no con polvo, fui a hacerlo, y tomando una de las medias hojas que cerraba y abría, parece que en la abertura de en medio se entró una peseta, la que al dar con el paño, saltó por el suelo y sonó. Mi ama que estaba en el cuarto siguiente al ruido salió; y preguntándome por aquella moneda, le dije lo que había ocurrido; contó entonces su dinero y lo halló de menos. Tomóla sin decirme una palabra, y todo aquel día se pasó sin la menor novedad, mas al siguiente como a las diez, se apareció el mayoral del Ingenio San Miguel hízome atar codo con codo y me echó por delante. Entonces supe que sospechando la Señora que yo hubiese introducido la peseta en la rendija que formaba la desunión de las hojas de la mesa, para quedarme con ella, quería castigarme. El mayoral de cuyo nombre y apellido no me acuerdo, al llegar a la calle del Río, esquina opuesta a la medio fabricada[45], casa del Sr. D. Alejando Montoro, entonces cadete de milicias de Matanzas, se apeó y entrando el la fonda que allí había, pidió de almorzar para él y para mí; me desató y me consoló, diciéndome que no tuviera cuidado. Mientras yo comía él hablaba con otro hombre, también del campo, y me acuerdo que dijo: «su pobre padre me ha suplicado lo mire con caridad, yo también tengo hijos». Al cabo de algún rato nos levantamos. Me montó detrás en el aparejo y llegamos al Ingenio. Toda la tarde estuve sentado en el trapiche de abajo me mandó de comer de lo que comía, y por la noche me entregó a una vieja que por su mucha edad no salía al trabajo; y allí estuve cosa de nueve días, cuando me mandaron a buscar, sin que hubiese sufrido el menor quebranto. En esta época vivía mi padre, el cual y algún otro criado, me preguntaban y examinaban sobre lo ocurrido; pero mi ama nunca creyó sino que eran ardides de que me valía. Seguramente el buen tratamiento que allí tuve fue por disposición suya, como lo persuaden mi pronta vuelta y el ningún caso, que hacía el mayoral de mí, siendo tiempo de molienda. Aquella era la primera vez que veía Ingenio.

Por último mientras que estuve la segunda ocasión en Matanzas, no me amaneció un día que no fuese triste, porque el *aflatarme* nada más, y eso me sucedía con mucha frecuencia era la señal de una tempestad... No; yo no puedo enumerar los increíbles trabajos de mi vida; ¡toda ella está regada de lágrimas!...[46] Mi pobre corazón se enfermó a fuerza de sufrir por lo que todo me asustaba.

---

[45] En el manuscrito se escribe «medio-fabricultu».
[46] En el manuscrito original no figura el signo de admiración que abre la frase.

Una vez, habiéndoseme rompido las narices como se tenía de costumbre casi diariamente, me dijo la señora: «Te he de matar antes q.ᵉ cumplas la edad». Estas palabras para mí tan misteriosas como insignificantes me causaron tanta impresión que algunos días después le pregunté «que querían decir» a mi madre; la cual admirada, me las hizo repetir dos veces más y me dijo: «más puede Dios que el diablo, hijo». No agregó nada más que satisfaciese mi curiosidad, pero ciertos avisos de algunos criados antiguos de la casa, y aun de mis mismos padrinos, todos unánimes con corta diferencia algo me han descifrado el enigma de tan ambiguas expresiones. Otra ocasión recuerdo que por qué sé yo qué pequeñez iba a sufrir y que cuando un Señor, para mí siempre bondadoso trató de apadrinarme como acostumbraba siempre hacerlo, mi Señora le dijo: «mire usted que este va a ser más malo que Rousseau[47] y que Voltaire, y acuérdese usted de lo que yo le digo». Y he aquí otras palabras que me hacían andar averiguando quiénes eran estos dos demonios. Cuando supe que eran unos enemigos de Dios me tranquilicé, porque desde mi infancia mis Directores me enseñaron a amarlo y temerlo porque hasta tal punto llegaba mi confianza en él, que pidiendo al cielo suavizase mis trabajos, me pasaba casi todo el tiempo de la primera noche rezando cierto número de Padre-nuestros y Ave Marías a todos los santos de la Corte celestial para que el día siguiente no me fuese tan nocivo como el que pasaba, y si me acontecía alguno de mis comunes y dolorosos apremios lo atribuía solamente a mi falta de devoción, o a enojo de algún santo que había echado en olvido. Todavía creo que ellos depararon la ocasión y me custodiaron años después una noche que, como referiré más adelante fugué de Matanzas para la Habana, pues tomaba el Almanaque, y a todos los santos de aquel mes les rezaba diariamente.

Aunque acosado por tantos trabajos, eso no quitaba que a veces, siguiendo los impulsos de mi carácter, naturalmente alegre, pareciera mi alma en la mayor bonanza; así en la casa del Sr. Estorino, como que he dicho que sabía algo de dibujo pintaba decoraciones en papel, hacía mis bastidores de güines[48], cañas cigarrones[49] o cujes de yaya[50], y figuras de naipes o de cartón, y daba grandes funciones de sombras chinescas, a que concurrían varios niños del pueblo hasta las diez o más de la noche (hoy son grandes señores, y no me conocen) hacía títeres, que parecía que bailaban solos, de madera con un taja-pluma, y pintaba

---

[47] Escribe «Rousjean».

[48] Dice Pichardo: «La varilla o pendón que echan algunos vegetales, especialmente de la familia de las Cañas» (1985: 312). También citado por Azougarh (2000: 327, nota 195).

[49] Aunque el texto dice «cañas cigarrones», puede que se refiera a la caña cimarrona.

[50] Según Pichardo, la yaya es «árbol silvestre, abundantísimo, mediocre, delgado, recto, duro flexible, de forma elegante» (1985: 622). También citado por Azougarh (2000: 327, nota 197).

los hijos del Sr. D. Féliz[51] Llano, Sr. D. Manuel, y D. Felipe Puebla, Sr. D. Francisco Madruga y otros, y otros. Trabajaba cuanto no es creíble por amenizar mis funciones: me acuerdo de que, entre las cosas que hice, en una de ellas para divertir a la gente, fue menear las orejas, nada más que porque las meneó delante de mí, D. José Fotón, y me propuse desde luego imitarlo y lo conseguí: a que se agrega el ser algo traviesa mi imaginación, causa tal vez de tres o cuatro malos ratos, que me hizo pasar mi Señora.

Pasado algún tiempo fuimos a la Habana, y me dejaron con el Sr. D. Nicolás que me quería no como a esclavo, sino como a hijo a pesar de su corta edad. Entonces se me fue disipando aquella tristeza inveterada en mi alma, y se me declaró un mal de pecho con una tos espasmódica que me curó el Sr. D. Francisco Luvián; pero el tiempo ayudado de la juventud acabó todos mis males. Estaba bien tratado, mejor vestido y querido, nunca me faltaban muchos reales, ni casaca, que me mandaba hacer mi nuevo amo. Mi oficio era recoger toda su ropa, limpiarle los zapatos, asearle su cuarto, y ayudarlo a vestir. Sólo me privaba de la calle, de la cocina y del roce con personas de malas costumbres, porque este Señor, como que desde bien joven las tuvo irreprimibles; quería que todo el que estuviese a su lado fuese lo mismo: conseguí con él no haber recibido la más leve reconvención, y lo apreciaba mucho, con idolatría. Apenas aclaraba, me ponía en pie, y le preparaba antes de todo la mesa, sillón y libros, para entregarse al estudio: me fui de tal modo identificando con sus costumbres, que empecé también a darme a ellos. Tomaba sus libros de retórica, me ponía mi lección de memoria, la aprendía como un papagayo, y ya creía yo saber algo; pero el poco fruto que de eso sacaba, lo conocía en que nunca había ocasión de aplicar mis conocimientos. Entonces determiné darme a otro estudio más útil, que fue el de aprender a escribir: grande apuro porque no hallaba cómo empezar, no sabía cortar plumas y me guardaría de tomar ninguna de las de mi Señor: sin embargo ¿qué hice? Compré mi taja-pluma, plumas y papel muy fino, y metía entre llana y llana algún pedazo de los que mi Sr. botaba escrito: con el fin de acostumbrar el pulso a formar letras, e iba siguiendo la forma de la que tenía debajo, con cuya invención antes del mes, ya hacía renglones, logrando la forma de letra de mi amo, por lo que hay cierta identidad entre la suya y la mía. Contentísimo con mi logrado intento, pasábame desde las cinco hasta las diez, ejercitando la mano en letras menudas, y aun de día, cuando tenía lugar, lo hacía también, poniéndome al pie de algún cuadro cuyos rótulos fuesen letras mayúsculas, con muchos rasgos; conseguí imitar las más hermosas, y llegué a tenerla entonces que más parecía grabada

---

[51] En el manuscrito se percibe una z en vez de x.

que de pluma: el Sr. Marqués me encontró una ocasión, y por lo que me dijo acerca de ella, conocí que ya sabía escribir: Supo mi Señor por los que me veían desde las cinco embrollando con mis papeles, que en eso pasaba todo el tiempo, y no pocas veces me sorprendió con mi tren de escritura, en la punta de una mesa que había en un rincón, y me encargó que dejase aquel entretenimiento como nada correspondiente a mi clase, y que buscara que coser, bien que sobre este punto no me descuidaba, porque siempre traía alguna pieza entre manos para ganar. Prohibióseme la escritura pero en vano; porque todos se habían de acostar, y entonces encendía mi cabito de vela, y me desquitaba a mi gusto, copiando las más bonitas letrillas de Arriaza[52], a quien imitando siempre, me figuraba que con parecerme a él ya era poeta, o sabía hacer versos. Pilláronme una vez algunos papelillos de décimas, y el Sr. Dr. Coronado fue el primero que pronosticó, que yo sería poeta, aunque se opusiera todo el mundo: supo cómo aprendí a escribir, y con qué fin, y aseguraba que con otro tanto han empezado los más: pero ya en Matanzas el Sr. Dr. Beranes[53], descubriendo en mí los primeros destellos de la poesía me daba lo que llaman *pie forzado* y cuando versaba en la mesa me echaba a hurtadillas alguna mirada sin que mi Señora lo penetrara, pues a más de suplicárselo yo, él tenía bastante confianza en la casa, y sabía lo estirado que yo andaba. Lo mismo me sucedía con el padre Carrasedo, con D. Antonio Miralla, y con D. José Fernández La Madrid, todos en diferentes épocas.

Entre tanto estaba mi Señor en vísperas de enlazarse con la Señorita Doña Teresa de Herrera, y yo era el Mercurio que llevaba y traía (pero por supuesto ya pedida): distinguido lugar que me daba muchos pues tenía doblones sin pedirlos, no sabía qué hacer del dinero; y después de hacer gran provisión de papel, plumas, y buena tinta, y de haber comprado bonito tintero y regla de caoba; lo demás se lo enviaba a mi madre en efectivo. Pasamos a Guanajay, con motivo de la temporada que los Señores Condes de Jibacoa hacen todos los años; y allí no le quedó a mi futura ama favor que no me prodigase. Como la primer clase de costura que me enseñó mi Sra. fue la de mujeres al lado de Sra. Dominga[54], mujer blanca, su costurera, tuve el grande honor de costurar en algunos túnicos de mi Señorita, pues yo sabía, como dije antes, y sé de guarniciones, colchones, colgaduras de cama, coser en holanes, y hasta marcar en holán cambray, lo que me era muy celebrado en obsequio de la fina educación que me dio mi ama. Entre mil contentos pasé todo el tiempo que duró la correspondencia, hasta que serví las bodas, y fui su paje de librea cuando salían a paseo y a misa. Con

---

[52] Juan Bautista Arriaza y Supervilla, poeta neoclásico.
[53] En el manuscrito se escribe «Beránes».
[54] En el manuscrito se escribe «Domingo».

esta ama mi felicidad iba cada día en más aumento haciendo que su familia me guardase las más pulidas consideraciones: y mi Sr. por lo tanto la invitaba, viéndome esmerarme en el cumplimiento de mis deberes. Cosa fue de tres años, poco más esta felicidad, cuando viniendo mi Sra. de Matanzas oyó la fama de mi servicio en todo, y sin saber yo por qué determinó llevarme otra vez consigo. Era tal mi agilidad principalmente en la asistencia de enfermos, así tan chiquitillo como parecía en mi edad de diez y ocho años, que se me pedía prestado en la familia cuando había alguno enfermo de velarse, como sucedió esta vez: asistía al Sr. D. José María Peñalver que estaba de cuidado, de un dolor que padecía: yo no más le sabía templar el baño, darle la bebida a tiempo, ayudarlo a levantar para ciertas diligencias, sin apretones, y enjugarle cuando se bañaba: en toda la noche no pegaba los ojos, con el reloj delante, tintero y papel, donde hallaba el médico por la mañana un apunte de cuanto había ocurrido, las veces que escupía, dormía, roncaba, sueño tranquilo o inquieto. El Sr. Don Andrés Ferriles, D.r D. Nicolás Gutiérrez y otros viéndome asistir enfermos, me han celebrado este orden, que he seguido en muchas ocasiones. Estaba como dije asistiendo al Sr. D. José María, cuando vino mi Señora, que impulsada de tantos elogios, me insinuó la determinación que tenía, con mucho cariño: yo la oí con tibieza, pues se me nubló el corazón al considerar que iba de nuevo a unos lugares tan memorables y tristes para mí. No estaba el Sr. enteramente bueno todavía, pues seguía en cama: más con todo nos fuimos sin tardanza a la casa de la Señora Condesa de Buena-Vista, su hermana, para partir entre algunos días. No debía yo ir más donde mis otros Señores, pero a pesar de esta orden fui a despedirme de ellos. El Sr. D. Nicolás, que ya desde bien chico me quería, y que después con mis servicios me lo había acabado de ganar, se despidió de mí lo mismo que su esposa, llorando: regaláronme con oro a cual más: la Señorita me dio unos cuantos pañuelos de holán usados, y dos doblones de a cuatro, y mi Señor me dio toda la ropa, entre ella las dos casacas que me había mandado hacer y un doblón de a cuatro. De toda la familia me despedí, y todos llorábamos porque vivíamos en la más perfecta unión. Me fui tan contrito, y entré en tantas reflexiones, que por la mañana, como a las nueve o diez, me determiné a pedir papel para buscar amo[55]. Asombróse mi Señora de esto, y me dijo que si yo no conocía mi bien, y que si ella me llevaba era porque lo debía hacer, pues no debía estar sino a su lado hasta que ella dispusiera de mí: Volvióme la espalda, y sentí haberle dado aquella molestia. A la hora de la comida en casa de la Señora Condesa, movió la especie en la mesa, manifestando a su hermana mi arrojo: y se acaloró tanto que me dijo

---

[55] Se refiere a un documento para trabajar fuera de la casa.

delante de todos, que esa era la correspondencia mía a los desvelos que había puesto en mi educación: me preguntó si alguna vez me había puesto la mano encima, y por poco lo echo a perder todo, pero dije que no: me preguntó si me acordaba de *mama mía* y le dije que sí: yo he quedado en su lugar ¿me oyes?, y cesó todo por entonces. Concluido el rezo por la tarde me llamó a solas la Señora Condesa en unión de la Señora D.ª María Pizarro, para desimpresionarme creyendo que mis otros amos me hubiesen aconsejado: les hice saber que temía a mi Señora por su genio vivo: pero nada bastó; quedando siempre en mi error, aunque la Señora Condesa me dijo que yo debía estar con mi ama y esperar de ella mi libertad.

Partimos por fin para Matanzas, haciendo mansión en el Molino: señaláronme obligaciones, y en poco tiempo me hallé al frente de los que me vieron nacer: y de tal modo que los oscurecía, sobresaliendo mi servicio: se les daba en rostro cuando tenían algún descuido con la exactitud con que llenaba mis deberes, lo cual me trajo gran ojeriza en la casa. En este tiempo andaba por toda ella: pero concluido el almuerzo iba a mis acostumbrados lugares donde cosía de todo: luego nos fuimos a vivir al pueblo en la calle del Río, casa del Sr. D. Féliz Quintero. Cosa de dos semanas hacía que estábamos allí, cuando una mañana muy temprano, se vino al comedor contiguo al dormitorio de mi Señora un gallo fino y cantó: yo dormía en este lugar, si el gallo cantó más de una vez no lo sé: pero así que lo oí, desperté, le espanté, y me puse en pie. A la hora de costumbre se levantó mi Señora, y aquello fue motivo para que, a no haber buscado en tiempo al Sr. D. Tomás Gener por padrino, hubiera ido a aprender a madrugar al Molino.

Como diez y nueve años contaba y tenía cierto orgullito en saber cumplir mi obligación, y no me gustaba que me mandasen las cosas dos veces, ni que me abochornasen por trivialidades: pero el prurito de abatir el amor propio del que está más cerca de la gracia de su amo, es un mal contagioso que hay en todas las casas grandes. Así sucedió que por esta razón, quiso uno ajarme con malas expresiones hasta llegar a decirme *la tal* de mi madre: se la volví con otra de igual tamaño: dióme una gasnatada que no pude evitar, y le embestí. La Señora no estaba en casa y yo debía irla a buscar a las diez a la de las Señoras Gómez: partí antes de tiempo: y cuando tornamos se lo contaron; interrogóme sobre el asunto, y me disculpé diciendo: «el que me dice *la tal de tu madre* está expuesto conmigo». «Con que, replicó, si te lo vuelve a decir, ¿volverás a faltar de mi casa?». Contestéle que no faltaría al respeto siempre que no me dijesen tales expresiones. Al tercero o cuarto día, fuimos a almorzar al Molino, no estaba yo nada tranquilo esperando la hora de quiebra: conocía las vanas vicisitudes de mi vida y no dudaba de lo que me iba a suceder. En efecto: vi venir al mayoral, y como no tenía yo el ánimo para aguantar azotes, me escapé por la espalda del jardín: y corrí tanto y en tan breve tiempo, que cuando me buscaban por toda la casa, yo estaba oculto entre los mangles del castillo. Por la tarde me fui al pueblo en casa de Sr. Conde de Jibacoa que me llevó apadrinado: ¡vergüenza me daban estos padrinazgos[56]! Yo no estaba a gusto, y lloraba a mares cuando me acordaba de la estimación, que gozaba con mis otros amos en la Habana; pero lo que más me afligía era la larga distancia que me separaba de ellos. No pasaron cinco días sin que, qué sé yo por qué nimiedad, mandó buscar un comisionado, me ató en la sala y me condujo a la cárcel pública a las once del día: a las cuatro vino un mozo blanco de campo que me pidió: me sacaron se me vistió una muda de cañamazo, se me quitaron los zapatos, y allí mismo me pelaron: y una coyunda nueva de henequén[57] ató mis brazos: saliendo por delante para el Molino el que había olvidado todo lo pasado; probando las delicias de unos amos jóvenes y amables, algún tanto envanecido con los favores prodigados a sus habilidades y algo alocado también con el aire cortesano, que había tomado en la ciudad, sirviendo a personas que lo recompensaban siempre. Llegué por último al Molino: D. Saturnino Carrias, joven europeo, era administrador entonces, me examinó acerca de la culpa que tenía para aquello, se lo dije y me mandó al campo sin ponerme ni las manos, ni las prisiones. Estuve allí como nueve días en los trabajos de la finca, y una mañana que vino a almorzar mi Señora me mandó buscar: vistióme de ropa limpia fina y detrás de la volante me condujo otra vez al pueblo y a su servicio. Conocíanme ya todos por el *Chinito*[58] o el *Mulatico* de la Marquesa, con cuyo motivo me preguntaban, qué había sido aquello, y me abochornaba satisfacer a tanto curioso.

En estos tiempos fue a casa la esposa del Sr. Apodaca, Gobernador de la Habana, y se le preparó una función digna del personaje que era. El Sr. Aparicio, pintor y maquinista, fue conducido ganando horas, a trabajar una transformación de escaparate viejo en una hermosa cascada: debían pintarse algunos emblemas alusivos a la rosa, pues se llamaba la señora D.ª Rosa Gastón: yo le ayudé y concluida la obra, me regaló media onza: pues habiéndome puesto una noche por gusto a llenar varias guirnaldas, descubrió que le podía ser útil, y con poco que le dije, me pidió a mi Señora; no como oficial sino como peón; pero yo le sombreaba en particular las rosas, que por la variedad de ellas que conocía era maestro en este arte. De más de la media onza, me dio acabada la función, un doblón de dos pesos, cuyo dinero lo guardaba para gastarlo en la Habana.

---

[56] En el manuscrito se abre la frase sin signo de admiración.
[57] En el manuscrito se escribe «jeniquen».
[58] Dice Ortiz: «El individuo hijo de negro y mulata, o viceversa, según la Academia» (1974: 200).

Descubrió mi ama que de media noche al día se descamisaban los criados en un almacén, jugando al monte[59]; yo nada sabía de esto, porque ni dormía allí, ni se dejaría tampoco ver de mí pues era a puerta cerrada. La primera diligencia de mi Señora fue registrarme al día siguiente; y hallándome con más dinero del que me había dado me juzgó cómplice, quitómelo todo, aunque le declaré el cómo lo había tenido; y me volvió a mandar al Molino en donde a pesar de sus recomendaciones tampoco me sucedió nada; a los siete u ocho días torné al pueblo.

Discurrió algún tiempo sin la menor novedad, cuando aconteció la muerte casi subitánea de mi madre que se privó y nada pudo declarar. Súpelo a los cuatro días, y le tributé como hijo y amante cuanto sentimiento puede considerarse. Entonces mi Señora me dio los tres pesos de las misas del alma o de San Gregorio, las que mandé decir al padre Coadjutor: algunos días después me mandó al Molino, para que recogiese lo que mi madre había dejado: di al administrador una esquela con la que me entregó la llave de su casa, en la cual sólo halle una caja grande muy antigua pero vacía tenía un secreto que yo conocía: hice saltar el resorte, y encontré en su hueco, algunas joyas de oro fino entre ellas las de más mérito eran tres manillones antiguos de cerca de tres dedos de ancho y muy gruesos, y dos rosarios, uno de oro todo, y el otro de oro y coral pero rotos y muy sucios: encontré también un lío de papeles que testificaban varias deuda, habiendo uno de doscientos y pico de pesos, y otro de cuatrocientos y tantos, que debían cobrarse de mi Señora, y después de estos, otros de menor cantidad. Cuando yo nací, desde el campo me dedicó mi abuelo una potranca baya, de raza fina, y de ella nacieron cinco, que mi padre iba dedicando a cada uno de mis hermanos: de las cuales hubo tres mías, de manera que vino a haber el número de ocho, una de las últimas bien que todas fuesen hermosas era disforme de grande, que parecía un caballo: el color rosillo oscuro, y tan fino su pelo y lustroso como si le untaran aceite: por lo que el Sr. D. Francisco Pineda, me dijo la quiso comprar, pero parece que mi padre pedía demasiado: esta y otra se malograron estando para parir, en el servicio de Hacienda, cargando baúles: más había sus recibos a pagarés. Al día siguiente di cuenta a mi ama de lo que encontré y los papeles. A los seis u ocho le pregunté si su merced había revisado los pagarés: contestóme en tono agradable que todavía, y fuime en seguida a informar de la respuesta a la parda Rosa Brindis, que cuidaba de la educación de mi hermana María del Rosario, y que como era libre, a instancias de mi Señora la tenía ínterin fuera capaz de gobernarse. Instábame ña[60] Rosa que no dejase de recordárselo cada vez que

---

[59] Dice Barnet: «juego al azar, prohibido» (1975: 203).
[60] Ortiz escribe: «Constantino Suárez en su *Vocabulario cubano*, en la papeleta ño, ña, dice: 'Tratamiento respetuoso que los negros jóvenes dan a los ancianos, equivalentes a *don, doña, señor,*

pudiese, pues quería la parte de mi hermana para su manutención, que ella sabía que la Señora le tenía a mi madre guardado dinero para que lo partiera entre todos sus hijos cuando muriera; y que yo como mayor de todos debía andar esos pasos. Con tal motivo y aguijado sin cesar por esta mujer me determiné a hablar a mi Señora por segunda vez, lleno de las más halagüeñas esperanzas, pero cual no sería mi asombro, cuando toda incomodada me respondió: «¿estás muy apurado por la herencia? ¿Tú no sabes que yo soy heredera forzosa de mis esclavos? En cuanto me vuelvas a hablar de la herencia, te pongo donde no veas el sol, ni la luna, marcha, marcha a limpiar las caobas». Esta escena pasó como a las once de la mañana en la sala del Sr. D. Félix Quintero. Al día siguiente manifesté a la Rosa lo que había pasado: no me acuerdo de lo que me dijo: sólo sé que todas sus duras expresiones iban a caer sobre las cenizas de mi pobre madre. De allí a dos días se apareció en casa: pidió permiso para hablar a mi Señora y concedido que le fue, estuvo con ella largo rato. Yo estaba en la despensa frente a la puerta de la calle, haciendo que sé yo qué, cuando entró *ña* Rosa, y me dijo que fuera por allí por su casa, en cuanto tuviera ocasión: hícela esperar, y le di de las tres manillas dos, quedándome con una, todos los pedazos de rosario, y un relicario que dice que en su tiempo no se tenía por una onza; grande, guarnecido de cordones de oro, lamas del mismo metal, el divino rostro de Jesús en medio, muy abultado, y como con dos cuartas de una cadenita curiosamente trabajada, todo de oro también. Estando ya para partir *ña* Rosa, mi Señora que nunca me perdía de vista, se acercó a nosotros le manifestó que no era de su agrado que tuviese aquella familiaridad conmigo, ni ninguno de sus esclavos, concluyéndose con que ella no volvió a poner sus pies en casa.

 Por lo que a mí dice, desde el momento en que perdí la halagüeña ilusión de mi esperanza, no era ya un esclavo fiel: me convertí del más humilde en la criatura más despreciable, y no quería ver a nadie que me hablase de estos particulares: alas hubiera querido tener para desaparecer trasplantándome a la Habana, embotárónseme todos los sentimientos de gratitud: y sólo meditaba en mi fuga. Pasados algunos días, vendí a un platero la manilla que me quedó: dióme siete pesos y reales por ella: y por la noche cuando dejé a mi ama en casa de las Señoras Gómez, le llevé los pesos al padre coadjutor para misas por mi madre, y los reales los empleé en velas para las ánimas. No tardó mucho tiempo mi Señora en saber por el mismo padre que había mandado decir tantas misas: preguntóme de dónde tuve ese dinero: más lo que menos apreciaba yo entonces

---

señora'... Esta circunstancia, su difusión entre los negros y su sentido respetuoso, nos hacen pensar si el vocablo no será sino la simple adopción de *ña*, prefijo casi universal de los lenguajes bantúes, que originariamente significó 'madre' y tiene además un carácter honorífico» (1974: 371).

era vivir, le dije sin rodeos, que vendí una manilla: quiso saber a quien, pero como le di palabra al platero de no descubrirlo, me sostuve diciendo que a uno que no conocía: «Pues ahora sabrás, gritó, para qué naciste, tú no puedes disponer de nada sin mi consentimiento». Fui preso al Molino por tercera vez. Preguntóme D. Saturnino lo que había; díjeselo todo con enfado, porque la desesperación había ocupado el lugar de todos mis sentimientos: y mi madre que era lo único que tenía allí, no existía: mis lágrimas corrían con abundancia, mientras le contaba a D. Saturnino la distribución del dinero: mandóme desatar, y para su cocina, encargándome que no saliese de allí: me daba de lo que él comía, y dormía en el pesebre de los caballos. Enseñóme la carta de *recomendación*: y a la verdad, que me hubiera pesado toda mi vida la licencia que me tomé; pero yo criado en la oscuridad de tanta ignorancia ¿qué podía saber? Al cabo de ocho o diez días me llamó el administrador, y me hizo poner unas prisiones porque venía la Señora a almorzar al día siguiente, y me mandó al campo, encargándome si me preguntaban si había sufrido azotes, dijese que sí. A las nueve poco más recibió orden el contramayoral de enviarme para la casa de vivienda: me resistí a ir: pero amenazado con dureza, tuve por buen partido obedecer. El administrador me dio una muda de ropa fina de color, esto es, pantalón y chupa, que vestí; cuando le fui a entregar los andrajosos despojos, que tenía me dijo con cierto aire de firmeza estas palabras que me aterraron: «¿Sabes lo que te digo[61]? Que en menos de dos meses has venido a mi poder tres ocasiones, y nada te ha sucedido: pon los medios para no volver más porque te llevan los demonios: anda, que la Señora te espera, anda, y cuidado». Este Señor de nación gallego, era de genio vivo, y duro de carácter, joven como de 25 a 28 años; y tanto los del campo como los de la casa de vivienda le temían en sumo grado, pues no sólo yo andaba en estos vaivenes. Cuando llegué a los pies de mi Señora me postré, pedí perdón de mi falta, me mandó sentar en el comedor; y en acabando de almorzar un abundante plato, que yo no probé. Mi corazón no era ya bueno y la Habana, juntamente con los felices días, que en ella gocé, estaban impresos en mi alma, y yo sólo deseaba verme en ella. Notó mi Señora el caso que yo había hecho de la comida y no dejó de maravillarse de que no me alegrase el corazón un buen plato. Es de admirar que aquella no pudiese estar sin mí muchos días seguidos: así era que mis prisiones jamás pasaban de once a doce: pero con todo me pintaba siempre en el Molino, como el más malo de todos los nacidos, de donde decía que era yo criollo: otra mortificación que me desazonaba: amábala a pesar de su dureza, porque sabía muy bien que estaba bautizado en la Habana.

---

[61] En el manuscrito se abre sin el signo de interrogación.

Estando otra vez en el pueblo, no sé por qué me trataba entonces con dulzuras: sí, yo nunca podré olvidar que le debo muchos buenos ratos y una muy distinguida educación. Me mandaba a pasear por la tarde: sabía que me gustaba la pesca, y me daba licencia para pescar: si había maroma también. Por la noche se ponía en casa de las Señoras Gómez la *manigua*, que luego fue *monte*[62]: y yo debía al momento que mi ama se sentaba pasarme al espaldar de la silla con los codos abiertos, estorbando así que los de pie se le echasen en cima: o rozaran con el brazo sus orejas: y en acabando que era por lo regular a las doce o una, si ganaba llevaba yo el taleguillo para casa, y luego que llegábamos, al recibirlo; metía la mano, y cuanto cogía me lo daba sin contar. Sirvió de mucho asombro y contento la vez que me encontró, haciendo unos pantalones de mi cuenta, que cosía al maestro Luna, cuya tienda estaba en la plazuela, junto a la Iglesia en una casilla cosa que yo solo aprendí, observando cómo estaban los otros pantalones: pues no sabiendo costurar más que túnicos, camisones y guarniciones, desde que me llené o me llenaron de la idea de que sería libre, pronto procuré adornarme de muchas habilidades. Ya era repostero, y sacaba de mi cabeza muchos caprichos, a que favorecían los principios de dibujo que adquirí, con los diferentes maestros que enseñaban a los niños. En mis ratos ociosos que eran pocos, inventaba dobleces en pedacitos de papel; y luego era una curiosa servilleta: la flor, la piña, la cocina, la concha, la charretera, el abanico y otras de menos gracia, son fruto de mis ratos perdidos, con lo que he lucido algún tiempo y otros lucen todavía. Dulcificarse conmigo el genio de mi Señora, y dejar yo insensiblemente cierta dureza de corazón que había adquirido desde la última vez que me condenó a la cadena y al trabajo, todo fue a una: aquella perseveraba en no ponerme ni mandarme poner la mano encima, de suerte que me hizo olvidar con eso todo lo pasado: amábala tanto como a madre, y no me gustaba oír a los criados motejarla, y hubiera acusado a muchos, si no me constase que el que le iba con un cuento era quien la ofendía, porque la mortificaba contándole las cosas dichas a su espalda, máxima que le oí repetir muchas veces. Estaba como nunca de bien mirado y nada echaba de menos: hacíame el cargo de que ya era libre, mas se esperaba que tuviese edad competente para recibir esa gracia, y a que supiera trabajar lo cual me hizo internar en tantas artes mecánicas y lucrativas, y que si hoy no fuese esclavo, no me faltaría, no digo qué comer, pero ni qué tener. En esta época escribí muchos cuadernos de décimas al pie forzado, que vendía: y Arriaza, a quien

---

[62] Ortiz dice: «El diccionario de la Academia da esta voz como aplicada solamente al 'terreno de la isla de Cuba cubierto de malezas', aunque no la anota como cubanismo. Pero hay *manigua* en las otras Antillas hispanoparlantes. La *manigua* fue la revolución separatista, y se dijo *irse a la manigua*, al alzarse en armas, etc.» (1974: 345).

tenía en la memoria, era mi guía. La poesía quiere un objeto a que dedicarse: el amor regularmente nos inspira; pero yo era demasiado ignorante, y todavía no amaba: por lo tanto, mis versos eran frías imitaciones. Y si no me salían algunos muy malos, es menester atribuirlo a la extremada afición que tuve desde bien chico a leer cuanto topaba leíble, aunque por las calles, en mi idioma: y así en yendo por aquellas donde veía un pedacito de papel impreso, lo alzaba, y como estuviese en verso, no paraba hasta sabérmelo todo de memoria: por lo cual tenía en la uña la vida de los santos más milagrosos y los versos de sus rezos, los de la novena de S. Antonio, los del Trisagio, en fin todos los de los santos, únicos casi que alcanzaba: fuera de los que, en la mesa de mi Señora, en los días de comidas, que eran todos por lo regular, le improvisaban para coronarla cuatro o cinco poetas quienes me dejaban bastantes, pues tenía mi cáscara de huevo y mi pluma: y apenas acababa uno, ínter otros aplaudían, y los demás rebosaban las copas, yo detrás de alguna puerta, escribía los trozos que se me quedaban en la memoria.

Al cabo de tres meses o cuatro de mi último acaecimiento, se armó viaje a Madruga, donde debía mi Señora tomar baños. Con los achaques, tornóle el mal humor antiguo, y echábame en cara sin cesar la libertad que me tomé de disponer de aquellas prendas habiendo menores en número de cinco, lo cual se me reputaba como hurto: «Vaya usted a ver decir en qué manos se pondría la herencia y bienes de los otros para que lo jugase todo en cuatro días». De continuo me amenazaba con el Molino y D. Saturnino. Las últimas expresiones de éste, las tenía grabadas en mi corazón y no tenía la menor gana de volver a verme con él. Pregunté cuantas leguas distaba de allí la Habana, y supe que doce, y que no las podría vencer en una noche de camino a pie, y desistí de pensar más en verme en la ciudad esperando que en yendo alguna vez, se decidiría[63] mi suerte siempre con la idea de que era libre. Un día, este día de resignación, principio de cuantos bienes y males el mundo me ha dado a probar, me sucedió lo que sigue. Era Sábado y debía antes del almuerzo, según teníamos de costumbre, asearme; pues vestía dos veces a la semana. Para ello me fui al baño de la *Paila* que distaba al frente de la casa, en un declivio como treinta pasos. Estándome bañando, me llamaron por orden de la Señora: y ya se puede considerar cómo saldría; me recibió preguntándome ¿qué hacía en el baño? Le contesté que me aseaba para vestir: «¿Con qué licencia lo has hecho? replicó[64]». Con ninguna respondí. «¿Y por qué fuiste?» tornó a decir.

---

[63] El manuscrito reproduce «decediria».

[64] El manuscrito cierra comillas después de «replicó» pero también podría interpretarse como si las abriera con la próxima palabra.

«Para asearme», volví a contestar[65]. Esta escena fue en el colgadizo puerta de la calle: allí mismo me rompieron las narices, y fui para adentro, echando las venas de sangre: lo cual me abochornó y apesadumbró en extremo, porque a la otra puerta vivía una mulatica de mi edad, primera que me inspiró amor, cosa que yo no conocía, o más bien una inclinación angelical, como si fuera mi hermana: que no pasaba de regalarle santas de maravillas de diversos colores que ella recibía, dándome algún dulce seco o fruta: habíale dicho que era libre y que mi madre había muerto poco hacía. No bastando lo ya dicho, como a las diez me hizo mi ama quitar los zapatos, y me pelaron[66], esto era muy frecuente, pero esta vez me sirvió de la mayor mortificación: púsome después a cargar agua para la casa, con un barril a la cabeza. El arroyo distaba del punto de aquella unos treinta pasos, haciendo una bajadita, cuando llené mi barril me hallé en la necesidad, no sólo de vaciarle la mitad, sino también de suplicar a uno que pasaba, que me ayudase echarlo al hombro, y yendo ya a subir la lomita, que había hasta la casa, con el peso del barril, y mis fuerzas nada ejercitadas, faltóme un pie, caí, dando en tierra con una rodilla: el barril cayó algo más adelante: rodando me dio en el pecho y los dos fuimos a parar al arroyo, inutilizándose aquél. La Señora me amenazó con el Molino y D. Saturnino, porque suponía aquella contingencia, como de premeditada intención, y la amenaza era grave. No llegué a la noche sin desgarrar muchos esputos de sangre. Este tratamiento me cogió de nuevo, en cuanto a los errados cálculos, que había formado de mi suerte: desengañado de que todo era un sueño, me acometió otra vez el deseo que tenía de verme en la Habana. Al día siguiente que era Domingo cuando la gente estaba en misa, me llamó un criado libre de la casa, y estando con él a sola me dijo: «Hombre que tú no tienes vergüenza para estar pasando tantos trabajos: cualquier negro bozal está mejor que tú: un mulatico fino con tantas habilidades como tú, al momento hallará quien lo compre». Por este estilo me habló mucho rato, concluyendo con decirme, que llegando al Tribunal del Capitán General, y haciendo un puntual relato de todo lo que me pasaba, podía salir libre: me indicó el camino de la Habana, y me dijo por último que no fuera bobo, que aprovechara la primera oportunidad. Con lo que me afligió muchísimo, pues sin el menor aviso, temía más de lo regular, a lo cual también contribuían las terrible insinuaciones que me hizo.

A las once de la mañana del Lunes, vi llegar a D. Saturnino; apeóse y le tomaron el caballo. Desde el momento que este Señor entró se me acibaró toda la vida; latíame el corazón con violencia, y mi sangre se puso en un estado

---

[65] En el texto no se cierran las comillas, pero sí se percibe un guión después del punto.

[66] Explica Calcagno que «Pelar o cortar el cabello era un castigo que se consideraba ignominioso, pero ¡ay!, no excluía el látigo; no era más que un complemento» (1985: 73, nota 1).

de efervescencia, que no me dejaba sosegar. El lugar común era regularmente mi cuarto de meditación; inter estaba en él, pensaba con alguna serenidad: así fue que estando en él como a las cuatro oí que hablaban dos: una criada de mano y un criado a quien habiéndole preguntado aquella a qué vendría el administrador respondió: «¿A qué ha de venir? A llevarse a Juan Francisco». Enterado de mi mala suerte, no me es dado pintar mi situación amarguísima en este instante: un temblor general se apoderó de todo mi cuerpo, y me atacó un dolor de cabeza que no me podía valer: ya me veía atravesando el pueblo de Madruga como un facineroso, atado, pelado y vestido de cañamazo, cual me vi en Matanzas, sacado de la cárcel pública para ser conducido al Molino, sin padres ni aun parientes: y, en una palabra mulato, y entre negros. Mi padre era algo altivo y nunca permitió, no sólo corrillos en su casa, pero ni que sus hijos jugasen con los negritos de la Hacienda, por lo que no éramos muy bien queridos. Todo esto se presentó a mi imaginación, y en aquel instante determiné mi fuga. El moreno que me había insinuado el partido, que debía tomar como favorable a eso de las cinco de la tarde me dijo: «Hombre, saca ese caballo de allí y ponlo al fresco, que ahí estará haciendo ruido, y despertarán los amos, cuando lo vayas a coger para D. Saturnino». Y diciéndome esto, me entregó las espuelas agregando «Allí está la silla sin pistolera: tú sabrás donde está todo para cuando se necesite». Con una mirada que me convenció de que me hablaba así para que aprovechara el tiempo. Este tal fue siempre muy llevado con mi padre, y trataba a mi madre con algún respeto, aun después de viuda. No estaba yo con todo resuelto todavía, considerando que dejaba a mis hermanos en el Molino, y que tenía que andar toda una noche, solo, por caminos desconocidos, y expuesto a caer en manos de algún comisionado. Pero cuál fue mi sorpresa, cuando en habiendo acabado todos de cenar, y estando yo sentado a solas sobre un trozo meditando, si me determinaría o no, vi llegarse a mí a Don Satunino que me preguntó: ¿dónde dormía? Le señalé sobre una balbacoa, pero aquella pregunta acabó de resolverme: bien pudo haber sido hecha con toda inocencia y que todo fuese habladurías de criados, que todo variase a la misma hora, como otras ocasiones: mas yo no pude recibirla sino de muy mal anuncio, en vista de lo que estaba ya en mi conocimiento. Se me representó la mala suerte de un tío mío, que habiendo tomado igual determinación por irse a donde el Sr. D. Nicolás, Sr. D. Manuel, y Sr. Marqués, fue traído como todo cimarrón: pero sin embargo; estaba resuelto a echar una suerte, y padecer con motivo. Velé hasta más de las doce: aquella noche se recogieron todos temprano por ser de invierno y lluviosa: ensillé el caballo por primera vez en mi vida, y púsele el freno; mas con tal temblor que no atinaba a derechas con lo que hacía: acabada esta diligencia me puse de rodillas, me encomendé a los Santos de mi devoción, me puse el sombrero y monté a caballo. Cuando iba a andar para retirarme de la casa, oí una voz que me dijo: «Dios te lleve con bien, arrea duro». Yo creía que nadie me veía y todos me observaban: pero ninguno se me opuso como supe después... Mas lo que me ha sucedido luego lo veremos en la segunda parte de esta historia[67].

Hasta aquí Manzano: ese pobre esclavo cuyo pecho encierra sin embargo un corazón de poeta, vive todavía gracias a una suscripción promovida por un tan ilustrado como generoso Americano, goza hoy de libertad, pero es negro, y un negro en Cuba no puede ser feliz: por eso es que Manzano, para dar de comer a su mujer y a sus hijos, trabaja de cocinero. El criado no obstante, valdrá seguramente más que su amo, así como valía el esclavo mucho más que sus Señores.

---

[67] En nota número uno del manuscrito, que se encuentra a pie de página, dice: «Esa segunda parte no llegó a escribirse».

Cartas

Habana 15 de Abril de 1834[1]

Sr. Don Domingo: ardiendo por felicitaros las enhorabuenas en su feliz y nuevo estado, cuento me dispensará su merced la libertad que me tomo molestando la atención en estos y mal concertados renglones, pues todos los inconvenientes, que me impone el respeto para bien parecer, no me han podido contener en los límites de esperar, volverlo a ver para verificarlo con todo el entusiasmo que inspira la gratitud y el reconocimiento hacia el objeto a quien algo se le debe.

Nada sabía de su matrimonio, viviendo con su merced en una misma población, y hasta respirando el aire de un mismo barrio: así fue mi sorpresa tanta al saberlo que me quedé en una pieza y frío, cuando lo supe en su antigua morada. Habiendo ido a visitarlo como solía, me recibió una Señora con tales nuevas, y casi admirada de que nada supiese: yo no tengo la culpa, en verdad porque una ausencia de más de un mes, me ha hecho tragar el descubrimiento de no haber podido, en tan bella ocasión, colocarme en el número de sus sirvientes, a pesar de cuanto hay: pero ya que todo es inútil y que los hechos misteriosamente se empeñan en privarme de todo lo que puede llamarse de alguna satisfacción, me consuelo con la halagüeña esperanza de acariciar entre mis brazos, a alguno de sus preciosos niños, fruto laudable de un amor venturoso y consagrado en las púdicas aras de Himeneo: este día será, sí: yo lo espero con todo el entusiasmo de una imaginación ardiente, que traspasando los límites de cuanto existe, goza en el porvenir de las delicias de un feliz suceso: entonces derramando en la inocente prole las tiernas efusiones del cariño, bendeciré en ella los días de mi bienhechor.

---

[1] El original de esta carta aparece en la edición de Franco (77-78), en *Obras*, (75-76) y Friol la menciona en su *Suite para Juan Francisco Manzano* (55). También se da a conocer en *Juan Francisco Manzano* (103-104). Las correcciones sintácticas y ortográficas que ésta y otras cartas contienen se las atribuimos a Anselmo Suárez y Romero o a Nicolás Azcárate. Obsérvese que las otras versiones transcriben como fecha «13 de Abril de 1834».

Cuanto os he dicho no es bastante a manifestaros el fondo de mi corazón, pero quiera el cielo colmar mis deseos cual me complazco hoy en vuestros contentos: y ¡ojalá os acordéis tanto de mí como yo de su merced![2] Salud y contentos.

Vea su merced en que puede serle útil aunque nada vale, su siervo y afectísimo[3].

* * *

En la última página de la carta original de Manzano se ven las siguientes líneas, en cuya letra se reconoce desde luego la del Dr. Don Manuel González del Valle:

«Domingo: Acaba de entregarme Manzano la adjunta para V. con pena de que lleve borrones».

«Escriba usted en defensa de la Academia por si acá cierran el campo de la publicidad con algún rasgo de pluma, plúmbea».

Habana 16 de Octubre de 1834[4]

Mi querido y Sr. Don Domingo: Conozco que con razón habrá su merced atribuido mi silencio, más bien a ingratitud que a otra ninguna causa: pero gracias a Dios que no es así. La última vez que estuve a ver al Sr. Don Manuel en casa del Sr. Don Ignacio Valdés, le prometí volver al siguiente día a su casa, para que por su conducto fuera mi carta con más seguridad: algunas causas se opusieron, y más particularmente el fallecimiento de la Sra. Doña Beatriz de Jústiz, al que precedieron nueve días de gravedad, y ya puede su merced considerar ¡cómo andaría yo!

Pasados los nueve días, puse a su merced una carta, otra y otra, hasta cinco, pero no sé que les encontraba a todas que después de ofrecerle mi voluntad y afecto, me parecían importunas y nada dignas del corto momento que exigía su contenido. Esperanzas y lamentaciones unas: motivo por qué[5] me iba resfriando en el trato de las musas otras: como se me ofreció la coyuntura de ganar mi libertad y como se desvaneció todo, en otra: y de este modo una relación de cómo vivo desengañado de algunas felices ideas que me hicieron respirar tranquilo algunos días: pero visto después que con esto sólo lograría excitar la

---

[2] El manuscrito no reproduce el segundo signo de admiración que cierra la frase. En su lugar aparece un punto seguido de guión.

[3] Esta palabra se abrevia en el manuscrito y se escribe «afemo» con la «e» sobre la «m».

[4] El original del manuscrito de esta carta aparece en la edición de Franco (78-80) y en *Obras* (77-79). También aparece en *Juan Francisco Manzano* (104-106).

[5] En Franco se escribe «pr. qe.» (78), en *Obras* «por que» (77) y en Azougarh «porque» (104).

sensibilidad del hombre en quien no he advertido la menor variedad, desistí de enviárselas a su merced, pues reflexionando que si hallara su merced alguna coyunturita, para protegerme, no necesitaría de mis quejas para tenerme presente, consideraría como de más cuanto decía. De este modo han ido los días cargando más y más, hasta que reprendiéndome mi conciencia de la conducta que hasta aquí he observado me determiné, salga como saliere esta carta, a poner en sus manos una letra mía, siquiera para justificarme de los cargos que me hago yo mismo.

Si algún día quisiere Dios que pueda hablar a su merced de cerca, verá su merced que no he perdido el juicio tal vez porque no ha llegado mi hora. Mucho he sufrido en mi interior, graves son las burlas con que la fortuna me aja mucho suspiro, pero me consuelo cuando considero que Dios me ha dado las desgracias: y también una alma, que me hace superior a algunos que, sin el menor cuidado, se ríen de mí.

Tales chulillas me han hecho conocer que sólo el esmero con que su merced se ha dedicado a pulir mis versos, amenizándolos en las partes que les cupieren, podrá darme el título de medio-poeta. Tengo algunas composiciones amatorias entre ellas un poema, no sé si didáctico o descriptivo (lo cierto es que guarda cierta analogía con aquello), dedicado a una joven parda en el piano «a D... en el piano». Quise mandárselas a su merced pero como no sé lo que determinará de las que están en su poder, sólo espero sus órdenes para disponer de ellas. Entre las malas chanzas que he llevado con paciencia fueron dos: una aquella oda a la luna, que abrazaba desde la Creación, la caída de Adán, las inestabilidades de las cosas y postrimero fin de todo: vino uno con faz y visita de amigo, me la pidió y no quiere dármela: otro se llevó una oda y un soneto en loor del Sr. Don Francisco Martínez de la Rosa, y para más gozo mío he visto el soneto vaciadito en otro molde y publicado a la mayor brevedad, ¡vaya con Dios!... Todo esto me sucede por no tener cerca a mi Señor Don Domingo y no querer molestar a los Señores Don Manuel ni Don Ignacio, a quienes no sé que tiempo hace que no veo: tal es mi presente estado de ocupaciones. Así suplico a la bondad con que siempre me ha su merced favorecido; me dispense estos períodos de silencio, como consecuencias de otros cuidados que no me permiten treguas para holgarme algún rato con la pluma como gustaba hacerlo[6] en otro tiempo cuando Dios quería.

Deseo a su merced mil felicidades como también a su querida esposa. Si quisiere su merced escribirme por la vía del Sr. Don Manuel, mándeme su merced a decir algo de esos cuadernos: y cuando lo veré por acá, pues sé que aun todavía

---

[6] El manuscrito continúa con un espacio y la palabra que sigue se encuentra sangrada en el próximo renglón.

no ha dejado de ser secretario de la Comisión de Literatura. Queda a los pies de su merced, su siervo.

P.D. Esta carta la empecé el 16 y se concluyó el 21 a las 10 y 1/2 de la noche escribiendo de rato en rato; así perdone su merced tantas cuantas faltas tiene. Vale.

Habana 11 de Diciembre de 1834[7]

Mi querido y Sr. Don Domingo: no puedo pintar a su merced la grande sorpresa que me causó cuando supe por su merced mismo la dirección que piensa dar a mis pobres rimas: cuando las considero navegando a climas tan distantes para ver la luz pública en el emporio de la ilustración europea, donde tantos vates con razón se disputan la primacía. Todo me parece un sueño. Nacidos en la Zona tórrida bajo la oscuridad de mi destino, vuelan desde el seno de mis infortunios, llevando el nombre de su infeliz autor, más allá de donde merece ser oído: a la verdad, señor[8].

¡Mucho bien esperé, pero no tanto! Si yo alguna vez hubiera concebido la idea de tan altos favores, me habría esforzado a pesar de mis cortos alcances para dejar completamente lúcido a mi incomparable protector: pero aun no es tarde si el árbitro de las cosas me permite disfrutar cuatro días felices, en recompensa de los muchos que han pasado sobre mí, llevando cada uno un vaso de lágrimas, que derramar a los pies de la Fortuna cual tristes ofrendas de mi angustiada vida: pero bien es, que si no me hubiera dado el cielo, a par del verso, las penalidades tampoco hubiera hecho uso de esta dádiva, con que algunas horas en el campo he solazado las varias y continuas pesadumbres en que he rodado

> Cual hoja que caída
> del dorado pimpollo
> murmura con el viento
> por bajo el verde soto

pero[9] nació su merced, quizá con el destino de enjugar mis lágrimas, a ningún mortal presentadas, para evitar la maliciosa risa con que corresponde el insensible a las querellas del que necesita de su amparo. Nació su merced repito, quizá para

---

[7] El original de esta carta aparece en Franco (80-82) y en *Obras* (80-82); Friol cita algunos fragmentos de la misma (1977: 56 y 58). Asimismo se incluye en Azougarh (106-108).

[8] El manuscrito de Azcárate reproduce coma en vez de punto y aparte.

[9] Se escribe con mayúscula y se sangra en Franco (81) y en *Obras* (81).

recoger en los últimos días de mi vida unos sentimientos de gratitud, que sólo pueden ser comparados con vuestra generosidad: sentimientos desconocidos, sí; pero ¿cuál es aquel que desde el día de mi reforma se ha aventurado a hacer conmigo las pruebas que su merced me está dando de su bondad? Ninguno; ni yo he tenido tiempo tampoco de abrir las alas de mi corazón para amar entrañablemente, como me es dado amar, porque nadie me ha amado como yo quisiera para deshacerme trabajando sin sentir el peso de mis obligaciones. ¡Dichoso yo si llega un día en que pueda manifestar a su merced mi reconocimiento sin los temores de una suerte incierta!

Después del Sr. Don Tello Mantilla, amo, que lloraré toda mi vida con el mal aprovechado tiempo en que fui suyo, mi esclavitud no ha sido más que un conjunto de calamidades y desabrimientos: tales son los versos que me inspiraba mi triste situación. Al fin vine a enjugar mis lloros bajo la sombra de la benéfica y nunca bien loada Sra. Doña María de la L. de Z. pero los peligrosos equilibrios que me cuesta guardar para conservar este viso de estimación, su merced los sabe... Un príncipe demasiadamente amado de todos, no puede derramar su beneficencia sobre uno sin excitar la envidia y la mala fe de los otros, aun cuando aquel se lo merezca. Si me hubiera franqueado alguna vez con persona alguna que no fuera su merced en estos términos tal vez no juzgaran algunos con tanta ligereza de mí, a cerca de mi amor a mi libertad. Prescindiendo de aquella propensión que por un principio natural tiene todo hombre esclavo a su rescate, cuando echo una ojeada sobre el grande cúmulo de vicisitudes que marcado con golpes terribles los más preciosos días de mi juventud, tiemblo no por lo pasado sino por lo que misteriosamente aun queda en la urna del destino. Un Ingenio un foetazo[10], esto tiene para mí cierto grado tan imponente que su idea sólo me estremece. Esto mismo me hace temer tanto el fallecimiento de mi querida Señora. Más ya que en los mares de la vida habéis tomado, Señor, el timón de esta barca que flotaba a merced de la suerte, en sus manos la dejo: pues ya cansado de bogar, y nunca llegar a puerto, espero que su merced la conduzca a donde pueda su pobre marinero colmaros de bendiciones[11], viendoos respirar tranquilo aquella satisfacción, que gozan las almas benéficas, no ya para entregarme a los goces que de aquí dimanan sino para hacerme un verdadero amante de mis deberes.

Ya sabrá su merced el fallecimiento del Sr. Don Francisco Mantilla. Murió como hombre grande sin hacer alarde de su resignación pero ni apocándose al aspecto terrible de la muerte: ¡tales efectos produce la conciencia pura en el hombre justo!

---

[10] El manuscrito de Franco de la carta dice «un Ingenio, un fustaso». Véase la edición de Franco (81) y *Obras* (81).

[11] Franco escribe «bendisines» (82); «bendisiones» en *Obras* (82).

Quisiera saber que tal le ha parecido a su merced la última composición del *convencimiento* y le remito esa otra bobería que el acaso me hizo producir en el combate que está sufriendo mi matrimonio. Mi Delia es parda libre, hija de blanco, con diez y nueve años de edad, linda como un grano de oro de pies a cabeza, no muy *arrancada* y con buenas esperanzas[12]. No sé en que consiste el disparate que se me atribuye: pero estando en la playa, es cobardía no embarcarme: y yo ¡allá voy!

En fin celebro se halle su merced gozando de completa salud, e igualmente vuestra querida esposa, niño o niña, si lo hay; y mande su merced a su más humilde siervo que sus manos besa.

Habana 25 de Febrero de 1835[13]

Mi querido y Sr. Don Domingo: desde la última que recibí de su merced he estado esperándole en ésta con bastantes ganas de verle; pero ha sido tan grande mi sorpresa, como la magna que causó en mí la noticia de que estaba su merced avecindado en Matanzas, y también empleado por lo cual perdí las esperanzas de verle tan pronto, o quizá nunca. Le he esperado hasta este Domingo pasado con el objeto de ser conducido por su merced ante el altar donde debo jurar a mi amada un fino y perdurable amor; pero desengañado por el tiempo y las noticias, he tenido que recurrir al Señor...[14] quien se ha dignado honrarme con este favor, el cual se verificará el Lunes después de Carnestolendas. Pida su merced a las ninfas de Yumurí, a las driadas de San Juan y de San Agustín, halle en esta nueva consorte la paz de mi corazón, puesto que las musas de Almendares me la concedieron tal vez para que cantando real y efectivamente mis amores, olvide mis pesares, hallando en el seno de los placeres lícitos la tranquilidad que deseo. Cada vez estoy más prendado de las bellas cualidades que atesora mientras toda su familia gruñe y aun moteja su inclinación pero se halla tan prendado del pobre poeta, que nada existe para ella perfecto sin él; ¡Dios quiera que dure! Le manifesté los renglones en que su merced me honra tanto, y le devuelve las más sinceras demostraciones de reconocimiento.

---

[12] En el manuscrito de Franco no se subraya la palabra «arrancada» y se escribe «esperanza» con mayúsculas. Véase la edición de Franco (82) y *Obras* (82).

[13] El original de esta carta aparece en la versión de Franco (82-83) y en *Obras* (83-84). También se reproduce en Azougarh (108-109).

[14] El manuscrito de Franco revela el nombre del «señor Deval». Véase en Franco (82), en *Obras* (83) y en Azougarh (108).

No se olvide su merced de que J. F. no será de ningún modo feliz, si no siendo L: y ahora con más razón; ¡ojalá que así como las musas me han dado una joven, que dicen no la merezco, me dieran contar conmigo mismo y poder ofrecer mis servicios a quien tan altamente me favorece!

Me alegraré lo pase su merced bien y quiera Dios lo pase yo también con la mía: como considero lo pasará su merced al lado de su amada mitad. Vea su merced en lo que pueda serle útil su siempre fidelísimo.

Habana 25 de Junio de 1835[15]

Mi querido y Sr. Don Domingo: recibí la apreciable de su merced, fecha 19 del corriente; y sorprendido de que en ella me dice su merced que hace tres o cuatro meses me pidió la historia, no puedo menos de manifestarle que no he tenido tal aviso con tanta precipitación; pues en el día mismo que recibí la del 22 me puse a recorrer el espacio que llena la carrera de mi vida y cuando pude me puse a escribir, creyendo que me bastaría un real de papel, pero teniendo ya escrito algo más aunque saltando a veces por cuatro y aun por cinco años, no he llegado todavía a 1820: pero espero concluir pronto, ciñéndome únicamente a los sucesos más interesantes. He estado más de cuatro ocasiones por no seguirla. Un cuadro de tantas calamidades no parece sino un abultado protocolo de embusterías; y más cuando desde tan tierna edad, los crueles azotes me hacían conocer mi humilde condición. Me abochorna el contarlo y no sé cómo demostrar los hechos, dejando la parte más terrible en el tintero y ¡ojalá tuviera otras con que llenar la historia de mi vida, sin recordar el excesivo rigor con que me ha tratado mi antigua ama, obligándome o poniéndome en la forzosa necesidad de apelar a una arriesgada fuga para aliviar mi triste cuerpo de las continuas mortificaciones que no podía ya sufrir más!

Así idos preparando para ver a una débil criatura, rodando en los más graves padecimientos: entregada a diversos mayorales; siendo sin la menor ponderación, el blanco de los infortunios. Temo desmerecer en su aprecio un ciento por ciento, pero acuérdese su merced, cuando lea, que yo soy esclavo; y que el esclavo es un ser muerto ante su señor, y no pierda en su aprecio lo que he ganado. Consideradme un mártir; y hallaréis que los infinitos azotes que han mutilado mis carnes, aún no formadas jamás envilecieron a vuestro afectísimo siervo que, fiado en la prudencia que os caracteriza, se atreve a chistar una palabra sobre esta materia: y más cuando vive quien me ha dado tan largos ratos que gemir.

---

[15] El original de esta carta aparece en la versión de Franco (83-84) y en *Obras* (85-86). También en Azougarh (109-110).

Mi mujer y yo le acompañamos en sus contentos; y yo sólo siento que ésta no sea la ama de leche; entonces sé que la fortuna no me burlaría; pero ¡cómo ha de ser! ¡prudencia y tolerancia!

La casa en que vivo está hoy algo contrita con la prendición del Sr. Don Francisco Semanat[16], nadie sabe por qué. He ido a llevar recado a la casa de la Sra. Doña María Ignacia de Zayas, y está en cama a causa de la pesadumbre. La Señorita que recibió el recado me lo devolvió llorando, y no fui capaz de contener mis lágrimas.

Me alegraré lo pase su merced sin novedad y mande a su afectísimo[17] siervo Q.S.M.B[18].

Habana 29 de Septiembre de 1835[19]

Mi querido y Sr. Don Domingo: hoy he recibido la interesante contesta de su merced, la cual he leído y releído más de diez veces con el mismo gusto, aumentando a cada lectura mi esperanza cuanto no puedo manifestar; devorando los renglones de ella: quisiera tener en mis manos el tiempo para abreviar el cumplimiento de un día para mí tan dichoso como distante.

Al momento que vi lo que en ella me pide su merced, me he preparado para haceros una parte de la historia de mi vida reservando los más interesantes sucesos de ella, para si algún día me hallo sentado en algún rincón de mi patria, tranquilo, asegurada mi suerte y subsistencia, escribir una novela propiamente cubana. Conviene por ahora no dar a este asunto toda la extensión maravillosa de los diversos lances y escenas, porque se necesitaría un tomo; pero, a pesar de esto, no le faltará a su merced material bastante. Mañana empezaré a hurtar a la noche algunas horas para el efecto.

Vi por casualidad en la calle al Sr. Don Dionisio le hablé sobre el asunto, y me dijo no tuviera cuidado, que no me olvidaría pues tenía interés de que viesen en Europa algunos, que tenía razón de hablar de un siervo de su casa, poeta, cuyos versos recitaba de memoria, y algunos lo dudaban que fuese de uno sin estudios: y que escribiría a su merced en la primera oportunidad.

---

[16] El manuscrito de Franco contiene el nombre de Francisco Semaná. Véase la edición de Franco (84) y *Obras* (86). La de Azougarh coincide con la nuestra y reproduce el nombre de Semanat (110).

[17] El manuscrito de Azcárate reproduce la abreviatura «afemo» con la «e» escrita sobre la «m».

[18] Abreviatura por «Que Sus Manos Besa».

[19] El original de esta carta aparece en la versión de Franco (84-86) y en *Obras* (87-88). Friol cita un fragmento (1977: 61-62), y Azougarh lo incorpora completo en su libro (110-111).

Me dijo el Sr. Doctor que le debía yo a su merced una contesta; yo no sé cómo se extraviaría mi carta, pues yo extrañando que su merced no me escribiera me llené de cuidados no le hubiera molestado el carácter jocoso en que la escribí, dándole cuenta de mi matrimonio, y no me atreví a tomar otra vez la pluma, teniéndome por tanto más infeliz.

La prometida libertad, que tenía en esta casa, parece que se la va llevando el viento, como se llevó la palabra. Mi esposa está en cinta de siete meses, y ha estado para abortar tres ocasiones de desazones y disgustos originados... Los versos que ella componía eran antes tiernos y amorosos, y ahora son melancólicos: yo adivino la causa por más que se empeña en ocultármela: es poetisa y el alma del poeta se ve en sus rimas. En fin, Señor temo tanto como callo y padezco, por lo que aspiro a ver si pescando a la fortuna por un cabello, logro un rincón donde trabajando y escribiendo veo nacer el fruto de mi amor, sin los vaivenes de la suerte que sigo. No creo que haya mayor pena que ver uno al objeto que ama, siendo el blanco donde la envidia aserta sus tiros. Pensé callar siempre el origen de mis pesares, pero cuando hablo a su merced, no puedo menos que ser franco. Creo ver rodar una nube tempestuosa sobre mi frente porque atacada mi reputación, confundí las embusterías, dejando mi honor triunfante, abatiendo los artificios con que se trataba desmereciese en el concepto de mi ama; pero a pesar de eso me comprometí demasiado. Mas ¡cómo ha de ser! ni mi esposa ni su merced me amaran si no fuera hombre de bien. La indisposición de mi Señora no ha permitido que este asunto se concluya: una porción de negras mal encaminadas no triunfarán jamás de mi ignorancia; pero sea cual fuere el resultado quiero quitarme de estas frecuentes guerrillas, originadas del dinero que manejo de mi ama, sin que de él nadie sea osado a gastar medio, sin que yo sepa cómo y para qué.

Me alegraré lo pase su merced bien, y mande a su más afectísimo[20] siervo, Q.S.M.B.

Habana 16 de Octubre de 1835[21]

Mi querido y Sr. Don Domingo; con motivo de haber estado cuatro meses y días en Guanabacoa con mis Señores, se me ha imposibilitado escribir a su merced y saber de su salud. He venido y ya no vive en la calle de la Habana el

---

[20] Se escribe «afmo».
[21] El original de esta carta aparece en la versión de Franco (86-87), en *Obras* (89-90) y en Azougarh (112). A diferencia de la edición de Moliner, la nuestra no contiene la carta con fecha del 5 de octubre de 1844 ni la del 28 de junio de 1844. Véase *Obras* (91-96) y Friol (64-66).

Sr. Dr. y aun hoy ignoro su morada, pues fue mi primer cuidado irlo a ver. Hago a su merced esta relación no atribuya a olvido o abandono mi silencio.

Al segundo día de estar en la ciudad estuve a ver al Sr. Don Dionisio Mantilla con el fin de ver si hallaba en él un sujeto o amo a quien sirviendo por un tiempo lograba mi difícil y tan deseado rescate; pero llegué tarde pues los excesivos gastos que tuvo no le permitían por lo pronto presentarse al frente como me dijo: más deseando interesarse por mí me habló de la suscripción y lista de los individuos, que vio en una visita que hizo a su merced, prometiéndome escribiría a su merced como para encargarse de recolectar y recoger él de su parte lo que pueda, suscribiéndose él el primero con tres onzas, y no dudo de su hermano Don José, que con una corta súplica, que yo le hiciera dejará de contribuir también. Así aunque nada tengo que recordar a su merced sobre este asunto, le suplico pare un poco la atención en este desventurado poeta, que lo más precioso de su edad lo mal gastó contando sus pesares soñados que hoy llegan a la evidencia.

Mi actual situación es capaz de postrar el corazón más firme; la sensibilidad y el pundonor luchan en mi corazón, y el silencio de mis pesares es el mejor partido que me queda inter recurro a la bondad con que me he visto favorecido de su merced.

Deseo lo pase su merced bien y aunque nada puedo mande a su afectísimo[22] Q.S.M.B.

P.D. En otra ocasión si se proporciona espero escribir a su merced más largo, y verá su merced cómo se burlan los grandes de su palabra dada al infeliz que de ellos depende pero todo esto no es nada inter la esperanza sostiene el corazón. Vale.

* * *

La carta del manuscrito de Franco contiene dos párrafos más[23] y dice así:

«Sor D. Domingo: contando con la bondad q^e. smd me dispensa, le suplico me ponga la carta mañana a fin de aprovechar el lunes p^a. embiarla el lunes p^r. cualesquiera conducto pues cada dia q^e. pasa va asiendo mas grave la suerte de mi hermano.

Sor Dn. Domingo, cosa de smd. pues si no ya la desgracia de mi hermano reclama su compasión, a lo menos hagalo smd: p^r. este a quien levantó del cieno a la felicidad, y pueda su mediacion cortar las peligrosa y tristes consecuencias q^e. pueden acarrearme

---

[22] En la versión de Azcárate se escribe «afemo».
[23] Véase la edición de Franco (87), *Obras* (90) y Azougarh (112-113).

la colera de un amo irritado y la imprudente inrreflecion de esta criatura q⁰. guiado p'. mi fama q⁰. en Matanzas suena crelló allar en mi un apollo, sin conoser mi aislada impotencia en este caso: pero ya pª. mi no es tipo de ver mas sino q⁰. es mi hermano y q⁰. su equibocasion a prosedido de una esperanza q⁰. el no supo fundar bien; así espero derrame smd. todo su influjo en fabor de su criado

J. Fr⁰⁰ Manzano.

mañana a las dies airé smd me lo permite a recojer su carta.
Be S.M.»

Poesías

«Desgracia y poesía únicamente
Los dones fueron q.ᵉ encontré en
mi cuna»

La Cucuyera [sic][1]

Un incauto Cucuyo
Revolaba brillando
Ya del prado a la selva
ya de la selva al prado:
libre cual mariposa
hendiendo el aire vago
liba en vírgenes flores
jugos almibarados
ora esplende, ora oculta
del fósforo inflamado
la luz a que no cabe
color acomodado.
¡Cómo vuela invisible!
Lucero es ya bien claro

---

[1] Friol nos dice que «La Cucuyera» se publicó en el *Diario de la Habana*, no. 309, viernes 5 de noviembre de 1830, pág. 2; pero en la Bibliografía cita *Diario de la Habana*, martes 26 de octubre de 1830 (cfr. Friol 1977: 175 y 215). Tanto él como Antonio López Prieto señalan que se publicó en *Aguinaldo Habanero*, ed. Ramón Palma y José Antonio Echeverría (1837, La Habana: Imprenta de José María Palmer, pp. 141-43). Véase López Prieto 1881: 252; y para el poema, 254. La versión corregida de este poema se reproduce en Socorro de León 1861: 153-154. En su libro, Socorro de León también incluye los siguientes poemas de Manzano: «Oda a la luna», «Ilusiones», «Soneto», «El reloj adelantado» y «La música». «La cocuyera» también aparece en *Obras* (61-62), en Friol 1977: 173-75, en «Poesías de J. F. Manzano, esclavo en la isla de Cuba», Biblioteca Nacional de Madrid, *Catálogo de Manuscritos de América*, ed. Julián Pérez (Madrid: Tipografía de los Hermanos Odózaga), p. 350, en Lewis Galanes 1991: 72-73; en Lezama Lima 1965: 375-77; y en Azougarh 2000: 178-80, quien transcribe la versión publicada en *Diario de la Habana*; y su traducción al inglés en Mullen 1981: 117. Se observará que el final de nuestro poema coincide con el final del que cita Friol y Lewis Galanes. Se suprime el final del poema en *Obras*, *Cuba poética*, *El parnaso cubano* y Lezama Lima: «¡oh niña! el cielo premie / tu inocente cuidado / y amor en sus pesquisas / no llegue a divisarlo».

Friol señala que esta versión se publicó en el *Aguinaldo Habanero* en 1837. Sin embargo, el verso número cuarenta de nuestra versión coincide con el que aparece en *Obras* y no con el que reproduce Friol. El de Friol dice: «Alumbran enjaulados». Lewis Galanes añade: «En el *Diario de la Habana* (Habana, 26 de octubre de 1830), pág. 2, el título aparece "La cocuyera", y se repite la voz "cocuyo"; el verso 40 lee: "Alumbran enjaulados". Aparecen aquí los cuatro versos finales de envío, los cuales son eliminados en la impresión en el *Aguinaldo Habanero* (1837), pp. 141-143». «Variantes en impresión en *Obras*..., 1972 (no se apunta de dónde se tomaron los textos): v. 24, "Se pierde entre las maas:"; v. 25, "y en la frondosa capa"; Vv. 56-57, "Honor del cutis blanco / Del nuevo prisionero" [el cambio en la puntuación cambia el sentido]» (1991: 73-74). La versión de Lewis Galanes reproduce el subtítulo «A[na]creóntica Cubana» y las de Friol y Azougarh «Anacreóntica».

si presto se oscurece
presto ilumina el campo.
En vano los mancebos
le siguen anhelando
con teas encendidas
el placer de tornarlo[2]
pues revolando en torno
al silbo suave y blando.
Vuelve la luz en niebla
se pierde entre las manos
en la frondosa copa
de un florido naranjo
opaca luz despide
dejándolos burlados.
Entonces, niña bella[3],
gloria y honor del campo
envidia de las flores
delicia de su amado
toma la cucuyera
que con curiosas manos
labró en felices días
su tierno enamorado;
y en alto suspendiendo
tan bellísimo encanto,
la mueve y mil cucuyos
alumbran encerrados[4].
–«Baja, le dice, baja
que en mi amante regazo
cañas dulces te ofrezco
de cañutos dorados
dormirás en mi alcoba
mi aliento respirando;
serás de mis amores

---

[2] Las versiones en *Cuba poética* (39), *Obras* (61), *Parnaso cubano* (254), Lewis Galanes (272), Friol (174), Lezama Lima (376) y Azougarh (179), dicen «El placer de tomarlo» (72 en Lewis Galanes).

[3] Aquí y en el verso 61 se escribe «Nina» (Friol: 174-75; Lezama Lima: 376; Azougarh: 179-80).

[4] «enjaulados» en Azougarh.

confidente sagrado».
El fúlgido cucuyo
plácido susurrando
vuela, desciende y toca
sobre sus mismos labios;
probó la miel hiblea
con que amor ha endulzado
los divinos claveles
honor del cutis blanco.
Del nuevo prisionero
celébrase el hallazgo
y en la prisión contento
brilla que es un regalo...[5]
¡oh niña!, el cielo premie[6]
tu inocente cuidado
y amor en sus pesquisas
no llegue a divisarlo[7].

Treinta años[8]

Soneto

Cuando miro el espacio que he corrido
Desde la cuna hasta el presente día
Tiemblo y saludo a la fortuna mía
Mas de atención que de terror movido.

---

[5] Aquí termina la versión en *Cuba poética* (154), *Obras* (62), Lezama Lima (377) y *Parnaso cubano* (254).
[6] «¡Oh! Niña, el cielo premie» en Azougarh.
[7] Al final del poema Azougarh incluye la fecha, 1830.
[8] Friol dice que el poema «Treinta años» se publicó en *Aguinaldo Habanero*, pp. 97-98 (Friol 1977: 217) y reproduce el original y la versión corregida del poema (1977: 11-12). En la edición de 1937, Franco sólo da a conocer la versión corregida del poema y la intitula «Mis treinta años» (92). Su edición contiene tres poemas de Manzano. Además de éste reproduce «Oda a la luna» y «La música». El mismo poema, bajo el título «Soneto» se cita en *Cuba poética* (153). La traducción al inglés de «Treinta años» figura en Friol (34) y en Mullen (115). Calcagno menciona que el poema «Mis treinta años» [sic] se tradujo a cuatro idiomas y añade en una nota: «La idea de este soneto se asemeja a una del poeta italiano Riciardi, pero no es imitación; el pobre esclavo no había leído hasta entonces más que rezos. Era ya conocido en manuscrito cuando se publicó, 1837, en *El*

Sorpréndeme la lucha que he podido
sostener contra suerte tan impía,
Si tal llamarse puede la porfía
De un infelice ser, al mal nacido[9].

Treinta años ha que conocí la tierra:
Treinta años ha que en gemidor estado
Triste infortunio por doquier me asalta.

Mas nada es para mí la dura guerra[10]
Que en vano suspirar, he soportado
Si la calculo ¡oh Dios!, con la que falta.

El hortelano[11]

Idilio – Imitación de Arriaza

1.

En su jardín con sosiego
grato, del gozo cautivo[12]
un hortelano festivo

Aguinaldo con una nota laudatoria de J. A. Echevarría, y en *El Álbum*. El mismo poema y la nota se reproducen en *Parnaso cubano*, 253. A diferencia de la versión de Azcárate, el cuarto verso del de López Prieto, Friol, Lewis Galanes, Lezama Lima y Azougarh dice: «Más de terror que de atencion movido». «Treinta años. Soneto» contiene dos pequeñas variantes. El verso siete dice: «si tal llamarse puede la porfía» y el diez dice «treinta años porque en gemidor estado». Véase Lewis Galanes. Tanto este soneto como sus poesías «Al cerro de Quintana» y «A la ciudad de Matanzas» fueron traducidas al francés por Mr. V. Schoelcher en su obra *Abolition de l'esclavage*. Paris 1840. Véase *Poetas de color* (79). La puntuación de nuestro poema es diferente de las otras versiones. El poema también aparece en *Catálogo de Manuscritos de América* (350).

[9] «de mi infelice ser, al mal nacido» en Friol (11) Lewis Galanes (75) y Azougarh (201).

[10] «Mas nada es para mí la cruda guerra» en Friol, Lewis Galanes, Lezama Lima y Azougarh. Lewis Galanes también observa: «Roberto Friol transcribe una "versión de puño y letra del autor" con cinco variantes: v. 9, "Treinta años háy qe. conosí la tierra"; v. 10, "treinta años háy, que en gemidor estado"; v. 12, "Mas nada es pa mí la dura guerra", y v. 14, "Si la carculo [escribió 'comparo' y lo tachó], oh Dios! con lo que falta"».

[11] Este poema también se da a conocer en Azougarh (122-123).

[12] «Lleno de gozo excesivo», en Azougarh.

así burla al niño ciego:
«Dios homicida y traidor
deja en paz mi pecho fiel
que es mi deleite el clavel[13]
la rosa solo mi amor».

2.
«Cuando alguna flor lozana
amortigua el sol, yo digo[14]:
tal hiciera amor conmigo
en su esclavitud tirana».

«Pero jamás de su ardor
sufriré el destino cruel
que es mi delicia el clavel
la rosa solo mi amor».

3.
«Yo vi de Filis ingrata[15]
al tierno amante sencillo
y no vi ningún ramillo
a quien más el viento abata»

«¿Y querrás niño traidor,
ver mi pecho como aquel?
¡No! Es mi delicia el clavel
la rosa solo mi amor».

4.
La linda Lesbia que el llano[16]
del jardincillo paseaba
oyó que así se expresaba

---

[13] «Que en mi delicia el clavel», en Azougarh.
[14] «Maltrato yo mismo, digo», en Azougarh.
[15] «Yo vide; ¡qué compasión! / A Dios en sexo profano, / Fenecer por el Troyano / A impulso de su pasión» en Azougarh.
[16] La versión de Azougarh dice: «La linda Lesbia que él llamó / Del jardincillo paseaba, / Oyó como se esperaba / El infeliz hortelano; / No imagines, no traidor / Que te cante en mi rabel / Que es mi deleite el clavel / La rosa sólo mi amor».

el pobrecillo hortelano.
«Nunca esperes oír, traidor
bien tu canto en mi rabel
que es mi delicia el clavel
la rosa solo mi amor».

5.
Lesbia entonces lo miró:
él miró sus ojos bellos
y al sentirse herido de ellos
rendido, solo exclamó:

«A Dios rosa, adiós mi flor
a Dios, lozano clavel
que hallo solo en el vergel[17]
dulces preceptos de amor».

Oda a la Religión[18]

Cuando triste levanto
el alma tierna, do el amor reposa[19]
y con vista llorosa
a Dios me elevo desde el bajo suelo[20]
rápido subo en alentado vuelo[21].

---

[17] «Que ya no hallo en el vergel / Sino preceptos de amor», en Azougarh.

[18] Friol señala que el poema «Oda a la religión» se publicó en el *Diario de la Habana*, viernes 10 de abril de 1831, pp. 1-2. Friol reproduce una versión corregida del poema, pero se notará que ésta es diferente a la que damos a conocer; la nuestra suprime los versos que deberían aparecer donde ahora sólo hay rayas. También hay variación en algunos versos. Véase la versión que cita Friol (105-107) y la traducción al inglés en Mullen (112-114). La versión que cita Lewis Galanes (76-79) parece coincidir con la nuestra, aunque varían la puntuación, el uso de mayúsculas y algunas palabras. El poema también aparece en el *Catálogo de manuscritos* (350) y en Azougarh (188-90). Salvo cuando se indica, el poema que Azougarh consultó en la Biblioteca Nacional José Martí sigue la versión que aparece en nuestro manuscrito.

[19] «El alma tierna do el dolor reposa», en Friol, Lewis Galanes y Azougarh.

[20] «A Dios me eleva, desde el bajo suelo», en Friol, Lewis Galanes y Azougarh.

[21] «rahúdo subo en alentado vuelo» en Lewis Galanes.

Y en éxtasis profundo
el alma siento de mi cuerpo huyendo[22]
que a su Hacedor rindiendo
veneración y amor, del vano mundo
olvida los fugaces devaneos
y sólo a Dios consagra sus deseos.

«¡Oh Padre! ¡Oh ser supremo!
¡Grande, Inmenso, Eternal, Omnipotente!»
exclama en el extremo
del fervoroso afecto que, vehemente
la magnitud concibe y sacra llama
de amor divino, que piedad inflama.

¡oh religión cristiana!
Consuelo siempre dulce al desgraciado
que en penas abismado
en ti disipa la aflicción insana.
¡oh religión de cuyo efecto nace[23]
el bello influjo que a los justos place.

En niebla sepultado
el pueblo de Israel por ti lloraba[24],
cuando ya se anunciaba[25]
a tu poder el triunfo destinado:
y en la sangre teñida del cordero,
se alzó tu manto por el Orbe entero.

De los tímidos pechos[26]
las hondas cavidades inflamaste
la verdad anunciaste[27],

---

[22] «El alma siento de mi ser huyendo», en Friol y Azougarh.
[23] Lewis Galanes escribe: «¡Relijión, de cuyo efeto nace / el visto influjo que a los gustos place!». El manuscrito de la Biblioteca Nacional dice: «Religión de cuyo efeto nace» (Azougarh).
[24] «el pueblo de Israel te suspiraba» en Friol y Azougarh.
[25] «cuando ya se inspiraba» en las mencionadas versiones.
[26] «en los tímidos pechos», en Lewis Galanes.
[27] En Friol y Azougarh dice: «Y la verdad grabaste» y continúa con los siguientes versos: «Por cuanto a vista del espacio es hecho: / Donde quiera le dabas dulcemente / De tu dimanación la escelsa fuente».

y del error los ídolos deshechos[28]
se dieron a tu voz...
....

Y en tanto el cruel tirano[29]
sacrílego instrumento del infierno,
indócil al Eterno
sobre mártires mil cayera en vano[30]:
cual sol de vida, en tan sangrienta cuna[31]
naciste, luz de la mejor fortuna.

Hoy pues tu voz nos guía
al magnífico pórtico del cielo
do se ve sin recelo
la eternidad futura y jerarquía
del que a nos vino, para ser amado[32],
del Evangelio y de la Cruz armado.

Tú sola lo posible
de los grandes misterios nos revelas[33]
cuando en las almas velas:
si hablas al corazón ¡cuán apacible
al hombre entonces con tu manto cubres
y en sus meditaciones te descubres!

Te ve grandiosa, pura
llena de mansedumbre y de inocencia[34]
lozana hasta la esencia,
cándida virgen de sin par ternura,
prevalecer sobre los negros muros
destinados a incrédulos perjuros.

---

[28] Este verso y el que sigue no aparecen en la versión de Friol.
[29] «Y mientras el tirano» en Friol y Azougarh.
[30] «sobre mártires mil lanzó la mano», en Friol y Azougarh.
[31] «brillante» en vez de sangrienta en Friol y Azougarh.
[32] Se suprime la «a» en Friol y Azougarh.
[33] «De los graves misterios nos revelas», según el manuscrito en la Biblioteca Nacional (Azougarh).
[34] «mina de mansedumbre y de inocencia» en Lewis Galanes.

¡Oh Dios! ¡Oh Dios clemente!
velado en alta majestad gloriosa
..................................³⁵

....
¿Por qué me dejas do el pecado nace[36]
y no hasta ti me llevas...[37]?

¡Cómo allí contemplara
tu divina beldad, y a tu ígneo trono
con más acorde tono[38]
excelsa Trinidad, de amor cantara!
Y ¡cómo por la esfera encantadora[39]
rodara el eco de mi voz canora!
..................................[40]

....

---

[35] Friol y Azougarh nos ofrecen los dos versos siguientes: «La mente victoriosa del mundo / redentora omnipotente».

[36] «¿Por qué me deja do el pecado nace» en Friol y Azougarh.

[37] «Y no contigo que a la gloria pase?» en Friol y Azougarh.

[38] «con más acorte tono» en Lewis Galanes.

[39] «Y al torrente de luz encantadora» en Friol y Azougarh.

[40] Friol incluye la siguiente estrofa donde aparecen los puntos suspensivos:

> Mas no; será primero
> Que el sacro don de tu bondad respire;
> Que en la tierra te admire,
> Y a la alba luz del celestial lucero,
> Bajo las santas leyes doblegado
> En ti me goce siempre consagrado.

Azougarh escribe: «En ti mi goce siempre consagrado». Apunta Lewis Galanes: «En *Diario de la Habana* (1831), con variantes: v. 5, "Rápido subo en alentado vuelo"; v. 7, "El alma siento de mi ser huyendo"; v. 23, "El bello influjo que a los justos place"; v. 25, "El pueblo de Israel te suspiraba"; v. 26, "Cuando ya se inspiraba"; v. 30, "De los tímidos pechos"; v. 31, "Las hondas cavidades inflamaste"; v. 32, "Y la verdad grabaste"; vv. 33-34 faltan; entre v. 34 y v. 35 aparece "Por cuanto a vista del espacio es hecho: / Donde quiera le dabas dulcemente / De tu dimanción la escelsa fuente"; v. 35, "Y mientras el tirano"; v. 38, "Sobre mártires mil lanzó la mano"; v. 39, "Cual sol de vida en tan brillante cuna"; v. 35, "Del que nos vino para ser amado"; v. 53, "Llena de mansedumbre y de inocencia"; después del v. 60, se lee, "La mente victoriosa / Del mundo redentora omnipotente"; vv. 61-62, "¿Por qué me deja do el pecado nace / Yo no contigo que a la gloria pase?"; v. 64, "La divina beldad, y a si igneo trono"; v. 67, "Y al torrente de luz encantadora"; se le añaden seis versos al final de la oda».

....
....

Un sueño[41]

A mi segundo hermano

Tú, Florencio, que sabes
las penas que padezco
cuán justas y fundadas
martirizan mi pecho;
si tú, que en otros días
colinabas mis tormentos[42]
o juntas con las mías
tus lágrimas corrieron
¡ay! ya que tristemente
separados nos vemos,
cada cual por su rumbo,
nuevo mundo corriendo;
que mis versos te lleven
los colores de un sueño
cuyo principio tomo:
oye y estame atento[43].

Confuso y agobiado
de mil pesares lleno
la soledad buscaba
de los hombres huyendo

---

[41] Friol y López Prieto indican que el poema «Un sueño» se publicó en *El Álbum*, noviembre de 1838, t. vii, pp. 115-127. Véase Friol (131) y *Parnaso cubano* (252). Friol publica la versión corregida de este poema, pero hay una pequeña variación entre la que él cita en su libro y la que nosotros damos a conocer aquí. Por ejemplo, la de él se divide en cuartetos, varía la puntuación y la palabra «libre» no se subraya. Véase Friol, 125-131. La versión de Azougarh (208-214) sigue la de Friol. La de Lewis Galanes se acerca más a la de Friol en cuanto a que se divide en cuartetos y no subraya la palabra «libre». *El Catálogo de manuscritos* también contiene el poema (350). Para la traducción al inglés véase Mullen (120-123).

[42] «calmabas» en vez de colinabas en Friol (125) y en Lewis Galanes (80).

[43] «Escucha, estáme atento» en Friol (125) y «Oid, estáme atento» en Lewis Galanes (81). Azougarh señala que «Oid, estáme atento» también aparece en el manuscrito de la Biblioteca Nacional.

hacia el vecino monte
que de Quintana el cerro
domina, y ameniza
los lugares internos
aproximéme a un bosque
albergue donde suelo
conmigo querellando
lamentarme en secreto.

No sé si del cansancio
o del mismo desvelo
cerráronse mis ojos
a un dulce y grato sueño,
quedando así rendido
entre sus lazos preso;
más entre poco rato
sobre mi espalda siento
de muy grandiosas plumas[44]
dos alas que contemplo
preciosas y pintadas
de mil colores bellos:
revuélvolas mil veces
de admiración perplejo
sin que alcanzar pudiese
la causa de este efecto.

Pruebo a volar y al punto
las alas rebatiendo
del sueño me levanto[45]
cual pájaro ligero
y el aire contrastando
de la tierra me elevo
presumido y osado
por tan vasto elemento.

Ufano contemplaba

---

[44] «De mil grandiosas plumas» en Lewis Galanes. «De mi grandiosas plumas» en el manuscrito de la Biblioteca Nacional (Azougarh).

[45] «suelo» en vez de «sueño» en Friol (126) y Lewis Galanes (81).

entre la tierra y el cielo
las portentosas obras
del alto Ser Supremo[46]:
el eje donde estriba
el pesado elemento:
el Zodíaco, los polos
en tres puntos diversos;
los lindes en que tiene[47]
la mar puesta su freno;
el ampo de la luna[48]
todo de manchas lleno;
las causas de la lluvia;
las de un día sereno;
las que la ira enfrenan
del inflamado viento.

Visto tanto en el aire
buscaba con anhelo
el centro de la tierra
para posar mi vuelo.

Recojo los plumajes
inclino un poco el pecho
y en círculos rondando
torno a bajar de nuevo:
desciendo con tino
de Matanzas al seno,
de do la ruta fijo
a aquel lugar tremendo[49],
donde yertos reposan
los miserables restos,
de aquellos nuestros padres
que el primer ser nos dieron.

---

[46] En la versión de Friol se suprimen los siguientes cuatro versos, lo que en su poema podría ser una estrofa (126). Azougarh encuentra los cuatro versos que no se publicaron en *El Álbum* y los incluye en sus notas (341, nota 528).

[47] «las lindes» en Friol (126).

[48] «campo» en vez de ampo en Friol (127) y Lewis Galanes (82).

[49] «a qual lugar tremendo» en Lewis Galanes (82).

Su vista me horroriza,
vacilo, me estremezco[50]
recordando la causa
de nuestros males fieros.

Allí poso algún tanto,
mil lágrimas vertiendo,
en memoria, aunque vana
de aquellos años tiernos,
que engolfados pasamos
en inocentes juegos,
del maternal cariño
los goces recogiendo.

Ya la sierra veía[51]
del *Palenque* soberbio
el suntuoso *Molino*
 con sus vastos terrenos;
sus puras, claras linfas;
sus jardines amenos
de donde tantas veces
salí de flores lleno.

Mas como no podía
sofocar en mi pecho
las tiernas impresiones
del dulce amor fraterno,
ansioso, bajo y hallo
a aquel mi caro objeto[52],
en sus años tan tierno[53],
como robusto etíope
los trabajos venciendo.

Lo miro, me conoce[54]

---

[50] En la versión de Lewis Galanes, «entremezco».
[51] «Yo la sierra veía» en Friol.
[52] Se suprimen la «a» en Friol (128) y en Lewis Galanes (83); esta última escribe «aquél».
[53] Se suprime este verso en Friol.
[54] «Le» en vez de «Lo» en Friol.

me abraza, yo le beso
y ¡oh Dios! entre sus brazos
sentí crecer mi afecto

«Huyamos pues, le dije,
de este recinto horrendo[55]
más terrible a mi vista
que la del horco mismo[56]:
huyamos, caro hermano,
partamos por el viento,
por siempre abandonemos
nuestro enemigo suelo».

Entonces cariñoso
en los brazos le estrecho,
y cual la vez primera,
las alas rebatiendo,
aire recojo, y formo
las columnas de viento
con que el éter recorren
los pájaros ligeros.

Levántome orgulloso
torno a volar de nuevo,
más alegre y ufano
con mi amoroso peso:
feliz, atravesaba
poblados y desiertos:
sobre los anchos mares
soberbio me recreo,
al ver bajo mi vista
tantos puntos diversos:
ya *libre*; por el aire
me sublimo y excelso,
me trasmonto y me juzgo[57]
Gran señor de los vientos,

---

[55] «deste» en Lewis Galanes (83).
[56] «mesmo» en Lewis Galanes (83) y Friol (128).
[57] «tramonto» en Lewis Galanes (84) y Friol (129).

yéndome atrás dejando
de América los pueblos.

No fue mayor el gozo[58]
del corazón de Dédalo,
cuando por ver a Atenas,
de Creta, salió en vuelo,
llevándose consigo,
también a Icaro bello,
dejando así burlados
de Minos los decretos.

Tal ya me figuraba,
con sublimado vuelo
hallar entre las nubes
algún seguro puerto[59].

Me afano y sobrepujo
los encontrados vientos,
perdiéndome a la vista
del lince más atento;
y a disfrutar aspiro
los cánticos del cielo.

Mas ¡Ay! en un instante[60]
todo el espacio veo,
de tan claro y hermoso,
de tan manso y sereno,
tornarse en noche oscura,
bramar el Noto horrendo,
rugir el mar abajo,
tronar arriba el cielo,
correr los torbellinos

---

[58] Se suprime esta estrofa en la versión de Friol (129). En el manuscrito de la Biblioteca Nacional Azougarh halla los ocho versos que no se publicaron (Azougarh 341, nota 533).
[59] Friol escribe «puesto» por «puerto» (129).
[60] La versión de Lewis Galanes no reproduce estrofa.

a impulso de los vientos[61],
relámpagos continuos
en sus choques vertiendo,
y en horrorosa guerra
todos los elementos.

En tan triste conflicto
de confusión me lleno
por los aires perdido
sin auxilio, ni medio
de salvar –no mi vida
sino la del que veo
próximo a padecer
cual Icaro el despeño.

Entonces ¡Oh Dios mío!
retronando y rugiendo,
de la terrible diestra[62]
de Júpiter soberbio[63],
un rayo se desprende
cuyo ruidoso estruendo
cuyo estallido horrible
mejor prende... y despierto[64],
buscando entre mis brazos
lo que llevó un sueño.

Y, aunque a mi vista es hoy
claro el día y sereno[65]:
en los males pasados
¿dudarás que me veo[66]?

---

[61] «A impulsos de los vientos» en Friol. Según Azougarh el manuscrito de la Biblioteca Nacional coincide con el nuestro (341, nota 534).
[62] Friol escribe «tu» en vez de «la» (130).
[63] «con ímpetu violento» en Friol (130).
[64] «me sorprende y despierto» en Friol (131) y Lewis Galanes (85).
[65] «claro el día y el sereno»; según Azougarh, se escribe así en el manuscrito de la Biblioteca Nacional (341, nota 537).
[66] Observa Lewis Galanes (85): «Variantes en impresión en *El Álbum* (noviembre, 1838): v. 16, "Escucha, estáme atento"; v. 3 "De muy grandiosas plumas"; v. 44, "La causa de este efecto"; v. 54, "Entre la tierra y el cielo"; vv. 57-60, faltan; v. 97, "Yo la sierra veía"; v. 148, "Yéndome atrás,

A la calumnia[67]

Calle la audacia atrevida
Que contra el honor se atreve
Porque la expresión más leve
Suele dejarle sin vida.

Si con intención medida
La cruel saeta vibró,
Repare a quien la lanzó
Dónde, cuándo y cómo acecha,
Pues dando en firme la flecha
Va a herir a quien la tiró.

Al besar una flor de maravilla[68]

A fe que dicha mayor
No están mis labios probando,
Pues tal objeto besando
Sólo han besado una flor.

Mas si es un perfecto amor
Del alma pura y sencilla
El besar una mejilla:
Perdón te pido, y me postro,
Pues sólo al besar tu rostro
Besaré una maravilla.

---

dejando"; vv. 150-157, faltan; v. 161, "Algún seguro puesto"; vv. 192-193, "De tu terrible diestra, / Con ímpetu violento" (pp. 115-117)». En Friol no hay signo de interrogación que abra el verso (131), mientras que en Azougarh se reproduce el signo de interrogación (214).

[67] «A la calumnia» se reproduce en el libro de Lewis Galanes (88), en el *Catálogo de manuscritos* (350), en Azougarh (170) y en traducción al inglés. Sin embargo, hay diferencia en el número de versos entre el poema escrito en español y el traducido al inglés. Al respecto véase Mullen (111).

[68] «Al besar una flor de maravilla» se reproduce en Azougarh (170-71).

Desesperación[69]

Piérdase el mundo, encadenados caigan
Los deleites preciosos de la tierra
En el profundo golfo de la nada.
Húndete, húndete, estancia lastimera
Ingrato sueño, sombra miserable,
Engaño de la especie, que en tu esfera
Un mísero destierro va pasando.

Nací en tu seno y a la luz primera
Saludé con el llanto de mi infancia,
Siendo un gemido la expresión más tierna
Con que a natura, reverente hablara,
Porque, en naciendo hombre, nací en penas.

Fueron los años los ligeros años
Que en torno de este siglo dan la vuelta;
Y, ni uno solo, venturoso he visto[70]
Para la suerte mía; siempre a fuerza
De regar con mi llanto tu terreno
Fui contemplando de mi humilde estrella[71]
La triste situación y abatimiento[72]
Con que al hombre sojuzga la ley fiera;
Pobre, infelice, tímido, humillado,
La esperanza he perdido toda entera;
Porque nunca fortuna es bien venida
A las manos de un mísero. Huye, tierra,
Sepúltate en el caos del Averno;
Confúndete do nunca más te vean
Los parientes de Adán desventurados,
Desquíciate ya, pues; arde en pavesas,
O córrase una nube tenebrosa
Ante mi vista y tu gloria postrimera.

---

[69] «Desesperación» aparece en la edición de Lewis Galanes (89), en el *Catálogo de manuscritos* (350) y en Azougarh (169). En la de Lewis Galanes se reproduce como un solo texto sin estrofas.
[70] Lewis Galanes reproduce la palabra «sólo».
[71] Aquí comienza una estrofa en Azougarh (169).
[72] En vez de «situación» se reproduce «sumisión» en Lewis Galanes y Azougarh.

La Rosa[73]

Temprana rosa, que al salir la Aurora
Sobre las ruinas de la noche fría
Presentaste ante el día[74],
De la mañana, plácida señora:
Te alzas así, lozana, los primores[75]
De la naturaleza acreditando,
Un mero ser a tu belleza dando[76],
Como Suprema reina de las flores
¡Oh tú del bosque, delicada rosa[77],
Que levantas tus gracias matutinas
Sobre un grupo de espinas
Como infiel cautelosa,
Contra la osada mano prevenida
¡Siendo del orbe todo tan querida!

Y ¿a qué tanta dureza?
Si a la virtud consagras tu belleza,
Une al candor divino la dulzura
Perfeccionando grata tu hermosura:
Que entonces de tu seno
El fresco cáliz, de fragancias lleno,
Vertiera aroma al delicioso ambiente;
Y fueras lindamente,
Piadosa, encantadora,
Sin ocultar traidora,
Bajo el pensil rosado la cuchilla,
Que el alto orgullo y no el honor caudilla.

Yo entonces, cual un blando cefirillo
Enamorado, fiel, tierno y sencillo,
A rendirte, mansísimo viniera
De mil puros placeres las delicias;

---

[73] «La Rosa» aparece en Friol (224-26) y en Azougarh (343-45), pero hay cambios en la puntuación del poema.
[74] «Te ostentas ante el día» en Friol (224) y Azougarh (343).
[75] «Y alzas también», en Friol (224) y Azougarh (343).
[76] «nuevo» en vez de «mero», en Friol (224) y Azougarh (343).
[77] Aquí comienza una estrofa en Friol y Azougarh.

Y en tan finas caricias
El suave beso del amor te diera,
Porque besando tu botón lozano
Sin duda alguna la virtud besara.

Feliz me contemplara[78]
Si con pueril y diligente mano
Colocarte pudiera, enamorado
En el precioso pecho
De aquel objeto amado
A quien mi fino amor he consagrado[79];
Pues sobre un blando lecho
De tan ardiente rosa, colocada,
Tan viva y encarnada
Ante el lucir de sus mejillas bellas,
Compitieras con ellas,
Gozaras sus ardores
Salva del Norte y Cierzo destructores[80].

Mi amante corazón tranquilo en tanto[81]
Ardiendo en gozo y virginal placer,
Si tal lo puede haber,
En tan prolijo y delicioso encanto
Viera ¡oh singular belleza[82]!
Con la hermosura, unida la pureza.

Mas ¡Ay! en vano coronar deseo
De una esperanza prolongada el día,
Pues la fortuna por un daño, impía,
Ya mi enemiga declararse veo
Con tan injusta y despiadada ira.

---

[78] En Franco y Azougarh se incorpora este verso al anterior, y no llega por tanto a constituirse una estrofa.
[79] «firme» en vez de «fino» en Friol (225) y Azougarh (344).
[80] Friol y Azougarh escriben «abrazadores» en vez de «destructores».
[81] En Franco y Azougarh este verso no inicia una estrofa.
[82] Friol y Azougarh escriben «contento» después de la palabra «viera» (226).

Exija, pues, de su poder terrible[83]
Cuanto a su intento bárbaro fue dado
Que aunque triste y postrado
Al blando son de mi apacible lira
Mi pecho, harto sensible
su cruel destino cantará armonioso;
Y tú del bosque hermoso
Disfruta los olores
Mientras que yo suspiro
Bella rosa a quien miro
Como reina suprema de las flores[84].

La Música[85]

Detén la diestra mano encantadora
Angelical mujer; álzala, en tanto
Que, entusiasmado, tu bondad implora
Tu más débil cantor. Sí, Delia hermosa,
Torne a su ser el alma, que extasiada,
Incierta discurría
Bajo el impulso y grata melodía
Que gustar hace el plácido instrumento[86]

---

[83] Franco y Azougarh continúan con la misma estrofa.

[84] «preciosa» en vez de «suprema» en Friol y Azougarh.

[85] Friol (215) señala que el poema «La Música» se publicó en *El Aguinaldo Habanero*, pp. 200-204. La versión corregida de «La Música» aparece en *Parnaso cubano* (256-57), *Cuba poética* (154-55), *Obras* (55-58), en Lezama Lima (379-83) y en Azougarh (180-83), pero todas éstas son diferentes de la que damos a conocer aquí. Estas versiones suprimen veintitrés versos que deberían aparecer entre «Mucha suma esperé pero no tanta» y «Con sensaciones tales», y otros cinco que deberían incluirse entre «Y cuan bella también» y «Pero callaron», aunque Azougarh los encuentra en la Biblioteca Nacional de Madrid y los reproduce en las notas (337, nota 472). También hay otros cambios menores como, por ejemplo, variación en la puntuación del poema. La versión del poema que citan Franco y Socorro de León reproduce rayas y un espacio en blanco en lugar de los mencionados versos, mientras que el que se cita en *Obras* no contiene ningún indicio de dicha ausencia. Además, el citado por López Prieto contiene más estrofas que los otros. El poema se menciona en el *Catálogo de manuscritos* (350), y se reproduce en la edición de Lewis Galanes (89-93), que se acerca más que las otras a nuestro poema.

[86] Escribe Lewis Galanes «que hace gustar el plácido instrumento» y este mismo verso aparece en el de la Biblioteca Nacional de Madrid (Azougarh 337, nota 470).

Cuando en lozana juventud te admiro
Cual aquella deidad que al casto coro
Sublime encanta con el hampa de oro[87].

¿Por qué no es dado a mi infelice estrella[88]
Fácil ahogar el dulce sentimiento
De vida, de amistad y de contento
Que inspira la beldad modesta y pura?
Entonces sí, callara; y silencioso
Con el oyente tibio confundido
Y a ti desconocido[89],
De la música el estro poderoso
No descubriera en ti. Mas ¡ay! natura
De un alma me dotó tierna y sensible
Al mágico entusiasmo irresistible
Que experimenta juventud florida,
Cuando el aura dichosa respirando[90],
Descuella por los campos de la vida
De la belleza en pos, placer buscando.

Ya en el teclado armónico te siente[91]
Marcando los compases
Con celestial impulso… En tan vehemente[92]
Fuerza de ejecución… en este instante[93]
Bañado en dulcedumbre y alegría

---

[87] Lewis Galanes escribe «arpa» en vez de «hampa».

[88] Las otras versiones dicen «infeliz» en vez de «infelice». Véase, por ejemplo, la de *Cuba poética* (154). Aunque Lewis Galanes (90) escribe «infeliz», este mismo verso comienza una estrofa. En el manuscrito este verso se reproduce al principio de la página y puede señalar el comienzo de una estrofa, como se observa en las otras versiones.

[89] Azougarh dice que en la Biblioteca Nacional de Madrid existe la siguiente variante «ya a ti desconocido» (337, nota 471).

[90] «de dicha» en vez de «dichosa» en *Cuba poética* (154), Lewis Galanes (90), Lezama Lima (380) y Azougarh (181).

[91] Las otras versiones dicen: «Ya en el teclado armónico te siento». Véase, por ejemplo, *Cuba poética* (154), Lewis Galanes (90), Lezama Lima (380) y Azougarh (181). Esta última continúa con la estrofa anterior.

[92] «… En tal momento» en *Cuba poética* (154), Lewis Galanes (90), Lezama Lima (380) y Azougarh (181), y «… ¿En tal momento» en *Obras* (56).

[93] Este verso se suprime en las otras versiones. Véase, por ejemplo, *Cuba poética* (154) y Lewis Galanes (90).

Yo, inerte, inanimado
Lleno de desamor el pecho helado
¿Contemplarte podré? No Delia mía[94],
Cuando tu grato nombre
De labio en labio la amistad llevaba
Como décima Musa te invocaba;
De este feliz renombre,
Que en sus alas el mérito levanta,
Mucha suma esperé pero no tanta[95].

¿Visteis de Mayo en un brillante día[96]
Bajo la sombra de frondoso mango,
A la tierna amapola,
Linda y lozana, dominando sola
Entre otras flores de su humilde rango?
Y después aparece
De mayitos un mil, que en numerosa
Bandada a gorjear allí se posa,
Y entre las galas de natura ofrece,
Sus tonos no aprendidos,
Cuyos varios sonidos
¿Cuál órgano dulcísimo, enajenan?
Pues no de otra manera,
En fervoroso y plácido contento
Mi alma fluctuaba
Siguiendo el blando tono
Que a la más alta y encumbrada esfera;
Con prodigioso impulso la elevaba[97]
Y con el mismo raudo movimiento,
Delicias mil gozando,

---

[94] En la versión de *Obras*, el signo de interrogación comienza con «...¿En tal momento» (56) y se suprime en la que aparece en *Cuba poética* (154). El de interrogación comienza con «Yo», y el de admiración con «¡No Delia mía!» en Lewis Galanes (90) y Azougarh (181). En Lezama Lima se suprime el signo de interrogación que abre y el de admiración comienza con «¡Delia mía!» (380).

[95] Hay dos líneas de puntos suspensivos en *Cuba poética* y una en Lezama Lima.

[96] Los próximos veintitrés versos se suprimen en *Cuba poética* (154), en *Obras* (56), en Lezama Lima (380) y en *Parnaso cubano* (256), pero se reproducen en las las notas de Azougarh (337, nota 472).

[97] «Con prodijioso impulso elevaba» en Lewis Galanes (91).

Desciende, y en un punto
En ti se acoge como origen dulce
Del genio encantador que tal produce
Con sensaciones tales[98],
Música y poesía me inspirabas,
En tanto que ignorabas[99]
Cuanto a tu influjo tu cantor sentía.
Tus manos ¡Ay! tus manos
Me hicieron conocer que aun existía
Dicha inocente entre los goces vanos
Que nos llevan en pos, y precipitan
En caos de dolor, do siempre tarde
Recuerda el triste que en prisiones arde.

¡Feliz aquel mortal que siente y pinta[100]!
Así dos veces una dicha goza,
Si la Inocencia pura
Tributa candorosa
Del ingenio al pincel la hermosa tinta,
Que a la verdad tan solo pertenece[101],
Mi labio tal le ofrece.
No el fuego devorante
De un simpático amor... ¡Ay! yo tu amante[102]
Nunca, Delia, seré: naciste bella,
Parda virgen, que ciego idolatrara
Cuyo candor a mi dolor uniera[103]
Cual ingenioso artífice entrelaza[104]
El violado clavel a la violeta[105];
Mas el destino, la razón prudente,

---

[98] La versión de Lewis Galanes comienza con una estrofa.
[99] En la versión de Lewis Galanes se suprime «que».
[100] En la versión de Azougarh, esta estrofa se une a la anterior.
[101] Lewis Galanes escribe «sólo».
[102] En el manuscrito de la Biblioteca Nacional de Madrid existe la siguiente variante: «de un simpático amor... ¡Ay! tu amante» (Azougarh 338, nota 473).
[103] «color» en vez de dolor en *Obras* (57), *Cuba poética* (155), *Parnaso cubano* (256) Lewis Galanes (91), Lezama Lima (381) y Azougarh (182).
[104] Las otras versiones reproducen otro verso: «Como ingenioso artífice entrelaza». Véase, por ejemplo, *Cuba poética* (155).
[105] Este verso también es diferente y dice así: «El morado clavel a la violeta» (155).

El cielo todo ofuscan, do mi estrella
Sin fortunada luz a oscuras pasa.
Pero no pudo riguroso el hado
Privarme del placer que experimento
Cuando al impulso de tus manos siento
Que, herido el diapasón te corresponde[106]
La métrica cadencia
La sublime influencia
La dulce magia que tu esfuerzo esconde[107]
¡Oh magia, cuyo efecto poderoso[108]
Me comunica el entusiasmo ardiente
El volcánico ardor, que hace a la mente
Por un mundo ideal, en fervoroso
Rápido vuelo alzarse, y los concentos[109]
De los celestes coros melodiosos
Endiosado gozar ....[110]
....
....
.... Cuando inspirado[111]
De celestial candor las cuerdas de oro[112]
Ante el pueblo de Dios, David pulsaba
Y hasta el Eterno en cántico sonoro
Inmaculados tonos levantaba
¿Quién tan sublime impulso a su arpa diera?

---

[106] Se subraya la palabra «diapasón» en la versión publicada en *Obras* (57), *Parnaso cubano* (256) y *Cuba poética* (155).

[107] Escribe Azougarh: «"la dulce magia que a tu esfuerzo esconde", *Cuba poética*, op. cit. "la dulce magia! Cuyo efecto tu esfuerzo esconde". La palabra 'efecto' aparece tachada en MBNA, pero Lewis Galanes transcribe: "La dulce magia!, que tu esfuerzo esconde"» (338, nota 474).

[108] Azougarh señala otra variante: «¡Oh magia! cuyo esfuerzo poderoso», en el manuscrito de la Biblioteca Nacional José Martí (nota 475).

[109] La versión de Lewis Galanes reproduce la palabra «conciertos» (92). Azougarh añade: «"Canto acordado y armonioso de diversas voces". DRAE. "rápido vuelo, alzarze, y los concientos". MBNA» (338, nota 476).

[110] La versión en *Obras* sólo reproduce tres puntos suspensivos (57) y la que aparece en *Poesías de J.F. Manzano* seis (92).

[111] La versión de Lewis Galanes dice «Cuando inspirando» (92), como la que se encuentra en la Biblioteca Nacional de Madrid (Azougarh 338, nota 477). Este verso señala el comienzo de una estrofa en *Obras*.

[112] Las otras versiones dicen: «De fuego celestial, las cuerdas de oro». Véase, por ejemplo, *Obras* (57).

Por ti, genio divino
Se hizo eminente el inmortal Rosini[113]
Cuando del Sena, el curso suspendiera
Con nunca oídos tonos encantando
Con tu influjo y poder a Europa entera[114]
....[115]
Yo al pintar tan patética dulzura
En ti Delia inocente,
Respiraba este afecto de ternura
Y en la encendida, arrebatada mente
Larga rienda soltando al pensamiento
¡Oh cuán digna te hallé del canto mío,
Y cuán bella también! - Vide el momento[116]
En que brillando en unos claros ojos
El plácido fulgor de la mañana
Al rutilar su penetrante lumbre
Sembraba amores, desterrando enojos....
Y eran los tuyos... ¡Ay!... Pero callaron[117]
Ya las templadas cuerdas... ¿Dónde fueron
La divina expresión, el mago canto[118]
Y la destreza más que sobrehumana
Que cautivó sensibles corazones…?

Terminaron también mis ilusiones[119]
Como si de un ensueño despertara…
Yo, entonces conmovido

---

[113] En las otras versiones «Rosini» se escribe con dos «s», «Rossini». Véase, por ejemplo, *Obras* (57).

[114] «su influjo» en *Obras* (57), Lewis Galanes (92), Lezama Lima (382) y Azougarh (182).

[115] No hay puntos suspensivos en la versión de *Obras* (57). En Lezama Lima se reproducen tres asteriscos y con el próximo verso se comienza otra estrofa (382).

[116] En las otras versiones se suprimen los versos que comienzan con «Vide el momento» hasta «¡Ay!..». Véase, por ejemplo, *Parnaso cubano* (257). El poema que se encuentra en la Biblioteca Nacional de Madrid contiene los seis versos (Azougarh 338, nota 478), como el que se reproduce en Lewis Galanes.

[117] «Pero callaron» comienza la última estrofa en *Obras*.

[118] Azougarh señala otra variante: «la dinina expresión, el magno canto» en la Biblioteca Nacional José Martí (nota 479).

[119] La versión de Lewis Galanes comienza con una estrofa (93).

De un no sé qué de gratitud grandiosa[120]
En mi transporte, al colmo me elevara[121]:
Y de allí arrebatado, en la ardorosa
Idea que aun halaga mi sentido[122],
Mis labios en tus manos estampara[123]:
Fuera de mí, perdido
A morir a tus manos me arrojara[124].

1830[125]

A la ciudad de Matanzas
Después de una larga ausencia[126]

Soneto

Testigo un tiempo, campo venturoso
De tu maleza fui: manglar y uvero
En ti mecerse contempló el viajero
Que frecuentó tu seno montuoso[127].

---

[120] Se escribe «se» sin acento en Lewis Galanes.
[121] Se escribe «trasporte» en vez de «transporte» en *Cuba poética* (155) y *Parnaso cubano* (257).
[122] «Idea que aún halaga mis sentidos» en Franco.
[123] «Mis labios en tus labios estampara» en Franco.
[124] Escribe Lewis Galanes (93): «Variantes en la impresión en el *Aguinaldo Habanero* (1837): vv. 40-62, faltan; v. 81, "de un simpático amor... ¡Ay! yo tu amante"; v. 101, "rápido vuelo alzarse, y los concentos"; v. 104, "Cuando inspirado"; vv. 121-126, faltan, desde "vide" hasta "tuyos"». En las otras versiones se reproduce «plantas» en vez de «manos».
[125] Nuestra versión es la única que incluye la fecha.
[126] Friol señala que el poema «A la ciudad de Matanzas después de una larga ausencia» se publicó en el *Aguinaldo Habanero*, p. 149. Friol da a conocer dos versiones del poema «La ciudad de Matanzas»: una versión manuscrita del autor y la versión corregida que también recogemos aquí. Véase Friol 1977: 14-15 y 215. La corregida también se publica en *Parnaso cubano* (255), en Lewis Galanes (93-94), en Lezama Lima (377) y en Azougarh (201-202), y aparece también en *Catálogo de manuscritos* (350).
[127] «Que frecuentó tu campo contüoso» en Lewis Galanes (93); «que frecuentó tu seno montüoso» en Azougarh (201). Azougarh ofrece otra variante: «que frecuentó tu campo montüoso» (339, nota 508). Lezama Lima reproduce «Que frecuentó tu seno montuoso» (377).

Ya en vano busco desde el puente añoso[128]
Tus uvas, mangles, ni el pajizo alero[129]
De la abatida choza, do el montero
Su indigencia ocultó, mendigo, ocioso.

Todo despareció, tu plaza crece
Y a par huyendo, dejante poblado
Selva, maleza y campesina sombra.

Tamaña variedad júbilo ofrece,
Pues quien se abandonó tan desmedrado[130]
Hoy con placer filial te ve y te asombra[131].

1830

Una hora de tristeza[132]

¡Salve, sobervio cerro de Quintana[133]
De la naturaleza obra potente
A quien no puede la inconstancia humana
Abatir a sus plantas fácilmente!

En tanto que abrasada[134]
Por inmortal dolencia el alma mía,

---

[128] «Ya en vano busco desde el presente añoso» en Lewis Galanes.

[129] Azougarh señala la siguiente variante en la Biblioteca Nacional de Madrid: «tus uvas, mangles, ni el pajizo alero» (339, nota 510). «Tus uvas, mangles, y el pajizo alero» en Lezama (377).

[130] Se reproducen «te» en vez de «se» y en el último verso «se» en vez del segundo «te» en *Parnaso cubano* (255).

[131] «hoy con placer filial te ve, y se asombra» en Lezama Lima (378), Azougarh (202) y Lewis Galanes (94). Escribe Lewis Galanes: «Variantes en impresión en *Aguinaldo Habanero* (1837): v. 4, "que frecuentó tu seno montüoso"; v. 6, "tus uvas, mangles, y el pajizo alero". Aparece fechado "1830"».

[132] El poema «Una hora de tristeza» se publicó en *Aguinaldo Habanero*, pp. 209-212. Se reproduce en el texto de Friol (19-21), pero éste contiene algunas diferencias con el poema que damos a conocer aquí. Por ejemplo, el de Friol suprime algunos versos, no subraya las palabras y tampoco reproduce la nota que contiene esta versión. Además, hay variaciones en la puntuación del poema. Aparece también en Lewis Galanes (95-97), en el *Catálogo de manuscritos* (350) y en Azougarh (203-205), con ciertas variaciones.

[133] Las otras versiones escriben «soberbio».

[134] Las otras versiones no contienen esta estrofa.

Ayer al cielo envía[135],
Desde mi humilde bosque silencioso
Yo te saludo ¡oh cerro majestuoso!

¡Cuán diferente en más feliz momento
A tus faldas holgado,
De mi querida Lesbia acompañado
Por grados se aumentaba
De nuestros corazones el contento!

¡Con que placer miraba[136]
Siempre de risa lleno tu semblante
Prueba gloriosa del amor constante[137]
Que tantas veces arrancó propicias
Lágrimas venturosas de mis ojos
Cuyos gratos despojos
Eran del alma mía,
Pruebas de afecto, muestras de alegría!

Cuando cayendo el sol cesaba el día[138]
Sus manos con las mías estrechaba,
Su vista con la mía se encontraba[139]
Y un tierno *adiós* después nos dividía…

¡Que feliz era para mí este monte[140]!
¡Que grata su verdura!
¡Que amable su frescura!
¡Cuán ameno, cuán claro su horizonte[141]!
Y ¿Quién tan tierno gozo ha destruido?

---

[135] Escriben «ayes» en vez de «ayer».
[136] Escriben «qué» con acento y el verso es parte de la misma estrofa.
[137] Este verso no aparece en el poema reproducido por Lewis Galanes. Tampoco aparece en el de la Biblioteca Nacional de Madrid (Azougarh 339, nota 511).
[138] No hay estrofa en la versión de Lewis Galanes.
[139] Azougarh señala una variante en el manuscrito de la Biblioteca Nacional de Madrid: «su vista con la mía encontraba» (nota 512) y ésta es la misma que se observa en Lewis Galanes (95).
[140] Las otras versiones no reproducen esta estrofa, que sí se encuentra en la de Lewis Galanes.
[141] «¡Cuán ameno, cuán claro mi horizonte!..» en Friol y Azougarh. Según Azougarh, el de la Biblioteca Nacional de Madrid coincide con el nuestro.

¿Qué densa niebla es esa, que ha caído[142]
Qué todo lo entristece?...
Mi bella no parece[143],
El campo no la espera[144]:
Ni ya me gusta el monte
Pues ella sola me era[145]
Verdura, amenidad, fresco, horizonte.

Cual vana sombra de fingida gloria[146]
Desaparecieron los encantos míos,
Y la amable victoria
Por la pasión de amor solo alcanzada[147]
Miro en pena, en dolor ¡Ay Dios! trocada...[148]
El corazón se postra, abrasa el tedio
Y al mal que siente, fáltale remedio[149].
....[150]

Si la injusticia en la grandeza mora
También se encuentra iniquidad silvestre
Que la pureza y *gratitud*[151] desdora[152]
De la beldad campestre

---

[142] «¿Qué densa niebla es ésta que ha caído?», en Friol y Azougarh, aunque en la del primero se escribe «esta», sin acento. Según Azougarh, el manuscrito de la Biblioteca Nacional de Madrid coincide con el nuestro. En Lewis Galanes se escribe «ésa».

[143] «Ya bello no aparece» en Lewis Galanes.

[144] «El campo no me espera» en Lewis Galanes.

[145] «Pues ésa sola era» en Lewis Galanes. Según Azougarh, «pues esa sola me era» en el manuscrito de la Biblioteca Nacional de Madrid (nota 517).

[146] En las otras versiones este verso, que inicia una estrofa, dice «Cual vaga sombra de fingida gloria».

[147] Se escribe «solo» en la de Friol y «sólo» en las otras.

[148] «Miro con pena, con dolor ¡ay Dios! trocada» en Friol (20). También suprime los siguientes veintitrés versos. Azougarh da a conocer estos versos, que aparecen en la de la Biblioteca Nacional de Madrid, en la nota 518.

[149] «faltóle» según Azougarh.

[150] La versión de Lewis Galanes no contiene puntos suspensivos (96).

[151] En el manuscrito figura la nota siguiente: «*Gratitude*, según la intención del poeta se debe tomar aquí, por amenidad, dulzura, mansedumbre del campo». La nota también aparece en el manuscrito de la Biblioteca Nacional de Madrid (Azougarh).

[152] «Que la fineza y la gratitud desdora» en Lewis Galanes.

A do reinar debía[153]
La inocente alegría,
Turba y aflige el corazón sensible
El ladrido del perro en la montaña
Del inhumano bárbaro la saña
Que, cual Nerón es horrido y terrible[154].

Oigo la ardiente queja lastimosa[155]
De la paciente humanidad, que llena
De prisiones, lamenta congojosa:
Redóblase mi pena,
Lastímame sin estrella[156]
Quiero abogar por ella...
Sólo un gemido con el llanto vierto[157].
....

Perdióse para siempre la inocencia
Y la tristeza en su lugar quedó
Donde mustia la tétrica indigencia
Profunda sollozó...

Al contemplar tan mísera morada[158]
Se alza veloz la ardiente fantasía,
Y hace presente el venturoso día
De mi dulce fortuna ya pasada[159]
La imagen de mi amada,
Que aun mi amor sustenta;
Hora se me presenta

---

[153] La versión de Lewis Galanes comienza con una estrofa. Este cambio se repite en el de la Biblioteca Nacional de Madrid (Azougarh).
[154] «temible» en vez de «terrible» en Lewis Galanes. Este cambio se repite en el de la Biblioteca Nacional de Madrid (Azougarh).
[155] Lewis Galanes no reproduce estrofa. Este cambio se repite en el de la Biblioteca Nacional de Madrid (Azougarh).
[156] Escribe «su» en vez de «sin». Este cambio se repite en el de la Biblioteca Nacional de Madrid (Azougarh).
[157] Aquí aparecen tres puntos suspensivos; se suprime la siguiente línea en las dos versiones mencionadas arriba.
[158] Este verso comienza una estrofa en las otras versiones.
[159] En la versión de Friol se inserta una raya después de la palabra «fortuna» (21).

Festiva, ardiendo en amoroso anhelo;
Muda la tierra toda de semblante
Y en gracia se alza del amor constante
El favorable Genio del consuelo.

Mas ¡Ay! ¡cuán leve oh Dios y pasajero[160]
Ese día veloz, que en un momento
De dicha, ha levantado el pensamiento[161]!
Rapto fugaz, iluso y visionero
De un intenso dolor, adusto, fiero[162]!
¡oh sombra de placer! ¡oh vanos brillos[163]!
¡En vano reflejáis, si entre los grillos
Está mi mal el corazón ahogando!
Mis amorosas penas,
Mis *esclavas cadenas*[164]
Condéname a dolor, a eterno llanto...[165]
Suspiro, clamo, pero no me aterro...[166]
¡Vuele mi acento de la selva al cerro!
¡Cantemos, musa, miserable canto[167]!

---

[160] La versión de Friol suprime estos cinco versos. Según Azougarh éstos se encuentran en el manuscrito de la Biblioteca Nacional de Madrid (340, nota 520).

[161] «su» en vez de «de» en Lewis Galanes. También aparece así en el de la Biblioteca Nacional (Azougarh).

[162] Se suprime el signo de admiración en Lewis Galanes (97).

[163] Aquí comienza una estrofa en Azougarh.

[164] Las otras versiones no subrayan estas palabras.

[165] «a dolor me condenan, a eterno llanto...» en Lewis Galanes. El verso de la Biblioteca Nacional de Madrid repite este mismo cambio (Azougarh, nota 521).

[166] «Suspiro, clamo; –pero no me aterro...» en la de Friol (21).

[167] Los últimos dos versos de las otras versiones no contienen signos de admiración. Lewis Galanes observa: «Variantes en impresión en el *Aguinaldo Habanero* (1837): v. 24, "la vista con la mía se encontaba"; v. 31, "¡Qué densa niebla es ésta que ha caído"; vv. 33-34, "Mi bella no aparece; / el campo nole espera..."; v.36, "pues ella sola me era"; vv. 43-65, faltan; vv. 77-81, faltan; v. 87, "condénanme a dolor, a eterno llanto"» (209-212). En el manuscrito estos dos versos están señalados a la derecha con una suerte de llave (}), acompañada por la exclamación «¡brabo!».

A la muerte[168]

Oh parca denegrida[169]
del universo azote:
terror de los mortales
que temen tus rigores[170]!
En tanto que tu brazo
miles de cuellos doble[171],
sembrando tu güadaña[172]
lamentos y dolores
escucha ya a un cristiano[173]
que implora tus favores
hablarte libremente
con verdaderas voces.
Suplícote me pidas
esta mi vida pobre
no cuando envanecido
con delicias de amores,
me apercibas rendido
a las tiernas pasiones
ni cuando embravecido
de celos y furores[174]
deteste mi existencia
con ímpetu feroce[175]:
que siempre es la soberbia[176]
condenación del hombre:
ni cuando transportado
disfrute de los dones
que tributarme sabe

---

[168] El poema «A la muerte» aparece en Lewis Galanes (98-99) y Azougarh (123-24), y se menciona en el *Catálogo de manuscritos* (350).

[169] El poema que citan Lewis Galanes y Azougarh comienza con un signo de admiración.

[170] No figura el signo de admiración de apertura.

[171] «qüellos» en vez de «cuellos» en Lewis Galanes.

[172] «guadaña» en vez de «güadaña» en Lewis Galanes.

[173] «Escucha ya un cristiano» en Azougarh (124). Además, el verso que él señala del manuscrito de la Biblioteca Nacional de Madrid coincide con el nuestro (334, nota 384).

[174] «celos» con «z» en Lewis Galanes.

[175] «con ímpetus feroces» en Azougarh. Además, el verso que él señala del manuscrito de la Biblioteca Nacional de Madrid coincide con el nuestro (334, nota 385).

[176] Lewis Galanes comienza el verso con un guión.

mi adorada consorte:
que en este fiel momento[177]
las plácidas pasiones
forman estrecho lazo
variando las razones[178]:
y si cuando me veas[179]
abrazar con fervores
los divinos mandatos
del que ha formado al hombre.

1821[180]

Epitafio[181]

*para el sepulcro del capitán de fragata
D. Tello Mantilla*

Bajo esta losa, de la muerte sello
Yace, sumido en sempiterna noche
Del tronco de Mantilla, el justo Tello,

Con él bajaron al sepulcro umbrío
La caridad y la virtud sublime
La probidad y el corazón más pío.

1821

---

[177] Lewis Galanes comienza el verso con un guión.

[178] «vorrando» en vez de «variando» en Lewis Galanes.

[179] Lewis Galanes escribe «sí» con acento.

[180] La fecha señala que el poema pertenece a la colección de *Poesías líricas*. Añade Lewis Galanes: «Concurrimos con R. Friol en que llamar a Lesbia "consorte" no significa que estuviese casado con ella, verificable en la "Dedicatoria" que habla de "nos han de conducir al plácido himeneo"» (99).

[181] Friol nos dice que el poema «Epitafio» se publicó en *Diario de Matanzas*, sábado 24 de abril de 1830, pág. 3, y lo reproduce en su libro (160); véase su bibliografía (216). El poema también se reproduce en Azougarh (136), quien sigue a Friol. Nuestra edición no contiene el «Soneto a la muerte del teniente de fragata D. Tello Mantilla», que se reproduce en el texto de Friol. El epitafio de Friol no identifica a D. Tello Mantilla, que en nuestra versión es capitán y no teniente. También hay variaciones en la puntuación. El poema que damos a conocer aquí se escribe en dos tercetos.

Al reloj adelantado[182]

En vano, reloj mío
Te aceleras y afanas
Marcando silencioso
Las horas que no pasan.
Si, aunque veloz el tiempo,
Como el viento se escapa,
Jamás el sol brillante
De sus límites pasa
El con dedo de fuego
Las verdades señala
Y en las reglas que fija
Ni un solo punto falla.
Si, hurtando los momentos,
A mis ojos engañas,
No por eso este día
Más brevemente pasa,
Pero si un mal interno[183],
O de tus ruedas varias
Los aguzados dientes
Te muerden las entrañas;
Aprende de mi pecho;
Que en tan fatal desgracia[184],
Por ser igual al tiempo
De lágrimas se baña.
Mas, ¡Ay! que no me entiendes
Ni en tu carrera paras,

---

[182] Friol menciona que «Al reloj adelantado» se publicó en el *Aguinaldo Habanero*, no. 6, en 1837 (34); Mullen ofrece la misma información (119). La versión corregida del poema también se publica en *Parnaso cubano* (255), *Cuba poética* (154), *Obras* (59-60), Lewis Galanes (103-105) y Azougarh (202-203), pero en estos últimos bajo el título de «El reloj adelantado». En Lezama Lima se reproduce con el mismo título que figura aquí (378-79). También se menciona en el *Catálogo de manuscritos* (350). Nuestro título coincide con el que publican López Prieto y Friol (26-27). La traducción al inglés de este poema se reproduce en Mullen (119), pero esta versión es diferente a la que observamos aquí. Por ejemplo, la versión que traduce Madden contiene cuatro estrofas de cuatro versos cada una, mientras que la nuestra es mucho más larga. También hay variaciones en la puntuación entre las versiones en español.

[183] En *Cuba poética* y en Lezama Lima este verso comienza una estrofa.

[184] «Que en tal fatal desgracia», en las versiones que se dan a conocer en *Parnaso cubano* (255) y en *Obras* (59).

Tal vez horas buscando
Menos duras y amargas
Tus pasos desmedidos[185],
Tu acelerada marcha,
Todo sigue y demuestras
Una ofensiva causa:
Y en tan discorde curso
Ya a mi dolor se iguala[186],
Que con el largo tiempo
Siempre más se adelanta.

La esclava ausente[187]

¡Oh dulce afecto del amor más puro[188]!
¡Cuán infructuosa va tu llama lenta
De mi pecho inflamado los deseos,
Que en derredor del corazón se alteran[189]
Al ardor de tu fuego!...
....

¡Infelice de mí! ya no es posible
Extinguir esta llama que me alienta[190]
Nada ¡Ay! importa este recuerdo horrendo[191]
Rodeado de montes y malezas[192]:
Nada destruye el poderoso Genio
Del amor que se infunde en mis potencias.
¿Qué vale separar dos almas finas,
Si la intención de amar consigo llevan?

---

[185] «desmedados» en vez de «desmedidos» en *Parnaso cubano* (255) y en *Obras* (60). En Lezama Lima este verso comienza otra estrofa.

[186] Se suprime «se» en *Parnaso cubano*, *Cuba poética*, Lezama Lima, Azougarh y *Obras*. Se escribe «te» en vez de «se» en Lewis Galanes (104).

[187] «La esclava ausente» se reproduce en Lewis Galanes (99-102), Azougarh (155-58) y se menciona en el *Catálogo de manuscritos* (350).

[188] «efecto» en vez de «afecto» en Lewis Galanes (99).

[189] «Que en derredor del corazón se alzaron» en Azougarh (155).

[190] «esta funesta llama que me alienta» en Lewis Galanes (100).

[191] Lewis Galanes continúa la estrofa y dice: «Nada oy importa este recinto horrendo». La versión de Azougarh también continúa la estrofa.

[192] «Rodëado de montes y malezas» en Azougarh.

La muerte sola dividirlos puede[193]
Porque más aman, cuanto más se alejan,
Y más se inflaman cuanto más se hostigan.
Pero ¡Ay! mi triste amor ¡cuán caro cuestas[194]!
El triunfo es tuyo; mas fatal destino
Y sufrimiento duro solo queda[195];
Pues todos los placeres se acibaran
Cuando la dulce libertad no media...
¿Qué pudo un juramento firme, eterno?
¿Qué la constancia y fe; qué la firmeza
Si de un poder el *bárbaro precepto*[196]
Tenaz hoy burla todas tus promesas?
....
Sueltos de leyes (¡para mí tan duras!)[197]
Los pajarillos por el aire Vuelan
Cantando sus amores a porfía
Del valle al prado; y en la verde selva
Del tierno esposo los halagos gozan;
Y en su alianza su poder se aumenta...[198]
Y yo, más libre que las aves, tengo
¡Ah! menos libertad que todas ellas[199]!

¡Dueño duro inhumano, hombre terrible[200]!
¿Por qué a tan triste suerte me condenas?
¿Tanto te valen los lamentos vanos
De esta débil mujer, que sólo peca

---

[193] Aparece «dividirlas» en vez de «dividirlos» en Lewis Galanes, y «La muerte sola dividirlos puede» en Azougarh.

[194] Se trasponen los signos de admiración y se escribe: «pero, ay, ¡mi triste amor, cuán caro cuestas!» en Lewis Galanes.

[195] «y sufrimiento duro sólo quedan;» en Lewis Galanes.

[196] No se subraya ninguna de las palabras en las otras versiones.

[197] Se suprime el paréntesis en Lewis Galanes.

[198] «y en su aliänza su placer se aumenta» en Lewis Galanes y «y en su alianza su placer se aumenta» en Azougarh.

[199] «oh, menos libertad que todas ellas!» en Lewis Galanes. Además, en las otras versiones este verso se une a los que siguen y por tanto no hay estrofas.

[200] Se suprime la estrofa en las otras dos versiones.

En amar tiernamente? –Y si es delito[201]
Un verdadero amor ¿cómo pudiera
Unirse a la virtud la fe que inspira?
....

Si, yo amo: amar nunca fue crimen[202]
El mismo Dios, amando se deleita
Las obras que creó su sabio influjo.
A todo, a todo dio naturaleza
El derecho de amar: pues un principio
Inviolable confirma este problema,
Del León a la Tórtola inocente[203]:
Si la plateada Luna al sol no amara
Jamás luz derramara por la tierra.
Y si el hombre tampoco tal no hiciese[204]
¿Qué fuera de este mundo? ¿A qué naciera
El femenino sexo delicado?...[205]
¡Oh crueldad sin tasa! ¡oh alma fiera!
¿Por ventura saliste de la nada
A tu encumbrada y venturosa esfera
Para regenerar la *especie humana*[206]?
No: más te place la crecida vena[207]
Del llanto que derramo por los ojos
Sin poder ablandar tu vil dureza.
Esta mano, este pecho, este mi todo
Es de mi bien: mi boca lo confiesa.
Déjame unir a él, que así lo exigen
Religión, amor, naturaleza.
Si la suerte te ha hecho *Señor mío*,
¿Son por ventura tuyas mis potencias?
Si en tu poder, hoy tienes mi albedrío,

---

[201] En la versión de Azougarh se abre el signo de interrogación donde aparece la raya en la nuestra.
[202] «Sí, yo amo: el amor nunca fue crimen» en Lewis Galanes y Azougarh.
[203] Escriben «desde» en vez de «del».
[204] Suprimen la palabra «no».
[205] Suprimen los puntos suspensivos.
[206] Sólo se subraya en nuestra versión.
[207] La palabra «no» contiene puntos de admiración.

Esta mi vida y alma ¿a caso es vuestra?...[208]
Pero ¿a quién hablo? ¿a quién mis quejas doy?
Si la distancia ahoga mis querellas[209].

¡Infelice de mí! ni el largo espacio[210]
Que de mi fino amante me destierra
Basta que pueda, ni un instante solo[211],
Separarlo tranquilo de mi idea.
Es tarde, sé; ni ¿cómo hora podría[212]
Desarraigar, sin imposible fuerza
Una fe, un amor, un tierno afecto
Qué ya diez años de constancia cuenta?
Fácil es, al nacer un roblecillo
Arrancarle con corta diligencia[213],
Porque a un flexible y débil se sostiene[214]
Casi a la flor de removida tierra;
Pero si erguido, luego se endurece,
Y brota ramas, y pimpollos echa;
El enredado pie con venas varias
Resiste con vigor toda violencia.
Tal en mi corazón, de amor el fuego
Su ardor difunde, y toda me penetra[215]
¿Quién extinguir querrá tan noble llama?
Un hombre con su ley; la mano acerba
Que a beber me dio tal amargura,
Con alma dura y condición severa.
El agravio que sufro, la injusticia

---

[208] El verso comienza con una pregunta y en la de Lewis Galanes se escribe «ésta» en vez de «esta».

[209] Terminan con un signo de interrogación que se tacha en el manuscrito de Azcárate.

[210] Este verso es parte de la misma estrofa.

[211] Escriben «sólo» con acento.

[212] «Es tarde, sí: ¿ni cómo hora podría» en Azougarh y «Es tarde sí: ¿cómo hora podría» en Lewis Galanes.

[213] Escriben «arrancarlo» en vez de «arrancarle».

[214] Escriben «porque aún flexible y débil se sostiene», pero Azougarh escribe «aun» sin acento.

[215] Escriben «mí» en vez de «me».

La *opresión*, el dolor, cierto son males[216]
Que al noble corazón jamás arredran;
Mas padezco, que soy mujer al cabo
Y *como humana*, es justo me rescinta[217]
Un año va a cumplir, de que privada[218]
De todo el gusto, aquí el rigor me encierra
Separada del mundo, sin que al menos
«Adiós, mi dulce dueño», le dijera
A aquel único móvil que reanima
Todas mis esperanzas lisonjeras
 Pero viendo que a un día, otro sucede
Y que ninguno mis deseos llena,
Al cielo muestro mi sensible llanto[219];
Y con ambas rodillas en la tierra
Allá dirijo la esperanza mía:
Allá volara, si también pudiera
A buscar en regiones más felices,
Vida, de miseria menos llena;
Mas «que viva» ordena el cielo…y vivo[220]
Hasta apurar el cáliz, que presentan
Amor y esclavitud, cuando se unen
Y a sufrir sus tormentos me condenan[221].

1823[222]

---

[216] «La opresión, el dolor, cuento con males» en Lewis Galanes, y «La opresión, el dolor, cierto con males» en Azougarh.

[217] «Y como humana, es justo me resienta» en Azougarh.

[218] Escriben «des» en vez de «de».

[219] Escriben «ciel» en vez de «cielo».

[220] «Mas, que viva me ordena el cielo, y vivo» en Lewis Galanes y «Mas, "que viva" me ordena el cielo, y vivo» en Azougarh.

[221] Escriben «nos» en vez de «me». No estamos de acuerdo con Lewis Galanes que, luego de ofrecer tres posibles interpretaciones del poema, acepta que «es un poema de una mujer que amó a Manzano». En nuestro análisis del poema hemos señalado que su segunda tesis es más factible: «Es un poema de Manzano mismo donde adopta la voz de una mujer en función dramática». Véase 102-103.

[222] La fecha se reproduce en Azougarh pero en Lewis Galanes se indica «Inédito».

Memorias del bien pasado[223]

Soneto

Suspira Ortelio; y en su bien pasado
Busca inútil consuelo al mal presente:
Pues la triste memoria solamente
De lo que fue y no es, ya le ha quedado.

Y, en un mar de placeres engolfado,
Para mayor martirio va su mente
Mil glorias contemplando, y de repente
Le sorprende su extremo desdichado

Vierte en copioso llanto gruesa vena
De lágrimas sin fruto, que sepulta
Ante el altar infausto de la Pena.

¡Oh variación cruel! ¡oh pena oculta!
¡De cuantas amarguras dejas llena
Esta alma, a quien hado atroz insulta!

La visión del poeta
compuesta en un Ingenio de fabricar azúcar[224]

1.
Cuando en la cima allá de un alto pino
Para morir el ruiseñor se advierte
Se postra a saludar con triste himno
Aquel postrer instante de su muerte;
Y doliente del mísero destino
Celebra el mismo tan funesta suerte[225],
Y aparenta que canta, pero llora
El terrible dolor que le devora.

---

[223] «Memorias del bien pasado» aparece en Azougarh (170).
[224] «La visión del poeta» aparece en Lewis Galanes (105-115), Azougarh (158-59) y se menciona en el *Catálogo de manuscritos* (350). Estas versiones carecen de estrofas numéricas.
[225] «Celebra él mismo tan funesta suerte» en Lewis Galanes y Azougarh.

2.
De la misma manera ¡oh caro amigo!
Yo me confundo y estremezco cuando
Me veo a punto ¡Oh Dios! de ser testigo
De un daño que me viene amenazando;
Por cuya causa el triste ejemplo sigo
Mis últimos momentos numerando;
Cual ruiseñor en su mayor quebranto
A influjo del dolor mis penas canto.

3.
Tanto hay, Delio de amor en este pecho
Que no basto yo mismo a describirlo
En lágrimas debiera estar deshecho
El corazón que puede resistirlo
Figúrate de él un blanco hecho
Do llegan mil saetas para herirlo
Que aunque el blanco no ceda, cuando chocan[226]
Siempre el veneno dejan donde tocan.

4.
No cesan los pesares un instante
De luchar en mi pecho *sensitivo*[227]
Sin que haya uno por feliz garante[228]
Que en mí descargue un golpe decisivo:
Siempre alguno en mi ofensa vigilante
Parece ser el menos compasivo
 Pues que no bien del uno me deslizo
Cuando asáltame otro en que agonizo.

5.
Unas veces suspiro por la muerte
Mi usurpada fortuna contemplando;
Y con el llanto cruel que el pecho vierte

---

[226] Nuestro poema suprime el próximo verso que dice: «el blanco no ceda cuando chocan» que más bien parece una variante o repetición del anterior» (véase Lewis Galanes 105).

[227] «Sensitivo por sensible», se aclara en nota del manuscrito. Ésta y otras explicaciones que aparecen en el manuscrito también se reproducen en la versión de Azougarh.

[228] En el poema de Lewis Galanes se suprime la palabra «uno».

La paternal ceniza voy bañando,
Otras la fantasía me convierte
En ave por las nubes transitando[229]
Y en la mitad del vuelo más propicio
Me siento descender a un precipicio.

6.
Si acierto con la pluma a descifrarte[230]
La cruel dolencia del estado mío,
Es el mismo dolor quien presta el arte[231]
Para pintar su mucho poderío,
Describo, y mientras tanto, suelta parte
La avenida de lágrimas con brío,
Que van hoy mis potencias derramando
Y están los tristes versos inundando.

7.
De este modo, fatal melancolía
Mis afligidas horas atormenta
Con mis presagios tristes, que a porfía
El pensamiento mísero fomenta.
Privado de reposo y alegría,
Este desierto, mi aflicción aumenta,
Sin otro arbitrio en mi pesar violento
Que rendirme del todo a mi tormento.

8.
Así el piloto en la iracunda saña
De la terrible mar embravecida
Discreto toma del timón la caña
Para salvar su nave ya perdida,
Mas si es inútil toda fuerza o maña
Y su esperanza mira destruida
Vano es pensar los males repeler
Que no hay grande alma contra gran poder.

---

[229] «en ave por los aires transitando» en Lewis Galanes y Azougarh.
[230] «Es el mismo dolor quien presta el arte» en Lewis Galanes.
[231] «atormenta» en vez de «atormentas» en Lewis Galanes y Azougarh.

9.
¡Ay! todo cuanto advierto me parece
De mi misma dolencia estar tocado;
Pues hasta el vasto campo aquí carece[232]
De verduras y flores, marchitado
Por el ardiente estío, no aparece
 De la estación florida el dulce agrado;
 Que suele entre las pompas de sus hojas
 Quebrantar de algún triste las congojas.

10.
Contemplo aquí los pálidos aspectos
Del sin ventura suelo donde habito[233]
Y circúmdanme en torno mil objetos
Que por doquier aumentan mi conflicto.
El escabroso monte en esqueleto
 Su adustez y espectáculo inaudito
 Parece estar gimiendo en una urna
 Con la naturaleza taciturna.

11.
Aquí sólo se sienten alaridos
Ecos de confusión, sordos lamentos,
Voces de llanto, ayes afligidos[234]
Que reproducen tétricos acentos.
Aquí es do se encuentran reunidos
 De la humana miseria los portentos;
 Y en vez de galas, míseras heridas[235]
 Que lavo con mis lágrimas vertidas.

12.
Vieras el gran *trapiche* crujir, dando
Octogónicas vueltas, que no enfrena
Con cien muelas de bronce devorando

---

[232] Escriben «mismo» en vez de «vasto».
[233] «abito» en vez de «habito» en Lewis Galanes.
[234] «llantos» en vez de «llanto» en Lewis Galanes y Azougarh.
[235] «goces» en vez de «galas» en Lewis Galanes.

Cuanto en su boca pone el que la llena[236]
Y luego por sus pies bajar manando
El jugo de la caña en gruesa vena,
Que va lenta marchando con blandura
Donde ha de convertirse en piedra dura.

13.
Cuando las claras horas se retiran
Y las tinieblas de la noche ascienden,
Diez bóvedas ardiendo aquí se miran
Cuyos ardores a gran trecho ofenden.
Las secas *cuábas* que a su centro tiran[237]
En sus entrañas con furor se encienden
El fuego opreso la prisión azota,
Chispea, estalla y roja llama brota.

14.
Si a la vista tuviera los cantones
Que redoblan mis penas y amargura[238],
Creyeras ver del Etna los fogones
Que abrasan de Teseo el alma dura[239],
No se sienten aquí campestres sones,
Ni de cantoras aves, la dulzura,
Ni un momento se pasa de alegría
Siendo la noche semejante al día.

15.
Un mayor[240] vieras de ámplito[241] derecho
Cuya garganta de infernal becerro,
Si lanza un grito de su horrendo pecho
Consterna el monte, se estremece el cerro,
Formidable ministro, siempre hecho,

---

[236] «quanto en su boca pone ése que la llena» en Lewis Galanes y «Cuanto en su boca pone en que la llena» en Azougarh.
[237] «casabas» en vez de «cuábas» en Lewis Galanes y «cuabas» sin acento en Azougarh. Ninguno de los dos subraya esta palabra ni ninguna otra de este poema.
[238] «amarguras» en vez de «amargura» en Lewis Galanes.
[239] Escriben 'Tifeo' en vez de «Teseo».
[240] En nota del manuscrito: «*Mayor* por mayoral».
[241] En nota del manuscrito: «*Amplito* por absoluto».

Custodia su persona un rojo perro
A quien puso por nombre *Gran Nerón*,
Bien pudiendo llamarse *fiero león*.

16.
Su mayor garantía es la braveza
Siempre severo ceño demostrando,
Está con pecho de mortal dureza
De la ley natural el fuero hollando:
Armado en duro tono de aspereza
Va con su grey las obras aguijando,
Que con tesón trabaja de una a una[242]
Y el tiempo favorece su fortuna.

17.
Tal me figuro estar en lo profundo
Do está Satán en su destierro eterno,
Cuyas cavernas son en aquel mundo
Recinto infausto del horrendo infierno
Igual en todo este lugar inmundo
A las soturnas cuevas del averno...[243]

18.
Nada parece obra de la ciencia
Del supremo Criador, pues es constante
Que aquí ha sentado el tedio la regencia
De su espíritu firme y dominante;
Y aunque es, cuanto aquí advierto, a mi presencia[244]
A los Estigios lagos semejante[245],
Por la memoria de mis males veo
Que no pasé las aguas del Leteo.

---

[242] En nota del manuscrito: «De la una del día a la una de la noche».

[243] Lewis Galanes añade dos líneas de puntos suspensivos (108) y Azougarh reproduce sólo una (161). En nuestro manuscrito se reproduce otra linea con muchos puntos suspensivos.

[244] «Y aunque es cuanto aquí advierto en mi presencia» en Lewis Galanes y Azougarh.

[245] «estijos» en vez de «Estigios» en Lewis Galanes.

19.
No sé cómo conserva el alma unida[246]
A los choques que estoy aquí sufriendo,
O por qué desta, tan penosa vida[247]
A la mísera tumba no desciendo,
Tal vez quizás la parca tan temida,
Me estará en sus decretos reservando
Para que un tiempo alcance de ventura,
Y derribarme de mayor altura[248].

20.
Mas para titularme venturoso
Después de sensaciones tan activas,
Tener un corazón era forzoso
Superior a impresiones tan nocivas...[249]
....

21.
Tal es la condición de mi tormento
Y tal lo que se aumenta en mi perjuicio,
Que tomando por suyo el pensamiento[250]
A su antojo dispone de mi juicio,
Y siempre cual de lágrimas sediento
Para afligirme adiestra su artificio...[251]
....

22.
Así una tarde dándome al exceso
De la meditación más deliciosa,
Cerráronse mis ojos, bajo el peso

---

[246] Escriben: «No sé cómo conservo el alma unida».
[247] Escriben «de esta» en vez de «desta».
[248] «derrumbarme» en vez de «derribarme» en Lewis Galanes.
[249] Lewis Galanes suprime estos tres puntos suspensivos y reproduce dos líneas con los mismos puntos (109), mientras que Azougarh sólo ofrece una línea (162).
[250] «al pensamiento» en Lewis Galanes.
[251] Lewis Galanes suprime estos tres puntos suspensivos y reproduce dos líneas con los mismos puntos, mientras que Azougarh sólo ofrece una línea.

De su cavilación más extremosa...[252]
....

23.
Preso en los lazos del más dulce sueño,
Sin saber cómo, vime trasportado[253]
A un prado deleitoso y halagüeño
Y el más frondoso que natura ha dado.
Entre un aspecto plácido y risueño
De verduras y flores esmaltado,
La rústica belleza resaltaba
Bajo aquel sol, que el campo iluminaba.

24.
Libre en su ley naturaleza propia
De su poder ostenta la hermosura,
Dando en mil seres que en su seno acopia[254]
Diversas tintas, variedá y figura.
Atrévese el pincel, y ante su copia
Fáltale el arte mismo a la Pintura;
Pues el cuadro perfecto si quedara
Si ella misma a sí misma se copiara.

25.
Perplejo contemplaba aquel encanto
Morada de ventura y alegría
Donde las tiernas aves con su canto
Formaban deleitosas melodía...[255]
....

26.
....[256]

---

[252] «De una cavilación más deliciosa» en Lewis Galanes y «De su cavilación más delicionsa» en Azougarh. Lewis Galanes suprime estos tres puntos suspensivos y reproduce dos líneas con los mismos puntos, mientras que Azougarh sólo ofrece una línea.
[253] «transportado» en Lewis Galanes y Azougarh.
[254] «Dando a mil seres que en su seno acopia» en Lewis Galanes y Azougarh.
[255] Lewis Galanes y Azougarh suprimen estos tres puntos suspensivos.
[256] Suprimen esta línea de puntos suspensivos. Azougarh une esta estrofa a la anterior.

De sus bellezas vierte allí natura
La copia en que atesora sus primores
Sin esperar con régimen clemente
El salado sudor de humana frente[257].

27.
Por disfrutar en sitio tan hermoso
Del tan grato placer que allí gozaba
La planta quise adelantar curioso,
Pero un temor secreto me paraba,
Cuando escuché que un himno melodioso
Por toda la llanura resonaba
Y las palabras mismas, que decían
Los ecos por el aire repetían.

28.
«En concordia, festivos, cantemos[258]
Nuestra unión y pacífico lazo
Y a la madre de amor celebremos
Que venturados da en su regazo».
Estas voces por todos los extremos
De la vasta llanura, con aplauso
Hasta el emporeo cielo se elevaban[259]
Y a la divina Venus celebraban.

29.
A veces la gentil melifluencia
De la flauta dulcísima se oía
Y otras quedando casi sin potencia[260]
En su auxilio la cítara volvía
Y a veces de la lira la elocuencia
Como quejosa y tímida salía...[261]
....

---

[257] «jente» en vez de «frente» en Lewis Galanes.
[258] Escribe «festivas» en vez de «festivos».
[259] Se escribe «impirio» en Lewis Galanes y «empíreo» en Azougarh.
[260] Azougarh escribe «otros» en vez de «otras».
[261] Suprimen estos tres puntos suspensivos.

30.
Absorto con la vista contemplaba
La encantadora *subites*[262] del caso;
Y entre inquietud perpetua suspiraba
Sin atreverme a dar un solo paso.
En tal perplejidad yo me abismaba
Cuando sentime asido por un brazo
De una linda deidad en cuya frente
El sol lucía como en propio oriente.

31.
De confusión turbado yo la miro
Y a la impresión de ver aquel derecho[263]
Se escapó de mis labios un suspiro
Que la opresión mostraba de mi pecho.
Su noble gentileza y talle admiro,
Pero ofendido el ánimo del hecho
Teniendo su bondad por un exceso
   Así le dije por quedar ileso...

32.
«Soberana mujer, huye y no insanes[264]
«Mis justos votos con tu afecto ciego,
Por tu ser te lo pido...»[265]
....
Calla necio, me dijo, y no profanes[266]
De mi sagrado influjo el casto fuego;
«Que jamás vil deseo he conocido
«Y es tu propio interés, quien me ha movido»[267].

---

[262] En nota del manuscrito: «*Subites* por prontitud».

[263] En nota del manuscrito: «Tal vez quiso decir aquí el poeta *sobraba de derecho, arbitrariedad, desmán*». El manuscrito de Azougarh dice «sobra un derecho».

[264] En nota del manuscrito: «Insanes, por *echar a perder, manchar*». Las otras versiones recogen «¡soberana mujer!» con signos de admiración.

[265] Lewis Galanes suprime las comillas.

[266] Escriben: «"¡Calla necio!", me dijo, "y no profanes"», entre signos de admiración y comillas. En Azougarh las comillas se cierran al final de esta estrofa y en Lewis Galanes a la conclusión de la siguiente.

[267] Lewis Galanes elimina el espacio que separa esta estrofa de la siguiente, y por tanto las une.

33.
«Desde tu campo mísero y agreste
«Venistes a pisar en este suelo,
«Donde reinaba la paz y no la peste[268]
«De los males que causan tu desvelo:
«Soy la misma Verdad, mi asilo es éste,
«Y por darte de amor algún consuelo,
«Quiero que vayas donde amante veas
«Al objeto que tanto ver deseas»[269].

34.
Así me dijo: al punto arrebatado
De un mágico poder, a las propicias
Mansiones me sentí de amor llevado,
Donde Dea[270] tiene sus delicias[271],
Este dichoso asilo, consagrado
A sus ternuras, gracias y caricias,
Por cualquier parte que la vista gira.
Todo deleite, todo amor respira.

35.
Vieras allí por la extensión del llano
Del alto templo la suntuosa obra
Soberbia muestra del ingenio humano,
Que a todo el Orbe su tributo cobra.
En él reside el fuego soberano
Que a tantos seres en el mundo sobra...[272]
....

36.
Absorto a mi derecha contemplaba[273]
De un vergel amenísimo las puertas,

---

[268] Escriben «reina» en vez de «reinaba».
[269] «El» en vez de «Al» en Lewis Galanes. Ella y Azougarh cierran la comilla después de la última palabra del verso y suprimen el guión.
[270] En nota del manuscrito: «La Dea es Venus».
[271] Escriben «la Dea».
[272] Suprimen los tres puntos suspensivos.
[273] En Azougarh esta estrofa se une a la anterior.

Que su divino dueño franqueaba,
A la amorosa hueste siempre abierta[274].
Gran número de gente allí cruzaba
Con las sus sienes del laurel cubiertas,
Y yo de un raro impulso poseído
Entré también en el jardín florido.

37.
Mi vista al desparcirse se recrea
Por una dilatada pradería
Que no hay humano ver que a su fin vea[275]:
Tal es su latitud y simetría.
Del astro celestial la luz febea
Como en Olimpo allí resplandecía[276],
Mas con tanta templanza que las flores
Aumentaban con ella sus verdores.

38.
El delicioso ambiente embalsamado
Con la esencia que exhalan los planteles
De rosas y aguinaldo perfumado
De amarantos, jazmines, y claveles[277]
Bajo mi vista un cielo laborado[278]
Ostentaba el primor en sus cuarteles
Por donde linda, plácida, olorosa[279]
La Primavera lo enriquece hermosa[280].

39.
....
Ya el susurrar del agua sentía
Ya el del céfiro lento y bullicioso[281]

---

[274] Escriben «abiertas» en vez de «abierta».
[275] Escriben «ser» en vez de «ver».
[276] «Alempo» en vez de «olimpo» en Lewis Galanes.
[277] Escribe «amarantas» en vez de «amarantos».
[278] Escriben «suelo laboreado» en vez de «cielo laborado».
[279] «plácida y olorosa» en vez de «plácida, olorosa» en Lewis Galanes.
[280] Después de este verso Lewis Galanes reproduce dos líneas de puntos suspensivos; Azougarh, en cambio, sólo una. Ambos unen esta estrofa con la próxima.
[281] «zéfiro» en vez de «céfiro» en Lewis Galanes.

Ya aquí canta el canario ya el sinsonte,
Mas allá el Ruiseñor, acá el piamonte.

40.
Aquí juzgaba yo mi desventura
Para siempre acabada; pero, !Ay Delio!
Un momento he soñado de ventura
Para agravar mi doloroso tedio,
Quisiérate callar mi pena dura,
Pero es gran cobardía estando en medio
De un penoso camino el retroceso:
A contarte voy, pues, mi mal suceso.

41.
Mi inquieto corazón, entonces lleno
Del singular placer que recibía[282]
Por aquel vasto, y primoroso seno
Movióme a divagar la fantasía.
Andando por un sitio el más ameno
De súbito delante descubría
Bajo un dosel cubierto de mil flores
La madre de los plácidos amores.

42.
Mas me pasmaba, cuanto más veía[283]
Esta bella visión encantadora,
Cuya hermosura allí resplandecía
Como en Oriente al despuntar la aurora[284]:
Cuanto verdor y ardiente lozanía[285]
La rosa en sus pimpollos atesora
Para comparación no me bastara
De una sola mejilla de su cara.

43.
No le es dado a mi pluma descifrarte

---

[282] Escribe «se cabía» en vez de «recibía».
[283] Lewis Galanes y Azougarh escriben «más» en vez de «mas».
[284] Escriben «despertar» en vez de «despuntar».
[285] «Cuánto» en vez de «cuanto» en Azougarh.

Cuanto vi de sus pies a la cabeza
La singular postura que con arte
Demostraba *Diosaica* gentileza[286]
Sus amorosos ojos retratarte
Sería disminuirles su viveza
Pues reina el fuego de un ardiente hechizo
En la gloria y placer de un paraíso.

44.
Al asilo de un álamo copioso[287]
Me ocultaba cual tímida avecilla
Desde donde admiraba lo pasmoso
De aquella prodigiosa maravilla.
Un silencio guardando religioso
A manera de simple tortolilla
Vivamente de bulto allí veía
Cuanto fingía acá la fantasía.

45.
Satisfecho de estar bien escondido[288]
De mirarla un momento no cesaba
Mientras que el corazón de amor henchido
Entre ardientes deseos se abrasaba[289]
Turbóme de improviso el alto ruido
De una gran muchedumbre, que llegaba
Cuya turba gentil, himnos cantaban,
Y con esto a la Diosa celebraban.

46.
Cesan luego los cantos, y al momento
Ante la diosa cada cual parece:
Este en prueba fatal de su tormento
Un gran vaso de lágrimas le ofrece
Aquella, revocando un juramento
Que antes prestado había, ya aborrece

---

[286] Escribe «mi diosaica» en vez de «*Diosaica*».
[287] «coposo» en vez de «copioso» en Lewis Galanes y Azougarh.
[288] Lewis Galanes suprime la palabra «escondido».
[289] «en» en vez de «Entre» en Lewis Galanes y Azougarh.

Mostrando en tan cruel resolución
Que todo amor contiene variación.

47.
Oyeras de un celoso los enojos[290]
Que contaba tirado por el suelo,
Viva ira vertiendo por los ojos
Hinchados por la fuerza de su celo.
La Diosa conociendo sus arrojos
Y lo arduo que ya era su consuelo,
Ante todos lo deja condenado
A la pena de amar sin ser amado.

48.
Compadecióme el estado impío[291]
Que a aquel miserable tocar quiso
Cuando súbitamente, amigo mío[292],
A la inocente Lesbia, allí diviso.
Bajóme por el rostro un sudor frío
Temblóme todo el cuerpo de improviso
Y como si de mármol fuera hecho
La respiración faltaba al pecho.

49.
Aproxímase luego ante la Diosa.
Reverente ostentando en cada huella
Augusta majestad, lánguida, hermosura[293]
La modestia reinando en toda ella.
Pálida a su vista es a la rosa[294]:
Y hasta la admirable Venus bella
Vano sé qué perdía en su presencia[295]:
Tal era su hermosura y refulgencia.

---

[290] «zeloso» en vez de «celoso» en Lewis Galanes.
[291] «compadecíame» en vez de «compadecióme» en Lewis Galanes y Azougarh.
[292] Azougarh reproduce «¡amigo mío!», con signos de admiración.
[293] Escriben «hermosa» en vez de «hermosura».
[294] «Pálida a su vista era la rosa» en Lewis Galanes y Azougarh.
[295] «Un no sé qué perdía en su presencia» en Azougarh y «a su presencia» en Lewis Galanes.

50.
Madre, le dice, con meloso acento[296]
Cumplido es ya mi desdichado plazo[297]:
A sumergirme voy en un tormento
A cuyo abismo con mis penas paso.
Calma ¡oh madre! el mísero elemento
De este fuego de amor en que me abraso,
Para poder seguir con eficacia
El término de mi última desgracia»[298].

51.
«Causa mi mal tremenda decisiva[299]
De un padre la influencia y poderío[300]
Que aborrecer me ordena sin razón
Al que pensé llamar el *dueño mío*.
Nada ablanda el paterno corazón:
Sujeto está al capricho mi albedrío:
Ni el manantial de lágrimas que vierto
Me dejan de esperanza un rayo incierto[301].

52.
–¡Oh crueldad repuse, y enseguida[302]
Voló la ilusa sombra fugitiva
En mi pecho dejando cruda herida...[303]
....
Con la esperanza casi ya perdida
¿Cómo es posible que tranquilo viva?
Pues al pintar mi cruel melancolía
Que sueño, me parece todavía[304].

---

[296] Escriben «madre», entre comillas.
[297] Abren las comillas al principio del verso.
[298] En las otras versiones no se reproducen las comillas.
[299] Las otras versiones suprimen las comillas. Además, escriben «¡tremenda decisión!» en vez de «tremenda decisiva». Lewis Galanes elimina el espacio que separa esta estrofa de la anterior.
[300] «mi» en vez de «un» en Lewis Galanes.
[301] Cierran las comillas.
[302] Escriben «Oh crueldad» entre comillas y se suprime el guión y el signo de admiración.
[303] Suprimen los tres puntos suspensivos.
[304] Las advertencias de Lewis Galanes coinciden con muchas de las que aparecen en nuestro manuscrito. Explica Lewis Galanes: «Las siguientes palabras llevan un comentario explicativo,

A la Luna[305]

—Oda—

¡Oh Luna! Deidad que el Ser supremo
Sustenta a par del sol de cuya frente[306]
Nace tu luz de paz, cuando al extremo
Del ocaso profundo
Ledo parte: ya el mundo
Tu sola lenidad llena clemente[307]
De inefable placer y el alma mía[308]
Por tu regia mansión el canto envía.

*

Hora tus gracias todas a mis ojos[309]
Brillan de amenidad y de belleza

---

escrito entre paréntesis debajo del vocablo: v. 26, "sensitivo" "(por sensible)"; v. 113, "Mayor"; "(por mayoral)"; v. 113, "amplito" "(por absoluto)"; v. 212, "subitez" "(prontitud)"; v. 220, "subitez" "(prontitud)"; v. 227, "insanes" "(por echar a perder)"; v. 245, "Dea" "(Venus)"» (115). Asimismo, estamos de acuerdo con Lewis Galanes cuando sospecha que Delio es Francisco Iturrondo, confirmando lo que decía Friol. Al final del poema Lewis Galanes señala que es inédito.

[305] El poema en manuscrito original «A la luna» aparece en *Cuba poética*, (151-152), en *Obras* (49-54), en Lezama Lima (383-389) y en Azougarh (214-219). La versión que aparece en *Cuba poética* es diferente a la que se publicó en *Obras*, que se asemeja a la versión corregida del poema que damos a conocer aquí. La otra está «Dedicada al Sr. Ldo. D. Antonio Bachiller y Morales»; ésta coincide con la de Lezama Lima y Azougarh. Comienzan de la siguiente manera:

> Luna, hermosa deidad que el Ser supremo
> Creó despues que el sol, de cuya frente
> Nace tu luz de paz, cuando al estremo
> Del ocaso profundo
> Ledo parte; y al mundo
> Tu sola magestad llena clemente
> De infalible placer, y el alma mia
> Por tu escelsa región su canto envia (*Cuba poética*: 151).

Además, hay variación en la puntuación en las versiones del poema.
[306] «Creó despúes del sol, de cuya frente» en Lezama Lima.
[307] «tennidad» en vez de «lenidad» en *Obras* (49).
[308] Lezama Lima suprime este verso.
[309] En Lezama Lima esta estrofa se una a la primera.

Vivificando grata los manojos[310]
De las distintas flores
Que en fragantes olores[311]
Con tu influjo vertió naturaleza[312]:
Cuyos pensiles inter bien declinas[313]
Embalsaman la esfera que iluminas.

*

Así siempre de Cuba, al venturoso[314]
Suelo derrames tu candor divino[315]:
Y en pura calma y en perenne gozo,
Desde el dulce Almendares
Te sigan los cantares
De la paz, del amor, y buen destino[316]
Que ofrece al bardo que sus linfas besa[317]
Virtud, inspiración, y fortaleza.

*

¡Cuántas tranquilas noches, esquivando
El sueño, te admiré[318], bajo algún sauce
La pensativa frente reclinando
Velaba a tus reflejos,
Y oyendo desde lejos
El espumante hervir del hondo cauce[319]
Do fragoso *Agustí* despeñaba[320]!
¿No fue allí tu deidad quien me inspiraba?

---

[310] «Vida y ser fecundando en los manojos» en *Cuba poética* (151), en Lezama Lima (384) y en Azougarh (215).

[311] «Con que en fragantes olores» en *Obras* (49).

[312] «brotó» por «vertió» en *Cuba poética*, Lezama Lima y Azougarh.

[313] «Cuyos pensiles cuanto mas te empinas» en *Cuba poética*, Lezama Lima y Azougarh.

[314] «venturo» en vez de «venturoso» en *Obras*.

[315] «Climas derrames tu candor divino» en *Obras* (49).

[316] El verso termina con «...y del destino» en *Cuba poética*, Lezama Lima y Azougarh.

[317] Se usa «vate» por «bardo» en *Cuba poética*, Lezama Lima y Azougarh.

[318] Se cierra con signo de admiración y tres puntos supensivos en *Cuba poética*, Lezama y Azougarh.

[319] «resonante» en vez de «espumante» en *Cuba poética*, Lezama Lima y Azougarh.

[320] No hay signo de admiración en *Obras* (50) ni en *Cuba poética* (151), ni en Lezama Lima (384) ni en Azougarh (215).

*

¡Benéfica impresión yo te saludo[321]
Por cuanto se dilata la corriente
Que llevó en mi edad el tiempo mudo[322]!
Volaron los floridos
Años que ya perdidos,
En vano busco con tu luz presente;
Mas ¡Ay! de tus mismos movimientos[323]
Renacen mis pasados pensamientos.

*

Contemplándote allí mi mente inculta[324]
osó juzgarte centro indivisible[325]
De otro mundo quizá donde se oculta[326]
Bajo profundo arcano[327]
De este género humano[328]
Otra especie tan pura cual sensible
Cuya sabiduría luminosa
En la esencia inmortal de Dios se goza[329].

*

No verán fuerte y elevado muro
Donde la fuerza ostenta su ufanía[330]:
Ni quien provoque a lid, marchando impuro
Ante el cañón violento,
Mortífero instrumento

---

[321] Este verso se une al anterior en Azougarh. En Lezama Lima y Azougarh el signo de admiración se cierra después de la palabra impresión. En *Cuba poética* sólo se cierra.
[322] Se escribe «con» en vez de «en» y suprimen el signo de admiración en *Obras* (50), *Cuba poética* (151), Lezama Lima (384) y Azougarh (215).
[323] Se escribe «hoy» en vez de «¡Ay!» en *Cuba poética*, Lezama Lima y Azougarh.
[324] «Contemplándose allí, mi mente inculta», en Lezama Lima. También citado en Azougarh.
[325] «osó juzgarte punto indivisible» en Azougarh, y «osó juzgarte punto divisible» en Lezama Lima.
[326] «feliz», en vez de «quizá» en *Cuba poética*, Lezama Lima y Azougarh.
[327] Dicen «Por un divino arcano».
[328] Dicen: «Otro género humano».
[329] Dicen «Dios reposa».
[330] Dicen «energía» en vez de «ufanía».

Que la guerra abortó con sana impía[331]
Ni el torrente fatal de armas luciente[332]
Triste devastación de los vivientes[333].

*

Vida, paz eternal, gratas mansiones[334]
De bienaventurados, cuyos ojos[335]
Divinos climas ven: no habrá pasiones[336]
A que el alma sucumba,
Ni temerá en la tumba
De fugaces placeres los despojos[337]
Trémula abandonar con cuanto quiere[338];
Porque el Genio del mal allí no hiere[339].

*

Tal yo decía, pero en mí volviendo
No hallé en tu magnitud la patria digna,
De la prole de Adán; está corriendo
Los campos de la tierra,
Su corta vida encierran
Donde infalible el cielo la destina
O a baratros profundos condenada
O al reino del Señor por siempre alzada[340].

*

¿Qué han sido? ¿Qué? ¿Dónde se hundieron[341]

---

[331] Se escribe «saña» en vez de «sana» en *Obras* (51), *Cuba poética* (151), Lezama Lima (385) y Azougarh (216).

[332] Se escribe: «Entre la multitud de armas lucientes» en *Cuba poética*, Lezama Lima y Azougarh.

[333] Dicen «Para devastación de los vivientes».

[334] «Viva» en Lezama Lima; escriben «ricas» en vez de «gratas».

[335] Escriben «De los que aquí murieron, allá sus ojos»; «allí» en Lezama Lima.

[336] Escriben «Abrieron sobre el bien, no habrá pasiones».

[337] Escriben «Dejar entre miserias sus despojos».

[338] Escriben «Con trémulo espirar y cuanto quiere».

[339] Escriben «genio», con minúscula.

[340] «señor», con minúscula, en *Obras*; «O en torno del Señor por siempre alzada» en *Cuba poética*, Lezama Lima y Azougarh.

[341] Las versiones en *Obras* (51), *Cuba poética* (151), Lezama Lima y Azougarh dicen: «Que han sido ya, donde se undieron», la primera sin signos de interrogación y las otras con uno solo

Las delicias de Edén? ¿la hermosa escena[342]
De paz y de inocencia en que fueron[343]
A perfección creados[344]
Y a la vida llamados[345]
Aquel felice par, de quienes llena
La tierra, por diversas producciones[346]
Con *tantas castas* puebla sus regiones[347]?

---

al principio del verso.
[342] «Los días del Edén?...» en *Cuba poética*, Lezama Lima y Azougarh.
[343] Escriben «con que fueron».
[344] «A la vida llamados» en *Cuba poética*, Lezama Lima y Azougarh.
[345] Dicen «Y perfectos creados».
[346] Escriben «con» en vez de la palabra «por».
[347] Escriben «Del ancho mundo pueblan las regiones», y continúan con la siguiente estrofa:

> Sobre un vasto terreno de delicias,
> Señor del mundo, distrutó su encanto
> Aquel ente precioso en quien malicia
> Nunca nunca se hallara
> Si incauto no probara
> Un fruto, manantial de eterno llanto,
> Que á la generacion mas apartada
> Lleva ya la existencia emponzoñada.
>
> Pálida, temblorosa, y tristecida
> Fija en la cumbre del inmenso cielo
> Vistes del primer hombre la caida,
> Ya miserable humano:
> Y allí sensible en vano
> Esclipsada mirastes aquel suelo
> Dó esquivando su frente el sol se hundia
> Y reina fuistes de la noche umbría

Para este estudio, hemos reproducido la versión que aparece en *Cuba poética* (151); aparece tambien en Lezama Lima (386-87) y Azougarh (216-17). Se escribe en Lezama Lima «viste del primer hombre la caída,».

A diferencia de la citada versión, la de *Obras* dice: «De tantas cartas pueblan sus regiones»; suprime la primera estrofa anteriormente mencionada y continúa de la siguiente manera:

> Palida, temblorosa y tristesida
> Desde lo alto del inmenso cielo
> Visteis del primer hombre la caida
> Ya miserable humano,
> Allí sensible en vano

*

Sí: el eco omnipotente en sus destinos[348]
El fallo pronunció... El Edén arde
Y, acosado de ardientes querubines[349],
Todo, pavor derrama;
Y en llanto, Adán exclama–[350]
«¡Clemencia oh Dios! –mas ya fue tarde[351]
Cerróse el paso a su benigna suerte
Y abriéronse las puertas de la muerte.

*

Entonces ¡Oh dolor! del misterioso[352]
Caos de adversidad, al fin salieron
Todas las causas de inestable gozo[353]
Y, en hora malhadada
Cual plaga infortunada
Al mundo con el hombre descendieron[354]
Do hasta el último ser podrá testigo[355]
De la culpa fatal...[356] ¡Fatal testigo!

Por no mirar al dolorido suelo
Cin bigor a su ocaso el sol se undía
Y tu luz a su falta susedia (52).

[348] Se escribe: «El eco Omnipotente en sus destinos» en *Cuba poética*, Lezama Lima y Azougarh.

[349] Las mencionadas versiones dicen: «Y acosados de negros torbellinos».

[350] Dicen «Y en llanto, el hombre esclama», pero Lezama Lima y Azougarh escriben «exclama».

[351] Escriben «Clemencia ¡Oh Dios! oh Dios! mas ya fué tarde». Lezama Lima y Azougarh abren el signo de admiración.

[352] «¡Ay dolor!» en vez de «¡Oh dolor!» en *Obras* (52).

[353] La palabra «todas» aparece después de «causas». En *Cuba poética* (152), Lezama Lima (387) y Azougarh (217).

[354] Escriben «A adolecer á el hombre descendieron». En *Cuba poética* y en Lezama Lima, «al hombre».

[355] Escriben «Y hasta el postrero se verá un testigo».

[356] Reproducen punto y coma en vez de puntos suspensivos.

*

Desde entonces acá ¡cuantos trofeos[357]
Y triunfos de naciones eminentes
Contemplarás en tristes mausoleos
Bajo velos luctuosos
Y en páramos tristosos!
¿Dónde fueron las glorias preeminentes[358]
Con el bullicio mundanal a raya[359]?
Que en soledad perpetua todo calla[360]

*

De Egipto, Babilonia, Troya, y Tiro[361]
Las soberbias pirámides en vano
Mísero busco: por do quiera miro
Columnas misteriosas[362]
En ruinas lastimosas[363]
Donde grabó del tiempo la alta mano[364]
Sublime horror; y al recorrer la historia
Emblemas unidos de la humana gloria[365].

*

Así en velada noche silenciosa
Efímero consuelo de almas tristes
osé pensar, ante tu faz donosa[366];
Y, en mis meditaciones[367],
¡Cuántas revelaciones[368]

---

[357] Los primeros cuatro versos de esta estrofa son diferentes y dicen así: «El hijo esplendoroso, y los trofeos / De Grecia sabia y Roma armispotentes / Abismadas en tristes mausoleos, / Cubren vuelos luctuosos».
[358] Dicen: «eminentes» en vez de «preeminentes» y se suprime el signo de interrogación.
[359] Dicen: «Lama el inquieto mar la humilde playa».
[360] Dicen: «Y en soledad perpétua todo calla».
[361] Escriben «y» entre «Egipto» y «Babilonia».
[362] Dicen: «Reliquias misteriosas».
[363] Escriben la palabra «O» en vez de «En».
[364] Escriben la palabra «gravó» en vez de «grabó», pero Lezama Lima reproduce «grabó».
[365] Escriben «mudos» en vez de «unidos»; «mudas» en *Cuba póetica*.
[366] Escriben la palabra «graciosa» en vez de «donosa».
[367] Escriben «contemplaciones» en vez de «meditaciones».
[368] Se abre con un signo de interrogación en Lezama Lima y Azougarh.

Desde tu inmensa cumbre me ofreciste[369]!
¡Tiempo fugaz, eternidad sombría
Desde que nace, hasta que muere el día[370]!

*

Tan solo tu beldad siempre inmutable[371]
Sobre el vasto trastorno de las cosas
Ostenta el mismo ser, más admirable[372]
En la noche querida
Que el sol, cuya encendida
Llama, fecunda ardiente y calurosa
Leer nos priva en su estructura excelsa
Del Supremo Hacedor la alta grandeza.

*

¿Quién osado una vez alzó los ojos[373]

---

[369] «ofrecistes?» en *Cuba poética* y Azougarh. Además, se cierra el signo de interrogación.

[370] Escriben la palabra «do» en vez de «que». También suprimen los signos de admiración de estos dos últimos versos.

[371] Escriben la palabra «Y» en vez de «Tan». Lezama Lima y Azougarh abren con un signo de interrogación y reproducen «sólo» en vez de «solo». En *Obras* se suprime la primera palabra.

[372] Los siguientes seis versos son diferentes y se reproducen de esta manera:

Ostentará su ser? no, que admirable
Serás cuando depuesta,
Y en actitud funesta
Abrumada de nieblas tenebrosas
Dejarás verse por tu horror profundo
Y el brazo Omnipotente amaga el mundo.

[373] El poema en *Cuba poética*, Lezama Lima y Azougarh termina así:

Y en hora tan fatal, que aquel gran juicio
Al curso de la vida el paso cierra,
Por dó quiera hallarás un precipicio;
Fluctuando sin amantes
Verás las devorantes
Causas que acaban á la humilde tierra
Y en completa inaccion tus noches tristes
Igualarán al caos de dó salistes.

Transformacion de horror, siniestro bando

Para admirarte en tu esplendente vía
Qué no pagó sin vistas sus arrojos?
Mas ¡ay! ¿Cuál si te mira
Dulzura no respira...?
Pues tu encanto, belleza, y ufanía
Modelo son de admiración bastante...
¡Ellos serán mi objeto en adelante[374]! [375]

De adusta eternidad, no llegue el dia
Que terrible el Señor su faz velando
Todo vuelto en un punto!...
No mas tragico asunto.
Tu encanto, tu belleza, tu ufania,
Modelo son de admiracion bastante
Ellos serán mi objeto en adelante.

En Lezama Lima se escribe «que terrible el Señor tu faz velando / todo vuelto en su punto...» y se suprime el signo de admiración.

[374] La versión en *Obras* suprime los signos de admiración (53).

[375] En nota del manuscrito: «Notas del autor a la anterior oda:

I. *Agustí* – El río de San Agustín de la Florida, que atraviesa por el asiento del Molino, famosa hacienda de mi Señora, la Marquesa de Prado-Ameno en Matanzas.
II. *Linfas* – Así he llamado a las cristalinas aguas de los ríos.
III. *Renacen mis pasados pensamientos* – Alude a la idea de algunos astrólogos sobre haber habitantes en la Luna, y ser un cuerpo opaco, semejante al de la tierra; por lo que juzgo por un instante que son nuestros semejantes, pero inmortales y libres de todas nuestras pasiones.
IV. *O a baratros profundos condenada* – Dos destinos esperan al hombre en verdades eternas: el cielo y el infierno.
V. *Y acosado de ardientes querubines* – Según algunas tradiciones sagradas: cuando el Sr. arrojó del paraíso al primer hombre, ya manchado de la culpa, mandó una multitud de querubines con espadas de fuego, por todas partes: acosándoles para que tomasen el camino del mundo a lo que sucedió una noche tenebrosa, que les vio perder para siempre la senda de aquel lugar de delicias.
VI... *Del misterioso*
Caos de adversidad al fin salieron
Todas las causas de inestable gozo – Juzgo que desde este momento nacieron igualmente que su desgracia todos los males de la vida.
VII. Esta oda es un fragmento del original extraviado en 1820, que se ha escrito por algunos trozos, traídos a la memoria y algunos pedazos de borradores».

Zafira
Tragedia en cinco actos

Advertencia

Las siguientes composiciones poéticas son dedicadas por mis amigos para que expresamente se coloquen en esta obra; y debiendo corresponder a sus deseos, les he dado este lugar preferente.

El Autor

Al cantor de la Zafira[1]
Soneto.

Si tan inerte fuiste porque al Cielo
Plugo darte una cuna infortunada
Donde te fuera ilustración vedada
Para seguir del sabio el noble vuelo;

Compadecióse al fin de tanto duelo
El Dios que todo lo formó de nada;
E iluminó tu frente inmaculada
Porque rasgaras de la ciencia el velo;

---

[1] La edición de *Zafira* (1962: 9) sugiere que el autor de este soneto es Domingo Sentez. Además de esta composición poética también reproduce los siguientes sonetos: «A Juan Francisco Manzano», de Matilde Núñez; «Al autor de la Zafira», de J.M. de la Luz; «Al autor de la Zafira Juan Francisco Manzano», de J. Peñalver; «Al cantor de Zafira J. F. Manzano», de R. V. H.; «Al autor de la Zafira», de Juan de la C. Valdés; «Al autor de la Zafira», de T. Valdés; «Al sublime autor de la tragedia titulada Zafira», de Elino; «Al autor de la Zafira», de A. Cartas; «Al autor de la Zafira», de A. T. de la Cruz; «Al cantor de Zafira», de Nicolás Ayala; y la octava «Al autor de la Zafira», de D. Cartas (10-19). Las *Obras* de 1972, la versión copiada por Azcárate y la de Azougarh suprimen dichas composiciones. Asimismo, hay variación en la puntuación de la tragedia entre las *Obras* y el manuscrito que poseemos. La edición de Azougarh coincide con la que aparece en *Obras*, pero en algunos momentos se desvía de éste. Nosotros señalaremos algunos de estos ejemplos en las notas. He decidido respetar en la medida de lo posible la idiosincrasia de esta sección del manuscrito.

Entonces el velo levantaste, como
Canoro Ruiseñor que en la pradera
Huye medroso del insano plomo,

El destino la acción te remunera
Pulsa en Cuba la armoniosa lira
Y sorprendes cantando a la Zafira

Domingo Sánchez.

Baste el anterior soneto para que se comprenda el mérito de los otros muchos que preceden a la Zafira, y una Octava; según me han asegurado son todos de mulatos o negros, faltos por supuesto de instrucción y sin el genio de Manzano.

Licenciado
Sr. D. Ignacio Valdés Machuca.

Si al dar a la prensa este conjunto de plan, de ideas y versificación, no la pusiera bajo su inmediata protección, lo creería desnudo de un ornamento que pudiera hacerlos dignos de los que pródigamente me han dispensado tantos favores: así confiado en que lo acogerá V. con la ternura que le es característica le dedico este primer ensayo, dramático como prueba del eterno reconocimiento que está gravado en el corazón de su afectísimo

Juan Fran.^{co} Manzano

Personajes

Zafira .... Princesa árabe
Selim .... Príncipe árabe
Barbaroja .... Rey usurpador de Mauritania
Isaac .... Su hermano
Dalí .... Príncipe Gerife, descendiente de Mahoma
Colifa .... Noble y joven árabe, amiga de Zafira
El Gran Muftí.
Danmey .... Lugar Teniente de Barbaroja[2]
Un verdugo turco.
Noemí .... Eunuco negro
Resto de compañía.

La escena pasa en Mauritania, hoy Argel, y pertenece al siglo décimo sexto.

---

[2] Barbarroja (*Obras* 100).

Acto 1º.

La vuelta de Selim

El teatro representa el gabinete de Zafira, entrada al frente, reja a la izquierda, y puerta a la derecha.

Escena 1ª.

Zafira en traje de luto, después de observar por la reja.

Por fin amaneció y un nuevo día
Viene a unirse a los muchos que mi llanto
Regados deja infortunadamente
Para siempre quizás ¡Oh cuántos años[3]
Impulsada de dulces esperanzas
Palpitando de gozos, he juzgado
Al término llegar de mis pesares
Creyéndome felice, pero ¡cuántos[4]
Al tocar los objetos que me brinda
De la ventura la engañosa mano
Convirtiéndose todos en pesares,
Solo cogí terribles desengaños
De dolores sin fin! ¡Oh Dios eterno!
¿Hasta cuando amarguras; hasta cuando[5]?
(*Llora*)

Escena 2ª.

Dicha y Colifa.
Col. ¿Siempre, Zafira a tu dolor postrada
Te ha de encontrar el alba suspirando?

---

[3] Mi edición suprime el segundo signo de admiración. Véase *Obras* (101).
[4] El signo de admiración aparece antes de la palabra «pero» (*Obras* 101).
[5] Se reproduce un signo de admiración antes de la palabra «Oh» y otro después de la palabra «cuando» (*Obras* 101).

Zaf. ¡Ah! sí Colifa: desde aquel momento
En que el exceso de una aleve mano
Me arrebató del mundo cuanto amaba,
¡Qué quedó para mí, en el desamparo[6]
De esta vida infeliz, más que amargura
Y justas causas para eterno llanto?
Si bien mi esposo ante la lid sangrienta
Hubiese con la muerte tropezado,
Haciendo el generoso sacrificio
Que prefija el deber de un Soberano
Cuando la Patria pide que su sangre
Por salvarla, derrame en holocausto,
Pudiera suceder me consolara
Superando a la pena mi entusiasmo:
Pero indefenso y de homicida saña
Víctima triste fue y abandonado
Bajo el puñal del asesino un día.
¿Su vida y mis contentos no acabaron
Sin verse al agresor? ¿De cuál delito
Acusarle pudiera el que inhumano,
Con la tumba le unió...?
Col. Sea cual fuese
La causa ya del desastroso caso
En desgracia, compasivo el cielo
Se muestra a la verdad hoy soberano
De Mauritania, Barbaroja reina:
Y entre pomposos víctores[7] y aplausos,
Sabe ocupar el solio en que tu padre[8]
A tu esposo sentó: de allí su mano
Te alarga sin cesar al himeneo
Y, esta unión conyugal...
Zaf. Tiene por fallo
Mi total confusión.
Col. ¿Qué males luego
Ofuscarán tus días su lado
Ni menoscabo harán en tu nobleza

---

[6] Comienza el verso con un signo de interrogación (*Obras* 102).

[7] «Vítores» (*Obras* 102).

[8] «Sube a ocupar el solio en que tu padre» (*Obras* 103).

>   Cuando de siete tronos africanos
>   Le rinden la cerviz, que feudos pagan
>   Y a tus plantas se ven reinos, vasallos?
> **Zaf.** Pero, toda esa gloria en que otros días
>   Osaba solazar mi triste estado
>   Se enlutó para mí, Después de un lustro
>   Que mi constancia ha visto a toda prueba
>   Sofocando en mi seno los halagos,
>   Que Barbaroja sin cesar me ofrece
>   Cedió mi corazón: ya está mi mano
>   Al tálamo nupcial comprometida
>   La palabra de amor sonó en mis labios
>   Y a las concavidades de la tierra
>   El eco que callar pretendo en vano
>   Descendió a mi pesar... y hasta el sepulcro
>   De mi infeliz esposo penetrando,
>   Graves tumultos de terrores nuevos
>   Por sólo consentir, me torna en pago.
> **Col.** Tu situación, Zafira, mal preveo
>   Que unirse pueda con el breve plazo
>   En que debe sellarse tu himeneo:
>   Cesa ya de verter inútil llanto.
> **Zaf.** No: el cielo, la tierra, hasta el abismo
>   Contra mi infausta suerte conjurados,
>   Por todas partes me persiguen juntos
>   Un porvenir funesto presagiando.
>   Atiende pues... Anoche cuando todos
>   En sueños sumergidos, el palacio
>   Al profundo silencio abandonaban,
>   Pude también de mi tenaz cuidado
>   La carga aligerar... Dormíame apenas
>   Cuando vi que con trágico aparato[9],
>   De súbito Selim se me presenta
>   Con ceño aterrador... y los airados
>   Ojos que en sus órbitas giraban
>   Con inquieto afanar, eran dos cárdenos
>   Globos que de su centro parecían

---

[9] «Cuando vi, que con trágico aparato» (*Obras* 104).

Quererse desprender, ya condensados:
Su faz de cadáver, y aún cubierta[10]
De inmundo polvo, y sepulcrales rasgos,
Del yerto corazón la acerba herida
El resto de su sangre derramando,
Y este mismo dolor, dando a su rostro
Con mortífero aspecto, y sobresalto[11]
Una expresión horrible y espantosa
A mí llegó con macilento paso:
¡Oh mujer infeliz y desgraciada,
Fatídica la voz; tornó en sus labios
Y mirando me dijo, si hasta ahora
Inocente, tus días han probado
Fidelidad y ejemplo de firmeza
Que respetar tu castidad mandaron
Ya tu amor criminal, la paz dichosa
Que en el sepulcro hallé me ha arrebatado:
Pues si al caer la hora en el que espira
Apaga allí la eternidad el fausto
Cual de mí terminó toda grandeza
En la nada los límites tocando:
Del malhechor la culpa no perece,
Y con sello eternal sella a los malos
Para constante oprobio de sí mismo...
Busca en la sombra del sepulcro helado
Un asilo feliz; libra a tu patria
Del perpetuo baldón, que lleva al cabo
Pues si cómplice tú de su destino
Por sobre todo pasas, ansiando,
Un mejor porvenir, témelo todo:
Teme Zafira en vincular un acto
Que lleva en su terrible complemento
A más de un lazo envilecido y falso[12]
Tu eterna execración, que si ahora gimes
Ahogarte podrá luego un mar de llanto...
Entonces vi, bajo mis pies la tierra

---

[10] «Su faz cadavérica...» (*Obras* 104).
[11] «mortífero efecto...» en *Obras* (104), y «mortífero afecto...» en Azougarh (231).
[12] «A más de un nupcio...» (*Obras* 105).

Con terremoto súbito temblando
En dos partes abrirse: y a un abismo
Que lutos y esqueletos descarnados
A mi confuso espíritu ofrecía
Sin poderme valer, siente que caigo;
Y ante un terrible tribunal de muertos
Arrastrada me hallé... y era un osario
Donde rodeada fui de acusadores,
Que como un crimen de mi amor juzgando
A eterno oprobio condenarme osaban.
Allí aterrada mi inocencia en vano
Pretendí defender... todos me acusan
Y al fin ahogada en sus infectos brazos
Iba a exalar el último suspiro[13]
Cuando del lecho confundida salto,
Y sólo encuentro que amanece un día
Destello misterioso del presagio.

Col. Nada es un sueño, pero si ha de verse
De fantasmas tu espíritu acosado
Si al fin, hasta el altar han de llevarte
A enlazar con terror tu yerta mano
Perfecto amor, sacrílega fingiendo
No tal suceda ya...

Zaf. ¿Quédame acaso
Algún lícito medio con que pueda
Libre salir de compromiso tanto?

Col. Aún no sé que decirte, pero el cielo
Que vio estallar contra tu frente el rayo
Del infortunio atroz, al que siguieron
Dos lustros de amarguras y de llantos
No debe al fin abandonar tu causa...

Zaf. «Busca en la sombra del sepulcro helado
Un asilo feliz»[14] la visión dijo;
Y ¿qué puedo esperar? ¿No es éste el fallo[15]
Con que termina el cielo mis querellas?

Col. Antes que viere de tu ensueño vano

---

[13] «Iba a exhalar...» (*Obras* 105).
[14] Se suprimen las comillas de estos dos versos (*Obras* 106).
[15] ¿Y qué puedo esperar? (*Obras* 106).

Ese anatema de terror cumplido
Yo espero ver que venturoso el hado
Te vuelva si no todo, por lo menos
Parte alguna del bien, que en sus estragos
La suerte perdonó... Tienes un hijo...

Zaf. Tuve un hijo, decid: ¿Pues, no llegaron
Hasta nosotros la sensible nueva[16]
De su temprana muerte? Aquel anciano
Que le salvó benéfico la vida,
Llevándole consigo a clima extraño
¿No le has visto tornar, trayendo solo
Tristes noticias del dolor aciago?

Col. Ese cautivo que fugó del suelo
Donde gimiera, sin consuelo, esclavo[17]
Por todo el resto de su escasa vida
Y osa retroceder aquí sus pasos
Sin temer que de nuevo las cadenas
Vuelvan a unirle a su primer estado
Casi me prueban que Selim le sigue,
Retornando con él al suelo patrio
Bajo el fingido velo de la muerte;
Recurso que bien visto no es extraño
Inspire la desgracia al que proscripto
Se encuentra de su patria.

Zaf. ¿En qué fundarlo
Puede tan halagüeño tu deseo
Para juzgar así contra unos datos?

Col. Cuando tal choque el corazón padece
Sólo se oyen lamentar los labios:
Y yo su rostro vi con ciertos visos
Más de satisfacción, que del estado
Que padecer debiera su alma entonces;
Lejos sus ojos de anegarse en llanto,
Brillaban con la paz de un alma alegre,
Su discurso tranquilo y combinado
Nunca turbado fue con un suspiro
Tan natural allí, como del caso

---

[16] «Las sensibles nuevas...» (*Obras* 106).
[17] «Donde gimiera sin consuelo esclavo» (*Obras* 106).

Que refiriendo estaba ante una madre:
Y mientras iba con el rey hablando
Parecía querernos con la vista
Otra cosa decir... Estos son datos...
Zaf. (*Con viveza*). ¿En qué casa se hospeda ese cautivo[18]?
Col. Podré saberlo a todos preguntando
De puerta en puerta pasaré hasta verle
Trayéndote a mi vuelta el desengaño (*Se va por la derecha*)[19].

Escena 3ª.

Después de un pequeño intervalo, recita Zafira los siguientes versos, sentada en el sofá en una posición melancólica, se oyen de improviso en el fondo del palacio rumores y aplausos del populacho: al concluir el último verso, entra Isaac, seguido de muchos cautivos prisioneros y ricos presentes para Zafira:

¡Desengaños!...¿No bastan los que quedan
Por las huellas del tiempo revelados...? (*Se sienta*)
Mas ¿qué rumor...? apenas amanece (*Exaltada*)[20].
Cuando resuenan vítores y aplausos...? (*Escucha*).
¡Vítores de victoria!... ¡oh Dios eterno[21]!
¡Dentro y fuera de mí todo es espanto!
Isaac (*Entrando*). Salud, Zafira: en la radiosa frente[22]
Del sol que brilla, resplandece ufano
Gran día para ti. Hoy Mauritania
Ante el orbe gloriosa señoreando
Ciñe a su nombre la inmortal divisa
Del vencimiento en los gloriosos campos.
Nuestro fin se logró: ya conseguimos
La fiereza de Túnez humillando
Victoriosos coger sobre sus muros

---

[18] «(Con la mayor viveza)» (*Obras* 107).
[19] «Vase por la derecha» (*Obras* 107).
[20] Se usa un signo de admiración en vez de uno de interrogación (*Obras* 108). «¡Mas qué rumor...!» (Azougarh 234).
[21] «Vítores de Victoria!!! Oh Dios eterno!» (*Obras* 108).
[22] «(*Entra*)» (*Obras* 108).

De la conquista los mejores lauros,
Pues abatida la tenaz soberbia
De tanto pueblo en masa sublevado
Nada turba la paz que consolida
De Barbaroja el invencible brazo
Que te extiende a gozar. Esos presentes
Y los cautivos que a tus plantas traigo
Son de tu boda las menores preces.
Vestir las galas; y el sufrido llanto
Que amortiguó la faz de tu hermosura
Desaparezca ya, como a los rayos
Del sol, la tempestad desaparece.

Zaf. (*Con amargura*). Dices bien Isaac, con vuelo raudo
Todo debe cambiar desde este día:
Que el misterioso tiempo sus arcanos
Se digna revelarme: el ancho libro
De los destinos a leer alcanzo
Y en él mi porvenir prefijo veo
Como sellado de una eterna mano,
Que irrevocable, sus decretos cumple:
Volved al Rey, mi gratitud y aplauso.

Isaac ¡Ay Zafira!... Desgraciada Zafira
¿Qué misterio o designios en tus labios
A mi pesar descubro?

Zaf. ¡Yo misterios!
Ésa es una ilusión, un juicio errado.
¿Qué designios formar ni seguir puede
Una débil mujer, a quien el cambio
De la fortuna su deber prescribe[23]?

Isaac. Nunca, nunca cumplir deber tan caro
Te permita el autor del universo
Yo también en el libro de los hados
Leo tu porvenir... mas... un momento.

Llega al que hace de jefe de los cautivos, habla en secreto, y éstos ponen en la escena los regalos retirándose. Zafira entre tanto representa.

---

[23] Termina con puntos suspensivos (*Obras* 109).

Zaf. (*Aparte*). ¡Cuanto dice parece haber tocado
  Los secretos terribles de mi alma
  O que encuentran sus ojos en mi llanto
  El origen fatal que lo produce[24]!
Isaac Oye, Zafira, si cruel o insano
  Tu corazón desgarra el sentimiento
  Si en diversas pasiones fluctuando
  Vuela a hundirse en el golfo de la muerte
  ¿Por qué fingirlo de placer ornado
  Si es el lenguaje mismo del sepulcro,
  En que te van las penas engolfando,
  Cuanto de ti comprendo? Pero atiende
  Ni un prestigio de amor, ni los encantos
  Que en tu belleza los mortales aman,
  Jamás, Jamás en tu favor me hablaron
  El infortunio sí, te hace a mi vista
  Más que una hurí de los Eliseos campos[25]
  Sublime interesante y siempre digna
  De las miradas del mayor humano.
  Soy un Turco es verdad, mas no insensible
  Como debes juzgarme, que aunque el hado[26]
  Me señaló el destino de las armas
  Mi natural en todo contrariando;
  Yo detesto el furor de la violencia
  Que impone la opresión al desgraciado
  Que ante mis ojos indefenso gime
  Y pruebo con su suerte los quebrantos
  Que el infeliz en su indigencia apura...
Zaf. ¡Mirad que sois de Barbaroja hermano[27]!
Isaac. No importa no: naturaleza libre[28]
  Al repartir sus dones entre ambos
  Si a él hizo severo, a mí sensible
  Un corazón me dio, perpetuo amparo
  De la oprimida y mísera criatura.

---

[24] La otra versión suprime los signos de admiración (*Obras* 109).
[25] «Más de una Huri de los elíseos campos» (*Obras* 110).
[26] La otra versión dice: «Como juzgarme debes, que aunque el hado» (*Obras* 110).
[27] Termina con puntos suspensivos (*Obras* 110).
[28] Reproduce puntos suspensivos después de importa (*Obras* 110).

No desdeñes mi voz que puede en tanto
Serte bálsamo dulce de consuelo.
Sí, creedme: de víctimas los campos
Donde la lidia fue, sembrados quedan;
Mas ninguno, ninguno de mi brazo
El mortífero golpe ha recibido:
Pues siempre por senderos excusados
Los encuentros salvé que no es la sangre
De hombres a mi vista nada grato.
Mas si una vez arrebatarme siento
Por entrar de los héroes en el rango:
Y a la inmortalidad algunas huellas
Dejar por el valor acrisolado
En la fama mi nombre a las edades,
El fuego de la gloria, el entusiasmo
Que a la guerrera juventud inflaman
Como una débil lumbre los apago,
Cuando un deber de humanidad lo exige.
Nada temas de mí, ni un solo agrado
Te exijo en recompensa del servicio
Por justa causa, generoso, franco
Que mi anhelo te ofrece en este instante;
Sólo te pido sí, que en este brazo,
De la paciente humanidad tutela
Fíes tu porvenir; pues yo lo amparo[29]
Contra el poder del universo todo:
Y si preciso fuese que a un hermano
La presa de las garras arrancara,
Haciendo vacilar tronos y estados:
Todos temblaran pues, ¿qué brinda un solio
Donde no teje la virtud sus lauros?
Zaf. Tu protección, Isaac ¿qué me promete
Ni qué puedo esperar de ese entusiasmo
Tan mero para mí?
Isaac. ¿Qué? Transportarte
De estos lugares para ti de llanto,
A los cariños del amor paterno

---

[29] «pus yo lo amparo» (*Obras* 111).

¿No es esta tu ansiedad?
Zaf. ¿Podré negarlo
Cuando tocas al fondo de este pecho?
No más: si de mis penas apiadado
En ti mi ángel tutelar contemplo
Un secreto terror, como presagio
De más tristes y graves consecuencias
Me hacen estremecer, y temo tanto...[30]
Tu juventud... tu vida...[31]
Isaac. ¡Ah! cuántos males
A un delincuente soportar es dado
De gozo me serán si al fin consigo
Darte unos días que te usurpa ingrato
El destino fatal: vuélvate libre[32]
Yo, a respirar en los paternos brazos:
Sea el más digno autor de tus contentos
Como lo fueron otros de tu llanto;
Y muera luego que feliz te vea
Sobre Mustigia, plácida reinando.
Zaf. (*Aparte*). Un destino terrible, inexorable
Parece sofocar con férrea mano
Todas mis facultades...
Isaac. ¿Aún temes?
Zaf. ¡Ah! no... mi decisión espera.
Isaac. Y ¿cuándo[33]?
Zaf. Mañana.

Escena 4ª.

Isaac, solo. Es un deber deje Zafira
La dorada prisión de este palacio;
Brille en Mustigia su sin par belleza
Y salga el rey de los inicuos lazos
Que en violentas pasiones encadenan

---

[30] Se suprimen los puntos suspensivos (*Obras* 112).
[31] Se suprimen los puntos suspensivos después de «juventud».
[32] «Del destino fatal» (*Obras* 112).
[33] «¿Y cuánto?» (*Obras* 112).

> Su ofuscada razón... Perdona hermano
> Perdona la traición que a tus intentos
> Fraguando estoy aquí porque más grato
> Me será en tus furores soportarte
> Que obediente a tu voz, verme forzado
> A ser fiero también, pues ¿cuándo a un crimen
> No siguen otros mil a cada paso?

Escena 5a.

Dicho y Selim que entra disfrazado en traje de noble asiático viajero, traerá oculto un pequeño turbante hasta su tiempo recorre parte de la escena sin reparar en Isaac, que estará a un extremo de ella pensativo, cuya atención llamará la voz de Selim al segundo verso en que sale de un enajenamiento siguiéndole con la vista, como observándole.

Selim. Ya te vuelvo a pisar, morada augusta
  Donde mi infancia fue... ya en ti renazco
  Y a tu sombra querrá benigno y no el cielo
  Que hasta aquí mi existencia ha custodiado
  Aplacar el rigor con que el destino
  Colmó de azares mis primeros años.
  Todo existe a mi vista cual estaba (*Is. le mira*)
  Esta entrada, recuerdo que a lo largo...
  Pero no... ésta más bien... ¡oh si pudiera
  Con tanto acierto dirigir mis pasos...[34]!
Isaac. ¿Adónde? ¿A quién buscáis[35]?
Selim (*Mirándole con ojos centelleantes y poniendo la mano sobre el puñal*)[36].
  ¿Sois por ventura
  Vos de Mauritania el Soberano[37]?
Isaac. No, mas ¿qué queréis[38]?

---

[34] Se suprimen los puntos suspensivos (*Obras* 113).
[35] «¿Adónde: a quién buscáis?» (*Obras* 114).
[36] «(*Llegándole a él le mira con ojos centellantes poniendo la mano sobre el puñal*)» (*Obras* 114).
[37] El verso termina con tres puntos suspensivos (*Obras* 114).
[38] «No: pero ¿qué queréis?» (*Obras* 114).

Selim (*Mudando de aspecto y con enfado*) Hablarte a solas[39]
Sagrada obligación aquí me trajo.
Isaac. ¿Y de dónde venís?
Selim. Vengo... del mundo:
De ese mundo tan triste a los que hallaron
Sobre su cuna al despertar en ella
Con negros signos, los funestos fallos
De gemido y dolor, por cuantos miran
En derredor de sí. El santuario
Del regio trono que a la Arabia rige
¿No el que piso, y que demuestra ufano
El colosal poder de Barbaroja?
¿No es Barbaroja vuestro rey por grado?
Isaac. Sí, es:
Sel. Y ¿por qué extrañarme que le busque[40]
Cuando en sed de justicia está abrasado
Mi infeliz corazón?
Is. Porque ese porte
Esa mirada atroz, ese lejano
Clima, donde parecen, confundidos
Huir impasibles vuestros verdes años:
Son testigos terribles que os condenan
En tanta juventud peregrinando.
Sel. Sí: despatriado, insólito, gimiente
La juventud, y el mundo me enseñaron
El hombre a conocer, a un hombre, digo,
Que con mano de acero mis tiranos
Tormentos aglomera; y otros muchos
Que a la vida vinieron para escarnio
Del tiempo y la fortuna, en su indigencia
De un vagante vida son retratos.
Mas alentar un corazón paciente
De punzantes dolores traspasado;
Quejarse del destino rencoroso
En cruel desolación, gemir ansiando
La carga sacudir de los pesares
Entre profunda soledad llorados,

---

[39] «Hablarle» (*Obras* 114).
[40] Comienza el verso con un signo de admiración (*Obras* 114).

Es en la tierra la misión sagrada
Que traigo bajo un signo ensangrentado
Con mi infortunio que arrastrar me manda
Sobre escombros de penas y de llanto.
Soy extranjero sí; pero mis cuitas
Aquí su negro origen principiaron
Y aquí, por fin, me colmarán de alivio
Mi oculto padecer a luz sacando.
Sabed que mi linaje es hoy tan limpio
Como un rayo del Sol, como el sol claro
Que en su brillante centro contenido
Llena la inmensidad. Si estos andrajos
Tan mal con mi lenguaje se acomodan,
Nunca perverso fui, sólo a un malvado
Que hirió en mi vida lo mejor del alma.
Busco en negro afanar pero intertanto
Nada hay ya de común entre nosotros:
Quedaos (*Da algunos pasos y se detiene*)

Is. Esperad: Todo en sus labios (*Aparte*)
Oculta con lo oscuro del lenguaje
Una infausta verdad...! ¡Ah! no: alejaos[41]
De este sitio...(*Aparte*) parece... sí: un instante...[42]
Esperadme un instante... (*Aparte*) no me engaño...[43]
Sus facciones... ya el hijo de Zafira
Debe ser de esta edad considerado (*Se va por donde Zafira*)[44].

Escena 6ª.

Selim a su tiempo saca el turbante que pone en el sofá, o en otro punto visible, a cuya sazón entra Noemí, con un cesto de flores; lo observa sin hablarle hasta que va él a partir.

Sel. ¿Por qué esperaste? No mi justa causa[45]

---

[41] Después de este verso *Obras* escribe «(Representa)» (*Obras* 116). También reproduce puntos suspensivos después de la palabra «Ah».

[42] Se suprime este «aparte» (*Obras* 116).

[43] La palabra «aparte» aparece al final del verso (*Obras* 116).

[44] «(*Vase por donde Zafira*)» (*Obras* 116).

[45] Se usan signos de admiración en vez de los de interrogación. Además, se insertan puntos suspensivos después de la palabra «esperarle» (*Obras* 116).

Debo seguir con trámites más tardes[46]
Hasta encontrar el suspirado instante
Y tú de mi deber, tremendo rayo
(*Saca el turbante*)[47]
Fatal recuerdo de mi triste infancia
Por la inocencia y por amor guardado
Que hora me arrastras con funesta saña
De mi destino al furibundo caos:
Quédate en mi lugar a ser principio
De esta infausta prisión, sepa el tirano
Que aún vivo y le aborrezco (*Va a partir y se detiene a la voz de Noemí*).
Noemí. Le conozco:
Oíd señor
Sel. ¿Qué quieres?
Noemí. Libertaros.
Los guardas de la puerta que allá quedan
Os vieron cuando entrasteis en palacio
Y os esperan allí sin duda alguna
Vais a ser sorprendido: interrogado:...[48]
Yo os conozco a fe mía: van dos lustros
Que de una noche en el espeso manto
Os salvaron de aquí, y aquel turbante,
En vuestra joven frente colocado...
Sel. Callad
Noemí. Pues habéis visto en mí una prueba
Y que otro puede como yo notaros
Esta llave tomad; y hacia esta parte
Siguiendo por el pie de este rejado
Una puerta hallaréis, abridla e idos.
Sel. (*Sacando un bolsillo*) Tomad ese bolsillo
Noemí. No: guardadlo
Para comprar aquellos que se venden
Al infame interés.
Sel. ¿No eres esclavo?

---

[46] «... más tardos» (*Obras* 116).
[47] Esta indicación se coloca después del próximo verso (*Obras* 116).
[48] *Obras* suprime los dos puntos después de «sorprendido» y escribe «e» (*Obras* 117). Azougarh suprime los dos puntos y la elipsis e inserta «e» (Azougarh 243).

Noemí. Soy superior en todo a la fortuna
Mas tesoro no quiero: yo la canto
Según la encuentro, próspera a adversa
Y así de sus caprichos nada extraño.
Sel. Hombre feliz ¿quién eres? (*Conmovido*)
Noemí. Yo... un árabe
A quien negó la suerte vuestro rango
Pero no un alma ardiente y compasiva.
Sel. ¡Ah! pueda por lo menos en mis brazos
Encarecer tan generoso pecho. (*Le abraza*)
¿Cómo te llamas?
Noemí. Noemí: encargado
De velar noche y día el mausoleo
Que a vuestro justo padre consagraron.
El deber y el amor, sobre el cual nacen
Estas míseras flores, que aquí traigo
Donde Zafira, en sempiterno lloro,
Considera encontrar algún escaso
Resto de sus espíritus vitales,
Reproducidos en los verdes tallos,
Cuyas raíces con sus huesos tocan.
Sel. Ora, sí, que es verdad se hace sagrado
Tu nombre a todo el resto de mi vida:
Pero debo partir ¡quieran los hados
Proteger mi misión! mas sobre todo[49]
El secreto guardad: sí: reservadlo;
Que es de grande importancia de ninguno
Ser conocido, y menos en palacio,
Ni aun de mi madre misma, si llegase
Por suerte a conocerme... siento pasos.
Adiós y Alá te guarde.
Noemí. Seguid siempre
La voz de mi instrumento, hasta alejaros
No sea que os perdáis por otra senda.
(*Se va Selim por la puerta del foro*)[50].

---

[49] Se borra el signo de admiración (*Obras* 118).
[50] «*Vase Selim por la puerta del frente*» (*Obras* 118).

Escena 7ª.

Noemí coloca el cesto de flores junto al turbante: descuelga el laúd que trae a la espalda: lo apoya en la reja y preludia: sale Isaac seguido de Zafira a cuya voz con sorpresa se vuelve Noemí que está de espalda: cesa su preludio y coloca el laúd donde lo traía.

Isaac. Vedle
Zaf. ¿Dónde[51]?
Isaac. ¡Oh sin duda que engañado[52]
 Mal mi buena intención ha conocido:
 Pero creedme; en sus facciones hallo
 Junto a las tuyas semejanza tanta
 Que sin temor jurara...
Zaf. (*Con prontitud a Noemí*) ¿Has encontrado
 En este sitio un joven extranjero[53]
Noemí. Sí le encontré y partió.
Zaf. ¡Partió! y en tanto
 Que contigo se hallaba ¿nada dijo[54]?
Noemí. Que partía y...
Zaf. ¿Qué? hablad ¿dijiste algo[55]?
 Por piedad ¿qué te ha dicho[56]?
Noemí. Aquellas flores
 Con más fuerza que yo pueden probaros.
Zaf. e Is. ¡Las flores[57]!
Zaf. ¡Un turbante! ¡justo cielo!
 ¿Quién le condujo? (*A Noemí*)[58]
Noemí. Él (*Con una insinuación*)
 ¡Ay! (*Toma el turbante, lo mira,
 lo reconoce y da un grito de sorpresa*).

---

[51] Se suprimen los signos de interrogación (*Obras* 119).
[52] En nuestra edición no se cierra el signo de admiración. En *Obras* se cierra después de la «Oh», pero no se abre.
[53] En la nuestra no se cierra el signo de interrogación.
[54] Se suprime el primer signo de interrogación (*Obras* 119).
[55] *Obras* reproduce el mismo verso de la siguiente manera: «¡Qué? hablad...! díjote algo» (119) Azougarh dice: «¡Qué? ¡hablad...! díjote algo» (245).
[56] Termina con puntos suspensivos.
[57] «Las flores!!!» en *Obras* (119) y «¡Las flores!» en Azougarh (246).
[58] Se borra el primer signo de interrogación en *Obras* (119).

Isaac. ¡Fatal presagio!
Zaf. Isaac, el incógnito, el incógnito (*Exaltada*)[59]
    Ese noble extranjero, sí, buscadlo
    Y llegadle hasta mí... me pertenece:
    Debo verle, abrazarle.... eres humano
    Y no quebrantarás las santas leyes
    De la hospitalidad.
Isaac. Sí: voy sus pasos
    A seguir en tu obsequio y ¡quiera el cielo
    Que empezar su ventura esté en mis manos[60]!
    (*Parte Isaac por el foro, y Zafira parte derecha llevándose el turbante*)[61].

---

[59] Se insertan puntos suspensivos después de la palabra «incógnito» (*Obras* 120).
[60] Se suprimen los signos de admiración (*Obras* 120).
[61] «por el frente» (*Obras* 120).

Acto segundo
El reconocimiento

(*Continúa la misma decoración y sale Zafira por donde partió*)

Escena 1a.
    Zaf. Nada en mis dudas aclarar consigo
    Y Colifa, aún no vuelve: el tiempo vuela.
    Barbaroja triunfante de los pueblos
    Que osaron levantarse ya se acerca
    Y la sangre a correr torna de nuevo
    Para brindarme como fruto de ella
    La elevación a un trono... ¡Oh nunca, nunca[62],
    Sus grados pisaré: la tumba encierra
    Más sublime expresión para mi alma

Escena 2a.
    Dicha y Dalí *con júbilo y reserva.*

    Dal. Participa conmigo alegres nuevas
    Zaf. ¡Las habrá para mí! (*con tristeza*)
    Dal. Selim, tu hijo (*Selim se deja ver en el fo*)[63].
    A quien la suerte próspera sustenta...
    Zaf. (*interrumpiéndole*) ¿Ha vuelto a Mauritania?
    ¿tú le has visto?
    ¿Quién le aleja de mí? ¿Dónde se hospeda?
    ¿Dudará de mi amor?

---

[62] «¡Oh!» en *Obras* (121).

[63] Nosotros interpretamos «fo.» como fondo. «Déjase ver Selim al frente como oyendo» (*Obras* 121).

Dal. No: te equivocas:
¡Pluguiera al justo cielo que tan cerca
De vosotros se hallase! pero pronto[64]
Le veremos aquí. La ves aquella
Que cual sombra salida del averno
Con faz adusta, de pavor cubierta,
Un mensajero oscuro y misterioso
Aquí vino a dejar la triste nueva
De su temprana muerte que gemimos
Y con felicidad cumplió su empresa
Hablando de tal modo que el monarca
Nada temiese ya de su existencia
Fue sólo de tu hijo un emisario
Que descubrir tu situación debiera.
Zaf. ¡Con que vive gran Dios[65]!
Dal. Sí: vive, vive,
Y fulminante, cual veloz centella,
Vuela a nosotros del deber llamado;
Resplandenciente y grande a la manera[66]
Que el astro precursor de la mañana
Por el espacio fúlgido se eleva,
Trayendo en pos el luminar del día:
Y al empezar su espléndida carrera
Disípanse las sombras nocturnales,
Que hurtan su luz a la dormida tierra
Así en mi gozo la contempla el alma
Y de fe entusiasmo el corazón me llena.
Zaf. ¿Quién dio noticia tal[67]?
Dal. No dudes nada
Ese extranjero que a anunciarle llega
Depositando en mí, todo el secreto
Esa carta me dio: he aquí su letra.
(*Saca una carta que va a abrir pero sale Selim y le contiene reprendiéndole: Zafira le mira con interés queriendo conocerle*).

---

[64] Se escribe «nosotros» en vez de «vosotros» y se suprime el signo de admiración (*Obras* 122).

[65] «Con que vive, gran Dios!!!» (*Obras* 122) y «Con que vive, ¡Gran Dios!» (Azougarh 248).

[66] «Resplandeciente» (*Obras* 122).

[67] Se reproducen puntos suspensivos (*Obras* 122).

Escena 3a.

Dichos y Selim

Sel. ¡Dali! (*le hace doblar la carta y le habla en secreto*)[68].
Zaf. (*Aparte*). ¡Oh! es él... acaso será un sueño[69]
Como mil que brillaron en mi idea
Para volar después con la esperanza?
Dal. Es un error, miradla, nada temas
Esta es su madre, su infelice madre
En cuyos ojos de correr no cesa
El llanto consagrado a su memoria
Habladla, pues.
Sel. (*Turbado*) ¡Qué confusión! no puedo
Zaf. ¡Oh divina bondad! ¿qué voz secreta
Llama en mi corazón? Dime extranjero[70]
¿Conocéis a Selim?
Sel. Y muy de cerca.
Zaf. ¡Ah! ¡cuanta semejanza! ¿Y vuestro nombre?
Sel Es secreto (*Procurando ocultar su turbación*)
Zaf. ¡Secreto! (*se llega a Dal. y hablan entre sí*)
Sel. (*Aparte con sentimiento*)[71] ¡Cuánto aqueja
Este disfraz a mi sensible pecho!
Nunca probé la poderosa fuerza
Del afecto filial, que en mí se inflama,
Con tan vehemente ardor ¡Ah! si pudiera
Arrojarme en sus brazos, y decirla:
Madre del corazón, madre adorada,
Y embriagado de gozo en sus ternezas
Sentirme renacer...![72] mas no hay remedio:
El secreto es el alma de mi empresa.
Zaf. Mas decidme extranjero ¿qué noticias[73]

---

[68] «*Le hace doblar la carta: le habla en secreto mientras Safira representa*» (*Obras* 123).
[69] La indicación no aparece en *Obras*. Además, Azougarh dice: «¡Ah! ¿no es él mismo? ¿Acaso será un sueño» (Azougarh 249).
[70] Se suprimen los signos de interrogación y cierra el signo de admiración donde se coloca el de interrogación (*Obras* 123).
[71] «(*Aparte con voz reprimida sentimental*)» (*Obras* 124).
[72] Se suprimen los puntos suspensivos y el signo de admiración (*Obras* 124).
[73] Abre con «(*Llegándose a Selim*)» (*Obras* 124).

　　　　Me dáis de vuestros padres? sí, dispensa
　　　　Este favor a una exaltada madre:
　　　　Y en la dulce ilusión que me enajena
　　　　Dejadme solazar por un momento.
　　Sel. Tengo de árabes noble descendencia
　　　　Y a mis padres conozco desgraciados,
　　　　¡Cuántos desastres la fortuna adversa[74]
　　　　Deparó contra ellos!...
　　Zaf. No mas vuelva
　　　　En vuestros labios a esconderse el habla:
　　Sel. Puesto que le queréis oíd mis penas,
　　　　Bella madre del joven peregrino
　　　　Nací en la Arabia sin nombrar la tierra
　　　　Do abrí los ojos a la luz del mundo
　　　　Os daré de mi vida alguna señal.
　　　　Mas tan oscura que el sensible punto
　　　　De mi fatalidad nunca se vea;
　　　　Yo vi en mal hora amanecer un día
　　　　Que en vano para siempre anocheciera
　　　　Ni tan lejos de mí llevóle el tiempo
　　　　Cuando mi corazón que se alimenta
　　　　Con su infausta memoria en todas partes
　　　　Como un fantasma aterrador lo encuentra
　　　　Lo encuentra y gimo; porque en él mi padre
　　　　Al fallo sucumbió de muerte fiera
　　　　Por homicida mano ejecutada.
　　　　Entonces ¡Ay! la misteriosa estrella
　　　　Que el fatalismo sugirió a mi cuna
　　　　Y un destino colmado de fiereza
　　　　Me arrancan de los brazos de mi madre
　　　　Burlando su dolor y mi inocencia:
　　　　Pues por pura piedad un fiel esclavo
　　　　Donde la compasión pura y sincera
　　　　Halló el más digno y generoso culto
　　　　Vamos, me dijo, que tu muerte estrecha
　　　　Si el luminar del día aquí te hallara.
　　　　Entonces de la noche en las tinieblas

---

[74] Se borra el signo de admiración y se reproduce la indicación «(Aparte)» (*Obras* 124).

Y al amparo de sombras tenebrosas
Me arrebató del lecho en que durmiera
Con parte de mi estirpe sepultada
Con parte de mi estirpe en las cadenas.
Quince lunas corrí peregrinando
El pan y el agua en la mayor miseria
Tributando continuos homenajes
A los que un tiempo mis vasallos fueran:
Faltóme el distintivo de fortuna,
Rodé de su alta gloria en indigencia
A la nada de un mísero vagante,
Que con incierto pie su vida lleva,
De la amargura el cáliz apurando:
De baldón, en baldón, de mengua en mengua:
Así corrí gran tiempo abandonado
Al más duro dolor y penitencia,
Coronado de negros huracanes,
Cuya indómita furia en sus soberbias
Lluvias de rayos derramando al suelo,
Parecía querer en mi cabeza
Todo el furor saciar de un Dios terrible
Cuando indignado contra el hombre truena.
Diez veces a mis plantas vi la muerte
Pareciéndome oír por donde quiera
El dolorido acento de una madre
Que atormentada por mi vida incierta,
Arrasados en lágrimas sus ojos
Al cielo enderezaba sus querellas,
Y por mí preguntaba mas en tanto
Sus quejidos me siguen, sus dolencias
Parten mi corazón, y un amor tierno,
Con dardos punzadores me penetra.

Zaf. No más, no más, que el alma en su elemento
(*Enajenada*).
Los nudos rompe ya que la encadenan
A tan feliz momento... sí... sí... tú eres...
Tú eres mi hijo el que la más tremenda
Fortuna me arrancó en aciaga noche
Pero ya ¿qué poder habrá en la tierra

Que me aparte de ti..? (*Corre a abrazarle – Selim la detiene*)[75].
Sel. ¡Ah deteneos[76]!
Si Deteneos por piedad, no sea,
Que en tan feliz transporte... ved primero
Que aún no me conocéis: tanta vehemencia
¡Cuál fallo funestísimo no echara
Sobre mi triste vida[77]!
Dal. (*Aparte*) ¡Oh si tal fuera!
Zaf. (*Desconsolada*) ¡Desventurada madre!
Sel. (*Bajo*) ¡Hijo infelice!
Su triste llanto si enjugar pudiera.
Zaf. Mi corazón no miente, tú me engañas[78]
Sel. No más me acongojéis. El crimen reina[79]
Y hasta verle caer negarme debo[80].
Zaf. ¡Oh ilusión venturosa y halagüena:
¡Qué exigiste de mí! ¿Dónde arrastrada[81]
Me dejé conducir en la violencia
Que el excesivo amor en mí produjo?
Mirad... no... ¿quién convencerme intenta[82]
Que es un error lo que palpando estoy,
¿Si cada movimiento es una prueba[83]?
Tú eres el hijo de Selim Eutemí[84],
Tu padre aquí murió, su vida envuelta
Por homicida mano en esta Corte
Víctima fue de la traición más negra,

---

[75] Se suprimen los signos de interrogación y se escribe «*abrazarlo*» (*Obras* 126).

[76] «¡Ah! deteneos» (*Obras* 126).

[77] Se suprimen los signos de admiración (Obras 126)..

[78] «tú te engañas». Además se reproduce «(*Al verle conmovido*)» (*Obras* 127).

[79] Se reproduce «(*Tierno cuando habla a Zafira*)» (*Obras* 127).

[80] Se reproduce «(*Grave cuando reflexiona*)» (*Obras* 127).

[81] Se suprime el primer signo de admiración (*Obras* 127).

[82] En *Obras* (127) se cierra el verso con un signo de interrogación y se reproduce el siguiente paréntesis: «(*Torna a Selim para dirigirle la palabra convencida de su error; pero vuelve a tomar la expresión exasperada con todas las pruebas de que es lo que ella juzga*)». Azougarh dice lo mismo pero omite el signo de interrogación (253).

[83] Se reproducen signos de admiración en vez de signos de interrogación (*Obras* 127 y Azougarh 253). En *Obras* se suprime el que abre.

[84] Se escribe «Eutemí» sin acento (Azougarh 253).

Y tu madre soy yo...
Sel. (*Aparte*) ¡Ay, qué tormentos
En mi agitada mente se remuevan
Para más padecer! (A Dalí) ¡Oh noble anciano
Esta madre delira huyamos de ella;
Que nuestra posición en semejanza
Bajo un punto de vista nos estrecha
Y el secreto en mis labios ya peligra.

Escena 4ª.

Dichos y Colifa, que entra antes de haber concluido Selim, Zafira le dirige la palabra Sel. y Dalí dan algunos pasos y se detienen.

Zaf. ¿Le ves? en sus facciones ¿no recuerdas?...[85]
Col. Algo percibo en él, pero se dice
 Ser cristiano ese joven, y se espera
 Ocasión oportuna desprenderlo
 Con sus cómplices todos por cabeza
 De una gran rebelión Isaac le espía
 Y cauteloso sus acciones vela
 Temiendo con razón que Carlos quinto
 o tu padre quizá... vámonos fuera
 Y en el jardín a solas pensaremos (*Parten*).

Escena 5ª.

Selim y Dalí

Sel. ¿Oíste[86]?
Dal. Y ¿qué importa? La nobleza[87]
 Que forma el vasto reino Mauritanio

---

[85] «Le ves: ¿en sus facciones no recuerdas...?» (*Obras* 128).
[86] Se abre con signo de admiración (*Obras* 128) y de interrogación (Azougarh 254).
[87] Se suprime el signo de interrogación que abre (*Obras* 128) y el que cierra (Azougarh 254).

El pronto arrimo de Selim no espera[88]
A pesar de Isaac? Cuide en buen hora
La suerte que usurpó con mano fiera
Su despiadado hermano, ya sabemos
Hasta qué punto la bondad suprema
Del cielo, nuestra causa favorece:
Pues viviendo Selim...
Sel. Dalí, prudencia:
Que no es llegado el tiempo en que podemos
Tal nombre pronunciar: las voces vuelan,
Y pudieran también estas paredes
Tus ecos repetir.
Dal. Si habita en ellas
Oculto un genio que invisible escucha
Los secretos del hombre y los revela,
Dicte mi acusación, yo no la temo;
Si amparo a la virtud, mi causa es buena:
Ayer lo prometí y hoy lo sostengo.
Jamás Zafira enlazará su diestra
Con ese oscuro ente, a quien fortuna
Del lodo levantó, y al trono eleva,
Para escándalo vil del Universo
¿Y yo tranquilo, en lágrimas deshecho
Jurando habré de verla un himeneo
Que siempre firme y con horror detesta?
Ni abandonada su ternura, siendo
Víctima de pasiones tan violentas
Mi cólera y furor excederían
De Barbaroja a la ambición funesta
Pues ni los años minorar pudieron
Mi ardiente corazón, que cual se expresa
Latir le siento en la mitad del alma
Sí, amigo: la estrecha dependencia
Que un amor patrio constituye al hombre,
Mis sentimientos de pesar fomentan,
y ¡Ay! del día en que la suerte dura
Poner quisiere mi constancia a prueba!

---

[88] «El pronto arribo de Selim no espera» (*Obras* 128).

Sel. Dadme esa mano ¿me conoces? sientes[89]
Como hierve la sangre por mis venas?...
¿No te electriza el convulsivo impulso
De esta llama voraz que en vano intenta
Apagar el rigor de mi fortuna
Bajo el duro poder con que me impera..?
Pues obra es del destino este impasible
Rencor, que en sorda furia se alimenta,
Con la horrible ansiedad devoradora
Que me consume en flor... y esta secreta
causa, terrible, que por todas partes
Conmigo llevo, y sin cesar me aqueja
Este anhelar sin fin, ni calma alguna
Esta vida de horror, y rabia llena
Son ascuas de un volcán inextinguible
Que aquí inflamado el corazón me quema...
Acabemos, Dalí... no más secretos.
¿No buscas confundido en mil cautelas
Al hijo de Zafira, contrastando
Todo el rigor que su enemiga estrella
Le condenó a sufrir !Pues bien amigo
Hete aquí a Selim... he aquí la herencia
Única y triste que quedó a mi madre
De su amor infeliz.
Dal. ¡Bondad suprema!
¡Dios de los buenos! cuya excelsa mente
El vasto imperio de los orbes llena
¡Salve a tu inmensidad! pues que nos vuelves
De nuestra gloria la mejor enseña.
Y ahora objeto de mis justas ansias
Dad a este anciano, que a tus plantas pueda...
Sel. ¿A mis plantas! jamás. En estos brazos
(*Le abraza*)
Amor te brinda la amistad más tierna
Del que gimiendo en orfandad sensible
En ti ya un padre, y protector encuentra,
Mas he rasgado el misterioso velo,

---

[89] Se insertan puntos suspensivos después de «manos» (*Obras* 129).

Que encubría a tus ojos mi existencia,
Ya que nada más queda entre nosotros,
Que el santo nudo de amistad suprema,
Dejadme lamentar que al fin soy hombre,
Y en este sitio por la vez primera
Quiero... quiero llorar, y corra el llanto
Por mi cuna infeliz. ¡Oh si yo hubiera
En la infancia acabado el primer día
Con que la suerte me engolfó cruenta
En ese mundo de amargura lleno!
Nunca mi alma la impiedad funesta
Probara de las bárbaras pasiones,
Que traban en mi pecho lid horrenda
Cuando sólo un mortal respira esclavo
Del terrible rencor, que le condena,
Cuando vive cual yo por la venganza,
¿No es el más infelice de la tierra?

Dal. Príncipe generoso a quien admiro,
¿Qué prestigios advierto de flaqueza?
En ese corazón que ahora mismo
Del impetuoso rayo imagen era?
Los tristes días y penadas noches
De peregrinación por patria ajena,
¿En súbito desmayo se os olvidan?

Sel. Todo calma en el hombre, cuando piensa...
De esta gloria fugaz, el pasajero
Período, que a la tumba nos acerca.

Dal. ¿Y podéis olvidar de vuestro padre
A el asesino que insolente huella
Sus cenizas impune respirando...?

Sel. ¡A mi padre, jamás!... tu voz renueva
La Cólera en mi pecho, que abrazado
Semejante a un infierno hirviendo queda.
Si he podido, cual vistes, desviarme
De los altos deberes que me empeñan,
Viendo la flor de mis primeros años
Condenados a horrores y crudezas,
Siento también que en lo interior me incita
Todo el ardor que fervoroso alienta

Al que gloria y venganza a un tiempo busca.
Dal. Esperad un momento, hacia aquí llega
(*va hacia la puerta del frente, mira, torna, y sigue*)
Señor el Gran Muftí, grave ser debe
El objeto que trae: mas no os vea
Por conveniente tengo, no lo extrañe
Y a una convicción nos comprometa
Retiraos allí.
Sel. Podré enterarme (*Bajo*).
De todo, sin ser visto (*se oculta*).

Escena 6ª.

Dichos y el Gran Muftí.

Muftí. Dalí: fuerza
Es alzar a Zafira al regio trono,
Solo su mano, salvará la tierra
Del mar de sangre que inundarla puede,
La desgracia mayor se nos presenta,
Cual hidrópica nube tempestuosa
Que apiña el huracán, y sólo espera
Con la expresión del rayo desplegarse
Para abortar terrible el mal que encierra.
Dal. Y bien.
Muftí. Isouf, oráculo infalible,
Esta próxima suerte nos revela
Y el nupcio breve de Zafira exige
Para evitar catástrofes tremendas.
Dal. ¿Y ese oscuro agorero que en la Frigia
Nació llevando a Egipto las cadenas
De torva esclavitud, que en ella aprende
De sortilegios mil artes perversas,
Ese Isouf que despreciado vive
En lo embreñado de la oculta selva,
Sólo del necio vulgo conocido,
Es quien decide y a su voz sujeta
La suerte de este Reino, y de Zafira?...
Proseguid, proseguid.

Muftí. Su excelsa ciencia,
  Combinando Isouf, a nuestra vista
  Alzó la frente, y de la ardiente esfera
  Sintió la inspiración del ser que oculto
  Las futuras edades le revela.
  Yo, le miraba atento y esperaba
  Del profundo pensar la noble prueba,
  Cuando alzando su vara misteriosa
  Mostró del cielo las terribles señas,
  Y en roja sombra Mauritania toda
  Cubrirse he visto: y la deidad suprema
  Parecía a los férvidos deseos
  Del vaticinio dar sin más reserva
  De su revelación todo el asunto
  Diciéndonos en fin: mano sangrienta
  Caerá sobre vosotros este día,
  Si pertinaz Zafira no sujeta
  Su voluntad al invencible hado
  Que a ser de nuevo esposa la condena.
Dal. Ministro del altar, quien a Dios sirve,
  De su virtud los títulos respeta:
  La verdad es el lema de Sus obras
  Y no el error con que la turba necia
  Sucumbe a la ignorancia: sí indignada
  El justo Cielo contra mí se alienta,
  No encuentro causa, pero si hay alguna
  En mi solo descargue mi clemencia
  De su justicia la ejemplar cuchilla,
  ¡Ay! si del cielo penetrar pudieras
  Al alto Tribunal donde no alcanza
  La mentira a mover su falsa lengua,
  Hoy de vuestros deberes convencido
  No a tal complicidad crédito dieras.
Muftí. ¡Complicidad!
Dal. Terrible sí: terrible
  Y en todo su rigor la más funesta
  ¡De un oráculo habláis! todo él es falso
  Tamaña extravagancia no es suprema
  Motivos hay que por absurdo y vano

Su acción destruye y su saber condena.
Muftí. ¡Tanto fuego Dalí! ¿Qué te estimula?
Dal. Amor a la verdad y a la inocencia.
En el local que veis de esta morada
Jura Selim que estampará sus huellas,
Vertiendo sangre y castigando un crimen.
Muf. Mira ya del oráculo una prueba
Hombre tenaz,... Del hijo de Zafira
¿Dónde no se descubren las ideas,
Quién no penetrará sus pensamientos?
¿Quién de su madre evitará las quejas
Si le torna a abrazar? Y en este caso
¿Cómo aplacar la tragicunda diestra
Del vengador oculto de su padre?
Dal. Justa razón vuestro temor encierra,
Y convendréis conmigo que ese enlace...
Muf. (*con cólera reprimida*)
Aplacará las furias que alimentan
Soberbios padres, de tan ciegas hijas.
Dal. Está bien prosperad: pues nada cuesta
De los cielos interprete nombrarse,
Cuando el soborno, el miedo, o la violencia
Autorizan sus vanas predicciones;
Mas ved que Dios sobre los hombres vela,
Por muy que oculto sus intentos lleven,
Él solo, el corazón es quien penetra
Y como justo juez, obra y castiga.
Muf. ¡Ah! yo refrenaré tanta insolencia (*Vase*).

Escena 7ª.

Dal. ¿Le oistes[90]?
(*A Selim que sale de donde estaba oculto*)
Sel. Sí por cierto lo bastante
Para ver amagada tu cabeza,
Ese gran sacerdote ya irritado
Sin duda ante el diván irá sus quejas

---

[90] Estas dos palabras se unen en nuestro manuscrito.

> Impaciente a exponer, sí, cuanto antes
> Abandona este sitio la prudencia
> Y mi amor te lo exigen de contado.
>
> **Dal.** ¿Y cómo abandonaros cuando apenas
> Ni sabéis donde estáis?
>
> **Sel.** ¡Oh! no importa
> Del justo cielo pende mi defensa
> El guardarme sabrá.
>
> **Dal.** Sea en buen hora (*Vase*).

Escena 8ª.

> Selim *y luego* Zafira y Colifa

> **Sel.** ¡No saber donde estoy! La vez postrera
> Que del cariño paternal gozaba
> No ha sido en esta estancia?... Aquella puerta[91]
> No conduce al lugar, donde por siempre
> Se sumergió su vista en las tinieblas,
> De una muerte infeliz y prematura,
> Que principió la mísera cadena
> De cuantos males para mí reunieron
> La orfandad, el dolor y la indigencia?
>
> (*Al terminar Selim se oye la voz del Muftí, en seguida salen Zafira y Colifa, y se oye dentro sordo rumor de voces, ruido de armas que se aleja sucesivamente*).
>
> **Muf.** ¿Traición, traición...! alzad creyentes[92]
> El Profeta os llama.
>
> **Sel.** ¡Qué voz es esta[93]?
>
> **Zaf.** ¡Qué ruido que rumor! amiga parte,
> Y de esa novedad la causa observa.
> (*Vase Colifa*).

---

[91] Se abre el signo de interrogación con la palabra «Aquella» (Azougarh 262).

[92] Se suprime el primer signo (*Obras* 136) pero en Azougarh se abre con un signo de admiración (262).

[93] Abre con un signo de interrogación (Azougarh 262).

Escena 9ª.

Zafira y Selim

Zaf. También vos extranjero de este sitio
Separaos, que cualesquiera que sea
Vuestra solicitud, si aquí sois visto,
Os acriminarán, y una sospecha
Bastaría a fallar en vuestra vida.
Sel. No, no lo creáis (*Con calma*).
Zaf. Nuestras leyes condenan,
Sin remisión alguna al que se encuentre,
Conmigo a solas como estáis en esta.
Sel. Si la fatal cuchilla del verdugo
Próxima a ensangrentarse en mi cabeza
Viese la viuda de Selim Eutemi,
Al que a su hijo tanto se asemeja
¿La madre nos salvara...?
Zaf. No recordéis
Memoria tal que de amargura llena
Mi cruel situación: sino un esposo,
Un hijo por lo menos que tuviera
¿Cómo así a mi dolor abandonada
Presa del infortunio aquí gimiera?
Sel. ¿Dónde está el alma tan de mármol dura (*Aparte*).
Que ser a tanto indiferente pueda?
Zaf. De todo me despoja un genio infausto.
Sel. Decid: ¿tenéis bastante fortaleza
(*Tomándole una mano*).
Para ocultar en vuestro noble pecho
Un grandioso secreto...? Yo, altas nuevas
De ventura os daré, si esta consiste
En que sepáis de vuestra cara prenda,
Yo lo puedo y lo haré, si un juramento
Solemnizáis de la naturaleza
Ante el sublime autor... una palabra,
Que ya en los labios contener apenas
Puedo, será bastante...
(*Entra Colifa agitada*).

Escena 10ª.

Colifa, Zafira, Selim

Col. (*Afligida y sobresaltad*).
¡Socorredle!!!
¿Pero a quién ocurrir en su defensa?
(*Con sentimiento*).
Zaf. ¿Qué ha sucedido...?
Col. Un grupo numeroso,
De armados Turcos aprehender intenta
Al anciano Dalí... que resistido
Con el desnudo alfanje dando prueba
De su antiguo valor con todos lidia;
Pero en vano será que se defienda
Pues todos le acometen y le oprimen.
Sel. Cobardes esperad que Selim muera.
(*Desnuda su alfanje y vase*).

Escena 11ª.

Califa y Zafira

Col. Es tu hijo.
Zaf. Y mis contentos todos
Renacen ya de la esperanza muerta,
Como el precoz destello de la aurora
Al nebuloso cielo se presenta;
Mas qué será de él...
Col. Desde esa sala
(*Señalando a dentro*).
Lo más podremos ver de la contienda.

Escena 12ª.

Noemí y Selim

Noe. No lo permitiré, todo es en vano,
Y os perderéis con la mayor certeza

Sel. Quiero salvarle a costa de mi vida.
Noe. Es infructuosa toda diligencia;
Sel. ¡Oh rabia!
Noe. No, hay que desesperarse
　　　Fiaros más de mí que de la fuerza
　　　Y os prometo un feliz resultado.
　　　Este mismo palacio ya os preserva
　　　De todos los peligros, sí, seguidme
　　　Y cuando todos vuestro nombre sepan,
　　　Sepan también que con la gloria unidos,
　　　Llevasteis el valor y la prudencia.
Sel. ¿Y qué exiges de mí?
Noe. Venid conmigo
　　　Donde con libertad hablaros pueda.
　　　(*Parten por la izquierda del espectador*).

Acto tercero

La Revelación

Sala de palacio en la que se ve un trono: entradas y salidas laterales y a la izquierda del espectador una ventana que da vista a la plaza.

Escena 1ª.

Zafira sale por una de las entradas que figuran las galerías por la derecha del espectador hacia el fondo.

Zafira. ¡Qué habrá sido de él...! ¡Ah! cuantas dudas[94]
En mi angustiado pecho se complican:
¡Oh frágil condición de los mortales!
¿Quién no creyera que llegado había
De los males al fin?... Brillóme apenas
Una esperanza alegre y fugitiva,
Cual la sombra que en sueños nos engaña,
Llevándose tras sí nuestra alegría
Sí: al cabo de diez años, y gemidos
Soportando cual mísera cautiva
Esta prisión dorada que me encierra,
Vuelvo a encontrar al hijo que la impía
Fortuna me robó, con dura mano;
Y cuando pienso que entre mil caricias
Voy a holgarme en su amor de gozo llena,
Otro nuevo huracán, como imprevista
Tormenta me le arranca de los brazos,
Y en la tumba tal vez le precipita (*Llora*).

---

[94] Se suprimen los signos de admiración que abren (*Obras* 141), pero no en Azougarh (266).

Escena 2ª.

Entra Noemí por la izquierda con ánimo de atravesar la escena sin ser visto: Zafira siente sus pasos: lo ve y le habla. Selim estará oculto hasta su tiempo.
   Dicha Noemí y Selim

Zaf. Te buscaba Noemí ¿sabes acaso
   De ese extranjero joven, cuya vida
   Tanto me hace temer...?
Noe. ¿Por qué Señora?
Zaf. ¿No lo sabes aún ¿no lo adivinas?
   ¿En su rostro no has visto las señales
   Del hijo que perdí? Su boca misma
   Involuntariamente esta mañana
   Su nombre reveló... (*Sale Selim*)
Sel. Sí, madre mía:
   (*Vase Noemí por la derecha*).
   El afecto filial irresistible
   Como el acero que al imán se inclina
   Por una oculta y poderosa fuerza
   Triunfó en mi corazón a vuestra vista,
   Y privarme no pude por más tiempo
   De disfrutar la inexplicable dicha,
   Que se goza al regazo de una madre,
   Dicha suprema, grande, indefinida
   Como el torrente eterno que derrama
   Por la inmensa creación, ser y delicias,
   Para el que prueba como yo este instante
   Si... abracémonos ya...
Zaf. ¡Ah! (*Con júbilo*)
   Se abrazan y al mismo tiempo sale furtivamente Danmey por la derecha; los mira con una demostración de sorpresa, y atraviesa la escena sin ser visto.

Sel. ¡Pero en que día
   Tan cruel y aciago me encontráis de nuevo[95]?
   En el más turbulento de mi vida,

---
[95] Se inserta aquí un signo de admiración (*Obras* 143).

Cuando el gemido de un Adiós postrero
  Sólo os puedo ofrecer. ¡Ay madre mía
  Cuanto tormento os causo! lo conozco,
  Y con todo el rigor de mi desdicha
  Más siento vuestras penas que el terrible
  Deber a que la suerte me destina.
Zaf. ¿Pero qué causa, di, tan poderosa
  Se opone entre los dos? Cuando corrían
  Diez años... sí, diez años de una ausencia
  Que nuestros sentimientos dividían,
  Con poder semejante al de la muerte
  ¿Qué inaudita razón, qué mano impía
  Nos vuelve a separar?
Sel. No: yo no parto;
  Aquí elevada está la tumba mía...
Zaf. ¡La tumba!
Sel. O los gloriosos lauros
  Que al soplo de las penas se marchitan,
  Sobre el yerto sepulcro de mi padre.
Zaf. No más tus labios entre oscuras miras,
  Me oculten la verdad. ¡Oh! cuántos males[96]
  Con tu silencio a sospechar me inclinas,
  Si este apenado lloro que te ofrezco
  Con el pesar de mi angustiada vida
  Si haberte dado el ser tiene en tu alma
  Mérito alguno, que al amor te obliga
  Tus designios decid.
Sel. ¿No adivináis
  La deplorable causa que origina
  Mi acerba posición...? No basta el nombre
  De mi padre invocar...? La losa fría
  Que ya de los mortales le separa
  Con tan premura muerte ¿a quién no inspira
  Rencor eterno, y vengadora saña?
  Esta terrible causa, que fulmina,
  Como eléctrica llama, entre los moros
  Un intenso furor a fuer de lidia

---

[96] Se cierra «verdad» con un signo de admiración (*Obras* 143).

Ante los hijos de Ismael me ha puesto;
Todos ya por Selim se sacrifican
Perecerán o vivirán conmigo,
Como nacieron en mejores días.
Zaf. ¿Y no queda otro medio, que no sea
Esa sangrienta lucha en que se abisme
La juventud incauta, y tú con ella?
Sel. Sí hay, el de la razón y la justicia;
Y ése no le conocen los tiranos[97],
Por más que el fondo de su pecho aguije
El punzante puñal de la conciencia.
Zaf. La verdad en tus labios se acredita
Mas ¡Ay Selim! el pavoroso instante
Se presenta de lejos a mi vista,
Cual meteoro fúnebre, que anuncia
La catástrofe horrible de ese día.
Sí, creedme, el cuadro que bosqueja
Mi mente ya exaltada y confundida
Ve en la sangrienta lucha como triunfa
El sublime poder de la justicia
Veo el valor entronizar la gloria
De nuestra media luna oscurecida,
Y al cristiano arrogante y a los turcos
sus flotas dar a la región marina
Dejándonos la paz y nuestro culto:
Mas no veo a Selim junto a Zafira
Sucediendo a los goces que tributa
El sol que sigue a la tormenta impía.
Este presentimiento me aterrora
Desde que penetré de tu venida
La misteriosa causa. Tú lo puedes:
Aleja los horrores de este día;
Y triunfando el amor de la discordia
Huyamos a los campos de Mustigia
Allí tu abuelo está, la noche es bella...
Sel. ¡Madre, madre!!! ¿qué acción tan fementida
(*Con energía*).

---

[97] «lo conocen» (*Obras* 144).

¿Llegáis a proponerme? ¿creeisme acaso[98]
Capaz de una bajeza, envilecida
Mi memoria dejar como cobarde...?
¡Oh! yo no sé huir: sí, madre mía,
Sed más digna del ente que a luz disteis,
Y no querráis que réprobo maldiga
La cuna que abrigó mi nacimiento
Sospechando de todo cuanto habita
Alrededor de mí.
Zaf. ¡Oh tormento!
¿Mueran todos los turcos, debería[99]
Contigo proferir en el delirio
Del ardiente dolor, e irreflexiva
A la aniquilación anticipada
De la patria pedir la total ruina...?
No: no Selim, jamás contra los turcos,
Ni un brazo se levante: sí, que existan
Y cedan al imperio de los tiempos,
Que no por ser perverso el que los guía
Todos pérfidos son: bajo ese nombre
Aun pechos hay do la virtud respira
Ni juzgues aunque débil te parezco
En algunos momentos indecisa,
Que el más leve temor me hiere el pecho.
Audaz venganza el corazón palpita
De furia ardiendo en insaciable encono:
¿Mas contra quién, o dónde fijaría[100]
Para estallar mi cólera violenta,
Si no encuentro al objeto que imaginas?
Di: ¿qué lugar de la anchurosa tierra
Osa ocultar la mano fementida,
Que cruel, de padre a ti, a mí de esposa
Y a la patria de Rey a un tiempo priva...?
Sel. Mirad: leed, he aquí su nombre, y todo
(*Sacando un pliego*)
Cuanto probarnos pueda su perfidia,

---

[98] Se suprime el primer signo de interrogación (*Obras* 145).
[99] Se suprime el signo de interrogación (*Obras* 145), pero no en Azougarh (270).
[100] Se escribe la palabra «fijarla» (*Obras* 146).

Barbaroja, tirano en Mauritania,
El asesino es, que en mi familia
Un luto ha repartido con el llanto
Y vuestra mano pide en garantía
De tan cobarde acción.
Zaf. Si verdad fuera (*Sin abrir el pliego*).
Juro ante Dios que a costa de mi vida...

Se oye de improviso debajo de la ventana a la izquierda del espectador el preludio de un laúd al que sigue la letra por cuya causa quedan suspensos los que representan prestando atención al canto.

Letra[101]

Alerta mancebo que el dulce regazo
Gozáis tributando tiernísimo culto,
Mas ¡Ay! que la envidia te asecha de oculto,
Tendiendo a tu vida mortífero lazo.
Alerta: si me entiendes tu nombre guardando[102]
Al bosque de lilas seguidme volando[103].

Zaf. Es la voz de Noemí, con cuyo canto
De algún nuevo peligro nos avisa,
Es forzoso pensar...
Sel. ¿En qué señora?
¿No estéis con vuestro hijo?
Zaf. ¡Las perfidias!
Sel. Todas ante mi nombre solamente[104]
Se estrellaran confusas y abatidas,
pero ¡Ay! de aquel cuya imprudencia osara
Oprimiros ya más; desde este día
Que a vuestro lado palpitó mi pecho
Del amor maternal las dulces dichas,
Como en plácido sueño solazado,

---

[101] No se reproduce esta palabra sino «Canto» (*Obras* 146). En Azougarh aparece la palabra «*Letra*» (271).
[102] No se reproduce «Alerta» sino «Adiós» (*Obras* 147).
[103] Se escribe «lilas» con mayúscula (*Obras* 147).
[104] Estos versos le pertenecen a Zafira (*Obras* 147).

Todo lo olvido y pienso que mi vida...
Otra vez el laúd?
Zaf. Sí, sí, escuchemos[105].
Se oye a la derecha del espectador el mismo preludio del laúd y sigue la letra.

Canto

    El tiempo se pasa con rápido vuelo,
    Tus pasos asecha perfidia traidora
    Y el bien que te espera terrible devora
    Malicia cubierta de angélico velo:
    Mancebo a las Lilas te llama mi amor
    Si me entiendes, Madre, velad por su honor.

Zaf. Sí, esas trovas con razón me inspiran
(*Con extrema agitación*).
Todo el terror de una secreta trama
Que en su fondo tu muerte premedita.
Sel. ¿Y dónde están los pérfidos? cobardes,
(*Colérico*)
¿Qué tardáis en llegar a vuestra ruina?
Venidme a conocer, yo solo os llamo
No perdáis la ocasión:...
Zaf. ¿Selim, deliras
O del dolor hasta el postrer momento
Quieres llevar mi desgraciada vida?
Sel. ¿En dónde están las armas de mi padre?
(*A Zafira*).
Zaf. ¡Oh Dios eterno!
Sel. Dadme las insignias,
Que al Rey de Mauritania pertenecen
Por fueros de heredad. Selim respira....
Zaf. Y Zafira también: Si tu existencia
El amor que me ofrece garantiza
Atiende por piedad. Aquella puerta
Deja paso hasta el bosque de las Lilas,
Por un camino oculto y subterráneo,
De pocos conocido todavía:

---

[105] Este verso es de Selim (*Obras* 147).

Allí pues, de tu padre está el sepulcro
Y junto a él la soberana insignia
Cubre una caja de bruñido acero:
Id, y ante el Dios que tus acciones mira
Hágate el cielo Rey de Mauritania.
Sel. ¡Oh madre! Permitidme que conciba
En vuestros brazos la impresión más tierna
Pues tal resignación colma mis dichas,

Zafira le conduce por el frente, y a la derecha del espectador toca el resorte de una puerta secreta y sale Selim por ella.

Zaf. Ya está libre, ninguno puede verle
Más que Noemí... Pero qué motiva....
(*Entra Danmey con tropa armada*).

Escena 3ª.

Dicha Danmey

Dan. Tranquilizaos señora... ese extranjero....
Zaf. ¿Para qué le queréis? (*Perturbada*).
Dan. Todo me obliga
Apoderarme aquí de su persona:
Entregádmele pues. ¡Cuánto se agita! (*Aparte*).
Zaf. (*Con entereza*).
¡Ese extranjero! –no te pertenece.
Y estando bajo la custodia mía
Mucho menos, Danmey, de ese mancebo
Responderá al Monarca, yo Zafira[106].
Dan. ¿Y de vos al Monarca quién responde?
Zaf. Mi conciencia (*Volviéndole la espalda*).
Dan. Buscadle: no se omita
Con autoridad despótica a los soldados que se aparecen por toda la escena en diferentes direcciones.
Medio ninguno ya, de su persona
Cada cual me responde con la vida.

---

[106] Se reproduce «Responderé» (*Obras* 149).

Escena 4ª.

Danmey y *después soldados*

Dan. Este debe de ser el heredero
Del valiente Selim; si esta noticia
Se llegase a esparcir, en un momento
Todas mis esperanzas rodarían
Después de tanto afán... ¡Oh no! que muera
Si a este precio conservo las delicias
De llegar a mi fin.
Soldado Nada encontramos
(*Volviendo*)
En vano ha sido la eficaz pesquisa
Que por todo el palacio hasta la torre...
Dan. Basta, inútilmente se imaginan
Burlar mi vigilancia; iré yo mismo
Y...
Va a partir a cuyo tiempo se oyen voces y música marcial de lejos: los soldados salen por todas partes, dejando solo a Danmey el que se acerca a la ventana que se supone con vista a la plaza.

Una voz. Viva Arruch Barbarroja.
Muchas voces. Viva...[107]:
Una voz. Viva el monarca vencedor de Túnez
(*Murmullo*).
Dan. ¡Oh cuánto pueblo en derredor se apiña!
(*En la ventana*).
La plaza circundando: sí... esto es hecho,
Fortuna, tú mi esfuerzo desafías
Y de nuevo a alcanzarte me preparo:
Sigamos a aumentar la comitiva.

Cuando parte Danmey habrá empezado a entrar parte de la comitiva, y enseguida Barbarroja en triunfo. Danmey es el primero que le presenta la rodilla en tierra y le sirve hasta sentarlo en el trono quedándose en la grada inmediata: todo con música. Habla Danmey cuando ya esté sentado Barbarroja.

---

[107] No se reproducen los dos puntos (*Obras* 151).

Escena 5ª.

Danmey Barbarroja *acompañamiento*

Dan. Que viva Arruch Barbarroja.
Todos. Viva...
Barb. Valerosos y fieles capitanes:
Cesó de fomentarse en la anarquía
La implacable soberbia de los reyes,
Cuya arrogancia nuestro ardor desquicia.
Ya al trono que ocupar me manda el cielo
Encadenada dejo a la morisca,
Y esta parte que habito independiente
De vuestros señoríos acreditan
La más grande extensión que en Mauritania
Monarca alguno poseyó este día:
Siete tronos cayeron vacilantes
Bajo mi gloria y cetro que respiran
Justiciero poder al Universo,
La paz os queda, premio a las fatigas
Que habéis sabido con heroicos brazos
Contrastar y vencer bajo la égida
Del valor que distingue a los guerreros,
Al pueblo conceder cuantiosos días
(*A Danmey*).
Que en júbilo, festejo, y regocijo
Goce en mi obsequio inimitable dicha.
Dan. Guardaos, señor, de prodigar tal gracia
Que ese medio sin duda facilita......
Os tengo que decir un gran secreto,
Cuya importancia de quietud me priva.
Bar. Hablad pues,
Dan. Estas gentes...
Bar. Despejad.
(*Parten todos y baja del trono*).
Dan. ¡Ah! Perdonad que en tan feliz momento
Con pesarosas nuevas os reciba
Pero es forzoso que sepáis la causa.
A un joven extranjero con Zafira
En esta sala he visto no hace mucho

Bar. ¿Y qué joven es ése? (*Con sobresalto*).
Dan. Su venida
   Es para todos un misterio oscuro:
   Mas para ella no, pues parecían
   Cuando hablaban tan tiernos y afectuosos...
Bar. ¡Acaba! (*impaciente*)[108].
Dan. Que la amistad más íntima
   Los estrechaba en cariñoso lazo
   Y que a entrambos de nuevo los reunía
   Cierto ahínco amoroso...
Bar. En el instante
   Mi llegada a Zafira participa,
   ¡Gran Dios, si fuese cierto!
   (*Se pasea agitado y pensativo*).
Dan. Ya el momento (*Aparte*).
   Que solicito ansioso se aproxima,
   Sus celos colmarán mis esperanzas (*Van*)[109].

Escena 6ª.

   Barbarroja *solo*.

Bar. ¡Y yo tengo un rival...! ¡Quién no diría
   Que un fantástico sueño me confunde,
   Poniendo ante mis ojos la perfidia
   De que es capaz una mujer ingrata,
   Cuando se juzga dueña de sí misma...!
   Y ese incauto, de qué naturaleza
   Habrá sido formado, o en qué clima
   Le abortara el infierno, pues no temo
   ¡Todo el furor de la venganza mía...!
   Si supiese de cierto que le amaba!!!
   No puede ser... no: el alma de Zafira
   Es pura como el genio de aquel ángel

---

[108] «Impaciente» aparece antes de que hable Barbarroja (*Obras* 153), pero en Azougarh se reproduce tal como lo damos a conocer aquí (277).

[109] Estos dos últimos versos se repiten (*Obras* 153), pero no en Azougarh (278). Además, se escribe «Vase».

Que ante el gran Dios la frente diviniza
Del profeta Mahoma... ¡mas quien sabe!
¿Por qué ocultar su rostro a mi venida..?
La entrada de ese joven extranjero...!
¡Sí... todo...! Cuando atada la alegría
Al carro de mis triunfos arrastraba;
Trayendo el galardón de la conquista
Al seno de la patria, ser dichoso
Con verla prosperar me prometía,
Y sólo en ella ingratitudes hallo
De emponzoñados celos que me brindan
Su veneno fatal... Pero ella viene Cubramos con amor mi justa ira
Y oigámosla explicar: así conviene.

Escena 7ª.

Dicho, Zafira, Danmey

Barbarroja da algunos pasos hacia el foro como para reportarse y al acercarse a Zafira, hace ésta un movimiento de terror.
Dan. Pensad princesa bien que tanta dicha
(*A Zafira que le mira con indignación y desprecio volviéndole la espalda: vase*).
Zaf. Sombra sagrada de Selim Eutemí
(*Aparte al ver a Barbarroja*).
Velad aquí por la inocencia mía
Bar. Y bien Zafira ¿Cuándo todo ardiendo (*Acercándosele*).
En popular contento felicita
Mi día de victoria, ¿a ti tan solo[110]
Respirando he de ver melancolía?
No es pues llegado el delicioso instante
De que mi suerte a tu virtud unida,
Ofrezca al mundo el esplendor sublime
Que el modelo glorioso certifica
De una frente dos veces laureada,

---

[110] Se suprime este signo de interrogación (*Obras* 155), pero se reproduce en Azougarh (279).

Cual la tuya será.
Zaf. ¡Oh Dios, la mía!
Bar. La tuya, sí... ¿Por qué tan demudada
Quedas cuando me oyes? ¿Qué te excita
Tan súbito terror...? Que no te acuerdas[111]
Que ser mi esposa...
Zaf. Sí: mas no prosigas, (*interrumpiéndole*).
Que harto abismada por mi mal recuerdo.
Si en un momento de razón perdida
Pude un sí proferir, que nunca el alma
En su entero poder pronunciaría,
Perdonadme, Señor, que esa palabra
Me torne a recoger arrepentida:
Yo no soy para vos la digna esposa
Que os hiciera feliz, pues esta vida
Por una eternidad, y un juramento
Solemne, solemnísimo se liga,
A los genios que moran en la tumba.
Bar. Sobre la muerte, y a la tumba misma
Te seguiré impasible: ¿No conoces
Hasta que extremos el amor me hostiga[112]?
Si morir quieres, moriré contigo:
Pero viviendo tú ¿querrás que exista
Desquerido de ti? Si algún viviente
Disputarme pretende esta divisa
Que más que lauros, y que trono aprecio
Del universo al fin le seguiría,
Y en su sangre, sediento me saciara
Con el último resto de su vida.
Zaf. ¿A qué punto os arrastra la violencia
De ese amor pertinaz...?
Bar. Oye Zafira
Por la postrera vez la voz amante:
Que mi agitado pecho te dedica.
Si el cruel tormento y doloroso estado
De algún paciente tu piedad anima,

---

[111] «Ya no te acuerdas» (*Obras* 155).
[112] «hasta que extremo el amor me hostiga?» (*Obras* 155), pero Azougarh (280) coincide con nuestra versión.

Cuando sufrido en lo interior del alma
Es infeliz en su fortuna misma
Tenla solo de mí, que destinado
A cooperar con la existencia mía
Cuanto para sentir hay conocido.
Más de una vez en horrorosa lidia
Todos los elementos conjurados
Contra mi frágil nave parecían
En negra tempestad horrisonante
Llevarme con la muerte ante la vista
Bajo lluvias de rayos desprendidos
Sobre mi frente y por doquier que iba
Del proceloso mar hecho el juguete,
Todo mi abismo lóbrego me abría:
Entonces mi constancia a toda prueba
Suministrarme pudo las medidas
Con que triunfar del piélago inclemente;
Y ahora que fortuna al fin me brinda
La copa del placer que apurar debo,
¿Qué es de mi juventud?... La edad florida
Que en tantos hechos ostentó mi esfuerzo,
Afrontando los riesgos a porfía;
Mi heroísmo, mis glorias y trofeos
Con todo su esplendor, en ti se eclipsan
Triste barrunto sucumbiendo al peso
De esta enorme pasión, en cuya mira,
Ni rige la razón, ni sé quien soy.
Sólo al través de una esperanza limpia
Como el campo precioso de la luna
Cuando encumbrada por el cielo brilla,
Veo y amo: tus rostro tus encantos,
Sólo son los objetos que me animan
Y llenan de inquietud: por ellos clamo,
Y en la senda espinosa de mi vida,
Tú sola del pesar que me combate
Y en el fondo del alma me acribilla,
La causa tienes, y en mi pecho manda
Devorador afecto, llama estiva
De amor consumidor que el alma abrasa,

Amor dechado de eternal delicia
Amor digno de ti... sí....
Zaf. Deteneos,
Que hasta al infierno mismo escandaliza
Tan frenético ardor –pensadlo un poco:–
Pensadlo Barbarroja.
Bar. Bien Zafira,
Une al tácito afecto de un amante
La voluntad del Rey... tu mano es mía.
Zaf. Suspender de esta noche el negro manto,
Con más facilidad conseguirías.
¿No ves como del polvo se levanta
La sombra de Selim palidecida,
Que entre los dos, pasando cual espectro,
Véngame, dice, a la infeliz Zafira,
Y el eco prolongándose a lo lejos
Véngame repitiendo se disipa...?
Bar. ¡Zafira..!!! no: esto es ya demasiado[113]
(*Impaciente e irritado*).
¿Contra quién tu venganza premeditas!
Hola Danmey.
Dan. Señor (*Saliendo*).
Bar. Id; preparadla
Una bella morada, la más digna
De tantas ilusiones (*Vase Danmey*).
Zaf. ¡Ah clemencia! (*Consternada*).
Bar. ¡A quién la pides...! no. Tu empedernida[114]
Condición me provoca a ser terrible.
Zaf. ¡Conque vuelvo a encontrar aquellos días
Que en hondo subterráneo sepultada
Me arrancasteis un sí, que no debía?
Y así queréis que arrebatada sea,
Por vuestros fines mi viudez tranquila
Al tálamo fatal? ¿Creeis que osara
Sino abismada en espantosa grima

---

[113] Se suprime el signo que abre (*Obras* 158), pero el mismo se reproduce en Azougarh (282).

[114] El «no» se suprime (*Obras* 158). Sin embargo, Azougarh (283) coincide con nuestro manuscrito.

Consumar ante el mundo tan terrible
Como infausta pasión, cuando oprimida
Sólo gemidos lúgubres querellas
Producirán en torno el alma mía[115];
Y un sí de muerte profiriendo llena
De admiración y horror casi sin vida?
¿Acaso el padre de la ley eterna
Tan violentas demandas autoriza...?
¡Ah!... sí... perdonad; y haced que al punto
(*Se postra*).
Me regrese a la Corte de Mustigia
(*Barbarroja la mira con indignación*).
Donde mi padre reina... pero ¡oh cielos!
Esa mirada toda la perfidia
De su cruel corazón me ha descubierto...
(*Se levanta con desesperación*).
Infelice de ti si todavía,
En violentar persistes mi reposo.

Bar. No hay piedad para ti: de mi justicia
Todo el rigor desplomaré en tu frente.

Zaf. Mi indignación tu suerte vaticina
Asesino.... temblad... ya el velo rasga
De la santa verdad la luz divina:–
Toma,... lee... y tú mismo confundido
(*Le da un papel*).
Mira el suplicio horrible en que se abisma
Tu gloria criminal... sí... lee... y advierte
Que aún soy libre y reina todavía.

Barbarroja lee para sí, después recorre la escena y mira con sobresalto por todas partes.

Bar. ¡Maldición! ¡maldición! ¿Qué mente infame[116]
Osa contra mi nombre, tal falsía?

Zaf. Su turbación comprueba su delito (*Aparte*).

Bar. Decid ¿quién contra mí tales noticias
Te ha entregado? (*Asiéndole del brazo*).

Zaf. Selim Eutemi (*Con energía*).

---

[115] Se reproduce coma [,] en vez de un punto y coma [;] (*Obras* 158). Como se observará aquí y en otras partes, sólo intentamos señalar algunos ejemplos del cambio de puntuación.

[116] Se suprime el signo de interrogación (*Obras* 159).

Bar. Tal hombre ya no existe, tú deliras,
(*Soltándola*).
Inventando en tu mente esa calumnia.
Zaf. ¡Qué son dos por ventura se te olvida
Los que Selim Eutemi se han llamado...?
Del uno me privó tu saña impía,
Con alevosa muerte en este alcázar
Donde ignorarlo todo me fingías;
Mas el otro salvado por el cielo
Para tu confusión, feliz respira:
Ese es mi hijo, cuya ardiente alfanje
Sobre tu cuello miserable vibra
De la venganza el decisivo golpe (*Vase*).

Escena 7ª.
Barbarroja y Danmey

Bar. ¡Ah! cuántas veces muere y resucita
Ese fatal Selim!... estoy vendido;
Pero antes que el sol anuncie el día
Que ilumine en la Arabia mi deshonra,
Yo sabré confundir tanta perfidia
Y al verse en mi presencia sabrán todos
De qué naturaleza son las fibras
Que tiene el corazón de Barbarroja.
Danmey. (*Entra*).
Vuestra orden, señor, esta cumplida.
Bar. Oye Danmey partid, y en el momento[117]
Sin pérdida de tiempo solicita,
Para ahora mismo a todos los ancianos
Que forman el Diván: toma y prodiga
Cuanto oro juzgares necesario
Para comprar los votos de justicia,
Que han de fallar la muerte de ese joven,
Y si es fuerza también la de Zafira.
Dan. Todo sin el Diván podéis hacerlo.

---

[117] Se reproduce una coma [,] después de Danmey (*Obras* 161).

Bar. No: así lo quiero, porque no se diga
Que a mi rencor sacrificarlos quise.
Decid: que son traidores a mi vida,
Y nada más pues lo esencial del hecho
Aunque se calle en nada debilita
La fuerza que a la muerte los arrastra (*Vase*).
Dan. Esto avanza con marcha desmedida,
Sí, perezcan todos, y tras ellos pueda
Las ansias ver de mi ambicíon cumplidas.

Acto cuarto

La prisión

El teatro representa una prisión: a la izquierda y hacia el fondo se verá el pie de una torre con una puerta con cerrojo: a la derecha la entrada con rejas de hierro: en el medio habrá una pilastra en cuyo remate estará una lámpara encendida. A la derecha cerca de los bastidores un banco de piedra donde aparecerá reclinada Zafira y de la puerta colgará una cadena.

Escena 1ª.

Zaf. He aquí la prisión: he allí un suplicio.
(*Levantándose*).
Y heme también a mí. Del sol los rayos
Aún no doran la faz del horizonte.
Todo en tiniebla gime sepultado
Como mi corazón... ¡Oh Dios eterno!
Si había de ser de la fortuna escarnio,
Arrastrada a tamaño vilipendio,
¿Por qué Reina nací...?
Bar. Ya de tus manos (*Llegando a Zafira*).
Pendiente está Zafira tu destino[118]
Y el de todos los viles conjurados
En tu fatal designio
Zaf. ¡Mi designio!
¿Qué osas pronunciar hombre insensato?
¿No es la mano del cielo levantada
Para vibrar contra tu frente el rayo
De su excelsa justicia, quien te agobia
Hasta punto de herir el pecho flaco
De esta débil mujer...?
Bar. Esa arrogancia
Al fin será de tu existencia el fallo[119];

---

[118] Termina el verso con una coma [,] (*Obras* 162).
[119] Termina con una coma [,] (*Obras* 163).

Pero no obstante oíd: una palabra
Va a convertir en trono ese cadalso,
O abrumarle de víctimas sin cuento:
Esa debe caerse de tus labios
Y recogerla yo, según convenga
A mi real facultad. Un nuevo agravio
Me confirió tu voz, mas te perdono
Porque en secreto fue tan torpe paso;
Pero dos condiciones deben antes
Preceder al favor que en ti derramo.
Primera: desdecirte por escrito
Y atribuir de violencia un breve rapto,
Cuanto de mí dijiste, y la otra
En pública asamblea con tu mano
Garantizar tan alto testimonio.
Zaf. ¡Oh! jamás, jamás!... No ves un lago
De sangre derramada entre nosotros,
Separación eterna señalarnos,
Y como ronco trueno que retumba
La cercana tormenta presagiando[120]:
Una voz misteriosa que allí dice
¡Regicida..!!! y el eco prolongado[121]
Que las entrañas de la tierra brota,
¿No destruye el poder de tus mandatos?
Bar. Truenen todas las tumbas, y en buen hora,
Manden al borde del sepulcro helado
Cuantas sombras de mí, venganza pidan...
Deliberando están los veinte ancianos
Sobre las vidas de Dalí, y la tuya.
La sentencia de muerte no es el acto
Que da la ejecución: mas tres anuncios
Designarán el tiempo que señalo
A tu arrepentimiento, o a mil muertes
Que por tu obstinación llevo a su cabo,
En esta oscuridad.
Zaf. ¡Monstruo!!! ¡monstruo!

---

[120] Concluye el verso con un punto y coma [;] (*Obras* 163).

[121] Se abre con un signo de interrogación (*Obras* 163), y con uno de admiración (Azougarh 287).

Di qué furia infernal el ser te ha dado.
¿Por qué no te tragó la mar tremenda
En negra tempestad?
Cae sin sentido en el banco se acerca Barbarroja y le toma una mano[122]
Bar. Yerta como el mármol
Entre el ser y la nada se sostiene.
¡Oh cuánto imperio sobre mí le ha dado
El influjo fatal de mi destino!
¿Por qué no mando en ella: y esta mano
Enlazada por siempre con la mía
Forma de mi existencia lo mas caro...?
Si al prodigarle en vano estas ternuras,
Si al imprimir en ella con mis labios
(*Le besa la mano*).
Este beso de fuego, consiguiera
Del volcánico ardor en que me abraso,
Una chispa esconder dentro del pecho,
¡Oh qué felice yo! viviera amando[123]
Su belleza gentil, y de este modo
Cuán virtuoso fuera, cuán humano.

Escena 2ª.

Barbarroja Danmey

Dan. ¡Señor! (*Desde la entrada*).
Bar. ¿Quién llama? (*sorprendido*).
Dan. Ya he conseguido
    A estos umbrales con sagaz engaño,
    Conducir a Dalí: fuera os aguarda
Bar. Traerle... mas atiende: ¿Ha penetrado
    Alguien en derredor nuestras pesquisas?
Dan. Ninguno, todos duermen. (*Parte a una señal*).
Bar. Pues mi manto
    Evitará que viéndola comprenda
    A dónde viene, y a que fin le llamo.

---

[122] Se reproduce coma [,] después de banco (*Obras* 164).
[123] Aparece «feliz» (*Obras* 164) y «felice» (Azougarh 288).

Escena 3ª.

Dicho y Dalí
Barbarroja cubre a Zafira con su manto y entra Dalí, se postra ante Barbarroja sin reparar en ella.

Dal. Venerable Señor: a vuestras plantas
La caduca cabeza, dobla ufano
Quien nada mas debe ofreceros
En la porción de sus cansados años;
Pero si útil aún serviros puedo
¿Qué me ordenáis?
Bar. El recordar que mando;
Y que es bien fácil conservar mi aprecio
Con la obediencia, propia del vasallo.
Mi cólera evitad, y ved en esto
Que quien al sol se acerca demasiado,
Cual arcón por sus alas sostenido[124],
Logra solo en su arrojo temerario
Lo que la seca paja junto al fuego
Ahora levantad, y mientras hablo
(*Se levanta*).
Pensad bien lo que hacéis... En este sitio
No hay mas que oscuridad, y yo que mando:
Aquí se sorbe en la ignorancia todo,
Pues de la voz el eco embovedado,
Se ahoga entre el negror de las paredes
Sin que haya vista, pensamiento ó labio;
Que juzguen, ni publiquen mis acciones.
Desde que Dios aquel que solo es alto
Me señaló la excelsa primacía
De regir a los pueblos Mahometanos,
Fue toda mi ventura, vuestra gloria,
Mis desvelos que fuesen fortunados.
Firme cimiento al vacilante trono
Eché con mi poder, todo ha llegado
Al extremo más próspero y florido,
Todo respira gozo, todo es grato:

---

[124] «Arcón» se escribe con mayúscula (*Obras* 166).

Mas para colmo de tan altas dichas
¿No le falta una esposa a mi regazo?
¿A qué buscarla en extranjeros climas?
Cuando Zafira en sus preciosas manos
Acopia tan supremo beneficios
Que entronizara en los umbrales patrios
¿No os halaga también mi pensamiento[125]?
Dal. Señor: esa princesa es de su mano
Como vos del poder árbitro dueño:
Y yo de entre vosotros nada alcanzo.
Bar. Habéis pensado bien esa respuesta
Dal. No me equivoco, no.
Bar. Pues luego en vano,
¿Al prudente Dalí, pido un consejo?
Óyese rumor de muchos que hablan. Dalí se sorprende, quiere partir y Barbarroja lo detiene aparentando serenidad.
No: no es nada
Dal. ¡Mas!!!
Bar. Nada decidme algo
Que en mi unión con Zafira
Dal. ¡Señor!
Nada sé que... (*Violento*).
Bar. ¡Ah! pérfido! taimado
Perjuro, hipocritón, envejecido
Bajo la astucia vil del Africano:
Ese rumor que tanto te sorprende
No es de los que contigo conjuraron
Tu frenética cólera siguiendo,
Es el preludio mísero que el fallo
De tu muerte pronuncia irremisible,
Mira... mira aquí, al fruto mal logrado
(*Descubriendo a Zafira*)
De tus Obras complácete perverso
Dal. ¡Oh! Zafira, Zafira (*Doblando la rodilla*)[126].
Bar. ¡Y osas tu llanto
(*Levantándolo*)
De tan ilustre víctima a las plantas,

---

[125] Se escribe «alhaga».
[126] «(Doblando la rodilla ante ella)» (*Obras* 167).

¡Inicuo derramar!
Dal. ¡Ah! ¿Conque al cabo
En lóbrega prisión Zafira ha muerto?
Bar. Ella no ha muerto; pero sólo un paso
Dista ya entre su vida y el sepulcro.
Mas: si tu mala estrella por milagro
Chispa de compasión dejó en tu pecho,
Sálvala, si lo quieres, que en tus manos
Ahora tienes poder que viva o muera,
Un crimen con baldón falsificado
Se me imputa, lo sé, y de ti sospecho
Que ha principiado a ser.
Dal. Eso es falso.
A ninguno calumnia quien no teme
Ni envidia al poderoso.
Bar. ¡Di insensato!
Defensor de Zafira ¿Quién divulga
Que al príncipe Selim la muerte he dado?
Dal. Si tal cosa Zafira profiriera
No lo dudara yo, porque sus labios
No han sabido mentir...
Bar. ¡Y que me importa!
Estos muros no hablan: ved si acaso
Por vuestras vidas e intereses
Podéis arrepentiros entre ambos
Tiempo os dejo: pensad, pensad (*Vase*).

Escena 4ª.

Dalí y Zafira

Dal. ¡Zafira! (*Tomándole una mano*).
¡Oh tormento!... por sus miembros flacos
El hielo de la muerte solo encuentro.
Mas probaremos del sublime mago
Como otra vez el talismán divino.

Saca del pecho un pequeño talismán, se postra y declama mirando al cielo. Al concluir el último verso, queda orando un corto intervalo. Sale el verdugo vestido de negro con una luz en una mano y en la otra un alfanje muy ancho y colocándose al lado de la pira canta con voz monótona a cuyo ruido exclama Dalí.

    Tú de la vida espíritu angustiado
    Que por no ver la sombra de este sitio
    A Zafira abandonas... yo te llamo
    Al poder invisible que contienen
    Estas reliquias de consuelo humano.
Verd. Ya dos minutos quedan a los reos
    Que las leyes a muerte han condenado,
    Por contumaces...
    (*Zafira se levanta sorprendida*).
Zafa. y Dalí. ¡Ah!!!
Verd. Arrepentíos,
    Arrepentíos... (*Vase*).
Dal. Vengaos, sí, vengaos,
    Puesto que ser mayor que su destino
    A viviente ninguno le fue dado.
Zaf. Dalí mi protector.
Dal. ¡Ah! ¿me conoces?
    Gracias al poder que sobre humano
    A mi ruego la vida te retorna.
Zaf. ¡Cómo entraste aquí! ¿Sabes acaso
    El funesto lugar que nos encierra?
Dal. Sí; lo sé: pero tarde el desengaño
    Conocí a mi pesar: no queda medio
    De salvación alguna: en este caos
    Gemir y perecer sólo es la suerte
    Que nos brinda este adusto desamparo...
Zaf. ¡Gemir y perecer, cuando la vida
    Me brinda con los plácidos halagos
    Del cariño filial...! Cuando al sepulcro
    Por un mismo camino descendamos
    ¿Qué será de Selim...? ¡Oh esta idea[127]
    Más me aterrora que mi fin aciago!
Dal. Tú pudieras fingiendo arrepentirte

---

[127] Se suprime el primer signo de interrogación (*Obras* 170), pero no en Azougarh (294).

Ceder por un momento, y mientras tanto...
Zaf. Jamás, Dalí: jamás, antes mil vidas[128]
(*Sale el verdugo*).
Prodigara con férvido entusiasmo.
Mi causa es justa, y bienhechor el cielo
Hará que alguno de los veinte ancianos...
Verd. (*En la misma posición*).
Sólo un minuto vivirán los reos
Que las leyes a muerte han condenado
Por contumaces: sí, arrepentíos (*Vase*).
Zaf. Ya esto es hecho Dalí: oye y muramos;
Pero un término menos espantoso
Nos permite burlemos del tirano
Tan vil perversidad... ves este anillo:
(*Mostrándole*).
Bajo su rica piedra está encerrado
Un veneno mortífero: él te sirva,
Si mi ejemplo imitar te fuere dado
(*Saca un puñal*).
Nadie nos vela aquí: toma este acero...
Húndelo por piedad al agitado
E infeliz corazón que te presento...
Y sígueme después... ¿Quién ya tu brazo
Detiene mi Dalí? Hiere...
Dal. ¡Oh Zafira!
Juzgas que tengo un corazón de mármol...?
¡Yo tu verdugo ser! ¿Cómo es posible
Ángel del infortunio coronado?
Zaf. La muerte es la puerta más cercana
Que queda para huir de ese cadalso,
Dádmela, si me estimas. ¿No es más dulce
Morir de la amistad entre los brazos,
Sus postrimeras lágrimas bebiendo,
Que de un verdugo en las impuras manos,
Maldecida del cielo y de los hombres.
Ver mi cabeza y cuello separados
Y en el polvo rodando estos mis ojos

---

[128] «vil vidas» (*Obras* 170).

Que a tus pies ofreciera nuevo llanto,
Hechos allí el ludibrio y menosprecio
De esa asesina turba y su tirano?
Dal. (*En ademán de herirla*).
Qué acerba confusión... ¡Oh Dios eterno!...
Zaf. Hacedlo por piedad, benigno anciano.
Dal. ¡Zafira... que horror oh! yo no puedo
(*Retrocede y arroja el puñal*).

Entra Danmey seguido de una escolta que rodea a Dalí. Danmey le insinúa que les siga y obedece: con la escolta, entra Colifa mezclada y se oculta para salir a su tiempo.

Escena 5ª.

Dichos y Danmey

Dan. Seguidme obedeced.
Zaf. ¡Ah inhumanos!
El cielo pondrá fin a vuestras obras.
(*Parten Dalí Danmey y escolta*).
Colifa. ¡Zafira! (*Saliendo*).
Zaf. ¡Mi Colifa, yo en tus brazos!
Ni es esta una ilusión.
Col. No, no lo dudes.
La amistad poderosa me ha inspirado
Valor para seguirte hasta este sitio.
Cuando a Selim dejé del todo salvo
Venía con las nuevas a buscarte;
¡Mas cuál fue mi sorpresa al ver que llamo
Y nadie me contesta! vanamente
Registro cautelosa del palacio
Todas las posesiones: por jardines
Discurro silenciosa divagando,
A la vez que un cautivo me revela
Con turbadas palabras este arcano,
Por lo que pude en el instante mismo
Engañar con cautela a los soldados:
Y héteme aquí contigo, hasta la muerte.

Zaf. Retírate, retírate intertanto
    Que decide la suerte de mi vida
    Ese Diván terrible extraordinario,
    Que preside a su antojo Barbarroja.
Col. Junto a ti moriré si llega el caso
Verd. (*Entra y toma su primitiva postura*).
    El término es cumplido que a los reos
    Los votos del Diván han señalado...[129]
    Preparaos a morir (*Vase*).
Zaf. Ya todo, todo,
    (*Se abraza con Colifa*).
    Para siempre acabó: de vida un rayo
    Lució con mi esperanza en este sitio,
    Yo sé olvidar el pavoroso brazo[130],
    Que sobre mi cabeza suspendido
    La señal esperaba: al fin ciñamos
    La palma del martirio que algún día
    Recordará a la Arabia mi memoria.

Escena 6ª.

Dichas y Danmey

Dan. Zafira: en vez postrera a preguntarte
    Barbarroja me manda ¿Estás acaso
    Arrepentida, y a negarte pronta
    De la negra calumnia que han forjado?
Col. ¡Sí... Sí...! (*Con prontitud*).
Zaf. ¡No, no! (*Lo mismo*).
Dan. ¿Sabes que eres de muerte?
Zaf. Estoy conforme,
Dan. Pues se van colmando (*Aparte*).
    Mis ocultos proyectos: mueran todos.
    Y mi subida al trono, será un paso.

---

[129] Se suprimen los puntos suspensivos en *Obras* (173) pero no en Azougarh (297).
[130] Se escribe «Y osé» en nuestro manuscrito y en Azougarh (297).

Escena 7ª.

    Colifa y Zafira
Col. ¿Zafira: te es la muerte más gustosa
    Que conmigo vivir y consolarnos?
Zaf. No hay remedio, Colifa, de mi esposo
    Vuelo otra vez a los amantes brazos,
    Y es preciso morir para que sea;
    No faltar a la fe, que le he jurado,
    Me prescribe el sangriento sacrificio
    Que voy a soportar.
Col. ¡Ese aparato!

Entra Danmey conduciendo a Dalí en medio de una escolta y con el verdugo, traerán hachas encendidas, y puesto Dalí entre Danmey y el verdugo se presentan ante Zafira: habla Danmey dirigiéndose a Zafira y a Dalí.

Dan. ¿Decid cuál de los dos queréis primero,
    Al golpe de la muerte consagraros?
Zaf. y Dal. ¡Yo!
Dan. Pues ya que los dos a un tiempo mismo
    Con igual elección habéis hablado
    Yo mando que Dalí primero muera.
Dal. ¡Zafira infortunada! Adiós... y en tanto
    Pueda mi sangre toda derramada,
    Vuestra vida salvar... Desde aquel acto
    En que pisaron los temibles turcos
    Las playas del Gobierno Mauritanio,
    Las altas torres, los sepulcros tristes,
    Todo infestó su bárbaro contacto.
    Espadas, guerras, muertes, robos,
    Homicidios, lamentos y cadalsos
    Siempre entre sueño aterrador he visto;
    La razón disipaba estos presagios:
    Mas los efectos mis ancianos ojos
    Miran cumplidos, el pesar llorando.
Dan. Arrancadle de ahí (*Al verdugo*).
Zaf. ¡Hombre inhumano!!!
Dal. Vamos pues, y enseña como muere

(*Al mismo*).
El hombre justo al pérfido tirano.
Mirad: esto es distintivo de Mahoma
(*A Danmey tocándose el turbante*).
Que todos sus parientes heredamos
Harto tiempo feliz lució en mi frente
Y enseña fue de mis honrosos años.
No lo olvides Danmey, tal vez un día
Recordarás lo más.
(*Sigue al verdugo que lo conduce a la pilastra se postra y lo ata fuertemente*).
Zaf. (*Al mirarle atar llora*). ¡Mortal quebranto!
¡Toda me hielo y fallecer me siento!
Col. No le mires
Zaf. ¿Y es posible...? ¡Bárbaros!
Al ver que se preparan a descargar el golpe se arroja al verdugo asiéndole del brazo para impedirlo.
Detente por compasión, y no termine
El lustre de su vida ¡Ah!!!
Dan. Separaos.

Danmey toma del brazo a Zafira para separarla: al mismo tiempo se oye una gran detonación en lo exterior de la torre: desplomándose toda aquella parte queda abierta una gran brecha: Zafira con la palabra que le corresponde retrocede hacia el banco de piedra y cae desmayada. Entran por la brecha Selim seguido de algunos nobles Arabes, con luces unos y otros con alfanjes desnudos, entre ellos. Noemí vestido ricamente a la manera de un Edecán, trayendo al hombro en lugar del laúd una aljaba provista de flechas, y su arco en la mano, y asestando una al verdugo lo derriba muerto en tierra[131].

Zaf. ¡Ay!!!
Dan. ¿Qué es esto?
Col. ¡La torre se desploma!!!
Sel. Temblad perversos.
Dan. Quién ¡Selim!!! ¡huyamos!

---

[131] Este párrafo aparece en paréntesis y el final dice «en tierra muerto» en vez de «muerto en tierra» (*Obras* 176); en Azougarh se reproduce sin paréntesis (300-301).

(*Todos huyen y el verdugo queda muerto como se ha dicho*).
Sel. Amigo mío: aún puedo entre las garras
(*Cortando las ligaduras de Dalí*).
De esta espantosa muerte, arrebataros
Dal. ¡Oh noche sin igual!
Sel. Guardad la brecha
(*A los soldados*).
¡Oh madre, madre mía, y a que estado
Tan deplorable te arrastró el destino...!
¡Ni aún respira gran Dios!
Bar. (*Desde dentro*).
Ea, Soldados
Seguidme y a ninguno se perdone.
Dal. ¡Todo se ha perdido!
Noe. ¡Todo está salvado!

Noemí corre a la puerta toma la cadena y la cierra. Enroscándola en ella la deja reforzada de este modo y poniéndose luego en medio se prepara con sus flechas que dispara sin cesar defendiendo la entrada hasta que todos se salvan por en medio del excesivo fuego que harán las tropas de Barbarroja desde dentro.

Sel. ¡Zafira, madre mía...!
Dal. ¡Nos sorprenden!
Bar. ¡Carguen!
Col. ¡Justos cielos apiadaos!
Sel. ¡Oh tormento! ¿Zafira[132]?
Bar. ¡Mueran todos!
(*Desde dentro a la voz de Barabarroja empieza el fuego que harán los arcabuceros por entre las rejas*).
Sel. Salvemos a mi madre, que ya en vano
A la muerte convoca el miserable.

Zafira se incorpora: entre todos la sostienen y parten por la brecha menos Noemí que conservará su posición hasta caer el telón.

---

[132] Se suprime el primer signo de interrogación (*Obras* 177), pero no en Azougarh (302).

Acto quinto

El suicidio

El Teatro representa la gran sala del Palacio Real.

Escena 1ª.

Barbarroja

Yo me he perdido, sí, los pocos Turcos
Que a Isaac en las naves no siguieron,
Por vivir en el lujo y la opulencia
Deben cobardes ser o por lo menos
Degradados amantes del reposo,
Que por diez años ha que en torpe sueño
Gozan en la abundancia y los amores.
¿Qué ha sucedido del brillante séquito
Que pocas horas antes apiñado
Mi nombre victoreaban hasta el cielo?
Apenas veinte encontré que osaran
Del entusiasmo conservar el estro,
Con que cantaron mis gloriosos triunfos.
¡Oh pasión criminal! ¿Por qué sendero
Derrumbas mi fortuna? Dónde, dónde,
Podré ya dirigir la voz del pecho,
Clamando compasión si en todas partes
Con mi ambición un enemigo dejo...
Carlos, Carlos Quinto, cuan de veras
Me hiere de tu brazo el golpe fiero.
Si ese Selim es obra de tu mente,
Ese Selim, que el sol de tus imperios
A tu sombra sus años alumbraron[133],

---

[133] «su sombra» (*Obras* 178).

Me prueban por la fama el vasto ingenio
Que te influye el saber: al fin me vences
Con la secreta espada del talento.

Escena 2ª.

Dicho y Danmey

Dan. Señor: ¿qué hacéis aquí? ya el horizonte
Arrebolado está con los destellos
Del día que va a ser: si amaneciera,
Os perderéis del todo sin remedio
Ya Zafira no es vuestra: y de su hijo
Cuáles son no sabemos los intentos:
Mas presumir debemos...
Bar. La venganza
Debe guiar sin duda su ardimiento....
Dan. Amparaos de la sombra que aun domina,
Y el palacio dejad.
Bar. Sí, ya te entiendo.
Danmey, ya te entiendo; débil, cobarde
Crees que deba abandonar el puesto
Y no afrontar la muerte como un héroe
Que en todo el orbe conocer se ha hecho?
Preguntad desde España, hasta el mar rojo,
Desde la antigua Francia, hasta el mar negro
Y a cuanto ocupa la extensión marina,
Si a Arruch Barbarroja conocieron:
Preguntadlo también de Salamina
A los gloriosos campos que me vieron
Con mi nombre natal: diga Platea
Si de Jerusalén guardando el templo
Mi espada vio lucir.
Muf. ¡Pues luego sois...[134]!
Bar. De una ilustre familia, Caballero.
Francia me vio nacer, lejos estaba
Cuando a mis desgraciados compañeros

---

[134] Habla Danmey (*Obras* 179).

Por presuntos motivos perseguían,
Llegando su desgracia hasta el extremo.
Entonces renegando me hice Turco
Y pues no hallaron en el mundo aquellos
Compasión ni piedad, al mundo todo
La guerra declaré y en el imperio
Del mar, la asolación sembré, en sus nombres
Mauritania tenía un trono excelso,
Y en ella vi la cuna en que debiera
Levantarse ante el sol unos renuevos,
Que bien pronto la tierra cundirían.
¿Me conocéis ahora? (*Le da la mano*).
Dan. Sí: ya entiendo.
Bar. Juzgad de mis acciones como os plazca,
Yo di muerte a Selim; a su hijo espero.
Dan. Si le abandono se aventura todo. (*Aparte*).
Mas ¿no será mejor que con los vuestros
(*Representa*).
A combatir de nuevo por el campo
Hagáis con la fortuna nuevo esfuerzo?
¿Qué lograréis aquí siendo estrechado
Por las picas y alfanjes del mancebo?
Morir como un león pero sin fruto.
Bar. Sí: dices muy bien: algunos buenos
Habrá entre los míos que me sigan:
Y podré en campo libre, de mi acero
El impulso probar que aun tengo vida.
Dan. Estas voces colmaron mis deseos.

Los dos se asen de la mano y parten con prontitud por el fondo, mas al llegar a la salida se oye un gran murmullo: retroceden con ímpetu a cuyo tiempo entra Selim en medio de Zafira y Colifa magníficamente vestidos, seguido de Capitanes Españoles en bastante número y escolta de Arabes que ocuparán ambos extremos laterales del teatro: Danmey y Barbarroja ocupará uno la izquierda y otro la derecha, pues se irán separando desde el momento del retroceso habrá un pequeño intervalo de silencio en que se miran todos con ceño, manifestando las violentas pasiones que los agitan, lo cual hará que brille en esta escena muda el magnífico cuadro que debe resultar. Zafira y Colifa asidas de las manos de Selim manifestarán que lo contienen y este en actitud de dar un paso.

Escena 3ª.

Los mismos, Selim, Zafira, Colifa y acompañamiento según la nota.

Sel. ¿Pérfido... fementido...? En Mauritania
Bajo el regio dintel y un mismo techo
¿Nos volvemos a ver? ¡Oh rabia! ¿y vives[135]?
Contener mi furor apenas puedo.
¿Qué funesta deidad habitadora
De las concavidades del infierno,
Te arrojó para siempre entre mis manos?
Bar. El destino, sí: el destino más cruento
Que nunca coronó desgracia alguna
Es la deidad; mas ya nos conocemos,
Y un abismo tenébrico insondable,
De odio y de rencor deja por medio
La furiosa ocasión que nos afronta.
Vivir ninguno de los dos podemos
Con carga tan fatal, así la muerte
Entre tu nombre y yo corriendo un velo
De eterna noche y sepulcral olvido
Podrá apagar tan deplorable incendio:
Llega: y hiere, que mi vida es tuya.
Sel. Nunca Selim empañará su acero
En hombre desarmado, ni vencido
Ni los Turcos dirán de mí que ciego
Te asesiné en Palacio, cuando eras
Digno de compasión... parte al momento
Y al frente de los tuyos en la plaza
Que tu triunfo admiró, te cito, y reto.
A Duelo singular (*Le arroja un guante*).
Zaf. ¡Selim!

---

[135] Se suprimen los dos signos de interrogación que abren (*Obras* 181); en Azougarh sólo el primero (306).

Col. ¡Príncipe!
Dal. Yo admiro tu valor, mas ese duelo
En nombre de la patria y tus virtudes
Fuerza será que todos estorbemos.
Tu heroísmo, guardad, para otros días:
Pues las manos que un crimen cometieron
No debe tanto honor favorecerlas.

Dalí levanta el guante y Barbarroja se lo arrebata con el verso siguiente, a cuya acción los parciales de Dalí le acometen, pero él se pone en defensa con su alfanje, y Selim se interpone para contenerlos.

Bar. No abuses de mi bárbaro tormento.
Selim: he aquí tu guante, ya en mis manos.
Sel. Sí, nada hay más que decir, te entiendo:
Partir.
Dal. ¡Muera el tirano!
Todos. ¡Que muera!!!
Sel. ¡Dalí! refrenaréis ese ardimiento
Para cuando la patria necesite
Que hagáis uso de él: yo solo debo
Satisfacción tomar a Barbarroja
Y ¡Ay de aquel! que so cualquier pretexto[136]
ose parte tomar... idos... seguidle
(*A Barbarroja y a Danmey*).
Tú Danmey.
Dal. Pues yo Príncipe no apruebo...
Sel. Oídme antes de juzgar mis obras.
Barbarroja en mi padre se hizo reo,
Por una cruel pasión arrebatado,
A quien no pudo él mismo poner freno,
Como hombre al fin: pero la patria
Siete triunfos contó bajo su cetro;
Boyando entre riquezas y abundancias:
Así no es ya mi causa la del pueblo,
Porque el pueblo es el alma de la patria

---

[136] «Y ¡Ay! de aquel que so cualquier pretexto» (*Obras* 183).

Y él la supo adornar con sus trofeos:
Mía es toda la acción que libre queda,
Mío el honor que en el palenque anhelo.
Zaf. ¿Pero quién vio tan desigual combate?
Tu inerme juventud: ese guerrero,
Asombro de las almas que en el campo,
Es el primer valor de nuestros tiempos.
Sel. El que hizo volar toda una torre
Hallando sobre el polvo sus cimientos,
Y arrancar de las garras de la muerte
Dos víctimas: quizás si combatiendo
El honor y la sombra de su padre
A su brazo dará divino aliento:
Mas mientras al gran Dios gracias tributo
Por vuestra vida y el feliz suceso,
A vuestro cuarto retiraos tranquila
Y el orden de los hados esperemos.
Zaf. Mi adorado Selim, hijo querido.
Yo no sé qué fatal presentimiento
Destruye mi esperanza (*Vs. Col. y Zafira*).

Escena 5ª.[137]

Dichos, Colifa y Zafira[138]

Sel. O bien mañana
De una perpetua paz disfrutaremos,
Y tú noble Dalí, marchar al frente
Seguido de tus bravos compañeros,
Y la línea trazar del ancho circo:
Mas cuidad que un imprudente celo
Mi enojo excitará
Dal. Los cielos quieran.
Que fallen los presagios de mi pecho.

---

[137] Aquí hay un error en nuestro manuscrito y en *Obras* (184). Dice Escena 5ª pero debería corresponder a la Escena 4ª.

[138] «Dichos menos Zafira y Colifa» (*Obras* 184).

Parte Dalí con la nobleza Árabe y un Capitán Español le sigue.

Escena 6ª.

Selim y *nobles cristianos*

Un Cap. Nuestra jornada, príncipe, cumplimos
Y a España regresarnos deberemos.
Sel. No amigos de mi gloria, a mi fortuna
Aún resta de la acción el complemento:
Me veréis combatir: mas sea cual fuere
El grande resultado de este duelo,
Al César llevaréis noticia plena.
Id también a ocupar un primer puesto
Do la lidia ha de ser: mas pueda antes
Que el filo matador rompa mi pecho
A todos abrazar... sí: recibidme
Como un cristiano oculto y compañero.
(*le abraza y luego a los demás*).
Yo al Marqués de Comares, digno jefe,
De la plaza de Orán tal gracia debo,
Y de Don Carlos quinto protegido
Hoy las cenizas de mi padre veo.
(*Parten todos menos Selim*).

Escena 7ª.

Selim y *luego* Zafira y Colifa

Sel. ¡Salve morada augusta y dolorosa
Del valiente Selim: ¡Oh padre tierno!
Donde quiera tu sombra veneranda
Parece detener mi paso incierto.
Aquí, por la postrera vez le he visto.
Cuando en mi frente del amor paterno
Dulce beso imprimió, caricia santa,
Que me robó con taciturno ceño

La garra inexorable del destino:
Y por allí partió... triste me acuerdo,
Que aquí mis años infantiles iban
Al ruido de las armas floreciendo:
Pero ¡Ay! fortuna bárbara y terrible,
De tu inconstancia el espantoso vuelo
Me arrebató los venturosos días,
Y arrastrando mi infancia al hondo seno
Del infortunio y la orfandad más triste
Mi alma no probó sino tormentos:
Pero hoy fortuna tu rigor provoca
Este audaz corazón en su despecho.
Yo triunfaré de ti o halle mi vida
De tu severidad todo el misterio.
(*Salen Zafira y Colifa*).

Zaf. Oye Selim: en nombre y por los manes
De tu padre, y mis lágrimas te ruego
Y aún rogamos las dos que ese combate
Se permute en la acción de tus derechos.
Barbarroja, homicida ya ha probado
Ser más digno sin duda del severo
Castigo que las leyes prefijaron
Para ejercer su imperio en tales reos,
Obrad pues como Rey, usando de ellas
Y aleja de ese honor caballeresco
El voraz fanatismo y entusiasmo
Que en los nobles cristianos puso el sello,
De inauditas desgracias: un malvado
En herir corazones, alto diestro
Puede el más poderoso y justo hombre,
Con mano indigna atravesar el pecho.
Poner en tu lugar a Barbarroja
Y ver si te honraría en noble duelo.

Sel. ¿Y soy él por ventura? Mi palabra
No puede ya excusarme del empeño.

Zaf. Sí puede, sí, la ley te favorece,
Tu dignidad te colma de derechos.
 (*Suena una trompeta*).

Sel. ¿Oísteis madre? La señal es ésa,

       Aun cuando yo quisiera, ya no puedo
       El combate rehusar.
Zaf. ¡Oh imprudencia!
Sel. La conozco: mas quién de aquel momento
       Pudiera responder, ni mis acciones.
       De una costera razón dirá que fueron.
Zaf. Pues bien si has obrado irreflexivo
       Si te lo ruego yo ¿no queda tiempo?...

Escena 8ª.

Selim titubea insinuándose hacia su madre. Entra Dalí acompañado de los caballeros cristianos.

Dal. Ya con harto pesar os participo
       Que vuestro adversario está en el cerco;
       Monta un alto tordillo enjaezado
       De galanos y ricos aderezos,
       Gruesa lanza y alfanje damasquino.
Sel. No consiste el vencer en tanto arreo
       Dalí, este solo me basta y mi caballo
       (*Señalando el alfanje*).
       Madre mía, quiera benigno el cielo,
       Que en esta mano que estrechando estoy
       Vuelva a imprimir de la victoria el beso
       (*Parten*).

Escena 9ª.

       Zafira y Colifa

Zaf. Y desoyes ingrato mis gemidos,
       ¡Ay! yo no sé que amargo sentimiento
       Se apodera de mí; ya nunca, nunca
       Le volveré yo a ver: tu hijo es muerto
       Me dice el corazón en sus latidos...
       ¿Para qué le di a luz, hados tremendos?
Col. El sol aún baña la pomposa cima

Del encumbrado monte, y desde el Cielo,
Parece se detiene en su carrera,
Como un heraldo que ante el ser supremo
Llevará los debates de este día.
Zaf. Vamos Colifa, sígueme que quiero
De esa sangrienta lucha ser testigo,
Quiero verle morir.
Col. No te aconsejo
Tan violento atentado, tu presencia
Conturbaría de Selim el pecho,
Que pendiente tal vez de tu semblante
Al ver tus ojos lágrimas vertiendo,
El sentimiento natural que a un hijo
Rinde al impulso del amor materno,
Su atención cautivara, y este acaso
¡Qué terrible sería y qué funesto
En hora tan menguada! ¿Mas quién llega?
Isaac...
Zaf. ¡Isaac!

Escena 10ª.

Dichas e Isaac que entra con pasos desconcertados y mirando con sobresalto por todos lados habla con agitación.

Isa. Quiero cumplirte
La palabra que di, un solo instante
De dilación aquí, podrá perdernos.
Sígueme pues en la inmediata costa
Cerca de tierra mi galera tengo,
Y en tu busca he venido.
Zaf. Mal llegaste;
Pero ha sido ilusión o vano ensueño
¿No te he viso esta noche en este sitio
Graves imprecaciones profiriendo?
Isa. Todo fue realidad, ante mi hermano
Y sus viles falaces consejeros,
El grito levantaba en tu defensa:
Pero sólo abogar tales derechos

Fue bastante motivo para hacerme
Parecer un traidor de astucia lleno[139]:
Entonces detestando su conducta
Quiero huir de los crímenes, me alejo
Para más no volver, mi fuerte flota
Surcaba anoche la región marina,
Pero tu imagen siempre en mi presencia
Por donde quiera entre peligros veo,
Sostenida en las dulces esperanzas
Que mis promesas concebir te hicieron
Otra arrastrada a tu pesar he visto,
En la mezquita con un sí tremendo
Profanando el divino santuario
Ante la misma vista del eterno.
Entonces olvidándome de todo
Cuanto me pone de morir a riesgo
Torno en busca de ti, piso la arena
Y por fortuna arrebatarte puedo.

Zaf. No Isaac que Selim y Barbarroja,
Van a estrecharse en un sangriento duelo,
Tal vez el mismo cielo, aquí te envía,
Para poner a tanto mal remedio.
Vuela a esa plaza fúnebre teatro
Del atroz sacrificio, y a despecho
De ambos combatientes: no permitas
Que verifiquen el feroz encuentro,
Y sálvame esa vida tierna y cara
Único bien que en mi amargura tengo.

Isa. Si en tiempo oportuno allá llegare
Salvo a Selim verás, te lo prometo (*Parte*).

Escena 11ª.

Zafira (*Postrada*).
¡Oh mi Dios! que velado en alta gloria

---

[139] En nota del manuscrito: «A este verso se dejará ver a Danmey que entra por el frente y atraviesa el teatro ocultándose para oír hacia la derecha del espectador, y al partir Isaac sale en su seguimiento». En la otra versión, esta indicación aparece en el texto.

Pisas la cumbre del excelso cielo,
Si en ti a quien volando mis clamores
Llevan de mi existencia los tormentos
No encuentro fin al padecer que gimo,
¿Dónde pues lo hallaría, oh padre eterno?
Y tú gran sol, en cuya llama adoro
Al sapiente Hacedor del Universo,
Mientras te busco por la ardiente esfera
Para admirar en ti al Ser Supremo,
¿Permitirás que en sanguinarios coros
Te ofrezca un holocausto nuestro suelo,
Por la salud y paz del mundo todo?
¡Oh sol! ¡oh sol! Si ante el primer destello
En la playa, en el bosque, en la cabaña,
Postrados a la vez juntos nos vemos
Saludando benéficos tu numen,
¿Será posible que a mi fiel deseo
Tan laudable placer negado sea?
¡Mas que súbito ruido!... toda tiemblo...

Al llegar aquí se oye confuso bullicio lejano, suena el clarín del campo, Zafira se sorprende, poniéndose de pie. Colifa acude a la ventana que mira a la plaza y retrocede – dando un doloroso grito.

Col. ¡Ay¡ Zafira...! Zafira...!
Zaf. ¿Qué..! responde...[140]
Col. Selim y su caballo por el suelo..!!!
De Barbarroja el brazo levantado!!!
Ya no pude ver más. Selim ha muerto.
Zaf. Y ya aquí que me resta hado terrible[141]!!!
Cumplióse del oráculo funesto
La fatal predicción que a mí tan sola
Parece perdonara con intento,
De que apure gimiendo hasta las heces
La copa del dolor.
Col. ¡Mas qué remedio,

---

[140] Cierra «Qué» con un signo de interrogación (Azougarh 315).
[141] La palabra «hado» abre el signo de admiración (Azougarh 316).

Si decretado estaba que así fuese!
Soportemos amiga con esfuerzo
De la fatalidad tan duro golpe:
Tu mal es grande lo conozco y siento
Del mismo modo que sentirlo debes,
Pero ofrece tus lágrimas al Cielo
Que tal vez en tu rostro derramadas...

Zafira parte con celeridad por donde todos fueron y antes de llegar, entra Danmey con un turbante y un manto ensangrentado, y lo arroja delante de Zafira la que retrocede asombrada.

Dan. He aquí de tus obras los efectos,
(*Le arroja el turbante y el manto*).
Ya es todo sangre, asolación y muerte
(*Vase*).
Zaf. Se acabó para mí, mundo severo
Cuanto pudo a la vida encadenarme,
¡Conque no queda a mi sufrir consuelo!
¡Conque son esos míseros despojos
De aquel Selim que idolatraba ¡Cielos!
¿Dónde, dónde está vuestra clemencia.
Para el contrito y agitado pecho
Que a ti angustiado su esperanza eleva?
Pero ¡Ay! mísera yo, ¿por quién espero? (*Agitada*).
¿He de tornar a ver de ese inhumano
La faz terrible y el airado ceño
Decirme sin piedad torna a ser mía.
No, jamás pisaré tan triste extremo[142].
Oye Colifa mía, en este sitio
Por la tierna amistad que te profeso
Espera al matador de los Selimes:
Y cuando llegue de su corte en medio
A Zafira buscando en torno suyo,
Llena de Árabe ardor tu noble pecho,
Y en mi nombre profiere cuanto pueda
De execración llenarle; y al momento

---

[142] La coma [,] aparece después de «jamás» (*Obras* 193).

Vuela y búscame... allí.
(Señala donde ha de partir).
Col. ¿Y tú qué intentas?[143]
Zaf. Confundir su ambición, bajo un proyecto.

Escena 12ª.

Dicha y luego, Muftí.

Col. Desgraciada Zafira: en qué mal hora
Entrelazó tu mano el himeneo.
¡Oh! que caro te cuesta haber nacido
De alta belleza y de virtud ejemplo.
(Entra Muftí y soldados).
Muf. Aquí están: recoged esos despojos
Y unirles luego al malogrado cuerpo
Del virtuoso Isaac, y a los Satélites
De ese inicuo Danmey, juntos busquemos.
Y vos sabed, ese feroz ministro *(A Colifa),*
Es un monstruo de horror cuyos consejos,
Nos envuelve en la sangre que este día
Se ha visto derramar.

Al tiempo de partir se oye una música marcial: los soldados recogen todo y parten.

Col. ¡Qué misterio!
(Asomándose agitada).
La sombra de Selim se asoma y mira,
En triunfo la virtud y el sufrimiento.
¡Oh qué placer y qué felice nueva![144]
Dulce amiga Zafira respiremos.

Este último verso lo dirá alzando la voz y partiendo de carrera. La música se habrá aproximado. Entran ambas noblezas de Árabes

---

[143] Se abre la pregunta con la palabra «qué» (*Obras* 193).
[144] Aparece «feliz» en vez de «felice» (*Obras* 194), pero en Azougarh coincide con la nuestra (318).

y Caballeros cristianos, y Selim el último en medio de ellos y entre dos de los cristianos trayendo el alfanje desnudo. Detrás viene Noemí con la cabeza de Barbarroja, y el instrumento que tomó en la prisión arrojado por el verdugo[145].

Sel. Ya lavé de mi madre las injurias.
Tres veces hasta el puño de mi acero
La indignación probó, y padre, trono
Madre, honor y pueblo a un tiempo
Satisfacción legítima reciben.
Ahora si puedo del amor materno...
¿Dónde mi madre está...? Si por desgracia...
¡Cuánta funesta adversidad sospecho!
Colifa... nadie me oye... amigos míos...
A los caballeros Españoles que parten por donde Colifa en busca de Zafira.
Id por piedad... si alguno... me estremesco!
Cuando mi nombre en populoso canto
Con los víctores vuela al universo
¡Sólo enmudece de mi madre el labio...![146]
¿Qué presagio mortal, fúnebre velo
Entre el placer y yo súbito corre?
Cap. Por vía de amistad dadme ese acero
(*Tornan los que fueron en busca de Zafira*).
Sel. ¿Por qué?... hablad... qué angustia... qué reserva
Dejádmela buscar... hablarla debo...
Contadla mis trabajos, mis proezas
Y abrazando su pecho con mi pecho...
(*Sale Colifa*).
Colifa, ¿qué es de mi madre?
Col. (*Con extremo dolor*).
¡No existe!!!
Víctima ha sido de un atroz veneno
Que por su alma derramó ella misma!
¡Zafira!... Zafira!...[147]

---

[145] Se reproduce la palabra «caballeros» con minúscula y se escribe «arrojada» (*Obras* 194).
[146] Se cierra el signo de admiración al final de este verso (*Obras* 194).
[147] Se suprimen los primeros dos signos de admiración (*Obras* 195). En Azougarh los signos sólo abren y cierran el verso (319).

Sel. ¡Qué destino! ¡qué tormento!!!
(*Arroja la espada*).
¡Oh madre infeliz, y desgraciada!
¡Madre! ¡madre! dejadme que su seno
Riegue ya con mis lágrimas ardientes
Por la postrera vez, o por consuelo
Ya no más la veré, ¡Suerte inhumana[148]!
¡Por qué no me mató tirano acero
Miserable de mí! ¿Por qué llegaron
Las dulces horas que nacer me vieron!
Fortuna cruel que con mi suerte juegas,
Nunca, nunca de paz mis ojos vieron
Una serie feliz, siempre infortunios
Vicisitudes tristes, fin funesto,
Mi borrascosa vida señalaron!
Dal. Soporta, amigo, el abismo peso
Con que el destino prueba tu constancia,
Pues correspondes a los grandes Genios.
Sel. Dejadme lamentar que al fin soy hombre,
Y a los sensibles seres pertenezco.
Hijos de Mauritania... a Dios... ya brilla
De vuestra libertad el lauro eterno.
Yo mi pena labré, y vuestra ventura
A un tiempo mismo... a esa madre os dejo,
Llenad vuestros deberes como amigos,
Que ya no quiero un torno ensangrentado
Con las preciosas vidas de mis deudos.

---

[148] Se suprime el primer signo de admiración (Obras 195). La versión de Azougarh coincide con la nuestra salvo que se reproducen dos puntos donde en la nuestra aparece una coma y se escribe «suerte» con minúscula (319).

Apéndice: el manuscrito autógrafo

El manuscrito autógrafo

El manuscrito autógrafo de Juan Francisco Manzano que doy a conocer aquí es una transcripción del que se encuentra en la Biblioteca Nacional José Martí. El original está escrito con la letra y puño del esclavo poeta, con adiciones y correcciones, y es el mismo que consultó José Luciano Franco y publicó en su *Autobiografía, cartas y versos de Juan Francisco Manzano*, en 1937, y se reprodujo luego en *Obras*, en 1972. Pero el texto que presento en apéndice no se basa en la transcripción de Franco, que por cierto contiene algunos errores, ni en la de Israel Moliner, que introduce otros, sino en una fiel reconstrucción del manuscrito que se halla en la Biblioteca Nacional de La Habana.

En su autobiografía Manzano dice que aprendió a leer y escribir por su cuenta. Una somera consulta del manuscrito autógrafo muestra que el esclavo poeta formaba sus letras con cierta elegancia, adaptándose al estilo de la época, y que imitaba la letra de su amo don Nicolás de Cárdenas y Manzano, si bien a veces se hace difícil descifrar su caligrafía y distinguir entre una letra y la otra. Además, el manuscrito autógrafo contiene palabras y frases tachadas en el mismo renglón y otras que se añaden y aparecen sobre el renglón. Algunas correcciones se entienden con más facilidad que otras y un número reducido de ellas no se entiende en absoluto. Todo ello pone de manifiesto el intento del autor de documentar los hechos de su vida y redactarla en un español acorde con las normas de escritura. Es muy probable que Manzano estuviera pasando en limpio algunos folios que había escrito en un momento previo a lo que después se identificaría como su manuscrito autógrafo, el que se conserva en la Biblioteca Nacional José Martí. Podemos suponer que las tachaduras y enmiendas que aparecen en el renglón fueron hechas por el mismo autor; que, a inicios del manuscrito que se conserva, nuestro autor se equivocó o cambió de parecer, tachó lo que escribió y continuó documentando lo que quería decir. Asimismo podemos conjeturar que las enmiendas que se localizan sobre la línea representan una intervención posterior a la escritura del texto manzaniano, y que fueron hechas por una persona que aspiraba a corregir la gramática de Manzano y pulir su estilo, dándole así mayor consistencia a lo que podríamos denominar una escritura espontánea u oral. Ahora bien, estas observaciones no deberían de tomarse a pies juntillas, porque en algunos pasajes se inserta una corrección apretada en el renglón y se tacha otra encima, avisando así de la presencia de una segunda persona que corrige en el renglón y del autor que tacha lo que se escribe sobre la línea.

Franco realizó un juicioso esfuerzo para descifrar y transcribir el manuscrito original de Manzano y darlo a conocer tal como lo había escrito el esclavo poeta. Pero un estudio minucioso del manuscrito autógrafo en contraste con la transcripción de Franco muestra que éste incorporó signos, letras, acentos y palabras que no se encuentran en el original, y que no reprodujo otros que sí aparecen en él. Las correcciones de Franco a veces le atribuyen a Manzano algún conocimiento de la escritura que no poseía, y en otros momentos le restan otros que sí manejaba con perspicacia. En su *Suite para Juan Francisco Manzano*, Roberto Friol se percata de que Franco no reprodujo religiosamente el contenido del manuscrito autógrafo. Friol, por ejemplo, señala la complejidad de la escritura manzaniana, observando las tachaduras y enmiendas del manuscrito original:

> Original: Enmiendas y tachaduras que aparecen en el mismo párrafo: «...su famosa acienda el Molino tomaba las mas bonitas criollas [tachado *ba* y sustituido por *r*; agregando *de* delante del nuevo infinitivo]». «...estaba su casa siempre abastecida... [tachado *abastecida* y sustituido por llena; tachado *siempre* y cambiado de lugar, ahora precede a *su casa*]». «qe. no estubiesen pr. sus edad dolencias o libertad &c. [tachado *edad*]».
> [...]
> Infidelidades de la edición al original: En el original, además de *razón* aparecen subrayadas *distinción* y *estimación*; delante de «entre las escojidas», no se encuentra una «y», sino «&c,», es decir, una abreviatura de etcétera, y a continuación un punto; «sus años» aparecen como «su años» con falta de concordancia evidente por lapsus del autor (1977: 44).

Azougarh discierne lo mismo que observa Friol, y apunta las siguientes diferencias:

> En una nota, Franco advierte que en el manuscrito del texto autobiográfico existen enmiendas y hasta tachaduras que no parecen hechas por Manzano. No obstante, en su transcripción suele mezclar el texto de Manzano con las correcciones. Una lectura atenta que tiene en cuenta la letra y la instrucción del corrector revela que la mayoría de ellas es la obra de otra persona (2000: 63).

Azougarh repite esta misma información en varias notas explicatorias del manuscrito: «Franco suele transcribir las dos versiones, la primera y la corrección sobre el renglón». En otra repite: «Franco transcribe tanto el texto de Manzano como las intervenciones del corrector»[1]. Si bien a Azougarh le interesa reproducir las correcciones del autor, y su edición identifica muchas de las enmiendas hechas por Manzano, se puede entender que también a él se le escaparon otras que se señalarán en nuestro estudio.

El manuscrito autógrafo de Manzano debe leerse como si fuera un palimpsesto: se da el caso de que la primera escritura no ha sido borrada y que ésta y la otra comparten el mismo tiempo y espacio. Por lo tanto, puede leerse de varias maneras. Una de las posibles lecturas incorporaría todos los elementos que contiene el manuscrito, tanto lo escrito por Manzano, con todas sus enmiendas y tachaduras, como lo modificado por el corrector. Ahora bien, el manuscrito puede estudiarse también sin las rectificaciones del corrector, rescatando las tachaduras y suprimiendo las añadiduras. Y por consiguiente, también pudiera examinarse con las enmiendas que aparecen sobre el reglón, de modo que se respeten los tachones que se señalan en el manuscrito. Por último, podría plantearse un «grado cero» de la escritura manzaniana, una lectura que prescinda tanto de las tachaduras como de las enmiendas, y que incluya sólo lo que Manzano quería comunicar a su lector.

Se ha establecido un eslabón entre el manuscrito autógrafo de Manzano y la versión de Anselmo Suárez y Romero; como es de esperar, uno es producto del otro. Incluso, es muy probable que la letra del corrector del manuscrito autógrafo sea la de Suárez y Romero. Sabemos que fue él quien corrigió la gramática del esclavo poeta, como he señalado en la versión ya transcrita. Pero, además, muchas de las correcciones hechas al manuscrito autógrafo coinciden con las del documento de Suárez y Romero, aunque, como sabemos, él incorporó otras que no se encuentran en el manuscrito original. Por ejemplo, al principio del manuscrito, que también coincide con los párrafos señalados por Friol, Suárez y Romero subraya las palabras «distinción», «estimación» y «razón»; elimina la preposición «de» que aparece después de «tenia gusto cada vez»; inserta «de» y cambia «tomaba» por «tomar» en la expresión «iva a su famosa asienda el Molino de tomar las mas bonitas criollas»; escribe «siempre» en la claúsula «estaba siempre su casa»; y suprime «siempre abastecida» y escribe «llena» en «llena de criadas», siguiendo así las pautas indicadas en el manuscrito. Si fuera éste el caso, se puede entonces adelantar la siguiente hipótesis sobre el corrector del manuscrito: es posible que una tercera persona lo hubiera retocado y que Suárez y Romero reprodujera esas correcciones en el suyo. Y resulta más probable aún que el corrector del texto autógrafo fuera el mismo que produjo la versión corregida del manuscrito de Manzano.

---

[1] Azougarh (ed.) 2000: 322, notas 47 y 53, respectivamente.

En este apéndice me interesa dar a conocer el manuscrito autógrafo de Manzano en toda su complejidad, para que el lector pueda entender el proceso de pensar y escribir, primero el del esclavo poeta y después el del corrector. Reproduzco entre corchetes [ ] algún cambio en el renglón, con lo tachado en letra normal y lo añadido en negritas. Asimismo coloco entre llaves { } algún cambio sobre el renglón, lo suprimido en letra normal y lo enmendado en negritas. Utilizo los corchetes [ ] sin contenido para indicar alguna palabra ilegible. Por último, el manuscrito autógrafo de Manzano contiene algunas palabras o letras que han sido subrayadas: las hemos reproducido tal como aparecen en el manuscrito, aunque algunas suelen estar subrayadas con más intensidad que otras.

Sin duda hay diferencias entre la transcripción de Franco tal como se reproduce *Autobiografía, cartas y versos de Juan Francisco Manzano* y el manuscrito autógrafo de Manzano. Para un mejor contraste entre uno y otro, señalo en las notas las desviaciones que contiene la transcripción de Franco, de modo que se puedan apreciar las diferencias y semejanzas entre ambos. Pero al profundizar en este trabajo he observado con asombro algunas discrepancias entre el manuscrito que se encuentra en *Autobiografía* y el que se reproduce en *Obras*, y por esta razón he añadido una comparación con este último. Asimismo nuestro estudio hace hincapié en las investigaciones hechas por Azougarh.

El esclavo Juan Francisco Manzano cultivó[1] con las dificultades consiguientes á[2] su condicion[3] la amistad del distinguido cubano Don Domingo Del[4] Monte, á[5] quien iban dirigidas las cartas que contiene este libro, _[6] Don Domingo Del[7] Monte, interesado vivamente en favor del esclavo-poeta, promovió una suscripcion[8] y rescató la libertad de Juan Francisco Manzano, mediante una suma de $850 que exigió su dueña. _[9] No sólo no se escribió la segunda parte dela[10] biografía que se ofrece en la primera, si no[11] que con su libertad perdió Manzano sus dotes de poeta[12].

---

[1] Franco inserta coma [,].
[2] Escribe «a», sin tilde.
[3] Escribe «condicion», sin tilde, e inserta coma.
[4] Escribe «del», con minúscula.
[5] Escribe «a», sin tilde.
[6] Elimina la coma y raya y las sustituye con punto seguido.
[7] Escribe «del», con minúscula.
[8] Escribe «suscripción», con tilde.
[9] Elimina la raya.
[10] Escribe «de la».
[11] Escribe «sino».
[12] Franco escribe: «Nota que aparece en la portada del cuaderno manuscrito que contiene esta *Autobiografía*. En el original existen enmiendas y hasta tachaduras que no parecen hechas por Manzano».

La[13] Sra. Da. Beatriz de Justiz Marqueza Justiz de Sta. Ana, esposa del Sor. Dn Juan Manzano, tenia gusto [de] cada vez qe. iva a su famosa asienda el Molino {de} toma[ba][r] las mas bonitas criollas, cuando eran de dies a onse años; las traia consigo y dándo les[14] una educasion conforme a su clase y condision, estaba {siempre} su casa [siempre abastecida] {llena} de criadas, in{s}truidas[15] en todo lo necesario pa el servisio de ella no asiendose de este modo[16] notable la falta de tres o cuatro qe. no estubiesen aptas pr. [s]su[17] [edad] {años} dolensias o livertad &c.[18] entre las escojidas fue una Ma. del Pilar Manzano, mi madre, qe. del servisio de la mano de la Sra. Marqueza Justiz en su mayor edad, [] era una de las criadas de *distinsion* o de *estimasion* o de *razon* como quiera qe. se llame tenia *esta* {tambien aquella} señora pr. costumbre, despues del esmero con qe. criaba á estas sus siervas [y sierbos] qe. el dia qe. se queria alguna casar, como fuera con algun artezano libre, le daba [ella] la liberta{a}d en donas{r}[19] equipandola del todo como si fuese en [una otra] hija {propia} sin qe. perdiese pr. eso todo el fabor y protecion de la casa asiendose estensiva hasta sus hijos y espos[o] ({de lo cual hay} muchos ejemplos [as hay qe. sitar] {que citar}) [de este modo sucedia qe.] {pero} en la casa no nasian los hijos de [estos] {tales} matrimonios, siguiendo este orden de cosas se fuer[on] menoscavando el gran numero de aquella florida servidumbre pr. dibersos asidentes y [sigui][20] vino a ser Ma. del Pilar el todo de la mano de la Sra. Marquez J. [habiendo tenido] {y como tuviese} la suerte en este estado de ber casar a la Sra. Condesa de Buena vista y a la Sra. Marqueza de Prado Ameno vino pr. una casualidad a criar al Sor. [M] Dn. Manuel de cardenas y manzano; pero no al pecho; pues abiendo enfermado su criandera la parda libre, Catalina Monzón, {le} tocó a [maria del

---

[13] La autobiografía comienza con esta palabra que, en el manuscrito original, aparece junto al margen izquierdo del folio y por lo tanto no se sangra. No obstante, Franco la sangra.
[14] En el manuscrito hay un espacio entre estas dos palabras pero Franco las une.
[15] Azougarh no recoge esta corrección.
[16] En *Obras* omite esta palabra.
[17] Escribe «sus». Esta palabra se lee como la señalamos pero también como la indica Franco.
[18] En *Obras* escribe «y» en vez de «&c».
[19] Franco escribe «donasn». En *Obras* transcribe «donaciones» y Azougarh dice «donación».
[20] Palabra ilegible para Azougarh.

Pilar] {**a ella**} seguir la cria con todas las dificultades q^e. se infiren {**son de inferir**} en un niño q^e deja un pecho y no quere tomar otro; interin esta bensia todo[s] los ostaculos de [esta] {**la**} cria nasio el Sor D^n Nicolas, su hermano, cuando {**se**} berifico[se] el matrimonio [De] de Toribio de Castro con M^a. del Pilar a quienes debo el ser saliendo a Luz el año de []²¹

como²² [se]²³ ya he dicho no [h]abia nasido en [la]²⁴ casa ninguno {**de estos señores**}; mi ama la S^ra Marqueza Justi[z], ya señora de edad, me tomo como un genero de entretenimiento y disen q^e. mas estaba en sus brazos q^e. en los de mi madre q^e. con todos los titulos de una criada de manos y media criandera abia casado con el primer criado de la casa y dado a su señora [y] un criollo q^e. ella llamaba, el niño de su bejez. Aun viven algunos testigo[s] de esta verdad cresi al lado de mi señora sin separarme de ella mas q^e. p^a. dormir, pues ni al campo viajaba sin mi {**llevarme**} en la bolante con diferensia de oras p^a. uno y dias p^a otro, nasí temporaneo con {**del**} el Sor. Dn. Miguel de Cardenas y Manzano y con {**del**} el S^or. D^n. Manuel Oreylli hoy conde de Buena vista y Marquez Justis de Sta. Ana. ambas familias vivian todos en la grandisima {**muy grande**} y hermosisima casa contiga a la machina dividas solo²⁵ p^r. algunas puertas q^e. separaban los departamentos pues eran tres grandes casas reunidas en una. Así²⁶ seria osioso pintar cual andaria yo entre la tropa de nietos de mi señora trabeseando y algo mas vien mirado de lo q^e. meresia p^r. los fabores q^e. me dispensaba mi señora, a quien yo tambien llamaba mama mia²⁷.

Cumpl{**i**}a²⁸ yo ya²⁹ seis años cuando p^r. demasiado vivo mas q^e. todos, se me enbió a la escuela en casa de mi madrina de bautismo trinidad de Zayas: [se

---

²¹ Franco escribe tres puntos suspensivos que no se encuentran en el manuscrito. Al igual que Franco, Azougarh reproduce los mismos puntos suspensivos. Además no reconoce la tachadura.

²² Esta palabra se escribe con minúscula pero se sangra, y parece que constituye un párrafo.

²³ Azougarh no reproduce esta tachadura hecha por Manzano.

²⁴ Azougarh no señala ninguna de estas dos correcciones.

²⁵ Es difícil determinar si esta palabra se ha tachado. La línea en que aparece está limpia pero la palabra tiene una mancha que permite que se lea.

²⁶ Franco escribe «asia» y Azougarh dice «así». Aunque mi reproducción se acerca más a la palabra del manuscrito, ésta parece comenzar con una «t» y por lo tanto podría leerse como «tú», es decir «tsí», las dos últimas letras formarían la «u».

²⁷ Al final de este párrafo se percibe una mancha que parece ser el cierre de un signo de admiración. Este tipo de mancha también aparece como la coma que hemos colocado después de la palabra señora.

²⁸ En el manuscrito esta palabra aparece junto al margen izquierdo. Se escribe con mayúscula y por tanto podría representar un párrafo. Franco sangra la palabra.

²⁹ En el manuscrito se observa una doble raya en el reglón del «ya», y ésta se interpreta como una tachadura. No obstante, ni Franco ni Azougarh reconocen esta tachadura.

me traia] {traiaseme} a las dose y de {por la} tarde p[a] q[e]. mi señora me viera, la cual se guardaba de salir has{ta} q[e]. yo viniese p[r]. q[e]. de nó, echaba la casa abajo, llorando y gritando, y era presiso en este caso [ape] apelar a la soba la cual se guardaria {que nadie se atrevia} nadien darme p[r]. q[e]. ni mis padres se hallaba autorisado p[a]. ella y yo, conosiendolo, si tal cosa me asian los acusaba. Ocurrió una vez q[e]. estando yo muy majadero me sacudió mi padre *pero* resio; *supolo mi* señora y fue lo bastante p[a]. q[e]. no lo quisiera ver en muchos dias, hasta q[e]. a istansia de su confesor, el padre Moya, Religioso de S[n]. Fran.[co] le [bo][30] bolvió su grasia despues de apelar a {enseñarle aquel} los derechos {y a mi} de padre {e correspondian como á tal los que á ella como á} y ella a los de ama, ocupando el {lugar} de madre; a la edad de dies años daba yo de memorias los mas largos sermones de Frai Luis de Granada y el numeroso concurso q[e]. visitaba la casa en q[e]. nasí, me oia los Domingos cuando benia de aprender a oir la santa misa con mi madrina, [pues aun q[e].] en casa la avia {pero} no se me permitia oirla allí p[r]. el juguete y *distraccion con los otros*[31] muchachos. Tenia ya dies años cuando instrido en cuanto podia instruirme una mujer [en] {[] por lo q[e]. hace a}[32] en relijion {todo} el catecismo [lo daba todo] de memoria [como][33] como casi todo los sermones de Frai L. de G. {ademas sabia muchas y}[34] relaciones, loas, y entremeses, [ya] {y} cosia[35] [bien] regular y conosia las colocasion de las piesas; [me] llebaron a la opera frasesa y vine remedando[36] a algunos pr. cuyos medios aun q[e]. siempre era[n] mas p[r]. los sermones mis padres resivian de mí la porsion de galas q[e]. recojia en la sala.

pasando[37] p[r]. otros p[r]. menores ocurridos en los dias q[e]. debia resivir el bautismo me señiré unicamente a lo agradable pues {ahora} voi corriendo una serie de felicidades {por un jardin de bellisimas flores}. Fui embuelto {alli llevaron}[38] a la iglesia en el faldellin con que se bautizó la S[ra]. D[a]. Beatris de Cárdenas y Manzano selebrandose con Arpa, q[e]. la tocaba mi padre p[r]. música {con} clarinete

---

[30] Azougarh no señala esta tachadura.
[31] En el manuscrito se observa una doble raya y por esa razón hemos escrito estas palabras en cursivas.
[32] Ilegible para Azougarh.
[33] Azougarh no señala esta tachadura.
[34] La primera palabra es ilegible para Azougarh.
[35] Después de una cuidadosa lectura del manuscrito original, se puede descifrar que Manzano escribe «y cosia» pero Franco interpreta la «y» como «t» y la «s» como «r» y escribe «teoria.» Azougarh escribe «ya cosía regular».
[36] En *Obras* escribe remendando.
[37] En el manuscrito esta palabra aparece junto al margen izquierdo y se escribe con minúscula. Franco sangra esta palabra, comienza un nuevo párrafo y la escribe con mayúscula.
[38] Azougarh escribe «me llevaron».

y flauta: quiso mi señora marcar este dia con uno de sus rasgos de generosidad con {**coartando**} aber coartado a mis padres *dejandolos* en tresientos pesos a cada uno y yo devi ser algo mas feliz; pero pase.

Tenia [yo onse] {**siete u ocho**} años cuando [estaba a pupilo aprendiendo el oficio de sastre] me preguntaban qᵉ. {**mi**}[39] ofisio tenia y no abia uno qᵉ. yo [no] dijera qᵉ. {**ignoraba y**} sabia[40] [en el dia no se a qᵉ. []] acercado mis manos qᵉ. no paresca aber tenido []pio de ello y esto es probable] y en esto parese qᵉ. leia yo los dias que en [**el**] porbenir me esperaban, [pʳ.] {**en**} la carrera de mi vida [ya] llegaba [**ya**] {**el**} tiempo en {**de**} qᵉ. mi ama se fuera desprendiendo [de] de mí[41] pᵃ. ponerme a ofisio como en efecto se berificó teniendo [ya] como diez años se me puso a pupilo con mis padrinos llebando *ya*[42] las primeras lecciones de sastre pʳ. mi padre, entonses viajaba la señora marquesa Justis con frecuencia a su asienda el Molino mi madre se declaraba en estremo fecunda pues ya tenia yo un hermano qᵉ. me seguia otra que murio del mal llamado Blasa qᵉ. no sé pʳ. qᵉ. espesie de grasia nasió libre mi padre se lamentaba qᵉ. [si] la[**s**] cosa[**s**][43] se ubiera hecho como se pactuó el estubiera contento mis dos hijos barones estan vivos y los otros dos vientres se han malogrado {**mas**} aquella bondadosisima señora fuente inagotable de grasias le bolvio a renobar un documento en darle libre {**ofresiendole la libertad del**} el otro vientre nasiese lo qᵉ. nasiese y nasieron mellisos baron y embra ubo en esto unas diferensias mas lo terminante del documento iso qᵉ. un tribunal diese livertad a los dos pʳ. qᵉ. ambos formaron un bientre la embra vive con este motivo mis padres se quedaron en el molino al cuidado de la casa, cuando este acontesimiento la señora marqueza Justis avia muerto ya en la misma asienda todos sus hijos vinieron a la novedad y la asistieron hasta el ultimo momento, yo me allaba a la sazon a pupilo en la Habana, pero [con la] se le enbió una bolante a la Sʳᵃ. Dᵃ. Joaquina Gutierres y zayas la qᵉ. se presento en casa de mi madrina y me pidió de parte de mi señora y en el momento se puso en camino conmigo pᵃ. matanzas donde llegamos al segundo dia como a la una del dia esta epoca pr. lo remota no está bien fija en mi memoria solo me acuerdo qᵉ. mi madre y la Sʳᵃ. Dᵃ. Joaquina y [y][44] el padre estubimos en fila en su cuarto ella me tenia puesta la mano sobre un hombro mi madre y Dᵃ. Joaquina lloraban, [al][45] de lo qᵉ. ablaban no se salimos de alli yo me fui a jugar y solo me acuerdo

---

[39] «Mi» aparece encima de «qᵉ.» pero Franco escribe «mi qe». Azougarh escribe «me».
[40] Franco escribe «ignoraba sabia».
[41] Escribe «mi», sin tilde.
[42] En el manuscrito parece que se subraya esta palabra aunque también podría aparentar ser tachada (la raya aparece debajo de la palabra).
[43] Escribe «cosas».
[44] Azougarh escribe «y yo».
[45] Azougarh no reconoce esta tachadura.

q^e. a la mañana siguiente la ví tendida en una gran cama q^e. grite y me llebaron al fondo de la casa donde estaban las demas criadas enlutadas en la noche toda la negrada {de la asienda} sollosando resaron el rosario yo lloraba a mares y me separaron entregandome a mi padre.

pasado[46] al gunos[47] dias o tiempo partimos p^a. la Habana y la misma S^{ra}. D^a. Joaquina me condujo a la casa de mi madrina donde luego supe q^e. allí me abia dejado mi señora, pasaron algunos años sin q^e. yo biese a mis padres y creo no equibocarme en desir q^e. abrian sinco años pues me acuerdo q^e. abiendo vivido mucho tiempo con mi madrina en la calle nueva del cristo ya yo cosia y iva a los ejersisios de Juego[48] con mi padrino q^e. era sargento primero de su batallon Jabier calvo y nos mudamos a la calle del inquisidor en el solar del S^{or}. conde de Orreylli vi el bautismo famoso del señor Dⁿ. Pedro orreylli y lo vi bestir mamelucos y andar solo p^r. la casa todo esto sin saber si tenia amo o nó y ya yo bestia mi balandran de carranelan de lista ancha y entraba y salia de la casa [como de unos amos] sin q^e. nadie me pusiese ostaculo.

Tendria[49] yo algo mas de dose años cuando deseosas algunas antiguas criadas de la casa deseaban berme y asiendo istansias a mi madrina lograron de ella q^e. me mandase de bisita [ell][50] a la casa de mi señora la Marqueza de prado Ameno lo q^e. berificado un domingo me bistieron de blanco con mi balandransito de carranclan y pantalones de borlon apenas llegue a la casa cuando todas me cargaron otra me llebaba de la mano aca y alla enseñandome hasta q^e. me condujeron al cuarto de la señora disiendole quien era yó, no se desir lo q^e. aqui paso lo sierto es q^e. al dia siguiente me embió mi señora a buscar con un criado estube jugando todo el dia mas a la noche cuando me queria ir a la casa de {mi}[51] amada madrina no se me llebó; ella fue a buscarme y yo no fui que sé yo p^r. qué de alli a algunos dias me isieron muchos mamelucos de listado corta y alguna ropita blanca p^a. cuando salia con la librea de paje p^a. los dias de [ga][52] gala tenia un bestido de usar pantalon ancho de grana guarnesido de cordon de oro, chaquetilla sin cuello de raso azul marino guarnesida de lo mismo morreon de tersio pelo negro galoneado, con plumage rojo y la punta negra dos argollitas de oro a la fansesa y alfiler de diamante con esto y lo de mas pronto

---

[46] En el manuscrito esta palabra se escribe con minúscula y aparece junta al margen izquierdo. Franco la escribe con mayúscula y la sangra para comenzar un párrafo.
[47] Franco y Azougarh escriben «algunos».
[48] Franco escribe «juego».
[49] Escribe «tendría», con tilde.
[50] Parece que Manzano se equivocó, no completó la palabra y la tachó.
[51] Azougarh no señala esta enmienda.
[52] Azougarh no reproduce esta tachadura.

olvidé[53] mi antigua y recolecta vida los teatros paseos tertulias bailes hasta el dia y otras y otras[54] romerias me asian la vida alegre y nada sentia aberdejado la casa de mi madrina donde solo resaba, cosia con mi padrino y los domingos jugaba con algunos monifaticos pero siempre solo ablando con ello[s], a los pocos dias tube p.r alla a la misma señora D.ª Joaquina q.e me trataba como a un niño ella me bestia peinaba y cuidaba de q.e no me rosase con los otros negritos de la misma mesa como en tiempo de señora la Marqueza Justis se me daba mi plato q.e comia a los pies de mi señora la Marqueza de [p] Pr. A. toda[55] esta epoca la pasaba yo lejos de mis padres [mas cuando ellos supieron q.e estaba al serbisio de mi señora de esta epoca a la de [] de mi []][56] cuando[57] yo tenia dose años ya abia compuesto muchas desimas de memorias causa p.r q.e mis padrinos no querian q.e aprendiese a escribir[58]. pero yo las dictaba de memorias en particular a una joven morena llamáda Serafina cuyas cartas en desimas mantenian una correspondensia amorosa. Desde mis dose años doi un salto hasta la de catorce dejando en su inter medio algunos pasajes en q.e se berifica lo instable de mi fortuna. se notará en la relasion esta dicha q.e no ai epocas fijas pero era de masiado tierno y solo conservo unas ideas bagas pero la verdadera istoria de mi vida empiesa desde 189 en q.e empesó la fortuna a desplegarse contra mí[59] hasta el grado de mayor encarnizamiento como beremos. Sufria[60] p.r la mas leve maldad propia de muchacho, enserrado en una carbonera sin mas tabla ni con q.e taparme mas de beinte y cuatro oras yo era en estremo medroso y me gustaba comer mi carsel como se puede ber todavia[61] en lo mas claro de medio dia se necesita una buena bela p.ª distinguir en ella algun objeto aqui despues de sufrir[62] resios azotes era enserrado con orden y pena de gran castigo al q.e me diese ni una gota de agua, lo q.e alli sufria aquejado de la ambre, y la sé, atormentado del miedo, en un lugar tan soturno como apartado de la casa,

---

[53] Franco escribe «olvide», sin tilde.
[54] Franco corrige el manuscrito y elimina la redundancia «y otras».
[55] Franco escribe «todas».
[56] Franco termina la frase antes de la tachadura. Las últimas palabras («de mi») son ilegibles para Azougarh.
[57] En el manuscrito esta palabra aparece después de las tachaduras y junto al margen del folio. Franco la sangra, la escribe con mayúscula y con ella comienza otro párrafo.
[58] Aquí hay una marca diacrítica que podría interpretarse como un punto [.] y seguido, aunque la próxima palabra no comienza con mayúscula. Franco pasa por alto esta marca.
[59] Escribe «mi», sin tilde.
[60] En el manuscrito, esta palabra sigue a la anterior y se encuentra junto al margen de la izquierda. Franco la sangra y con ella comienza otro párrafo cuando en el manuscrito no se indica tal párrafo.
[61] Escribe «todavía», con tilde.
[62] El manuscrito reproduce una raya vertical después de esta palabra.

en un traspatio junto a una caballeriza, y un apestoso y ebaporante basurero, contigua a un lugar comun infesto umedo y siempre pestifero q^e solo estaba separado p^r. unas paredes todas agujereadas, guarida de diformes ratas q^e. sin cesar me pasaban p^r. en sima tanto se temia en esta casa [tal]^{63} a tal orden q^e. nadie nadie se atrebia a un q^e. ubiera collontura a darme ni un comino [en]^{64} yo tenia la cabeza llena de los cuentos de cosa mala de otros tiempos, de las almas aparesidas en este de la otra vida y de los encantamientos de los muertos, q^e. cuando salian un trapel^{65} de ratas asiendo ruido me paresia ber aquel sotano lleno de fantasmas y daba tantos gritos pidiendo a boses misericordia entonses se me sacaba me atormentaban con tanto fuete hasta mas no poder y se me enserraba otra vez guardandose la llabe en el cuarto mismo de la S^{ra}. p^r. dos ocasiones se distinguieron la piedad del S^{or}. D^n N. y sus hermanos introdusiendome p^r. la noche algun poco de pan biscochado p^r una reendija o abertura de la puerta y con una cafetera de pico largo me dieron un poco de agua^{66} esta^{67} penitencia era tan frecuente q^e no pasaba semana en q^e no sufriese de este genero de castigo do o tres veses, en el campo tenia siempre igual martirio yo he atribuido mi pequeñez de estatura y la debilidad de mi naturaleza a la amargosa vida q^e. desde trese a catorse años he traida^{68} siempre flaco debil y estenuado llebaba []^{69} en mi semblante la palidez de un combalesiente co{n} tamañas ojeras no es de estrañar q^e siempre ambriento me comiese cuanto allaba, p^r. lo q^e. se me miraba como el ma[s] gloton asi era q^e. no teniendo ora segura comia a dos carrillos tragandome la comida medio entera de lo q^e. me resultaba frecuentes indigestiones p^r. lo q^e. hiendo a siertas nesesidades con frecuensia me asia acreedor a otros castigos mis delitos comunes eran, no oir a la primera vez q^e me llamasen si al tiempo de darseme un recado dejaba alguna palabra p^r. oir, como llevava una vida tan angustiada sufriendo casi diariamente rompeduras de narises hasta hechar p^r. ambos condutos los caños de sangre rompedura sobre rompedura, lo mismo era llamarseme cuando me entraba un temblor tan grande q^e. apenas podia tenerme sobre mis piernas, no pocas veses he sufrido p^r. la mano de un negro vigorosos asotes p^r. se me suponia esto un fingimiento^{70} no

---

[63] Azougarh no reconoce esta tachadura.
[64] Palabra ilegible para Azougarh.
[65] Franco escribe «tropel».
[66] Franco pone aquí un punto y aparte, cuando el manuscrito de Manzano señala una continuación entre esta frase y la que sigue.
[67] Franco sangra esta palabra, la escribe en mayúscula y con ella comienza otro párrafo.
[68] Escribe «traido» y no «traida». En la caligrafía manzaniana, el escritor cierra la «o» y no la deja abierta como la «a».
[69] Azougarh no reconoce esta tachadura.
[70] Se escribe fingimiento con «g» y no con «j» como lo señala Franco.

calzaba sapatos sino cuando salia de paje, desde la edad de tres a catorse años la alegria y viveza de mi genio lo parlero de mis[71] lavios llamados pico de oro se trocó todo en sierta melancolia q^e. se me iso con el tiempo caracteristica la musica me embelesaba pero sin saber p^r. q^e. lloraba y gustaba de tal consuelo cuando allaba ocasion[72] de llorar q^e. siempre buscaba la soledad p^a. dar larga rienda a mis pesares, lloraba pero no gemia ni se me añudadaba[73] el corazon sino en sierto estado de abatimiento incurable hasta el dia. Tendria yo unos quinse o dies y seis años cuando fue llebado a Matanzas otra vez abrasé a mis padres y a mis hermanos y conosí a los q^e. nasieron despues de mi, el cararte seco y la horradez[74] de mi padre como estaba siempre a la vista me asian pasar una vida algo mas llevadera no sufria los orribles y continuos azotes ni los golpes de manos q^e. p^r. lo regular sufre un muchacho lejos de algun doliente suyo aun que[75] siempre mis infelices cachetes y narises estaban... Sinco años pasamos[76] en matanzas y era alli mi ofisio al a maneser[77] antes q^e. nadie estaba en pie barria cuanto podia y limpiaba concluida esta diligensia me sentaba en la puerta de mi S^{ra}.[78] p^a. cuando despertara q^e. me allase aí[79] en seguida p^a. donde quiera q^e. iva, iva yó como un falderillo con mis brasillos cruzados cuando almorzaban o comian tenia yo cuidado de recojer todo lo q^e. todos ivan dejando y me abia de dar mi maña de enguirmelo antes q^e. se lebantase la mesa p^r. q^e. al pararse avia yo de salir de tras y[80] llegada la ora de coser me sentaba a la vista de mi señora a costurar efectos de mugeres p^r. lo q^e. sé aser tunicos camisones colgaduras colchones marcar en olan batis y coser en este genero y aser todas clases de guarnisiones, llegada la ora del dibujo q^e era p^r un allo q^e. tenian los señoritos D^n. N. S^{or}. D. M. la Señ^{ta} Dª Concepcion y mi señora iva yo[81] tambien y parado detras de el asiento de mi señora permanesia todo el tiempo q^e. duraba la clase todos dibujaban y M^r. Godfriá[82] q^e era el allo recorria todas [][83] las

---

[71] En el manuscrito aparece aquí una raya y otra después de la palabra «melancolía», y por tanto se podrían interpretar como un paréntesis, pero sin este signo diacrítico. Azougarh no reconoce estos signos.

[72] Franco escribe «ocasión», con tilde.

[73] Escribe «añudaba».

[74] Escribe «horades».

[75] Escribe «aunque».

[76] Escribe «pasamo» y «matanzas» con mayúsculas.

[77] Escribe «amaneser».

[78] Escribe «sra».

[79] Escribe «ai», sin tilde.

[80] Aquí se inserta una raya vertical y cuatro rayas horizontales.

[81] Franco escribe «yó», con tilde.

[82] Escribe «Godfria».

[83] Azougarh no reconoce esta tachadura.

personas q^e dibujaban a qui disiendo esto alli corrigiendo con el crellon alla arreglando otra leccion[84], p^r. lo q^e. beia aser desir corregir y esplicar me alle en disposision[85] de contarme p^r. uno de tantos en clase de dibujo no me acuerdo cual de los niños me dió un la-pisero biejo de bronse o cobre y un pedasito de crellon esperé a q^e. botasen una muestra y al dia siguiente a la ora de clasé[86] despues de aber visto un poco me sente en un rincon buelta la cara p^a. la pared empese asiendo bocas ojos orejas sejas dientes &c cuando consideraba ser ora de cotejar las muestras con las lecciones ante el director Mr Godfria yo embolbia mis lecciones las metia en el seno y esperaba la ora p^r. q^e. en cotejando se acababan las dos oras de dibujo, y oia y beia de este modo llegué a perfeccionarme q^e. tomando una [difícil muestra q^e. abia de donde se ab] muestra desechada pero entera aunq^e. no mi perfecta, era una cabeza con su garganta q^e. demostraba a una mug{er}[87] desolada [con][88] q^e. corria con el pelo suelto ensortijado y batido p^r. el viento los ojos saltones y llorosos[89], y la copie tan al fiel q^e. cuando la concluí[90] mi señora q^e. me ogservava cuidadosamente asiendose {} desentendida me la pidió[91] y la presento al director [y la guardó p^a. []] q^e. dijo yo saldria un gran retratis y seria p^a. el mucho honor q^e. algun dia retratase a todos mis amos desde entonses [se me daban daban me] todos me tiraban al rincón donde yo estaba a medio acostar en el suelo muestra de todas clases y estando en esto bastante abentajado compuse una [guil][92] guirnarda de rosas y otras muchas cosas. En esta epoca tanto como en todas las q^e serví a mi ama era afisionadisima a la pesca y en las tardes y en la mañanas[93] frescas nos ivamos p^r. la orilla del rio de S^n. Agustin pr. la parte baja en q^e. atrabiesa p^r. el molino a buscar pesca yo le ponia la carnada en el asuelo y resibia el pez q^e. sacaba pero como la melancolia estaba en sentrada en mi alma y abia tomado en mi[94] fisico una parte de mi esistensia yo me complasia bajo la guasima [qe][95] cuyas raises formaba una espesie de pedestal al q^e. pescaba en componer algunos versos de memoria y todos eran siempre tristes los cuales no escrivia pr. ignorar este ramo

---

[84] Franco escribe «arreglando otra seccion» y en *Obras* «arreglado otra seccion».
[85] En *Obras* escribe «disposición».
[86] Escribe «clase», sin tilde.
[87] Azougarh no reconoce esta añadidura.
[88] Azougarh no reconoce esta tachadura.
[89] Franco no inserta coma [,].
[90] Escribe «conclui», sin tilde.
[91] Escribe «pidio», sin tilde.
[92] Azougarh no señala esta palabra tachada que reproducimos con dificultad.
[93] Escribe «en la tarde y en la mañana».
[94] En *Obras* escribe «mis».
[95] Azougarh omite el «que» tachado.

pr. esto siempre tenia un cuaderno de versos en la memoria y a cualquier cosa improvísaba supo mi señora qᵉ. yo [ch]⁹⁶ charlaba mucho pʳ. {qᵉ.}⁹⁷ los criados biejos de mi casa me rodeaban cuando estaba de umor y gustaban oir tantas desimas qᵉ. no eran ni divinas ni amorosas como propio producto de la ignosensia se dió⁹⁸ orden espresa en casa qᵉ. nadien me ablase pues nadien sabia esplicar el genero de mis versos [yo ablaba solo muy de comun]⁹⁹ ni yo me atreví¹⁰⁰ nunca a desir uno aunqᵉ. pʳ. dos veses me costó mi buena monda; como pᵃ. estudiar mis cosas qᵉ. yo componia pʳ. careser de escritura ablaba solo asiendo gestos y afeciones segun la naturaleza de la [qᵉ.] []¹⁰¹ composicion¹⁰² desian qᵉ. era tal el flujo de ablar qᵉ. tenia qᵉ pʳ ablar ablaba con la mesa con el cuadro con la pared &c yo a nadien desia lo qᵉ. traia comigo y [pʳ esto] solo cuando me podia juntar con los niños les desia muchos versos y le contaba¹⁰³ cuentos de encantamientos qᵉ yo componia de memoria¹⁰⁴ en¹⁰⁵ el resto de el dia con su cantarsito todo conserniente a la aflictiva imagen de mi corazón mi ama qe. no me perdia de vista ni aun dormiendo pʳ. qᵉ. hasta soñaba conmigo ubo de penetrar algo me isieron repetir un cuento una noche de imbierno rodeado de muchos niños y [] criadas, y ella se mantenia oculta en otro cuarto detras unas persianas o romanas; al dia siguien pʳ.¹⁰⁶ quitarme allá esta paja como suele desirse en seguida a mi bueno¹⁰⁷ monda me pusieron una grande mordaza y parado en un taburete en medio de la sala con unos motes de tras y delante de los cuales no me acuerdo y recta proivision pᵃ. qᵉ nadien entrase en combersasion con migo pues cuando yo tratara de de¹⁰⁸ tenerla con alguno de mis mayores devian darme¹⁰⁹ un garnaton y de noche devia a las dose o una de la noche

---

⁹⁶ Azougarh no reconoce esta tachadura.
⁹⁷ Azougarh no reconoce esta añadidura.
⁹⁸ Franco escribe «dio», sin tilde.
⁹⁹ Azougarh escribe: «"que hablaba solo muy de [ilegible]". Frase tachada en el renglón» (225).
¹⁰⁰ Franco lo escribe sin tilde.
¹⁰¹ Azougarh no reproduce estas tachaduras.
¹⁰² Franco escribe con tilde.
¹⁰³ Escribe «cantaba».
¹⁰⁴ Escribe «memorias».
¹⁰⁵ Aquí hay una raya que separa las dos palabras; tal vez, el corrector pensó que Manzano las había unido.
¹⁰⁶ Franco escribe «por».
¹⁰⁷ Franco escribe «buenas» y Azougar «buena». Solo se entiende «buen» y aunque sabemos que quería escribir «buena», es muy difícil leer la última letra que no se abre como la a.
¹⁰⁸ No repite el «de».
¹⁰⁹ Aquí hay una raya que separa las dos palabras; tal vez el corrector pensara que Manzano las había unido.

irme a dormir mas de dose cuadras[110] de distansia donde vivia mi madre yo era en estremo miedoso y tenia q^e. pasar p^r. este trago en las noches mas lluviosas[111]. con este y otros tratamientos algo peores mi cararter se asia cada ves mas tasiturno y melancolico no hallaba consuelo mas q^e. recostado en las piernas de mi madre p^r. q^e. padre de genio seco... y se acostaba mientras mi pobre madre y mi hermano Florensio me esperaban hasta la ora q^e. yo viniera este ultimo aunque estubiera dormido luego q^e. yo tocaba la puerta y oia mi voz despertaba y venia a abrasarme senabamos y nos ivamos juntos a la cama, unas tersianas q^e. p^r. poco dan conmigo en la sepultura me pribaron seguir a mi señora a la Habana y cuando me alle restablecido enteramente nadien ará en dos años lo q^e. yo en cuatro meses, me banaba cuatro veces al dia y hasta de noche corria a caballo pescaba registré todos los montes suví todas las lomas comí[112] de cuantas frutas abia en las arboledas en fin disfrute[113] de todos los ignosentes goses de la joventud en esta epoca pequeñisima[114] me puese grueso lustroso y vivo mas bolbiendo a mi antiguo genero de vida mi salud se quebrantó y bolví[115] a ser lo q^e. era entonses fue cuando reseví p^r. un moreno sin querer una pedrada en la mollera q^e. me llevaron privado a la cama y fue tan riesgosa q^e. abiendome abierto o undido el casco se me descubria parte del craneo cuya [er][116] herida abiendome durado abierta mas de dos años aun todavía p^r. tiempos se me resume, esta peligrosa herida me fue p^r. mucho tiempo faborable pues yo era demasiado sanguíno[117] y de una naturaleza tan debil la[118] mas leve impresion me causaba una estraordinaria novedad q^e. siempre resollaba p^r. aquella parte abierta asi[119] susedió q^e. abiendoseme maltratado q^e. se yo p^r. qué[120] todo el padesimiento de aquel acto unido a tres dias q^e. se me dejo de curar atrajo sobre el craneo una tela negra q^e. fue menester tenasa ila y agu{a} fuerte p^a. quemar era medico de la asienda D^n. quese yó Estorino entonses un S^{or}. aquien y[o][121] acompañaba a la caza y a la pezca [tomó a su cargo] hombre tan piadoso como sabio y generoso

---

[110] Franco escribe «cuadra».
[111] En *Obras* inserta coma [,] en vez de punto [.].
[112] Escribe «comi», sin tilde.
[113] Escribe «disfruté», con tilde.
[114] Escribe «pequeñísima», con tilde.
[115] Escribe «bolbí».
[116] Azougarh no reproduce esta tachadura.
[117] Escribe «sanguino», sin tilde.
[118] Franco escribe «las».
[119] Aquí hay una raya que separa esta palabra y la anterior; tal vez el corrector pensaba que Manzano las había unido. Franco inserta un punto [.].
[120] Franco escribe «qe».
[121] Parece que había escrito «ya», pero corrige la «a» y escribe «o».

[a quien debo] tomó a su cargo mi cura y el cuidado de mis alimentos y me curaba con sus propias manos hasta llegar a punto de no necesitarse mas q^e. tafetan ingles le debo esta fineza[122] [como][123] como otras muchas muchisimas a q^e. le estoi sumamente reconosido el era el unico q^e. sabia mirar mis muchachadas como propios efectos de aquella edad a quien unia una imaginasion trabiesa. Me acuerdo una vez aber pintado a una bruja hechandole una [y][124] alluda a un diablo aquel tenia el semblante afligido y la bruja risueño esta [la mina][125] lamina causó a muchos grande [y][126] risa pero yo tube p^r. mas de dos meses bastante q^e. llorar p^r. lo q^e. mi padre con la austeridad de su caracter me proibió no tomase inter el viviese los pinseles me quitó la cajita de colores y la tiró al rio rompiendo la lamina q^e. le abia causado tanta risa. Como desde q^e. pude aser algo fue mi primer destino el de paje tanto en la Haba como en [matan][127] Matanzas belaba desde mis mas tiernos años mas de la mitad de la noche en la Habana sino en las noches de teatro en las tertulias de encasa del S^{or}. Marquez de Monte Ermoso o encasa de las S^{ras}. Beatas Cardenas de donde saliamos a las diez y empesaba el paseo hasta las onse o dose de la noche despues[128] de aber senado y en [] Matanzas, los dias señalados o no señalados se comia encasa del S^{or}. Conde de Ji[bacoa] o en la del S^{or}. D^n. Juan Manuel Ofarrill donde quiera q^e. fuese ivamos a aser tarde y noche en casa de las S^{ras}. Gomes donde se reunia las personas mas conosidas y desentes del pueblo a jugar partidos de tresillos malillo[129] o burro yo no me podia separar detras de el espardar de su taburete hasta la ora de partir q^e. era p^r. lo regular a las dose de la noche ora en q^e. partiamos p^a. el Molino si en el inter duraba la tertulia me dormia si al ir de trás de la bolante p^r. alguna casualidad se me apagaba el farol aun q^e. fuese p^r. q^e. en los carrilones q^e. dejan las carretas sellenan de agua y al caer la rueda saltaba entrandose p^r. las labores del farol de oja de lata al llegar se despertaba al mayoral o arministrador, y yo iva a dormir al sepo y al amaneser ejersia este en mí[130] unas de sus funsiones y no como a muchacho [ro][131] pero tanto dominio tiene el sueño sobre el espiritu humano q^e. no pasaban cuatro o sinco noches cuando era repetida

---

[122] Escribe fineza con «z».
[123] Azougarh no reproduce esta tachadura.
[124] Azougarh no reproduce esta tachadura.
[125] Azougarh no reproduce esta tachadura.
[126] Azougarh no reproduce esta tachadura.
[127] Azougarh no señala esta tachadura.
[128] En *Obras* escribe «después», con tilde
[129] Escribe «matillo».
[130] Escribe «mi», sin tilde.
[131] Azougarh no reconoce esta tachadura.

pues no me balia nadien nadien mi[132] pobre madre mas de dos veses con mi hermano les amanesió esperandome inter yo encerrado esperaba un doloroso amaneser ya vivia mi madre tan reselosa qᵉ. cuando no llegaba a la ora poco mas o menos bajaba desde su bojio y [ ][133] asercandose a la puerta de la enfermeria qe. era antes de los hombres donde estaba el sepo hasia la isquierda [ ][134] pʳ. ber si estaba allí[135] me llamaba «Juan» y yo le contestaba gimiendo y ella desia de fuera «hay hijo» entonses era el llamar desde la sepultura a su marido pues cuando esto ya mi padre abia muerto tres ocasiones en menos de dos meses me acuerdo aber visto repetirse esta Exna como en otras encontrarme en el camino pero [la ultima] una vez pᵃ. mí[136] mas qᵉ. todas memorables fue la siguiente[137] Nos retirabamos del pueblo y era ya demasiado tarde como benia[138] sentado como siempre asido con una mano a un barro y en la otra el farol la bolante benia a un andar mas bien despasio qᵉ. a paso regular me dormi de tal modo qᵉ. solté el farol pero ta bien qᵉ. calló parado, a unos beinte pasos abrí[139] de pronto los ojos me alle sin el farol beo la luz a donde estaba tirome abajo coro a[140] cojerlo antes de llegar dí[141] dos caidas con los terrones tropesando al fin lo alcaso quiero bolar en poz de la bolante qᵉ. ya me sacaba una bentaja considerable pero cual fue mi sorpresa al ber qᵉ el carruaje apretó su marcha y en vano me esforzaba yo pᵃ.[142] alcansarlo y se me despareció; ya yo sabia lo qᵉ. me abia de suseder; yorando me fuí[143] apie pero cuando llegue serca de la casa de vivienda me alló cojido pʳ. Sᵒʳ. Silbestre qᵉ. era el nombre del joben malloral este condusiendome pᵃ. el sepo se encontró con mi madre qᵉ. siguiendo los impulsos de su corazon vino a acabar de colmar mis infortunios ella al berme quiso preguntarme qᵉ. abia hecho cuando el malloral imponiendole silensio se lo quiso estorbar sin querer oir ruegos ni suplicas ni dadivas irritado pʳ. qᵉ. le abian hecho lebantar a aquella ora lebanto la mano y dió a mi madre con el manatí[144] este golpe lo sentí yo en mi corazon dar un grito y convertirme de manso cordero

---

[132] Escribe «ni mi pobre madre».
[133] Azougarh no reconoce esta tachadura.
[134] Azougarh no reconoce esta tachadura.
[135] En *Obras* escribe «alli», sin tilde.
[136] Escribe «mi», sin tilde.
[137] Inserta punto [.].
[138] Escribe «venia».
[139] Escribe «abri», sin tilde.
[140] En *Obras* escribe «coro a coro a».
[141] En *Obras* escribe «di», sin tilde.
[142] Escribe «pr».
[143] Escribe «fui», sin tilde.
[144] Escribe «manati», sin tilde.

en un leon todo fue una cosa me le [les]¹⁴⁵ safe con un fuerte llamon del brazo pʳ. donde me llebaba y me le tiré en sima con dientes y manos cuantas patadas manatiazos y de mas golpes qᵉ. llebé se puede considerar y mi madre y yo fuimos condusidos y puesto en un mismo lugar los dos gemiamos a una allí¹⁴⁶ inter mi hermano Florensio y Fernando solos lloraban en su casa el uno tendria [once o]¹⁴⁷ dose años y el otro sinco este ultimo sirbe hoy al medico señor¹⁴⁸ Dⁿ. +++¹⁴⁹ Pintao apenas amanesio cuando dos contra mayorales y el mayoral nos sacaron llebando cadauno de los morenos su presa al lugar del sacrificio yo sufrí¹⁵⁰ mucho mas de lo mandado pʳ. guapito pero las sagradas leyes de la naturaleza a obrado en otros¹⁵¹, efectos maravillosos, la culpa de mi madre fue qᵉ. biendo qᵉ. me tiraba a matar se le tiró en sima y asiendose atender pude ponerme en pie cuando llegando los guardieros del tendal nos codugeron puesta mi madre en el lugar del sacrificio pʳ. primera vez en su vida pues aun qᵉ. estaba en la asienda estaba esenta del trabajo como muger de un esclavo qᵉ. se supo condusir y aserse considerar de todos; viendo yo a mi madre en este estado suspenso no podia ni yorar ni discurrir¹⁵² ni huir temblaba inter sin pudor lo cuatro [ ]¹⁵³ negros se apoderaron de ella la arrojaron en tierra pª. azotarla pedia pʳ. Dios pʳ. ella todo lo resistí pero al oir estallar el primer fuetazo, combertido en leon en tigre o en la fiera mas animosa estube a pique de perder la vida a manos de el sitado Silvestre pero pasemos en silencio el resto de esta exena dolorosa pasado este tiempo con otra multitud de sufrimientos semejantes pasamos a la Habana de despues de un año sin bariar mi suerte en nada estabamos pª partir pª. Matanzas y era cuando empezaron a rodar las Monedas de Nuestro catolico Monarca el Sor. Dⁿ. F. 7º. llegó un mendigo pʳ. una limosna diome mi Sʳª. una peseta del nuebo cuño pero tan nueva qᵉ. paresia acabada de fabricar, el Sᵒʳ. Dⁿ Nicolas me abia dado la noche antes una peseta qᵉ.¹⁵⁴ traia yo en el bolsillo; tanto bale esta como esta¹⁵⁵ otra dije yo y cambeandola fui a dar al mendigo su limosna fuime a mi lugar a sentarme en la ante sala cuidando de si me llamase o necesitara de argien

---

¹⁴⁵ Azougarh no reproduce la tachadura.
¹⁴⁶ Franco escribe «alli», sin tilde.
¹⁴⁷ Azougarh no reproduce esta tachadura.
¹⁴⁸ Franco escribe «Sor».
¹⁴⁹ Elimina estos signos, que representan puntos.
¹⁵⁰ Escribe «sufri», sin tilde.
¹⁵¹ Aquí hay un signo que podría interpretarse como una coma.
¹⁵² Franco escribe «discutir».
¹⁵³ Azougarh no reproduce esta tachadura.
¹⁵⁴ En *Obras* escribe «que».
¹⁵⁵ En *Obras* omite esta palabra.

mi s^ra. y de consiguiente saqué[156] mi peseta y estaba como el mono dandole bueltas y mas bueltas lellendo y bolbiendo a leer sus inscripciones cuando escapandoseme[157] de la mano la pesetas calló en el suelo qe como era de ormigon y estaba entre junta la puerta y bentana al caer sonó dando su correspondiente bote no ubo bien caido cuando saliendo mi señora me pidio[158] la peseta[159] se la dí[160] la miró y se puso como una grana isome pasar pr. su cuarto a la sala sentome en un rincon imponiendome no me mobiese de allí; pa. esto ya mi peseta estaba en su poder conosida p^r. ser la misma sulla qe. me abia dado no así[161] dos minutos, estaba la rescua de el ingenio de Guanabo actualmente descargando, con tales pruebas a vista de esta fatal moneda cotejada con otras y qe. no abia duda alguna ser la misma q^e. acababa de darme no se quiso mas pruevas se sacó la muda de cañamaso se compró la cuerda y mulo en q^e. yo debia ir estaba pronto sobrecojido estaba yo en lugar de retension estrañando q^e. [a][162] todos los niños y niñas se asomaban a la puerta llorando y mi señora entraba y salia muy silenciosa pero diligente senlose[163] y escribió pregunté[164] quedito a una p^r mi hermano y supe q^e. estaba encerrado serian serca de las nueve cuando beo entrar en la sala al negro arriero cuyo nombre no me acuerdo ahora este se asercaba a mí desliando la equifasion abiendo ya dejado en el suelo una soga de geniquen yo q^e. esperaba mi comun penitensia viendo el gran peligro q^e. me amenazaba me escapé p^r. otra puerta pues tenia tres entra esta posesion, corrí[165] a mi protector el S^or. D^n. Nicolas y allé allí[166] q^e. todos lloraban pues ocultos en este lugar les debia estos tributos propios de la infansia, la niña concha me dijo anda adonde está papá el señor Marquez me queria vien yo dormia con el p^r. q^e. no roncaba y en sus vezes de jaqueca le daba agua tibia y le tenia la frente inter arrojaba y si una noche y parte del otro dia duraba este unico mal q^e. padesia yo no faltaba de su cabecera así[167] cuando llegué a su escritorio q^e. todo fue un relampago, él estaba escriviendo p^a su ingenio y al berme hecharme a sus pies me preguntó lo q^e. abia se lo dije y me dijo gran perrazo y p^r. q^e. le fuistes a robar la peseta a

---

[156] En *Obras* escribe «saque», sin tilde.
[157] Escribe «escapandose».
[158] Escribe «pidió», con tilde.
[159] Escribe «pesetas».
[160] Escribe «di» sin tilde.
[161] Escribe «asi», sin tilde.
[162] Azougarh no reproduce esta tachadura.
[163] Es «sentose», pero no cruza la t.
[164] Franco escribe «pregunte», sin tilde.
[165] Escribe «corri», sin tilde.
[166] Escribe «alli», sin tilde.
[167] Escribe «asi», sin tilde.

tu ama, no señor repliqué yó el niño +++ me la dió, cuando me dijo, anoche le [replique] contesté, subimos todos arriba preguntaron mostrando la moneda y dijo q^e. no; a la verdad q^e. la turbasion mia no me dejó aser una cabal relasion q^e aclarase un hecho tan evidente; una pregunta sien amenasas el aspecto de las equifasiones un ingeníio[168] tan temido en aquellos dias p^r. un tal Simon Diaz mayoral entonces cuyo nombre solo infundia terror en la casa cuando con el amenasaban todo se acumuló en mi corta edad de [ ][169] dies y seis años [yo] y yo no supe ya responder sino rogar y yorar, el S^{or}.[170] [a][171] Marquez inter medío[172] y p^r. lo pronto me condugeron[173] a mi calabozo, cuatro dias con sus noches estube alli sin ber el termino de mi arresrto p^r. fin al quinto dia como a las seis de la mañana abrieron la puerta pues en todo este tiempo no me alimentaba sino con lo q^e. mi hermano y algun otro me daba p^r. bajo la puerta; sacado fuera se me bistió mi equifasion trajose la cuerda nueba y sentado sobre un caja de asucar esperaba el momento en q^e todos estubieramos unidos p^a. partir p^r. mar a Matanzas con todo el equi paje, mi hermano al pie de la escalera me miraba con los ojos lacrimosos y inflamados teniendo debajo el brazo un capotillo biejo q^e yo tenia y su sombrerito de paja el no abia sesado de llorar desde q^e supo mi destino eramos tal en amarnos q^e. no se dió caso de q^e. el comiese de una media naranja sin q^e. yo tomase igual parte asiendo yo tambien lo mismo comiamos jugabamos saliamos a cualquier mandado y dormiamos juntos así[174] esta union binculada p^r. los indisolubles lazos del amor fraterno se abia roto y no como otras veses p^r. algunas oras sino p^r. algo mas de lo qe. yo ni [a][175] nadie se atribió a imaginar; p^r. fin toda la familia estaba pronta se me ató p^a. condusirme como el mas vil fasineroso estabamos en la puerta de la calle cuando nos isieron entrar[176] La Señorita D^a. Beatris de cardenas[177] hoy madre Purita en el combento de monjas Ursulinas fue la mediadora p^a. q^e. no se viese sacar de su casa en tal figura a uno a quien todos tendrian compasion pues era un niño se me des atáron los brasos y una de las criadas contemporanes amiga y paisana de mí[178]

---

[168] Parece que no es punto sino tilde.
[169] Azougarh no reproduce esta tachadura.
[170] Escribe «S^{or}», sin punto.
[171] Azougarh no reproduce esta tachadura.
[172] Escribe «intermedió».
[173] Escribe «condujeron» con jota.
[174] Escribe «asi», sin tilde.
[175] Azougarh no reproduce esta tachadura.
[176] Franco pone punto.
[177] Escribe «Cardenas», con mayúscula.
[178] Escribe «mi», sin tilde.

madre me ató un pañuelo en[179] la cabeza como yo no usaba calzado ni sombrero nada mas tube q^e. buscar salimos y nos embarcamos en la goleta de quien era patron D^n. Manuel perez y asiendonos a la bela a pocas oras nabegabamos p^a. [ma][180] Matanzas[181] tardabamos nosé p^r. q^e dos dias y al siguiente al amanecer dimos fondo en el puerto donde ibamos en cuanto llegamos mi hermano se dio prisa con migo en echarnos en el bote en la navegasion mi hermano me dió una muda de ropa q^e abia cojido mia con la q^e. me mude en cuanto llegamos a bordo pues aquel trage puesto p^r. primera vez en mi vida nos asia a los dos un mismo efecto; así q^e. llegamos a tierra con la demas familia como eramos pequeños y no teniamos qu[] cargar debiamos irnos todos p^r. la casa del [capitan] {comandante} del castillo el S^{or}. D^n Juan Gomez a quien se le dirigian cartas con ordenes aseca de la familia, nosotros q^e. nada sabiamos de esto p^r. una parte y p^r. otra el deseo de ber a nuestra madre, cuando entramos p^r. la calle del medio en la segunada boca-calle doblamos con disimulo y tomando la calle del Rio nos enderezamos a paso largo p^a. el Molino, como me ví[182] desatar y q^e. en todo este tiempo ni siquiera se me abia mirado ni preguntado[183] p^r. aquel trage en q^e. fui sacado ni mi consiensia en nada me asia[184] culpado iva alegre [ap][185] a paso largo pa llegar a los brasos de mi madre a quien amaba tanto q^e. siempre pedia a Dios me quitase a mí[186] primero la vida q^e. a ella p^r q^e. no me creia con bastante fuerza pa sobre vivirla[187] llegano{s}[188] en fin y asiendo al arministrador M^r. Dení un corto cumplimiento sin desirle casi nada sino q^e. detrás benia el resto de la familia picamos hasta dar con nuestra madre los tre[s] abrasados formabamos un grupo mis tres hermanos mas chicos nos rodeaban abrazandonos p^r. los muslos, mi madre lloraba y nos tenia estrechado contra su pecho daba gracias a Dios p^r. q^e. le consedia la gracia de bolber a bernos todo esto de pie no abia tres minutos de esa actitud cuan de repente llega a las puerta[189] el moreno santiago [criado][190] sirviente de la casa ajitado bañado de sudor y cole-

---

[179] Escribe «a la cabeza».
[180] Azougarh no reproduce esta tachadura.
[181] Franco inserta punto después de «Matanzas» y escribe «Tardamos», con mayúscula.
[182] Escribe «vi», sin tilde.
[183] Aquí hay una raya vertical, con cuatro rayas horizontales, que separa las dos palabras.
[184] Azougarh escribe «había» pero la «v» no se distingue con claridad como sucede con la palabra «iva» del mismo renglón.
[185] Azougarh no reconoce esta tachadura.
[186] Franco escribe «mi», sin tilde.
[187] Escribe punto final y comienza la próxima palabra con mayúscula.
[188] Escribe «llegano».
[189] Escribe «puetas» con s y en Obras inserta una coma.
[190] Azougarh no reproduce esta tachadura.

rico, el q^e. sin saludar a la q^e. vió[191] naser y libró[192] de q^e. mi padre le sacudiese muchas veses el polvo en sus dias de aprendisage, echando una grumetada q^e.[193] nos sobrecojió a todos me dijo sin el menor reparo sal p^a. afuera q^e. desde el pueblo he benido corriendo dejandolo todo dado al diablo quien te mando benir, y quien me dijo q^e. me esperara le dije yo con una espesie de rabia crellendo aquello como cosa sulla y no jugando el tamaño de *mi mal* agarrome p^r. el brazo mi madre le preguntó[194] q^e avia yo hecho y el contesto ahora lo sabrá vd.[195] y sacando la cuerda de la Habana me ató y condujo p^a. el tendal donde ya me esperaba un negro aquien se me entregó tomamos el camino del hingenio de S^n. Miguel llegamos a él seria seca de las 11 a todas estas en allunas abrio[196] la carta q^e. se le embió de la Habana y con mucha dificultad ubo un par de grillos p^a. mi pues siendo lan[197] delgado costó mucho p^a. serrar tanto unas rocas q^e. p^a. quitarseme fue menester limarlas. P^r. las cartas dirigidas al S^or. comandante devia yo aber sido condusido con un comisionado p^r. el camino de Llumurí a este lugar p^o. la prisa q^e. nos dimos originó esto otro. 25 de mañana y otros tantos de tarde p^r. espasio de nueve dias cuartos de prima y de madrugada era el fundamento de la carta interrogóme el malloral dijele[198] lisa y llana la verdad y p^r. primera vez ví[199] la clemencia en este hombre de campo no me castigó y siendo aplicado a todos los trabajos me esforzaba cuanto podia[200] p^r. no llebarlo[s] pues todos los dias[201] me paresia[202] q^e. era llegada mi ora al cabo de 15 dias se me mandó buscar sin menester padrinos. En otra ocasion me acontesio un paso muy semejante a este viviendo en el pueblo frente a la iglesia en la casa del [Sor][203] facultativo el S^or. Estorino mandando mi S^ra. a cambear una onsa con el S^or. D^n Juan de Torres el hijo, fuy p^a. traerla, a mi llegada se me mandó poner el dinero q^e.[204] era menudo y pesetas sobre una mesita de ca oba[205] de la[s] q^e. estaban preparadas p^a. tresillo en el gabinete al cabo de algun rato tomó mi

---

[191] Franco escribe «vio» sin tilde.
[192] Escribe «libró» sin tilde.
[193] Escribe con punto.
[194] Escribe «pregunto», sin tilde.
[195] Escribe «Ud.» con mayúscula.
[196] En el manuscrito se reproduce la letra c sobre la r.
[197] Es «tan», pero no se cruza la t.
[198] Escribe «díjele», con tilde.
[199] Escribe «vi», sin tilde.
[200] Escribe «podía», con tilde.
[201] Escribe «días», con tilde.
[202] Inserta coma [,].
[203] Azougarh no reconoce esta tachadura.
[204] En *Obras* no reproduce el «que».
[205] Escribe «caoba».

señora el cambio sin contarlo como yo tenia p^r. oficio cada media ora tomar el paño y sacudir todos los muebles de la casa estubieren o nó con polvo fuy a aserlo y tomando una de la media oja q^e. serraba y abria parese q^e. en la abertura de en medio se entró una peseta la q^e. al dar con el paño salto en el suelo y sono mi ama q^e. estaba en el cuarto siguiente al ruido salió y preguntandome p^r. aquella moneda le dije lo q^e. abia ocurrido, contó entonses su dinero y la alló de meno[s], la tomo sin desirme palabra, todo aquel dia sepasó sin la menor novedad, mas al dia siguiente como a las dies se aparesió el mayoral del ingenio S^n. Miguel isome[206] atar codo con codo y saliendo p^r. delante debiamos ir p^a. el ingenio entonses supe q^e. sospechando q^e. [la ni][207] yo ubiese[208] introdusido en la reendija q^e. formaba[n] la desunion de las dos ojas de la mesita queria quedarme con ella[209] el mayoral cuyo nombre ni apellido me acuerdo, al llegar a la calle del rio esquina opuesta la media fabricada casa del S^{or}. D^n Alejandro Montoto entonses cadete de milisias de matanzas[210], se apeó y [ent][211] entrando en la fonda q^e. alli abia pidió de almorzar p^a. y el p^a. mí[212] me consolo disiendome q^e. no tubiera cuidado abiendome desatado primero cuando yo comia el ablaba con otro hombre tambien[213] de campo y me acuerdo q^e. le dijo su pobre padre me ha suplicado[214] lo mire con caridad yo tambien tengo hijos, [llegamos] alcabo de algun rato nos lebantamos, el me montó detras en el aparejo y llegamos al ingenio estube sentado toda la tarde en el trapiche de abajo me mandó de comer de lo q^e. él comia y a la noche me entregó a una bieja q^e. p^r. su mucha edad no salia al trabajo y allí estube cosa de nueve a dies dias, cuando me mandó buscar sin q^e. yo ubiese[215] sufrido el menor quebranto. En esta epoca[216] vivia mi padre pues fue este caso mucho mas anterior al pasado mi padre y algun otro criado me preguntaban y esaminaban sobre esto y yo les desia lo q^e. abia pasado pero mi ama nunca crelló sino q era algun ardid de q^e. me valia; pero yo creo q^e. el tratamiento q^e. allí tenia fue disposision sulla pues mi pronta buelta y el ningun caso q^e. asia el mayoral de mí[217] siendo tiempo de molienda me lo ase creer asi

---

[206] Escribe «ísome» y en *Obras* «iseme».
[207] Azougarh no reproduce esta tachadura.
[208] Franco escribe «hubiese», con h.
[209] Inserta coma después de esta palabra.
[210] Escribe «Matanzas», con mayúscula.
[211] Azougarh no reproduce esta tachadura.
[212] Franco escribe «mi», sin tilde.
[213] Aquí hay una raya que separa las dos palabras.
[214] Franco pone coma después de esta palabra.
[215] Escribe «ubiere».
[216] Escribe «época», con tilde.
[217] Escribe «mi», sin tilde.

este paso me susedió en tiempos en qe. estubo en españa el S^or. D^n Jo. A^o. y fue la primera vez en mi vida q^e. vi ingenio despues de esta se siguieron una multitud de sin sabores todos todos sin [mo]²¹⁸ motibos justos, un²¹⁹ dia de flato era p^a. mi las señales de una tempestad y los flatos eran tan frecuentes q^e. no puedo numerar los encreibles trabajos de mi vida bastame desir q^e. desde q^e. tube bastante conosimiento has{a}. poco despues²²⁰ de acabada la primera constitusion de 1812 q^e me arroje a una fuga, no allo un solo dia q^e. no esté mareado con algun acaso lacrimoso p^a. mi. Asi saltando p^r. ensima de barias epocas dejando atras una multitud de lanses dolorosos me señiré unicamente a los mas esenciales como fuente o manantial de otras mil tristes visisitudes.

Me acuerdo q^e. una vez abiendose rompido las narises como se tenia de costumbre casi diariamente se me dijo *te he de matar antes de q^f. cumplas la edad* esta palabra p^a. mi tan misteriosa como insinificante me causo tanta impresion q^e. al cabo de una []²²¹ lo pregunté a mi madre la q^e. admirada me lo preguntó dos veses mas y me dijo mas puede Dios q^e. el demonio hijo mas nada me dijo q^e. satisfasiese mi curiosidad mas siertos avisos de algunos criados antiguos de mi nativa casa [aun]²²² todos unanimes [aunq^e. en] y aun de mis mismos padrinos todo unanimes [am]²²³ aunq^e. alterados en algunos me han dejado alguna idea de esta espresion.

En²²⁴ otra ocasion me acuerdo q^e. p^r. quese yo q^é. pequeñez []²²⁵ iva a sufrir, pero un S^or. p^a. mí²²⁶ siempre bondadoso me apadrinaba como era de costumbre y dijo *mire v. q^f. este va a ser mas malo q^f. Rusó y Vortel, y acuerdese v. de lo q^f. yo le digo* esta fue otra espresion q^e. me asia andar aberiguando quienes eran estos dos demonios cuando supe q^e. eran unos enemigos de Dios me tranquilise p^r. q^e. desde mi infansia mis directores me enseñaron a amar y temer a Dios pues llegaba hasta tal punto mi confianza q^e. pidiendo al cielo suabisase mis trabajos me pasaba casi todo el tiempo de la prima noche resando sierto numero de padrenuestros y ave marias a todos los santos de la corte celestial p^a. q^e. el dia siguiente no me fuese tan nosibo como el q^e. pasaba si me acontesia algunos de mis comunes y

---

²¹⁸ Azougarh no reproduce esta tachadura.
²¹⁹ En *Obras* escribe «una».
²²⁰ En *Obras* escribe «después», con tilde.
²²¹ Tanto Franco como Azougarh escriben «unos dias» pero es difícil identificar la segunda palabra.
²²² Azougarh no reproduce esta tachadura.
²²³ Azougarh no reproduce esta tachadura.
²²⁴ En el manuscrito esta palabra comienza un folio pero se coloca en el margen izquierdo del mismo. Franco la sangra para comenzar otro párrafo.
²²⁵ Azougarh no reconoce esta tachadura.
²²⁶ Franco escribe «mi», sin tilde.

dolorosos apremios[227] lo atribuia solamente a mi falta de debosion[][228] o a enojo de algun santo qᵉ. abia hechado en olvido pᵃ. el dia siguiente[229], todavía creo qᵉ. ellos me depararon la ocasión y me custodiaron [el dia] la noche de mi fuga de matanzas pᵃ. la Habana como beremos pues tomaba el almanaque y todos los santos de aquel mes eran resados pʳ. mi[230] diariamente.

Viviendo en la casa del Sᵒʳ. Estorino como he dicho qᵉ. sabia algo de dibujo pintaba decorasiones en papel asia mi bastidores de guines cañas simarronas o cujes de [llayas] llayas[231] asia figuras de naipes y de carton y daba entreteniendo a los niños grandes funsiones {**de sombras chinescas**} y concurrian algunos y algunas [señoritas] niños del pueblo hasta las[232] 10 o mas de la noche hoy son grandes señores y no me conocen [los] asia titeres qᵉ. paresian qᵉ. bailaban solos estos eran de madera qᵉ. yo formaba con un taja de pluma y pintaba los hijos del Sᵒʳ. Dⁿ. Felis Llano Sᵒʳ. Dⁿ. Manuel y Dⁿ. Felipe Puebla Sᵒʳ. Dⁿ. Fran.ᶜᵒ Madruga o farruco y otros y otros [y][233] como el Sᵒʳ. Dⁿ. José Fotom meneó delante de mi las orejas me propuse tambien yo menearlas y lo conseguí suponiendo la causa entonses fue cuando el Sᵒʳ. Dʳ.[234] Beranes descubriendo en mi los primeros sintomas de la poesia me daba lo qᵉ. llaman pie forzado y cuando versaba en la mesa me hechaba[235] a urtadillas alguna mirada sin que mi señora lo penetrara pues a mas de suplicarselo yo el tenía bastante confianza en la casa y sabia lo estirado que yo andaba esto mismo me susedia con el padre Carrasedo con Dⁿ.[236] Antonio Miralla con Dⁿ Jose Fernandez Madrid todos en diferentes epocas. Si tratara de aser un esacto resumen de la istoria de mi vida seria una repetision de susesos todos semejantes entre[s][237] sí[238] pues desde mi edad de trece a catorce años mi vida a sido una consecusion de penitencia ensierrro azotes y aflisiones así[239] determino descrivir los sucesos mas notables qᵉ. me han acarreado una

---

[227] Parece que se escribe «apre mios» y hay un intento de unir las dos palabras. Además, se observa que hay una corrección sobre la i, como si se corrigiera una l. Azougarh no reproduce esta observación.

[228] El manuscrito muestra algo que se ha tachado al final de la palabra. Azougarh no reproduce esta tachadura.

[229] No inserta coma [,].

[230] Inserta coma [,] después de esta palabra.

[231] Pichardo dice que este árbol se usaba como látigo.

[232] Escribe «la».

[233] Azougarh no reconoce esta tachadura.

[234] Franco escribe «Dn».

[235] Hay una letra delante de la e y parece tener la forma de h. Franco escribe «echaba».

[236] Franco escribe «D.».

[237] Azougarh no reproduce esta tachadura.

[238] Franco escribe «si», sin tilde.

[239] Escribe «asi», sin tilde.

opinion[240] tan terrible como nosiva. Sé[241] q^e. nunca p^r. mas q^e. me esfuerse con la verdad en los lavios ocupare el lugar de un hombre perfecto o de vien pero a lo menos ante el juisio sensato del hombre imparsial se berá hasta q^e. punto llega la preocupasion[242] del mayor numero de los hombres[243] contra el infeliz q^e. ha incurrido en alguna flaqueza. Pero vamos a saltar desde los años de 1810 11 y 12 [dejan] hasta el presente de 1835 dejando en su intermedio un bastisimo campo de [vivi][244] visisitudes escojiendo de él los graves golpes con q^e. la fortuna me obligó a dejar la casa paterna o nativa p^a. probar las diversas cavidades con q^e. el mundo me esperaba p^a. deborar mi inesperta y devil joventud. En[245] 1810 si mal no me acuerdo, como yo era el falderillo de mi señora pues asi puede desirse p^r. q^e. era mi obligasión seguirla siempre a menos q^e. fuese a sus cuartos p^r. q^e. entonces me quedaba a las puertas impidiendo la entrada a todos o llamando a quien llamase o asiendo silensio si consideraba q^e. dormia una tarde salimos al jardin largo tiempo alludaba a mi ama a cojer flores o tras plantar algunas maticas como engenero de diversion[246] inter el jardinero andaba p^r. todo lo ancho del jardin cumpliendo su obligasion al retirarnos sin saber materialmente lo q^e. asía cojí una ojita, una ojita[247], no mas de geranio donato esta malva sumamente olorosa iva en mi mano mas ni yo sabia lo q^e. llebaba distraido con mis versos de memoria seguia a mi señora a distansia de dos o tres pasos[248] e iva tan ageno de mí[249] q^e. iva asiendo añiscos la oja de lo q^e. resultaba mallor fragansia al entrar en una ante sala nosé con q^e. motivo retrosedió, ise paso pero al enfrentar conmigo llamole la atension el olor colerica de proto con una voz vivima[250] y alterada me preguntó q^e. traes en las manos; yo me quedé muerto mi cuerpo se eló de improviso y sin poder apenas tenerme del temblor q^e. me dió en ambas piernas, dejé caer la porsion[251] de pedasitos en el suelo tomóseme las manos se me olio y tomandose los pedasitos fue un monton una mata y un atrevimiento de marca mis narices se rompieron y en seguida vino el arministrador D^n Lucas Rodriguez

---

[240] En *Obras* escribe «opinión», con tilde.
[241] Escribe «se», sin tilde.
[242] En *Obras* escribe «preocupación», con tilde.
[243] Escribe «hombre».
[244] Azougarh no reproduce esta tachadura.
[245] Esta palabra aparece al principio de un folio sin sangrar. Franco sangra la palabra y así comienza otro párrafo.
[246] En *Obras* escribe «diversión», con tilde.
[247] Elimina la coma que aparece a continuación.
[248] Aquí hay una raya que separa las dos palabras.
[249] Franco escribe «mi», sin tilde.
[250] Escribe «vivisima».
[251] Escribe «porsión», con tilde.

[un]²⁵² emigrado de S^to Domingo aquien se me entregó, serian las seis de tarde y era en el rigor del ivierno la volante estaba puesta p^a. partir al pueblo yo debia seguirlos pero cuan frajil es la suerte del q^e. esta sujeto a continuas visisitudes, yo nunca tenia ora segura y en esta vez se berificó como en otras muchas como beremos, yo fuí²⁵³ p^a. el cepo en este lugar antes enfermeria de hombres cabran si esiste sincuenta camas en cada lado pues en ella se resibian los en fermos de la finca y a mas los del ingenio S^n. Miguel pero ya estaba basia y no se le daba ningun empleo allí estaba el cepo y solo se depositaba en él algun cadáver hasta la ora de llebar al puebo a darle sepultura allí²⁵⁴ puesto de dos pies con un frio q^e. elaba sin ninguna cuvierta se me enserró apenas me vi solo en aquel lugar cuando todos los muertos me paresia q^e. se [leval]²⁵⁵ levantaban y q^e. vagaban p^r. todo lo largo de el salon una bentana media derrumbada q^e. caia al rio o sanja serca de un despeñadero ruidoso q^e. asia un torrente de agua golpeaba sin sesar y cada golpe me paresia un muerto q^e. entraba p^r. allí²⁵⁶ de la otra vida considerar ahora q^e. noche pasaria no bien avia empesado a aclarar cuando sentí²⁵⁷ correr el serrojo entra un contra mayoral seguido del arministrador me sacan una tabla parada a un orcon q^e. sostiene el colgadiso un maso de cujes con sincuenta de ellos beo al pie de la tabla el arministrador embuelto en su capote dise debajo del pañuelo q^e. le tapaba la boca con una voz ronca amarra mis manos se atan como las de Jesucristo se me carga y meto los pies en las dos aberturas q^e. tiene tambien mís²⁵⁸ pies se atan ¡oh Dios!²⁵⁹ corramos un belo p^r. el resto de esta exena mi sangre se ha derramado yo perdí el sentido y cuando bolví en mí²⁶⁰ me alle en la puerta del oratorio en los brasos de mi madre anegada en lagrimas, esta a instansias de el padre D^n. Jaime Florid, se retiro desistiendo del intento q^e. tenia de ponersele delante que se yó con q^e. pretension a las nueve…²⁶¹ o pocos mas q^e. se levantó mi S^ra. fue su primera diligensia imponerse de si se me avia tratado bien el arministrador q^e. la esperaba me llamó y me le presenté, me preguntó si queria otra vez tomar unas ojas de su geranio como no quise responder p^r. poco me susede otro tanto y tuve abien desir q^e. no, serian cosa de las onse cuando me

---

²⁵² Azougarh no reconoce esta tachadura.
²⁵³ En *Obras* escribe «fui», sin tilde.
²⁵⁴ Escribe «alli», sin tilde.
²⁵⁵ En el lugar de las letras tachadas, Franco escribe «le». Azougarh no reconoce esta tachadura.
²⁵⁶ Franco escribe «alli», sin tilde.
²⁵⁷ Escribe «senti», sin tilde.
²⁵⁸ Escribe «mis», sin tilde.
²⁵⁹ Escribe «Oh», con o mayúscula.
²⁶⁰ En *Obras* escribe «perdi», «volvi» y «mi», sin tildes. Franco también escribe «mi».
²⁶¹ Elimina los tres puntos suspensivos.

entro un cresimiento se me puso en un cuarto, tres dias sin intermision estube en este estado asiendoseme banos y untos mi madre no benia alli sin p^r. la noche cuando consideraba q^e. estubiesen en el pueblo, cuando ya se contaba con mi vida y q^e. al sesto dia andaba yo algun poco, cosa era de las dose cuando me encontré con mi madre q^e. atrabezaba p^r. el tendal me encontró y me dijo [Juan]Juan aqui llebo el dinero de tu libertad, ya tu vez qe tu padre se ha muerto y tu vas a ser ahora el padre de tus hermanos ya no te bolberan a castigar mas, Juan cuidado he... un torrente de lagrimas fue mi unica repuesta[262], ella siguió y yo fui a mi mandado mas el resultado de esto fue q^e. mi madre salió sin dinero y yo quedé a esperar q^e. se yo q^e. tiempo q^e. no he visto llegar[263]

Despues[264] de este pasaje me acontesió otro y es el siguiente estando en el molino trageron del ingenio unas cuantas aves capones y pollos como yo estaba siempre de sentinela al q^e. llegaba me tocó p^r. desgrasia resibirlas entre la papeleta dejando las aves en el comedor o pasadiso debajo de la glorieta q^e se alla a la entrada lellose el papel y se me mando llebarlo al otro lado p^a. entregarse a D^n Juan Mato q^e. era mallordomo o selador de aquella otra parte, tomélo todo despidiendo al arriero he iva contento pues en este intervalo respiraba yo entregué lo q^e. recibí y me acuerdo q^e. eran tres capones y dos pollos pasado algunas dos semanas o algo mas fuy[265] llamado p^a. q^e. diese cuenta de un capon q^e. faltaba al momento dije q^e. lo q^e. vino fueron tres y dos pollos y q^e. eso entregué quedose esto así mas [al][266] a la mañana siguiente ví[267] venir a el mayoral del ingenio abló largo rato con mi S^{ra}. y fuese, serbimos el almuerzo y cuando, yo iba a meterme el primer bocado aprovechando el momento p^r. q^e. pasado... me llamó mi ama y mandóme q^e fuese en casa del mayoral y le dijese q^e. se yo q^e. cosa aquello me dió mal ojo[268] se me oprimió el corazon y fuy[269] temblando, como yo estaba acostumbrado p^r. lo regular a irme a entregar yo mismo de este modo iva reseloso llegue a la puerta y estaban los dos el de la finca y el antes dicho dile el recado y asiendose sordo me dijo entra hombre como me allaba en el caso de estar bien con estas gentes p^r. q^e. cada rato caía en sus manos le ovedesí, iva a repetir el

---

[262] Este signo es difícil de indentificar. Franco lo interpreta como «y» pero es mucho más pequeño que las otras letras del mismo valor. Nosotros creemos que es una coma. Azougarh no lo menciona en su manuscrito.
[263] Franco inserta punto.
[264] Escribe «después», con tilde.
[265] Escribe «fuí» y en *Obras* «fui».
[266] Azougarh no reconoce esta tachadura.
[267] Franco escribe «vi» sin tilde.
[268] Escribe «ajo».
[269] Escribe «fuí» y en *Obras* «fui».

recado cuando el S^{or}. Dominguez q^e. así[270] era el apellido [del de][271] de el del ingenio me cojio p^r. un brazo disiendo amí[272] es a quien el busca, sacó una cuerda de cañamo delgada [se][273] me ató como a un fasineroso montó a caballo y hechandome p^r. delante me mandó correr y nos alejamos de aquellos contornos con prontitud era el fín q^e. ni mi madre ni mi segundo hermano ni lo niños y niñas me [bi][274] viesen p^r. q^e. todos al momento llorarian y la casa seria un punto de duelo o me apadrinarian nos abiamos alejado como un cuarto de legua cuando fatigado de correr delante del caballo dí[275] un traspies y caí[276] no vien avia dado en tierra cuando dos [perr][277] perros o fieras q^e. les seguian se me tiraron en sima el uno metiendose casi toda mi quijada isquierda en su boca me atrabesó el colmillo asta encontrarse con mi muela el otro me [atrabesó] agugereó un muslo y pantorilla isquierda todo con la mayor borasidad y prontitud cuyas sicatrices estan perpetua a pesar de 24 años q^e. han pasado sobre ellas tirose del caballo y separó los perros y mi sangre corria en abundansia prinsipalmente en la pierna isquierda q^e. se me adormesió o[278] entelerio agarrome p^r. la atudura con una mano hechando una retaila de… {obscenidades} esta jalon me decollunto el brazo derecho del q^e. aun no he sanado p^r. q^e. en tiempos rebueltos[279] padezco en el sierto dolores como gotoso, caminado como pude llegamos al ingenio dos ramales con sus roscas me fueron puesta se me curaron las mordidas q^e. se yo con qué unto y fuí p^a. el cepo, llegó la noche fatal toda la gente esta en ila se me sacó al medio un contramayoral y el mayoral y sinco negros me rodean a la voz de tumba dieron conmigo en tierra sin la menor caridad como quien tira un fardo q^e. nada siente uno a cada manos y pieses y otro sentado sobre mi espalda se me preguntaba p^r. el pollo o capon, yo no sabia q^e. desir pues nada sabia sufrí 25 azotes disiendo mil cosas diferentes pues se me mandaba desir la verdad y yo no sabia cual me paresia q^e. con desir q^e. me lo abia urtado cumplia y sesaria el azotar pero abia de desir q^e. abia hecho con el dinero y era otro aprieto dige q^e. compré un sombrero {¿}donde[280] está[?] era falso dige q^e compre sapatos no ubo tal dige y dige y dige tantas cosas p^r. ber con q^e. me libraba de tanto tormento nueve

---

[270] Escribe «asi», sin tilde.
[271] Azougarh no reconoce esta tachadura.
[272] Franco escribe «ami», sin tilde.
[273] Azougarh no reproduce esta tachadura.
[274] Azougarh no reconoce esta tachadura.
[275] Franco escribe «di», sin tilde.
[276] Escribe «cai», sin tilde.
[277] Azougarh no reconoce esta tachadura.
[278] Franco no reproduce esta letra.
[279] Escribe «rebuelto».
[280] Escribe «dónde», con tilde.

noches padesí este tormento nueve mil cosas diferentes desia pues al desirme di la verdad y azotarseme[281] ya no tenia q^e. desir q^e. lo paresiese p^a. q^e. no[282] me castigasen pero no p^r. q^e. yo tal cosa sabia acabada esta operasion iva a arrear huelles de prima o de madrugada segun el cuarto q^e. me tocaba todas las mañanas iva una esquela de lo q^e. abia dicho en la noche[;] al cabo de los dies días el lunes esparsida la boz p^r. todo[283] el ingenio ya se sabia a fondo la causa de aquel genero de castigo cuando el arriero Dionisio cabandonga q^e. era el arriero se presentó al mayoral disiendole no se me castigase mas p^r. q^e. el buscado capon o pollo se lo abia comido el mayordomo D^n. Manuel Pipa pues [el la tarde q^e. el le dio las aves] el dia q^e. el le dio[284] las aves p^a. q^e. la condujese p^r. la tarde al molino con la papeleta se le quedó un pollo capon en la cosina sin advertirlo pero q^e. a las onse de la noche cuando el bolvió del pueblo condusiendo las rasiones del dia siguiente lo vio y p^r. la mañana lo abiso al mayordomo no crellendo sino q^e. fuese alguno q^e. lo abia urtado y escondido en su bojio q^e. era la cosina, este le dijo q^e. era de los q^e. el debió aber llebado al molino mas no ostante lo tomo y dejandolo en su cuarto al dia siguiente su cosinera se lo guiso; llamada la morena Simona fue preguntada y declaró ser sierto dijo el malloral q^e. p^r. q^e. no abian ablado mas antes y dijo el Dionisi q^e. nadien sabia pues solo se oia desir q^e. capon, capon pero sin saber cual era, y q^e. a no abersélo yo contado a la simona y al Dionisio cual era el buscado capon nadien ubiera comprendido, no sé si se dio parte de este asunto pero lo sierto es q^e. desde aquel dia sesó el castigo se me puso con un gran garapato a aflojar bagaso seco y apilar p^a. q^e. las canasta la cond{u}geren alas hornallas, en este dia me tocó como uno de tantos ir a cargar asucar p^a. la casa de purga como no podia andar se me quito[285] una roca y todas se me ubieran quitado si no temieran q^e. fugara, estando metiendo ormas en unos de los tinglados [a][286] hasia la isquierda acababa de soltar la orna y dado algunos pasos cuando paresia aberse desplomado el firmamento de tras de mi y era un gran pedaso del techo con unas cuantas bigetas q^e. se derrumbó detras de mi cojiendo debajo al negro [an][287] Andres criollo yo con el susto caí[288] p^r. una abertura abajo de la casa de purga mi guardiero gritaba toda la negrada boseaba acudieron a sacar a Andres y yo me sali como pude p^r. la parte baja de la puerta, sacaron al antes dicho con mil trabajo y tenia todo el craneo roto el peyejo del

---

[281] Escribe «azotarme».
[282] Inserta coma aquí.
[283] El manuscrito reproduce la palabra «lodo».
[284] Escribe «dió», con tilde.
[285] Escribe «quitó», con tilde.
[286] Azougarh no reproduce esta tachadura.
[287] No reproduce esta tachadura.
[288] Franco escribe «cai», sin tilde.

serebro arrollado los ojos rebentados [en la mañana siguiente el S{or}. D{n} Fran.{co} de carde] Condujeron al Molino y murió a pocas oras; a la mañana siguiente aun no abia el aire bien [limp]²⁸⁹ disipado la neblina vi apareserse al niño pancho hoy S{or}. D{n} Fran.{co} De cardenas y Manzano yo estaba debilmente en mi ejersisio de aflojar y apilar bagazo cuando se me presentó seguido de mi segundo hermano, el cual me insinuo q{e}. benia p{r}. mi, y el cambio de trage y de fortuna fue todo uno; cuando llegó el desgrasiado a quien las bigas maltrataron se disbulgó q{e}. yo estube a pique de pereser tambien p{r}. lo q{e}. mi hermano q{e}. servia al niño pancho alcanso q{e}. pidiese a su madre p{r}. mí²⁹⁰ y lo consiguió sin la menor dificultad, cuando llegamos como tube q{e}. benir a pie una legua de camino bastante escabroso ya el Señorito se abia adelantado en su jaca, mi hermano y el niño me presentaron a la señora mi ama la q{e}. p{r}. primera vez vi q{e}. me trató²⁹¹ con compasíon²⁹² me mandó p{a}. lo interior de la casa, mi corazon estaba tan oprimido q{e}. ni la comida q{e}. era p{a}. mí²⁹³ la mas sagrada y presisa atención, queria ber, caí²⁹⁴ en una tristesa tal q{e}. ni biendo a todos los muchachos enrredado en juegos ni p{r}. q{e}. me llamaban salia de mi triste abatimiento comia poco y casi siempre llorando, con este motivo se me mandaba limpiar las caobas p{a}. q{e}. no estubiese o llorando o dormiendo toda mi vivesa desaparesió y como mi hermano me queria tanto se iso entrambos comun este estado el no asia mas q{e}. estarme consolando pero este consuelo era llorando conmigo con este motivo ya no se me llebaba al pueblo detras de la bolante y todos caian sobre mí²⁹⁵ p{a}. aserme jugar y yo no salia de mi melancolico estado entonces me dedicaron a dormir con el niño pancho y mi hermano en un cuarto me compraron sombrero y zapatos cosa p{a}. mi muy nueba se me mandaba banar y a paseos p{r}. la tarde y iva a [las]²⁹⁶ las pescas y a cazar con un Señor pasado algun tiempo nos benimos a la Habana y se me dejó con el S{or}. D{n} Nicolas que me queria no como a esclavo sino como a hijo apesar de su corta edad entonses se me fue disipando aquella tristeza imbeterada en mi alma y se me declaro un mal de pecho con una tos media epazmodica q{e}. me curó el S{or}. D{n}. Fran.{co} Luvian; el tiempo disipó alludado de mi juventud todos mis males estaba bien tratado mejor bestido y querido tenia casacas²⁹⁷ q{e}. me mandaba aser mi nuevo amo tenia muchos reale[s] y era mi

---

²⁸⁹ Azougarh no reproduce esta tachadura.
²⁹⁰ Franco escribe «mi», sin tilde.
²⁹¹ Escribe «trato», sin tilde.
²⁹² Escribe «compasión», con tilde en la o.
²⁹³ Escribe «mi», sin tilde.
²⁹⁴ Escribe «cai», sin tilde.
²⁹⁵ Escribe «mi», sin tilde.
²⁹⁶ Azougarh no reproduce esta tachadura.
²⁹⁷ Escribe «casaca» en vez de «casacas».

ofisio recoser toda su ropa limpiar sus sapatos asearle su cuarto y darle de bestir solo me privava la calle y la cosina y el rose con personas de malas costumbre como este señor desde bien joven ogservó unas costumbres perfectas e irrepreensibles queria q^e. todo lo q^e. estubiese a su alcanse fuera lo mismo, y conseguí con el nunca aber resibido la mas leve recombension y lo queria sin tamaño; biendolo q^e. apenas aclaraba cuando puesto en pie le preparaba antes de todo la mesa sillon y libros p^a. entregarse al estudio me fui identificando de tal modo con sus costumbres q^e. empese yo tambien a darme estudios, la poesia en todos los tramites de mi vida me suministraba versos analogos a mi situacion ya prozpera ya adversa, tomaba sus libros de retorica me ponia mi leccion de memoria la aprendia como el papagallo y ya creia yo q^e. sabia algo pero conosia el poco fruto q^e. sacaba de aquello pues nunca abia ocasion de aser uso de ello, entonses determiné darme otro mas util q^e. fue el de aprender a escrivir este fue otro apuro no sabia como empesar no sabia cortar pluma y me guardaria de tomar ninguna de las de mi señor sin embargo compre mi taja pluma y plumas compre papel muy fino y con algun pedaso de los q^e. mi señor botaba de papel escrito de su letra lo []²⁹⁸ metia entre llana y llana con el fin de acostumbrar el pulso a formar letras iva siguiendo la forma q^e. de la q^e. tenia debajo con esta imbension antes de un mes ya asia renglones logrando la forma de letra de mi señor causa p^r. q^e. hay sierta identidad entre su letra y la mia contentisimo con mi logrado intento me pasaba desde las sinco hasta las dies ejersitando la mano en letras menudas y aun de dia cuando tenia lugar lo asia tambien poniendome al pie de algun cuadro cuyos rotulos fue de letras mallusculas con muchos ras logré imitar las letras mas ermosas y llegue a tenerla entonses q^e. mas paresian gravadas q^e. de pluma el S^{or}. Marquez me encontró una vez y p^r. lo q^e. dijo aserca de ella llegué a creer q^e. ya sabia escrivir entonses supo mi señor p^r. los q^e. beian desde las sinco con mi tren de escritura q^e. yo pasaba todo el tiempo embrollando con mis papeles no pocas veces me sorprendió en la punta de una mesa q^e. abia en un rincon²⁹⁹ imponiendome dejase aquel entretenimiento como nada correspondiente a []³⁰⁰ mi clase q^e. buscase q^e. coser, en este punto no me descuidaba p^r. q^e. siempre tenia alguna pieza entre manos p^a ganar proivioseme la escritura pero en vano todos³⁰¹ se abian de acostar y entonses ensendia mi cabito de bela y me desquitaba a mi gusto copiando las mas bonitas letrillas de Arriaza a quien imitando siempre me figuraba q^e. con pareserme a él ya era poeta o sabia aser versos, pillaronme una vez algunos papelitos de desimas y el S^{or}. D^n. coronado

---

[298] Azougarh no reproduce esta tachadura.
[299] Franco escribe «rincón», con tilde.
[300] Azougarh no reproduce esta tachadura.
[301] Escribe «todo».

fue el primero qᵉ. pronostico qᵉ. yo seria poeta aun qᵉ. se opusiera todo el mundo supo como aprendí a escrivir y con qᵉ. fin y aseguraba qᵉ. con otro tanto an empesado los mas, en tanto qᵉ. esto asia mi señor estaba en bispera de enlasarse con la Señorita Dª. Teresa de Herrera y yo era el mercurio qᵉ. llebaba y traia (pero por su puesto ya pedida) este distinguido lugar me lucraba mucho pues tenia doblones sin pedir y³⁰² tanto qᵉ. no sabia qᵉ. aser con el dinero y despues de aser gran provision de papel pluma bonito tintero buna tinta y regla de caoba lo demas se lo embiaba a mi madre en efectivo pasamos a Guanajai con motivo de la temporada qᵉ. los Sʳˢ. condes de Jibacoa asen todos los años y alli mi futura ama no le quedó fabores qᵉ. no me prodigase como la primer costura qᵉ. me enseñó mi Señora fue la de mugeres, al lado de señora Dominga muger blanca su costurera tube el³⁰³ grande honor de costurar en algunos tunicos de mi señorita pues yo sabia y sé de guarnisiones colchones colgaduras de cama coser en olanes y hasta marcar en olan cambrai lo qᵉ. me era muy selebrado en ogsequio³⁰⁴ de la fina educasion qᵉ. me dió³⁰⁵ mi ama; entre mil contentos pasé pasé todo el tiempo qᵉ. duró la correspondencia hasta qᵉ. serví las bodas y fuy su page de librea cuando salian a paseo y misa, con esta ama mi felisidad iva cada dia en mas aumento asiendo qᵉ. se me guardase en el numero de su familia las mas pulidas consideraciones y mi señor por lo tanto la imitaba biendo esmerarme en darle gusto en el cumplimiento de mis obligasiones. Cosa fue de tres años poco mas esta felisidad, cuando viniendo mi señora la de Matanzas olló la fama de mis sebisio en toda clase y sin³⁰⁶ saber yo pʳ. qᵉ.³⁰⁷ determinó llebarme otra vez con sigo, era tal mi ajilidad³⁰⁸ prinsipalmente en la asistensia de enfermos asi tan []³⁰⁹ chiquitillo como paresia en mi edad de 18 años qᵉ. se me pedia p{r}estado en la familia cuando abia alguno enfermo de belarsem³¹⁰; como susedió esta vez, asistia al Sᵒʳ. Dⁿ. José Mª. de Peñalber qᵉ. estaba de cuidado pʳ. un dolor qᵉ. padesia; yo no mas le sabia templar el vaño darle la bebida a tiempo alludarle a lebantar pª. siertas diligensias sin apretones y enjugarle cuando se vañaba, en toda la noche pegaba mis ojos con el reloz delante papel y tintero donde allaba el medico pʳ. la mañana un apunte de todo lo ocurrido en la noche asta de las veses qᵉ. escupia dormia roncaba sueño tranquilo o quieto, el Sᵒʳ. Dⁿ. Andres Ferriles Dʳ. Dⁿ.

---

[302] Franco no reproduce la «y».
[303] Escribe «a» en vez de «el».
[304] Franco y Azougarh escriben «obsequio».
[305] Franco escribe «dio», sin tilde.
[306] En *Obras* escribe «si» en vez de «sin».
[307] Escribe «qᵉ.», sin tilde.
[308] Aquí hay una raya horizontal entre ésta y la próxima palabra.
[309] Azougarh no señala esta tachadura.
[310] Franco y Azougarh escriben «belarse» con el signo de coma.

Nicolas Gutierres y otros biendome asistir enfermos me han selebrado este orden q^e. he seguido en muchas ocasiones; yo estaba como dige asistiendo al S^{or}. D^n. Jose m^a. cuando vino mi señora q^e. impulsada de tantos elogios me insinuo la determinasion q^e. tenia con mucho cariño, yo la oí[311] con tibieza pues se me nublo el corazon al considerar q^e. iva de nuevo a unos lugares tan memorables y tristes p^a. mí[312], no estaba el S^{or}. enteramente bueno pero seguia en cama; nos fuimos sin tardanza a la casa de la S^{ra}. Condeza de Buena vista su hermana p^r. partir entre algunos dias, no debía ir yo mas donde mis otros señores, pero[313] a pesar de esta orden fui a despedirme de ellos, el S^{or}. D^n. Nicolás q^e desde bien chico me queria, con mis servisios me lo avia acavado de ganar, este y su resiente esposa se me despidieron llorando me regalaron con oro a cual mas, la señorita me dio uno cuantos pañuelos de olan usados y dos doblones de a cuatro y mi señor me dio toda la ropa entre ella las dos casacas q^e. me abia mandado aser y un doblon de acuatro, de toda la familia me despedí y todos llorabamos pues viviamos en la más perfecta union; me fuy tan contristo y entré[314] en tantas reflecciones q^e. p^r. la mañana entre nueve y dies me determine a pedir papel p^a. buscar amo, asombrose mi señora de esto y me dijo q^e. si yo no conosia bien y q^e. si ella me llebaba era p^r. q^e. lo debia de aser pues no debia de estar sino a su lado hasta q^e. determinara de mí[315] me bolvió la espalda y sentí aberle dado aquella molesta, a la ora de la comida en casa de la Señora condeza movió[316] la espesie en la mesa manifestando a su hermana {**mi arrojo**} y se acaloró tanto q^e. me dijo delante de todos q^e. esa era la correspondensia mia a los desvelos q^e. abia puesto en mi educasion me preguntó[317] si me abia puesto alguna vez la mano y por poco lo hecho a perder todo, pero dije q^e. no; me preguntó si me acordaba de mama mia y le dige q^e. sí[318], pues yo he quedado en su lugar {¿}me olles? me dijo, y con esto sesó[319] p^r. entonses, concluido el reso de p^r. la tarde me llamó a solas la S^{ra}. condesa en union de la S^{ra}. Dª Mariana Pisarro p^a. desimpresionarme crellendo q^e. mis otros amos me ubiesen aconsejado, las ise saber q^e. temia a mi señora p^r. su genio vivo, pero nada bastó siempre quedando en su error, me dijo la S^{ra}. condeza

---

[311] Franco escribe «oi», sin tilde.
[312] Escribe «mi», sin tilde.
[313] Aquí hay una raya vertical entre esta palabra y la siguiente.
[314] Franco escribe «entre», sin tilde.
[315] Escribe «mi», sin tilde.
[316] Escribe «movio», sin tilde.
[317] Escribe «pregunto», sin tilde.
[318] Escribe «si», sin tilde.
[319] Escribe «será» en vez de «sesó».

q^e. yo devia de estar con mi ama y esperar de ella mi livertad[320]. partimos p^r. fin a matanzas asiendo mansion en el molino se me señaláron[321] obligasiones y en poco tiempo me allé al frente de los q^e. me vieron naser y de tal modo q^e. los oscuresia sobre saliendo en mi servisio, se les daba en rostro cuando tenian algun descuido con la esactitud con q^e. llenaba mis deberes esto me trajo grande ojerisa de los mas en este tiempo ya yo andaba p^r. toda la casa pero concluido el almuerzo iva a mis acostumbrados lugares donde cosia de todo en esa epoca nos fuimos a vivir al pueblo en la calle del rio casa del S^or. D^n Felis [quintero] Quintero estabamos abia cosa de dos semanas cuando una mañana muy temprano se vino al comedor contiguo al dormitorio de mi[322] señora un gallo fino y canto yo dormia en este lugar si el gallo canto mas de una vez no lo sé pero[323] cuando lo oí[324] desperté lo espante y me puse en pie, a la ora de costumbre se lebantó mi señora y esto fue motivo p^r. q^e. si no buscase con tiempo al S^or. D^n. Tomas Gener p^r. padrino ubiera ido a aprender a madrugar al Molino, yo tenia edad como de diez y nueve años y tenia cierto orgullito en saber cumplir mi obligasion, y no me gustaba me mandasen las cosas dos veces ni q^e. me abochornaran p^r. tribialidades[325]; pero el plurito de abatir el amor propio del q^e. está[326] mas serca de la grasia de su amo es un mal contagioso q^e. hay en todas las casas grandes así[327] susedio q^e. p^r. una de estas razones quiso uno abatirme ajandome con malas espresiones hasta llegar a desirme la tal de mi madre se la bolvi con otra de igual tamaño diome una garnatada q^e. no pude evitar y le embestí, la S^ra. no estaba en casa y yo debia[328] irla a buscar a las 10 en casa de la S^ra. Gomes partime antes de tiempo y cuando tornamos a casa se lo contaron me interrogó en este asunto y me disculpé disiendo el q^e. me dise la tal de su madre esta epuesto conmigo, con q^e. si te lo buelbe a desir bolberas a fatar al respeto de mi casa, digele q^e. no faltaria al respeto siempre q^e. no me dijese tal espresion, al tercer o cuarto dia fuimos a almorzar al Molino yo no estaba tranquilo esperando la ora de quiebra yo conosia las barias actitudes de mi vida y no dudaba de lo q^e. me iva a suseder

---

[320] En el manuscrito: «Ahora me acuerdo q^e. el pasaje del {capon o []} [geranio donato] geranio donato fue despues de esto estando en el Molino p^r. q^e. fue cudo mi madre presentó el dinero p^a. mi livertad y murió tres meses después de aire perlatico».
[321] Escribe «señalaron», sin tilde.
[322] Franco escribe «mis».
[323] Aquí hay una raya vertical entre esta palabra y la siguiente.
[324] Franco escribe «oi», sin tilde.
[325] Escribe sólo un «;».
[326] Escribe «esta», sin tilde.
[327] Escribe «asi», sin tilde.
[328] En *Obras* escribe «debi» en vez de «debia».

vi venir al mayoral y no tenia el animo ya p^a. aguantar azotes, me escapé[329] p^r. la esparda del jardin y corri tanto y en tan brebe tiempo q^e. cuando me buscaban p^r. toda la casa yo estaba oculto entre los mangles camino del castillo, p^r. la tarde me fui al pueblo en casa del S^{or}. Conde de Jibacoa q^e. me llebo padrinado; me daba berguenza estos padrinamientos y yo no estaba a gusto y [yor][330] lloraba a mares cuando me acordaba de la estimasion[331] q^e. gozaba con mis otros amos en la Habana me afligia mas la larga distansia q^e. me separaba de ellos no pasaron sinco dias sin q^e. que se yó p^r. q^e. nimiedad se mandó[332] buscar un comisionado me ató en la sala y me condujo a la carsel publica a las onse del dia a las cuatro vino un moso blanco de campo me pidió, me sacaron se me vistio[333] una muda de cañamazo se me quitaron los zapatos[334] y allí[335] mismo me pelaron y una collunda nueva de geniquen ató mis brazos saliendo p^r. delante p^a. el Molino; el q^e. ya avia[336] olvidado todo lo pasado, probando las delisias de unos amos jovenes y amables, algun tanto en vanesido con los fabores prodigados a mis abilidades y algo alocado tambien con el aire de cortesano q^e. abia tomado en la ciudad sirviendo a personas q^e. me recompensaban siempre y se beia tratado deste modo me asian pensar insensantemente q^e. en la Habana lograria mejor fortuna, llegué pues al Molino, D^n. Saturnino Carrias Joven Europeo era arministrador entonses me esaminó aserca de la culpa q^e. tenia p^r. aquello se lo dije y me mando al campo sin ponerme ni la mano ni las prisiones estube allí[337] como nueve dias en los trabajos de la finca y una mañana q^e. vino a almorzar mi S^{ra}. me mandó[338] buscar bistionme de ropa fina y detras de la bolante me condujo otra vez al pueblo y en[339] servisio ya yo era un objeto conosido p^r. el chinito[340] o el mulatico de la Mar.^{a} todos me preguntaban q^e. abia sido aquello y me abochornaba satisfacer a tanto curioso; en estos tiempos fue la esposa del S^{or}. Apodaca governador de la Habana se le preparó en casa una funsion digna del personage q^e. era. El[341]

---

[329] Escribe «escape», sin tilde.
[330] Azougarh no reconoce esta tachadura.
[331] Franco escribe «estimasión», con tilde.
[332] Escribe «mando», sin tilde.
[333] Escribe «vistió», con tilde.
[334] Inserta coma [,].
[335] Escribe «alli», sin tilde.
[336] Escribe «abia» en vez de «avia».
[337] Franco escribe «alli», sin tilde.
[338] Escribe «mando», sin tilde.
[339] Escribe «su» en vez de «en».
[340] Ortiz dice que el chino es «hijo de negro y mulata, o viceversa, según la Academia» (200).
[341] Franco comienza otro párrafo con esta palabra pero el manuscrito original no muestra tal apartado.

pintor y maquinista El S^or. Aparicio fue condusido a Matanzas p^r. oras a trabajar una transformación de escaparate³⁴² biejo en una ermosa cascada debia pintarse algunos emblemas [de] alusibos a la rosa pues se llamaba la S^ra. D^a. Rosa Gaston yo le alludé y este³⁴³ concluida la obra me regalo media onsa pues alludandole una noche p^r. gusto a llenar barias girnaldas descubrió q^e. le podia ser util y con poco q^e. le dije me pidió a mi señora no como ofisial sino como peon, pero yo le sombreaba en particular las rosas q^e. p^r. las bariedad de formas de ella q^e. conosia era diestro en este arte, al retirarse me dió³⁴⁴ media onsa, y concluida la funsion fui gratificado como los demas con un doblon de a dos pesos yo guardaba este dinero con intension de gastarlo en la Habana. Descubrió mi ama q^e. de media noche p^a. el dia se descamisaban los criados en un almasen jugando al monte, yo nada sabia de esto p^r. q^e. ni dormia allí³⁴⁵ ni se dejarian tampo ver de mi señora fue registrarme al dia siguiente y allandome con mas dinero del q^e. me abia dado me jusgó complise quitóme todo el dinero aun q^e. le declaré el como³⁴⁶ lo abia tenido pues deví³⁴⁷ aberselo dicho y fui otra vez al molino tampoco me susedió nada apesar de las {[]}³⁴⁸ recomendasion a los siete [y] u ocho dias se me mandó buscar discurrio algun tiempo [sin] sin la menor novedad cuando acontesió la muerte casi sudvitane{a} de mi madre q^e. se privó y nada pudo declarar a los cuatro dias de este caso lo supe tributéle como hijo y amante cuanto sentimiento se puede considerar entonses mi señora me dió los tres pesos de las misas del alma o de san Gregorio las q^e. mandé desir al padre cuajutor algunos dias despues me mandó mi señora al Molino p^a. q^e. recojise lo q^e. mi madre avia³⁴⁹ dejado, dí al arministrador una esquela con la q^e. me entregó la llave de su casa en la cual solo allé una caja grande muy antigua pero basia, tenia esta caja un [resorte] {secreto} q^e. yo conosia ise saltar el resorte y allé en su hueco algunas jollas de oro fino entre ellas las de mas merito eran tres manillones antiguos de serca de tres dedos de ancho y muy gruesas³⁵⁰ dos rosarios uno de oro todo y otro de oro y coral pero rotos y muy susios allé tambien un lio de papeles q^e. testificaban barias deudas abiendo entre ellos uno de dosientos y pico de pesos y otro de cutrosientos y tantos pesos estos debian cobrarse a mi señora y despues de estos otra porsion de menores cantidad. Cuando yo nasí desde el campo me

---

³⁴² Aquí hay una raya vertical entre esta palabra y la siguiente.
³⁴³ Franco escribe «asta».
³⁴⁴ Escribe «dio», sin tilde.
³⁴⁵ Escribe «alli», sin tilde.
³⁴⁶ Escribe «elcomo».
³⁴⁷ Escribe «devi», sin tilde.
³⁴⁸ Azougarh no señala ni esta ni las próximas tachaduras.
³⁴⁹ Franco escribe «abia».
³⁵⁰ En *Obras* inserta coma [,].

dedicó mi abuelo una potranca balla de raza fina y de esta nasieron sinco q^e. mi padre iva dedicando a cada uno de mis hermanos de ellos tres parieron tambien y v{i}no a[351] aber el numero de 8 entre estas particularmente una era diforme y paresia un caballo era rosilla oscura siempre paresia q^e. tenia el pelo untado en aseite[352] p^r. lo q^e. el S^{or}. D^n Franc^o. pineda lla quiso comprar pero mi padre parese q^e. pedia demasiado esta y otra estando p^a. parir se malograron en el serbisio de la asienda[353] cargando baules a la [al][354] Habana de estas abia los resibos o pagares[355]; llegado el dia siguiente di cuenta a mi ama de lo q^e. avia y tambien los resibos o papeletas pasados [][356] seis o mas dias pregunté a mi señora si abia smd. rebisado los papeles q^e. le abia entregado contestome en tono agradable q^e. todabia di esta respuesta a la parda Rosa Brindis q^e. cuidaba de la educasion de mi hermana M^a. del Rosario q^e. como era libre a istansias de mi misma señora la tenia inter fuera capaz de governarse esta me instaba a q^e. no dejase de recordarle cada vez q^e. pudiese pues queria la parte de mi hermana p^a. su mantesion como q^e. la abia criado, q^e. ella sabia q^e. la señora le tenia a mi madre guardado dinero p^a. q^e. lo partiese entre todos sus hijos si ella muriese y yo como mayor de todos debia andar esto con tal abiso cuando ubieron pasado algunos dias mas, aguijado sin sesar de esta muger me determiné a ablar a mi señora en segunda vez lleno de las mas alhágueñas[357] esperanzas; pero cual sería[358] mi asombro cuando incomoda me respondió mi señora q^e. si estaba muy apurado p^r. la erensia q^e. si yo no sabia q^e. ella era eredera forsosa de sus esclavos encuanto me buelbas a ablar de la erensia te pongo donde no beas el sol ni la luna; marcha a limpiar las caobas; esta escena pasó en la sala del S^{or}. D^n Felis Quintero serian las onse de la mañana al dia siguiente manifesté a la Rosa lo q^e. avia pasado no me acuerdo de lo q^e. dijo solo vi[359] q^e. todas sus duras espresiones ivan a caer sobre las senisas de mi pobre madre de allí[360] a dos dias era algo mas de las dose cuando se aparesio pidio permiso p^a. ablar a mi señora consediosele[361] y estubo con ella largo rato; yo estaba en la espensa q^e. estaba frente a la puerta de la calle asiendo que se yo qué, cuando entro na Rosa dijome q^e. fuera p^r. allá p^r. su casa cuando tubiese

---

[351] Escribe «de» en vez de «a aber».
[352] Inserta coma [,].
[353] En *Obras* escribe «acienda».
[354] Azougarh no reconoce esta tachadura.
[355] En *Obras* inserta dos puntos [:].
[356] Azougarh no reconoce esta tachadura.
[357] Escribe «alhagueñas», sin tilde.
[358] Franco escribe «seria», sin tilde.
[359] Escribe «si».
[360] En *Obras* escribe «alli», sin tilde.
[361] En *Obras* escribe «consediole».

ocasion la ise esperar y le dí[362] de las tres manillas dos quedandome con una y lambien[363] le dí[364] todos los pedasos de rosarios un relicario q^e. disen q^e. en su tiempo no se tenia p^r. una onsa era grande guarnesido de cordones de oro lamas del mismo metal y el divino rostro de Jesus estaba en el medio era muy abultado y tenia como dos cuartas de una cadenita muy curiosamente trabada todo de oro, embolbiola bien, mas estando p^a. partir mi señora q^e. no me perdia nunca de vista, se aserco a nosotros y manifestandole no era de su agrado tubiese aquella familiaridad conmigo ni ninguno de sus esclavos se concluyó con q^e ella no bolbió o poner sus pies en casa. p^r. lo q^e. toca amí[365] desde el momento en q^e. perdí[366] la alhagueña ilusion de mi esperanza ya no era un esclavo fiel me combertí de manso cordero en la criatura mas despresia y no queria ber a nadien q^e. me ablase sobre esta materia quisiera aber tenido alas p^a. desapareser trasplantandome en la Habana se me embotaron todos los sentimientos de gratitud y solo meditaba en mi fuga pasado algunos dias bendí[367] a un platero la manilla medio[368] siete pesos y algunos reales p^r. ella y en la noche cuando dejé a mi ama en casa de las S^{ras}. Gomes le llevé[369] los pesos al padre cuajutor p^a. misas p^r. mi madre y los reales fueron en belas p^a. las animas no tardó mucho tiempo mi señora en saber p^r. el mismo padre q^e. avia mandado desir tantas misas, preguntóme[370] de donde tenia ese dinero mas como lo q^e. yo menos apresiaba p^r. entonses era vivir le dije sin rodeos q^e. bendí[371] una manilla, quiso saber a quien mas como dí[372] palabra al platero de no desirlo me sostube disiendo q^e.[373] a uno q^e. no conosia; pues ahora sabras p^a. qué nasistes me dijo tu no puedes disponer de nada sin mi consentimiento fuy preso al Molino ya era esta la tersera vez preguntóme D^n. Saturnino[374] lo q^e. abia dijeselo todo con enfado la desesperacion abia ocupado el lugar de todos mis sentimientos mi madre era lo unico q^e. allí[375] tenia y esa no esistia mis lagrimas corrian con abundansia mientras contaba a D^n. Saturnino la dis-

---

[362] Escribe «di», sin tilde.
[363] En el manuscrito aparece la palabra «lambien» en vez de «también».
[364] Escribe «di», sin tilde.
[365] Escribe «ami», sin tilde.
[366] Escribe «perdi», sin tilde.
[367] Escribe «bendi», sin tilde.
[368] Escribe «me dio».
[369] Escribe «lleve», sin tilde.
[370] Escribe «preguntome», sin tilde.
[371] En *Obras* escribe «bendi», sin tilde.
[372] Escribe «di», sin tilde.
[373] Aquí hay una raya vertical entre esta palabra y la siguiente.
[374] En *Obras* escribe «Saturninno».
[375] Escribe «alli», sin tilde.

tribusion del dinero; mandóme desatar y me mandó pª. su cosina encargandome no saliese de allí[376], me daba de lo qᵉ. el comia y dormia en el pesebre de los caballos, me enseñó[377] la carta de recomendasion, y a la verdad qᵉ. me ubiera pesado toda mi vida la lisensia qᵉ. me tomé. [¿]Pero yo criado en la oscuridad de tanta ignosensia[378] qᵉ. podia saber[?] al cabo de ocho o dies dias me llamó y me iso poner unas prisiones pʳ. qᵉ. venia la señora a almorsar al dia siguiente, y me mandó al campo encargandome si me preguntaban si abia sufrido asotes qᵉ. dijese qᵉ. sí[379]; a las nueve poco mas resibió orden el contra mayoral de embiarme pª. la casa de vivida, me resistí a ir pero amenasado con dureza tuve[380] pʳ. buen partido ovedeser el arministrador me resivió[381] con una muda de ropa fina de color esto es pantalones y chupa qᵉ. bestí cuando le fuy a entregar aquellos andrajosos despojos me dijo con sierto aire de firmeza estas palabras qᵉ. me aterraron. «Saabes lo qᵉ. te digo qᵉ. en menos de dos meses as benido a mi poder [y nada] tres ocasiones y nada te ha susedido pon los medios[382] pª. no bolber mas pʳ. qᵉ. te lleban los demonios, anda qe. la señora te espera anda y cuidado este Sᵒʳ. de nasion gallego[383] era de genio [vi][384] vivo y duro de cararte era joven como de 25 a 28 años y tanto los del campo como los de la casa de vivienda le temian en sumo grado pues no solo yó andaba de estos[385] baibenes, cuando llegué a los pies de mi señora me postré pedi perdon de mi falta me mando[386] sentar en el comedor y en acabando de almorzar me mandó un abundante plato qᵉ. yo no prové; mi corazon ya no era bueno y la Habana juntamente con los felises dias qᵉ. en ella gosé estaban impresa en mi alma y yo solo deseaba[387] berme en ella notó mi señora el caso qᵉ. avia hecho de la comida y no dejó de maravillarse de qᵉ. no me alegrase el corazon un buen plato.

Es de admirarse qᵉ. mi señora no pudiese estar sin mí[388] 10 dias seguidos así[389] era qᵉ. mis prisiones jamas pasaban de 11 a 12 dias pintandome siempre como el

---

[376] En *Obras* escribe «alli», sin tilde.
[377] Escribe «enseño», sin tilde.
[378] Escribe «ignorancia», cambiando el sentido de la frase.
[379] Escribe «si», sin tilde.
[380] Escribe «tube».
[381] Escribe «recivio», sin tilde.
[382] Se corrige la o de esta palabra. Ni Franco ni Azougarh señalan esta corrección.
[383] Escribe «gallega».
[384] Azougarh no señala esta tachadura.
[385] En *Obras* escribe «e estos».
[386] Escribe «mandó», con tilde.
[387] En *Obras* escribe «deasaba».
[388] Escribe «mi», sin tilde. En *Obras* escribe «mis».
[389] Escribe «asi», sin tilde.

mas malo de todos los nasidos *en*[390] el molino de donde desia qᵉ. era yo criollo esto era otro genero de mortificasion qᵉ. yo tenia la amaba apesar de la dureza con qᵉ. me trataba y yo sabia muy bien qᵉ. estaba bautisado en la Habana estando otra vez en el pueblo no sé[391] pʳ. qué[392] me trata entonses con dulsura; sí[393] yo nunca podre olvidar qᵉ. le debo mucho buenos ratos y una muy distinguida educasion me mandaba a pasear pʳ. la tarde sabia qᵉ. me gustaba la pesca y me mandaba a pescar si abia maroma también; pʳ. la noche se ponia[394] en casa de las Sras. Gomes la manigua qᵉ. luego fue monte y yo debia al momento qᵉ. se sentaba pararme al espaldar de la silla con los codos abiertos estorbando así[395] qᵉ. los de pie no se le hechasen en sima o rosasen con el brazo sus orejas en acabando qᵉ. era pʳ. lo regular las dose o una si ganaba llebaba yo el taleguillo pᵃ. casa y en llegando al resibirlo metia la mano y cuando cojia me lo daba sin contar sirbiole de mucho asombro y contento cuando me vió asiendo un pantalon de mi cuenta lo cosia al maestro [lon][396] Luna qᵉ. tenia su tienda en la casilla qᵉ. estaba en la plazuela junto a la iglesia esta abilidad la aprendí[397] pʳ. sí[398] ogserbando como estaba la de otros pantalones pues no sabiendo mas qᵉ. costurar tunicos y camisones y guarnisiones, desde qᵉ. me llene a me llenaron de la idea de qᵉ. seria libre pronto traté de llenarme de muchas abilidades ya era repostero y sacaba de mi cabeza muchas ideas a las qᵉ. faboresian la idea de dibujo qᵉ. adquirí con los diferentes maestros qᵉ. enseñaban a los niños, en mis ratos osiosos qᵉ. eran pocos imbentaba doblones en pedasitos de papel y luego era una curiosa servilleta la flor, la piña, la concha la charretera el abanico y otras de menos grasias, son frutos de mis ratos perdidos con ellas he lusido algun tiempo y otros lusen aun; tenia yo desde bien chico la costumbre de leer cuanto era leible en mi idioma y cuando iva pʳ. la calle siempre andaba recojiendo pedasitos de papel impreso y si estaba en verso hasta no aprenderlo todo de memoria no resaba así[399] sabia la vida de todos los santos mas milagrosos y los versos de sus resos los[400] de las[401] nobena de

---

[390] En el manuscrito se subraya esta palabra. Ni Franco ni Azougarh señalan este cambio.
[391] Escribe «se», sin tilde.
[392] Escribe «qᵉ.» en vez de «qué».
[393] Escribe «si», sin tilde.
[394] Es difícil descifrar el comienzo de esta palabra. Tanto Franco como Azougarh escriben «ponia», pero la «p» no se asejema a la misma letra en otros casos.
[395] Escribe «asi», sin tilde.
[396] Azougarh no señala esta tachadura.
[397] En *Obras* escribe «aprendi», sin tilde.
[398] Escribe «si», sin tilde.
[399] Escribe «asi», sin tilde.
[400] En *Obras* escribe «lo» en vez de «los».
[401] Escribe «la» en vez de «las».

Sn. Antonio los⁴⁰² del trisajio en fin todos los santos pr. qᵉ. era los qᵉ. alcansaba la mesa de mi señora en los dias de comidas qᵉ. eran casi diarios la coronaban regularmente tres o cuatro poetas improvisadores los qᵉ. al concluirse la comida me dejaban bastantes⁴⁰³ versos pues tenia mi cascara de huevos y mi pluma y apenas acababan inter otros aplaudian otros rebosaban la copa yo⁴⁰⁴ detras de alguna puerta copiaba los trosos qᵉ. me quedaban en la memoria cuando mi ama dulsificó conmigo su genio yo dejé insensiblemente sierta duresa de corason qᵉ. abia adquirido desde la ultima vez qᵉ. me condenó a la cadena y el trabajo perseberando en no ponerme ni mandarme poner la mano abia olvidado todo el pasado y la amaba como a madre no me gustaba oir a los criados motejarla y ubiera acusado a muchos si no me constase qᵉ. el qᵉ. le iva con un cuento era quien la ofendia pʳ. qᵉ. aquel lo iso donde ella no lo ollo⁴⁰⁵ y el qe. se lo desia se valia de este medio pᵃ. molestarla; masima qᵉ. le oí⁴⁰⁶ repetir muchas veses yo estaba como nunca bien mirado y nada echaba de menos y me asia el cargo de qᵉ. era ya libre mas se esperaba a qᵉ. supiese trabajar y tubiese⁴⁰⁷ edad competente pᵃ. resibirla esto me iso internarme tanto en siertas artes mecanicas y lucrativas qᵉ. si hoy lo fuera no me faltaria no digo qᵉ come{r} sino qᵉ. tener; [pero mi fortun] en esta epoca escriví⁴⁰⁸ muchos cuadernos⁴⁰⁹ de desimas al pie forsado qᵉ. bendia Arriaza a quien tenia de memoria era mi guia; la poesia quiere un objeto a quien dedicarse, el amor regularmente nos inspira yo era demasiado ignosente y todavia no amaba de consiguente mis composiciones eran frias imitaciones.

Al cabo de tres meses o cuatro de mi ultimo acaesimiento se armó viage a madruga donde devia mi señora tomar baños [con sus] y fuimos en efecto, con sus males tomó mi Sʳᵃ. su antiguo mal umor, se me hechaba⁴¹⁰ en rostro sin sesar la livertad qᵉ. tomé en disponer de aquellas prendas abiendo menores qᵉ. eran en numero de sinco y esto se me reputaba pʳ. urto, balla v. á⁴¹¹ ber en qᵉ. manos se pondria la erensia y bienes de los otros, pᵃ. qᵉ. lo jugase todo en cuatro dias y sin sesar se me amenasaba con el Molino y Dⁿ Saturnino las ultimas espresiones de este estaban gravadas en mi corazon y yo no tenia la menor gana de bolberme

---

⁴⁰² Escribe «las».
⁴⁰³ Escribe «bastante».
⁴⁰⁴ En *Obras* escribe «y yo».
⁴⁰⁵ Escribe «olló», con tilde.
⁴⁰⁶ Escribe «oi», sin tilde.
⁴⁰⁷ Escribe «tubiere».
⁴⁰⁸ Escribe «escrivi», sin tilde.
⁴⁰⁹ Escribe «curdenos».
⁴¹⁰ Escribe «echaba».
⁴¹¹ Escribe «a», sin tilde.

a ver con él pregunte cuantas leguas distaba de allí⁴¹² la Habana y supe qᵉ. dose allé qᵉ. no las podria benser en una noche de camino a pie y desistí de pensar mas en berme en la Habana esperando qᵉ. cuando fuese alguna vez aser qᵉ. mi suerte se desidiese siempre con la idea de qᵉ. era libre.

Un dia, este dia de resignasíon⁴¹³ prinsipio de cuantos bienes y males el mundo me ha dado a probar es como sigue era sabado debia antes del almuerzo segun tenemos de costumbre asearme pues bestia dos veses a la semana, pᵃ. ello me fui al baño de la paila qᵉ. distaba al frente de la casa en un declibio unos treinta pasos estandome banando⁴¹⁴ me llamaron pʳ. orden de la señora ya se puede considerar como saldria; me resibió preguntando qᵉ. asía⁴¹⁵ en el baño le contesté qᵉ. me aseaba pᵃ. bestir, [¿]con qᵉ. lisensia lo has hecho? con ninguna contesté. [¿]y pʳ. qᵉ. fuistes? pᵃ. asearme, esta esena fue en el comedo o colgadiso puerta de calle, allí⁴¹⁶ mismo mis narises se rompieron y fuy pᵃ. a dentro hechando dos benas de sangre, esto me apesadumbró y albochornado de qᵉ. a la otra puerta vivia una mulatica de mi edad primera qᵉ. me inspiró una cosa qᵉ. yo no conosia era una inclinasion angelical un amor como si fuera mi hermana yo la regalaba sartas de maravillas de colores qᵉ. ella resivia⁴¹⁷ dandome algun dulse seco o fruta yo la avia dicho qᵉ. era [libre liv] libre y qᵉ. mi madre avia muerto poco abia; no bastando lo ya dicho como a las⁴¹⁸ dies me iso mi ama quitar los sapatos me pelaron, aun qᵉ. esto era muy frecuente, esta vez me sirvio de la mayor mortificasion, y asiendome tomar un barril me mandó⁴¹⁹ cargase agua pᵃ. la casa el arrollo distaba del frente de la casa unos treinte pasos asiendo una bajadita cuando llené mi barril me alle en la necesidad no solo de basiarle la mitad sino también de suplicar a uno qᵉ. pasaba me alludase hecharlo al [om]⁴²⁰ hombro, cuando subia la lomita qᵉ. abia hasta la casa con el peso del barril y mis fuerzas nada ejersitada faltóme un pie⁴²¹ caí dando en tierra con una rodilla el barril calló algo mas adelante y rodando me dió en el pecho y los dos fuimos a parar a el arrollo, inutilizándose el barril []se me amenasó con el molino y Dⁿ Saturnino a quien ya yo temia, se suponia aquel suceso como de premeditada intension y la amenasa era grave, no llegué a la noche sin desgarrar muchos [esputo] esputos de sangre; este tra-

---

⁴¹² En *Obras* escribe «alli», sin tilde.
⁴¹³ Escribe «resignasión».
⁴¹⁴ Escribe «bañado».
⁴¹⁵ Escribe «asía», sin tilde.
⁴¹⁶ Escribe «alli», sin tilde.
⁴¹⁷ Escribe «resibia».
⁴¹⁸ Escribe «la».
⁴¹⁹ Escribe «mando», sin tilde.
⁴²⁰ Azougarh no señala esta tachadura.
⁴²¹ Franco escribe «pié», con tilde.

tamiento me fue de nuevo en cuanto a los errados carculos q^e. abia formado de mi suerte desengañado de q^e. todo era un sueño y q^e. mi padeser se renobaba me acometió de nuevo la idea q^e. tenia de berme en la Habana; al dia siguiente q^e. era domingo cuando la gente estaba en misa me llamó un criado libre de la casa y estando a solas a con él me dijo[422]; hombre q^e. tu no tienes berguenza p^a. estar pasando tanto[423] trabajos cualquiera negro bozal está mejor tratado q^e. tú[424], un mulatico fino con tantas abilidades como tú al momento hallará quien lo compre p^r. este estilo me abló[425] mucho rato conclullendo con desirme q^e. llegando al tribunal de el capitan general asiendo un puntual reláto[426] de todo lo q^e. me pasaba[427] podia salir libre insinuome el camino q^e. de alli benia[428] la Habana disiendome q^e. aprobechara la primera oportunidad, q^e. no fuera bobo esto me afligio muchisimo pues sin el menor abiso temia mas de lo[429] regular, cuanto mas temeria con las terribles insinuaciones q^e. me iso, y q^e. no pongo aquí[430] p^r. demasiado impertinentes[431]. eran las onse de la mañana [cuando] del dia lunes cuando vi llegar a D^n Saturnino apeóse y le tomaron el caballo, desde el momento en q^e. este señor entró se me asivaró toda la vida el corazon me latia con incesante ajitasion y mi sangre toda en un estado de eferbesensia no me dejaba sosegar regularmente el lugar comun era mi cuarto de meditasion el inter estaba en él pensaba en alguna cosa con sosiego, así[432] estando en el como a las cuatro [oí hoy] hoí q^e. ablaban dos una embra y otro criado esta era de manos y preguntando aquel a qué bendria el arminirtrador; esta respondió con viveza a q^e. á de benir, a llebarse a Juan Fran.^{co} compadesiome aquel y yo quedé[433] enterado de mi mala suerte; no me es dado pintar mi situasion amarguisima en este instante, un temblor general cundió todo mi cuerpo y atacandome[434] un dolor

---

[422] En *Obras* inserta dos puntos [:].
[423] Escribe «tantos».
[424] En *Obras* escribe «tu», sin tilde.
[425] En *Obras* escribe «hablo», sin tilde.
[426] Escribe «relato», sin tilde.
[427] Parece que Manzano escribió «pásaba» pero la palabra aparece con la tilde tachada en forma de X. También es posible suponer que sobre el renglón de esta palabra se escribe X y debajo del mismo hay una raya horizontal con tres rayitas verticales.
[428] Aquí hay una raya entre esta palabra y la del renglón anterior que coincide con la palabra pasaba anteriormente mencionada. Es una línea horizontal con tres rayas verticales.
[429] Franco escribe «los».
[430] Escribe «aqui», sin tilde.
[431] En *Obras* inserta coma en vez de punto.
[432] Escribe «asi», sin tilde.
[433] Escribe «quede», sin tilde.
[434] Escribe «ata candome».

de cabeza apenas me podia baler; ya me beia atrabesando el pueblo [a][435] de Madruga como un fasineroso atado pelado y bestido de cañamazo cual me ví[436] en [matanzas] Matanzas sacado de la carsel publica pª. ser condusido al Molino ya recordando las ultimas amonestaciones[437] del ya sitado Dⁿ.[438] Saturnino me beia en el Molino sin padres en él ni aun parientes y en una palabra mulato y entre negros; mi padre era algo altivo y nunca permitio[439] no solo[440] corrillos en su casa pero ni qᵉ. sus hijos jugasen con lo negritos de la asienda; mi madre vivia con él y sus hijos pʳ. lo qᵉ. no eramos muy bien queridos, todo esto se me presentó a mi alborotado imaginasion y en aquel momento determiné mi fuga, el qᵉ. me abia ya insinuado el partido qᵉ. debia tomar como faborable, a eso de las sinco de la tarde me dijo hombre saca ese caballo de allí[441] y ponlo allá[442] pª. qᵉ. esté al fresco qᵉ. [y] aí[443] estará asiendo ruido y despertaran los amos cuando lo[444] ballas a cojer pª. Dⁿ. S. disiendome esto me entregó tambien las espuelas disidome allí[445] está la silla sin pistolera tu sabras []donde está todo pª. cuando se nesesite una mirada sulla me combensió de qᵉ. me ablaba pª. qᵉ. aprobechara el tiempo este tal fué[446] siempre muy llebado con mi padre y trataba a mi madre con algun respeto aun despues de viuda;[447] no estaba yo con todo esto bastante resuelto en considerar qᵉ. dejaba a mis hermanos en el Molino y qe. tenia qe. andar toda una noche solo pʳ. caminos desconosidos y espuesto a caer en manos de algun comisionado. Pero cual fue mi sorpresa cuando acabando todos de senar estando yo sentado a solas sobre un troso meditando si me determinaria o nó, vi llegrarse a mí[448] a Dⁿ. S. qᵉ. me preguntó donde dormia le señalé sobre una barbaco pero esto acabo[449] de hechar el resto a mi resolusion, tal vez sin esta pregunta no me ubiera determinado nunca yo era muy miedoso. Bien pudo aber

---

[435] Azougarh no reconoce esta tachadura.
[436] Franco escribe «vi», sin tilde.
[437] Inserta coma [,].
[438] Escribe «D.».
[439] Escribe «permitió», con tilde.
[440] Escribe «solo», sin tilde. Además, en nuestro manuscrito hay una raya en la posición superior que indica una unión entre esta y la próxima palabra; encima de la raya se coloca una «l», tal vez indicando la supresión de la raya.
[441] En *Obras* escribe «alli», sin tilde.
[442] Escribe «alla», sin tilde.
[443] Escribe «asi» en vez de «aí».
[444] Escribe «la».
[445] Escribe «alli», sin tilde.
[446] Escribe «fue», sin tilde.
[447] Inserta coma [,].
[448] Escribe «mi», sin tilde.
[449] Escribe «acabó», con tilde.

sido hecha esta pregunta con toda ignosensia y qᵉ. todo fuese abladurias de criados qᵉ. todo bariase a la misma ora como otras ocasiones pero yo no pude resivirla sino de muy mal anuncio en vista de lo qᵉ. estaba ya en mi conosimiento así[450] determine partir a todo riesgo[451]. seme represento la mala suerte de un tio mio qᵉ. abiendo tomado igual determinasion pʳ. irse donde el Sᵒʳ. Dⁿ. Nicolas Sᵒʳ. Dⁿ. Manuel y Sᵒʳ Marquez fue traido como todo simarron mas sin embargo estaba resuelto a hechar una suerte y padeser con motivo belé[452] hasta mas de las dose aquella noche se recojieron todos temprano pʳ. ser noche de invierno y estaba algo lluviosa, ensillé el caballo pʳ. primera vez en mi vida pusele[453] el freno pero con tal temblor qᵉ. no atinaba a derechas con lo qᵉ. asía[454] acabada esta diligensia me puse de rodillas me encomendé[455] a los santos de mi debosion me puse el sombrero y monté cuando iva a andar pᵃ. retirarme de la casa oí[456] una bos qᵉ. me dijo Dios te lleve con bien arrea duro yo creia qᵉ. nadien me beia y todos me ogserbaban pero ninguno se me opuso como lo supe despues mas lo qᵉ. me ha susedido luego lo beremos en la segunda parte qᵉ. sigue a esta historia.

---

[450] Escribe «asi», sin tilde.
[451] Inserta coma [,].
[452] Escribe «bele», sin tilde.
[453] Escribe «pusole».
[454] En *Obras* escribe «asia» sin tilde.
[455] Escribe «encomende», sin tilde.
[456] Escribe «oi», sin tilde.

Lista de los generosos individuos que se suscribieron en la Habana para costear la libertad del esclavo J. F. Manzano

D. Blas Osés ....$ 51
José Luis Alfonso 51
Dionisio Mantilla 91
Nicolás Manuel de Escovedo 91
Domingo del Monte (Que promovió la suscripción) 57
Rosa Alfonso de Aldama..17
Silvestra Soler de Alfonso..17
José María Mantilla 17
Félix Tanco 17
José Bruzón 17
José Agustín Govantes 17
Patricio Laguardia 17
Manuel Gonzalez del Valle 8.4
Ignacio Valdés Machuca 8.4
Francisco Iturrando 8.4
Nicolás de Cárdenas y Manzano... 4.2
Domingo Andrés 8.4
Esteban Moris 8.4
José Dolores Ponce.. 4.2
Dª. Teresa Alfoso de Soler 8.4
Dª. Dolores de Arango y González.. 2.4
D. Juan Manuel de Castro 2.4
Dª. María de Jesús Gastelumendi 2.2
D. José Moreira 4.2
Romualdo de la Cuesta 8.4
Pedro de la Cuesta 8.4
Dª. Dolores Vázquez.. 4.2
D. Domingo Vázquez.. 2.2
José Felipe Zerpa 4.2
José Rafael Travieso 2.1
Juan Andreu 4.2
José Z. González del Valle 1.2

Rafael Matamoros 4.2
Manuel de Vargas Machuca 1.4
Joaquín Boloña 2.4
Juan José Romay 8.4
Fran.co Antón Mojarrieta 8.4
Pedro María Romay 2.1
Ramón de Palma 4.2
Diego Macia 1.2
Aut.o de Frías 8.4
J. Villate 1.4
Juan Bautista Carrillo 4.2
Tomás Galán 2.4
Manuel de Hevia 4.2
Francisco de Córdoba 2
Andrés Fresneda 4.2
Marcelino Allo 2.1
José Aut.o Cuitra 4.2
Joaquín de Pluma 2
José Guadalupe Domínguez 1
Fran.co Javier de Urrutia 2.1
Gonzalo L. Alfonso 2
Dª. Inés de Laguardia 2
D. Francisco Ruiz 8.4
José Miguel de Angulo 4.2
José Tomás de la Victoria 4.2
Carlos Varona de la Torre 2.1
Juan Hernández 2.1
Dª. Tomasa Coloma 8.4
José de la Luz Caballero .... no consta

Suma .... $ 968[sic][457]

---

[457] En nota del manuscrito: «Faltan, lo menos, dos terceras partes de los nombres de las personas que contribuyeron a esta obra de misericordia, por haberse extraviado las listas que los contenían. Pero baste saber que no quedó en la Habana un sólo individuo, conocido por su afición a las letras, de cualquier clase o condición que fuese, que no ofreciera su cuota, para rescatar del cautiverio al poeta Juan Francisco Manzano.

Su libertad costó 800 ps. Pusieron esta suma en manos de D. Wenceslao de Villa-Urrutia, yerno del ama de Manzano, D.ª María de la Luz de Zayas, D. José de la Luz Caballero, y D. Domingo del Monte».

mano sobre un hombro; que mi madre y la
Sra. Da. Joaquina lloraban; de lo que hablaban no sé; que salimos de allí y yo me fuí
á jugar; que á la mañana siguiente la ví
tendida en una gran cama; que grité y me
llevaron al fondo de la casa donde estaban
las demas criadas enlutadas; que por la noche toda la negrada, sollozando, rezó el rosario:
que yo lloraba á mares; y que me repararon
entregandome á mi padre.
 Pasado algun tiempo partimos para
la Habana, y la misma Sra. Da. Joaquina me condujo á la casa de mi madrina
donde luego supe que alli me habia dejado
mi Señora. Corrieron algunos años sin ver
á mi padre; y creo no equivocarme si digo
que fueron cinco, pues hago memoria de q[ue]
habiendo vivido mucho tiempo con mi
madrina en la calle Nueva del Cristo, ya
yo esía é iba á los egercicio de fuego con
mi padrino que era sargento primero de
su batallon, Javier Calvo; de que nos mudamos á la calle del Ynquisidor en el solar
del Sr. Conde de Orreyti; de que presencié

y yo no fue, ignoro por qué. De allí á algunos dias me hicieron muchos mamelucos de listado de costa, y alguna ropita blanca para cuando salia con la librea de pajes para los dias de gala; tenia un vestido de húsar, pantalon ancho de grana, guarnecido de cordon de oro, chaquetilla sin cuello de raso azul marino guarnecido de lo mismo, morrion de terciopelo negro galoneado con plumage rojo y la punta negra, dos argollitas de oro á la francesa y alfiler de diamantes. Con esto y los teatros, paseos, tertulias, bailes, y romerías, olvidé pronto mi antigua y recoleta vida, me puse alegre, y nada sentí haber dejado la casa de mi madrina, donde solo rezaba, comia con mi padrino, y los domingos jugaba con algunos novenísticos, pero siempre solo, hablando con ellos. A los pocos dias tuve por allá á la misma Señora Da. Joaquina que me trataba como á un niño blanco, me vestia, peinaba y cuidaba de que no me rozase con los otros negritos: de la misma mesa, como en tiempo de mi Señora la Marquesa de Justiz, se me daba mi plato, que comia á los pies de la Señora Mar-

153.

Una hora de tristeza.

¡Salve, soberbio cerro de Quintana
De la naturaleza obra potente
A quien no puede la inconstancia humana
Abatir á sus plantas facilmente!
       En tanto que abrasada
Por inmortal dolencia el alma mia,
Ayer al cielo envia;
Desde mi humilde bosque silencioso
Yo te saludo ¡oh cerro magestuoso!
   ¡Cuan diferente en mas feliz momento
A tus faldas holgado,
De mi querida Lesbia acompañado
Por grados se aumentaba
De nuestros corazones el contento!
       ¡Con que placer miraba
Siempre de risa lleno tu semblante
Prueba gloriosa del amor constante
Que tantas veces arrancó propicias
Lagrimas venturosas de mis ojos,
Cuyos gratos despojos
Eran del alma mia,
Pruebas de afecto, muestras de alegria!

169.

La vision del poeta
compuesta en un Ing.º de fabricar azucar.

1

Cuando en la cima alta de un alto pino
Para morir el ruiseñor se advierte
Se pone á saludar con triste himno
Aquel postrer instante de su muerte;
Y doliente del mísero destino
Celebra el mismo tan funesta suerte,
Y aparenta que canta, pero llora
El terrible dolor que le devora.

2

De la misma manera ¡oh caro amigo!
Yo me confundo y estremezco cuando
Me veo á punto ¡oh Dios! de ser testigo
De un daño que me viene amenazando;
Por cuya causa el triste egemplo sigo
Mis últimos momentos numerando;
Cual ruiseñor en su mayor quebranto
A influjo del dolor mis penas canto.

3

Tanto hay, Delio, de amor en este poeta
Que no basto yo mismo á describirlo

Bibliografía

Bibliografía activa

Manzano, J. F. (1821): *Poesías líricas*. La Habana: Oficina de Arazoza y Soler.
— (1830): *Flores pasageras* [sic], La Habana.
— (1830b): «Soneto. Al Sr. Don Nicolás de Cárdenas y Manzano». En: *Diario de la Habana* (10 de febrero de 1830), 2.
— (1830c): «A Don Domingo del Monte». En: *Diario de Matanzas* (24 de abril), 3.
— (1830d): «Epitafio». En: *Diario de Matanzas* (24 de abril), 3.
— (1830e): «La cocuyera». En: *Diario de la Habana*, (26 de octubre), 2.
— (1831): «En el feliz nacimiento de la Serenísima Infanta Doña María Isabel Luisa de Borbón». En: *La Moda o Recreo Semanal del Bello Sexo*, 3 (22 de enero), 122-27.
— (1831b): «Oda. A la Religión». En: *Diario de la Habana* (10 de abril), 1-2.
— (1833): «Soneto». En: *Colección de poesías*. Edición de José Severino Boloña. La Habana: Oficina de José Boloña, t. 2, p. 366.
— (1833b): «Soneto». En: *Colección de poesías*. Edición de José Severino Boloña. La Habana: Oficina de José Boloña, t. 2, pág. 371.
— (1834): «El desafío». En: *El Pasatiempos*, 50 (22 de julio).
— (1834b): «La guajirita». En: *El Pasatiempos*, 52 (25 de julio).
— (1834c): «El joven desconocido». En: *El Pasatiempos*, 57 (9 de agosto).
— (1834d): «El amante quejoso». En: *El Pasatiempos*,58 (12 de agosto).
— (1834e): «Leonardo y Panchita». En: *El Pasatiempos*, 59 (16 de agosto).
— (1834f): «El feliz suceso». En: *El Pasatiempos*, 61 (23 de agosto).
— (1837): «Epitafio a don Tello de Mantilla». En: *Diccionario de las Musas*, ed. Manuel González del Valle. La Habana, 1837.
— (1837b): «Una hora de tristeza», «El reloj adelantado», «La cocuyera», «A la ciudad de Matanzas después de una larga ausencia», «Treinta años», y «A la música». En: *Aguinaldo Habanero*, ed. Ramón de Palma y José Antonio Echeverría. La Habana: Imprenta de José María Palmer; 97-98, 141-43, 149, 177-78, 200-204 y 209-212.
— (1838): «Soneto. En la muerte de la Señora Doña María de la Luz de Zayas y Justiz». En: *Diario de la Habana* (21 de mayo), 2.
— (1838b): «Ilusiónes». En: *El Album*, 3 (junio), 67-72.
— (1838c): «Un sueño». En: *El Album*, 7 (noviembre), 115-127.
— (1838d): «The Life of the Negro Poet». En: «Ode to Death», «Ode to Calumny», «Ode to Religion», «Thirty Years», «The Cocuya or Fire-fly», «The Clock that Gains» y «The

Dream». En: Madden, R.R. (1840): *Poems by a Slave in the Island of Cuba*. London (traducción del manuscrito corregido por Anselmo Suárez y Romero).

— (1838e): «Sonnet», «A la ville de Matanzas, apré un longue absence» y «Au Mont Quintana». En: Schoelcher, V. (1838): *Abolition de l'Esclavage; Examen Critique Du préjugé contre la Couleur des Africanset des Sang-Meles*. Paris: Pagnerre, 89-92.

— (1841): «A Jesús en la Cruz. Octavas». En: *Diario de la Habana* (9 de abril), 2.

— (1841b): «Oda a la Luna». En: *Diario de la Habana* (14 de mayo), 2.

— (1841c): «Al Presbítero D. Manuel de Lara». En: *Corona fúnebre consagrada a la tierna memoira del Pbro. D manuel Lara y Cadalso, cura Párroco de l Iglesia de Guadalupe*. La Habana: Imprenta de José S. Boloña, 1-4.

— (1842): *Zafira*. La Habana: Imprenta de Lorenzo Mier y Terán.

— (1842b): «El juramento. A Lesbia», *La Prensa* (22 de julio), 4.

— (1842c): «La Rosa». En: *La Flor de Almendares*. La Habana: Imprenta de Torres), 35-37.

— (1843): «La mentira. Soneto». En: *Faro Industrial de la Habana*, 298 (26 de octubre), 3.

— (1849): «Ingratitud. A Panchita». En: *Faro Industrial de La Habana* (30 de septiembre), 3.

— (1850): «Una lágrima sobre la tumba del malogrado poeta habanero D. Ramón Jiménez y Alpízar». En: *Faro Industrial de La Habana* (26 de diciembre), 3.

— (1858): «La Cucuyera», «Oda a la luna», «Ilusiones», «Soneto», «El reloj adelantado» y «La música». En: J. Socorro de León (1858): *Cuba poética. Colección escogida de las composiciones en verso de los poetas cubanos desde Zequeira hasta nuestros días*. La Habana: Imprenta de la viuda de Barcina y Comp., pp. 148-153.

— (1962) *Zafira (tragedia en cinco actos)*. La Habana: Consejo Nacional de Cultura.

Ediciones de la obra de Juan Francisco Manzano

AZOUGARH, Abdeslam (2000): *Juan Francisco Manzano: esclavo poeta en la isla de Cuba*. Valencia: Episteme.

FRANCO, J. L. (ed.) (1937): *Autobiografía, cartas y versos de Juan Francisco Manzano*. La Habana: Municipio de La Habana (incluye original del manuscrito de Manzano y los poemas «A la luna. Oda», «La música» y «Mis treinta años»).

— (1970): *Autobiografía, cartas y versos de Juan Francisco Manzano. Poesías completas de Plácido*. Nendeln: Kraus Reprint. La primera parte del libro corresponde a la edición de 1937.

KING, Lloyd (1990): *The Autobiography of a Cuban Slave*. St. Augustine, Trinidad. Traducción basada en la edición de Franco, pero también en la traducción de Madden.

LEWIS GALANES, A. (1991): *Poesías de J. F. Manzano, esclavo en la isla de Cuba*. Madrid: Betania. Recoge poemas transcritos por B. B. Wiffen, bajo el título *Poesías de J.F. Manzano en la isla de Cuba*, pertenecientes a la Biblioteca Nacional de Madrid. Contiene los poemas «La Cucuyera. A[na]creóntica Cubana», «Treinta Años», «La Relijión», «Un sueño. A mi segundo hermano», «A la Calumnia», «Desperación», «La Música», «A la ciudad de Matanzas después de una larga ausencia», «Un hora de Tristeza», «A la Muerte», «La Esclava ausente», «El Reloj Adelantado». «La visión del Pueta. Compuesta en un Injenio de fabricar azúcar».

MOLINER, I. (ed.) (1972): *Obras*. La Habana: Editorial Arte y Literatura. Se basa en la edición de 1937 y se añaden los poemas «El reloj adelantado», «La cocuyera», «Ilusiones», «Su nombre. Soneto», «Anacróntica» y «En Matanzas, desde el puente de San Juan mirando a Pueblo Nuevo, después de diez y siete años pasados».

MULLEN, E. J. (ed.) (1981): *The Life and Poems of a Cuban Slave*. Hamden, Conn.: Archon Books. Se basa en la traducción de Madden de 1840.

PICÓN GARFIELD, E. (1996): *The Autobiography of a Slave*. Detroit: Wayne State University Press. Edición bilingüe basada en la versión de Schulman.

SCHULMAN, I. (ed.) (1975): *Autobiografía de un esclavo*. Madrid: Guadarrama. Edición moderna del manuscrito original de Manzano.

Estudios

BOTTIGLIERI, N. (1980): «La scritura della pelle: l'autobiografía de Juan Francisco Manzano». En: *Letterature d'America*, I, 4-5, pp. 23-57.

BURTON, Gera C. (2004): *Ambivalence and the Poscolonial Subject: The Strategic Alliance of Juan Francisco Manzano and Richard Robert Madden*. New York: Peter Lang Publishing.

CALCAGNO, F. (1878): *Diccionario biográfico cubano*. New York: Imprenta de N. Ponce de León.

— (1887): *Poetas de color*. La Habana: Imprenta Mercantil, pp. 49-84.

DECOSTA-WILLIS, M. (1988): «Self and Society in the Afro-Cuban Slave Narrative». En: *Latin American Literary Review*, 32, pp. 6-15.

ELLIS, R. R. (1998): «Reading through the Veil of Juan Francisco Manzano: From Homoerotic Violence to the Dream of a Homoracial Bond». En: *PMLA*, 113, núm. 3, pp. 422-35.

FERNÁNDEZ DE CASTRO, J. (1943): *Tema negro en las letras de Cuba (1608-1935)*. La Habana: Ediciones Mirador.

FRANCO, J. L. (1937) «Juan Francisco Manzano, el poeta esclavo y su tiempo». En: *Autobiografía, cartas y versos de Juan Francisco Manzano*, La Habana: Municipio de La Habana, pp. 9-32. En: *Obras*, La Habana: Editorial Arte y Literatura, pp. 199-227.

FRIOL, R. (1977): *Suite para Juan Francisco Manzano*. La Habana: Editorial Arte y Literatura.

— (1978): «Juan Francisco Manzano». En: *Bohemia* (20 de enero), 10-14.

GARCÍA MARRUZ, Fina (1986): «Del Monte y Manzano». En: *Hablar de poesía*. La Habana: Letras Cubanas, 322-53.

GUIRAO, R. (1934): «Poetas negros y mestizos de la época esclavista». En: *Bohemia*, La Habana, 26 de agosto, pp. 40-41 y 123-124.

JACKSON, R. L. (1979): *Black Writers in Latin America*. Albuquerque: University of New Mexico Press, pp., 25-35.

— (1984): «Slavery, Racism and Autobiography in Two Early Black Writers: Juan Francisco Manzano and Martín Morúa Delgado». En: W. Luis (ed.): *Voices from Under: Black Narrative in Latin America and the Caribbean*. Westport: Greenwood Press.

Jiménez, Luis A. (1995): *El arte autobiográfico en Cuba en el siglo XIX*. New Brunswick, N.J.: Ometeca Institute, pp. 48-68.

— (1995): «Nineteenth Century Autobiography in the Afro-Americas: Frederick Douglass and Juan Francisco Manzano». En: *Afro-Hispanic Review*, 14, 2, pp. 47-52.

Leante, C. (1976): «Dos novelas antiesclavistas cubanas». En: *Cuadernos Americanos*, 4, pp. 175-188.

Lewis-Galanes, A. (1985): «Tres poemas inéditos [y por ahora anónimos] sacados de Cuba en 1839 y encontrados en la Biblioteca nacional de Madrid». En: *Revista Interamericana de Bibliografía* 34, pp. 38-47.

— (1986): «Literatura afro-hispanoamericana: óptica estética e ideología autoral». En: *Identidad cultural de iberoamérica en su literatura*, ed. S. Yurkievich, pp. 268-293.

— (1986b): «Luis Usoz y Río, bibliófilo español del siglo XIX». En: *Actas de la Asociación Internacional de Hispanistas*, 2, ed. David Kossoff. Madrid: Ediciones Istmo, pp. 151-60.

— (1986c): «Los olvidados en la literatura afrohispanoamericana». En: *Culturas-diálogos entre los pueblos del mundo*. Paris: Presses Universitaires de France, pp. 133-5.

— (1988): «El Álbum de Domingo del Monte (Cuba 1838-39)». En: *Cuadernos Hispanoamericanos* 451-2, pp. 255-65.

Lezama Lima, José (1965): *Antología de la poesía cubana*. La Habana: Consejo Nacional de Cultura, 2, pp. 373-89.

Luis, William (1989): «Autobiografía del esclavo Juan Francisco Manzano: versión de Suárez y Romero». En: Raquel Chang-Rodríguez y Gabriela de Beer (eds.): *La historia en la literatura iberoamericana*. Hanover, N.H.: Ediciones del Norte, pp. 259-268.

— (1990): *Literary Bondage: Slavery in Cuban Narrative*. Austin: University of Texas Press.

— (1993): «La *Autobiografía* de Juan Francisco Manzano y la traducción de Richard Madden: Un texto con dos interpretaciones sobre la vida del esclavo poeta». En: *Discurso Literario*, XI, no. 1, pp. 95-111.

— (1994): «Nicolás Azcárate's Antislavery Notebook and the Unpublished Pomes of the Slave Juan Francisco Manzano». En: *Revista de Estudios Hispánicos*, 28, No. 3, pp. 331-351.

— (2000): «Juan Francisco Manzano: entre la oralidad y la escritura». En: *Del Caribe* 31, 33-40.

Menéndez Alberdi, Adolfo (1986): «Manzano, el adolescente esclavo decimista». En: *La décima escrita*. La Habana: Unión, 201-204.

Moliner, I. (1972): «Manzano: la denuncia del silencio». En: *Obras*. La Habana: Editorial Arte y Literatura, pp. 227-231.

Molloy, Sylvia (1991): *At Face Value: Autobiographical Writing in Spanish America*. Cambridge: Cambridge University Press, pp. 36-54.

Monte, Domingo del (1859): «Dos poetas negros». En: *Liceo de La Habana*, 1, no. 11, p. 84. También en *Escritos de Domingo del Monte* (1929): La Habana: Cultural, II, pp. 149-150.

Mullen, E. J. (1981): «Introduction». En: *Life and Poems of a Cuban Slave*. Hamden, Conn.: Archon Books, pp. 1-32.

Ramos, Julio (1996): *Paradojas de la letra*. Caracas: Excultura, pp. 23-35.

Rivas, M. (1992): *Literatura y esclavitud en la novela cubana del siglo XIX*. Sevilla: Escuela de Estudios Hispano-Americanos.

Schoelcher, V. (1840): *Abolition de l'esclavage; exámen critique du prejugé contre la couleur des africains et des san-mérés*. Paris: Paguerre, pp. 89-92.

Schulman, I. (1975): «Introducción». En: *Autobiografía de un esclavo*. Madrid: Guadarrama, pp.13-54.

— (1992): «Social Exorcisms: Cuba's (Post)Colonial Counter) Discourses». En: *Hispania*, 75, no. 4, pp. 941-49.

Vitier, Cintio (1969): *Poetas cubanos del siglo XIX*. La Habana: UNEAC, pp. 18-23.

— (1973): «Dos poetas cubanos, Plácido y Manzano». En: *Bohemia*, 14 de diciembre, pág. 21.

Williams, Lorna V. (1994): *The Representation of Slavery in Cuban Fiction*. Columbia: University of Missouri Press.

Willis, Susan (1985): «Crushed Geraniums: Manzano and the Language of Slavery». En: *The Slave's Narrative*, ed. Charles Davis and Henry Louis Gates, Jr. Oxford: Oxford University Press.